Daytrading voor dum

SPIEKBRIEF

Als je wilt beginnen met daytraden, vergroot je je kans op succes enorm door je gedegen voor te bereiden voordat je erin duikt. Van het opzetten van je eigen bedrijf (want dat is het) en het leren van het vakjargon tot het volgen van markten met technische indicatoren en het berekenen van je rendement: de informatie in dit boek zal je op weg helpen.

Apparatuur voor het kantoor van een daytrader

Als je vanuit huis wilt gaan werken als daytrader, zul je met de juiste apparatuur snel kunnen handelen en je administratie geordend houden. Dit is wat je minimaal nodig hebt:

» **Een pc met een goed scherm.** Bijna alle pc's die tegenwoordig in de handel zijn, hebben voldoende geheugen en processorkracht om mee te kunnen daytraden. Doe jezelf een plezier en koop een heel groot scherm (of twee), zodat je minstens twee vensters tegelijkertijd open kunt hebben staan.

» **Een tweede pc of mobiele back-up.** Computers zijn niet erg stabiel. Het maakt niet uit welk merk je koopt, je kunt altijd te maken krijgen met hardware- of softwareproblemen. Daarom is het goed als je een duplicaat van je systeem op een laptop hebt staan of ten minste de app van je broker op je telefoon, zodat je snel kunt overschakelen.

» **Snel internet.** Je hebt een snelle en betrouwbare aansluiting nodig met back-upservice. Punt.

» **Spreadsheetsoftware.** Je weet nog steeds niet hoe Microsoft Excel werkt? Dan wordt het hoog tijd! (Lees om te beginnen *Excel 2016 voor Dummies* van Greg Harvey.) Je kunt spreadsheets gebruiken om je prestaties bij te houden en je rendementen te analyseren.

» **Een online account bij een broker.** Diverse brokers zijn gespecialiseerd in de behoeften van traders die in grote volumes traden. Ze bieden online toegang, realtimekoersnoteringen, backtesten en andere analytische diensten en lage commissie aan degenen die veel trades uitvoeren.

Daytradingtermen die je moet kennen

Ieder vak heeft zijn eigen speciale taalgebruik. Daytraden vormt daar geen uitzondering op. Hier volgen enkele termen die je zult tegenkomen:

» **Fibonaccireeks.** De Fibonaccireeks is een reeks getallen waarvan elk de som is van de twee voorgaande getallen. Hij gaat oneindig door, maar begint zo: 0, 1, 1, 2, 3, 5, 8, 13... Verhoudingen gebaseerd op de Fibonaccireeks komen overal in de natuur voor en veel mensen geloven dat ze winstgevende tradingmogelijkheden weergeven.

» **Kelly Criterion.** Wil je traden met (een beetje) gegarandeerd succes? Dat is wiskundig mogelijk met behulp van het Kelly Criterion. In zijn meest eenvoudige versie is het percentage van je rekening dat je tradet gelijk aan de kans dat de trade stijgt min de kans dat hij daalt. Als het testen laat zien dat elke keer dat een strategie 60 procent van de tijd werkt en 40 procent van de tijd niet, dan moet je elke keer als je volgens deze strategie tradet 20 procent van je geld inzetten: 0,60 – 0,40.

Daytrading voor dummies

SPIEKBRIEF

- **Patroondaytrader.** De richtlijnen definiëren dit als iemand met minstens $ 25.000 op zijn rekening die 4 of meer daytrades uitvoert binnen 5 werkdagen, waarbij deze trades meer dan 6 procent van de totale trades van deze klant vertegenwoordigen. Het is belangrijk voor hoe de broker omgaat met marge.

Traden met indicatoren van de technische analyse

Aan de hand van technische analyse zijn daytraders vaak op zoek naar patronen in recente koersen en tradingvolumes om vast te stellen of een effect het heel goed of heel slecht zal gaan doen. Hier volgen de korte definities van enkele technische indicatoren die je vaker zult tegenkomen:

- **Gemiddelde echte bereik.** Het echte bereik kun je vinden door het exponentiële gemiddelde te berekenen door de laagste koers van vandaag óf de sluitkoers van gisteren (afhankelijk van welke van deze twee lager is) af te trekken van de hoogste koers van vandaag óf de sluitkoers van gisteren (afhankelijk van welke van deze twee hoger is). Bereken 14 dagen lang het gemiddelde van deze en dan heb je het gemiddelde echte bereik. Normaal gesproken verkoop je een effect als de koers op of boven de hoogste koers is en koop je een effect als de koers op of boven de laagste koers ligt.
- **Momentum.** Traders die op zoek zijn naar momentum kopen effecten waarvan de koers stijgt wanneer het volume dat verhandeld wordt ook stijgt, en ze verkopen effecten waarvan de koers daalt als het volume dat verhandeld wordt ook daalt.

Je daytradingprestaties berekenen

Het doel van daytraden is het maken van winst, maar als de trades elkaar heel snel opvolgen, is het moeilijk om te berekenen hoe je dit doet. Hier volgen enkele eenvoudige ideeën om je prestaties als een daytrader te peilen:

- **Slaggemiddelde.** Wat is het aantal winstgevende trades ten opzichte van het totale aantal trades dat je hebt uitgevoerd? Dit getal geeft je een ruw idee van hoe vaak je winst maakt, hoewel het je niet vertelt hoeveel winst je maakt. Als minstens de helft van je trades winstgevend is, ben je op de goede weg.
- **Modified Dietz-methode.** Dit is een snelle manier om je prestaties te peilen als je geld op je rekening hebt gestort of hebt opgenomen. Het is niet zo nauwkeurig, maar wel heel eenvoudig. De formule van de Modified Dietz-methode is:

  EVJ – BVJ – stortingen + opnamen

  BVJ + stortingen – opnamen

  EVJ is de waarde van het bezit aan het einde van het jaar en BVJ is de waarde aan het begin van het jaar.

Daytrading

voor dummies®

Daytrading voor dummies®

Ann C. Logue
Met bijdragen van
Henk Grundmeijer en Martijn Luijckx,
auteurs van *De kunst van het traden*

BBNC uitgevers

Amersfoort, 2017

Vertaling van: *Day Trading For Dummies, 3rd Edition*
Indianapolis, Indiana: John Wiley & Sons, Inc., 2014
ISBN: 978-90-453-5321-0
NUR: 794
Trefw.: daytrading, beleggen

Dit is een uitgave van BBNC uitgevers bv, Amersfoort
www.bbnc.nl
www.dummies.nl

Vertaling: Maartje Elsevier Stokmans-van Paradijs, Fontline
Tekstbijdragen: de hoofdstukken 10, 11 en 15 zijn geschreven door
Henk Grundmeijer en Martijn Luijckx, auteurs van *De kunst van het traden*
Redactie: Martijn van Opbergen, Fontline
Zetwerk en omslag: Imago Mediabuilders, Amersfoort
Omslagbeeld: © Shutterstock
Druk- en bindwerk: Ten Brink bv, Meppel

Inhoud in vogelvlucht

Inhoud

Over de auteur

Ann C. Logue, MBA, is de auteur van *Hedge Funds For Dummies, Socially Responsible Investing For Dummies* en *Emerging Markets For Dummies* (allemaal uitgegeven door Wiley). Ze heeft geschreven voor *Barron's, The New York Times, Newsweek Japan, USA Today* en het Internationaal Monetair Fonds. Ze is docente aan de Liautaud Graduate School of Business van de University of Illinois in Chicago. Haar huidige carrière volgt op twaalf jaar ervaring als beleggingsanalist. Ze heeft haar BA gehaald aan de Northwestern University en haar MBA aan de Universiteit van Chicago, en ze heeft een aanstelling als Chartered Financial Analyst (CFA).

Opdracht

Ook deze keer weer Rik en Andrew, voor hun liefde en steun.

Dankwoord

Zoveel aardige mensen hebben mij geholpen met de verschillende uitgaven van dit boek. Ik heb met veel daytraders, brokers en andere mensen in de financiële sector gepraat, waaronder Jack Alogna en Beth Cotner; Michael Browne van DTN Inc.; Nihar Dalil, Glenda Dowie, Greg Gocek en Robert Cohen van de CFA Society of Chicago; Mary Haffenberg en Curt Zuckert van de Chicago Mercantile Exchange; John T. Hoagland, Conor Meegan en Michael Patak van Topstep Trader; Anil Joshi van NuFact; Karen H. van Gamblers Anonymous; James Kupfer van Waterston Financial; James Lee van TradersLaboratory.com; Wayne Lee van NASDAQ; Michael Lindsay, Khurram Naik en James Cagnina van Infinity Brokerage Services; Casey Nicholson, Erika Olson, Don Padou, Karina Rubel, Mario Sant Singh, Chris Tabaka, Elizabeth Tabaka en Allen Ward. Ik heb ook met verschillende andere traders gepraat die graag anoniem willen blijven; ze weten wie ze zijn en ik hoop dat ze ook weten dat ik hun hulp zeer heb gewaardeerd. Als het gaat over het samenstellen van dit boek zijn Alissa Schwipps en Stacy Kennedy van Wiley deze keer zo geweldig geweest om mee te werken. Ten slotte mijn agent Marilyn Allen, die het allemaal voor elkaar heeft gekregen.

Bedankt iedereen!

Inleiding

Daytrading is waar je je met echt geld op de beurzen begeeft. Als je van spanning houdt en het geduld hebt om uren achtereen naar een scherm te turen in afwachting van het juiste moment om in of uit fondsen te stappen, dan kan daytrading een goede carrièremove zijn. Er kleven echter ook risico's aan. Iedere dag kan je beste dag zijn, maar je kunt ook zomaar alles verliezen. Om deze reden heb je voor daytrading de juiste psychologische instelling nodig. Goede daytraders hebben geduld, zijn besluitvaardig, zelfverzekerd maar niet arrogant. Het zijn zeker geen gokkers, hoewel daytrading zeer aantrekkelijk is voor gokkers, die echter zullen ontdekken dat het een perfecte manier is om vanuit huis geld te *verliezen.*

Daytrading voor Dummies is voor mensen die op zoek zijn naar iets nieuws of die eenvoudigweg het rendement op hun beleggingen willen aanvullen met nieuwe technieken. In dit boek vind je alle informatie die je nodig hebt om te bepalen of daytraden iets voor jou is, om je thuiskantoor in te richten, om transacties te onderzoeken en te plannen en nog veel meer. (En zelfs als je beslist dat daytrading niets voor jou is, staat er ook nog veel interessante informatie in over beurzen, traden en beleggingsstrategieën waar je misschien iets aan hebt. Plus dat je geld bespaart dat je anders zou hebben uitgegeven aan onderzoek en training, en niet te vergeten alle verliezen!)

Veel mensen verdienen veel geld met het aanbieden van diensten aan beginnende daytraders en claimen dat zij het het beste weten. En dat kan ook zo zijn, voor sommigen. In dit boek bied ik een breder perspectief. In plaats van jou bijvoorbeeld te vertellen dat je een bepaalde strategie moet volgen, help ik je de verschillende daytradingmethoden die er zijn te onderzoeken en beoordelen, zodat je er een kunt uitkiezen die het beste bij jou past. En ik zeg ook eerlijk dat als je beslist te gaan daytraden, dit niet je enige handleiding moet zijn.

Over dit boek

Laat mij eerst vertellen wat dit boek niet is: het is geen studieboek en het is geen handleiding voor professionele beleggers. Er zijn daar al genoeg van verkrijgbaar en dat zijn op zich prima boeken. Maar vaak ook droog en ze gaan ervan uit dat je al veel weet over daytrading.

Dit boek gaat hier niet van uit. Het legt duidelijk uit hoe daytrading werkt, hoe je aan de slag kunt gaan, wat de valkuilen zijn en wat de alternatieven kunnen zijn voor jouw portefeuille en jouw carrière. Het is zo opgezet dat je de hoofdstukken en gedeelten die jou interesseren afzonderlijk kunt raadplegen, zonder dat je alles door moet lezen. Dit boek bevat meer dan voldoende informatie voor jou om aan de slag te gaan. Of om je naar iets te leiden wat beter bij jou past. Ik heb enkele studieboeken opgenomen in de bijlage als je die zou willen lezen.

Oh, en ik vind dit boek ook niet droog.

Ten aanzien van de conventies, hier volgt de basis: belangrijke woorden die worden uitgelegd staan *schuin* gedrukt. Belangrijke woorden in een opsomming staan **vetgedrukt** om belangrijke ideeën onder de aandacht te brengen.

Ik heb ook kaders opgenomen in dit boek die je niet echt hoeft te lezen om de rest van het hoofdstuk te begrijpen. Dat gezegd hebbende, raad ik je wel aan dit extra materiaal te lezen als je daar de tijd voor hebt. Veel kaders bevatten praktijkvoorbeelden die je kunnen helpen beter te begrijpen hoe sommige beleggingsconcepten werken. Soms is deze informatie ook nog eens grappig.

Veronderstellingen

Bij het schrijven van dit boek ben ik uitgegaan van de volgende veronderstellingen over jou, de lezer:

- » Je bent iemand die in korte tijd veel over daytrading te weten wil komen.
- » Je overweegt een andere carrière, bent op zoek naar een productieve, parttimeactiviteit nu je gepensioneerd bent, of je verveelt je en bent op zoek naar een uitdaging. Misschien wil je alleen maar weten of daytrading een goede manier is om je huidige beleggingsmethoden aan te vullen. Wat de reden ook is dat je daytrading overweegt, je wilt wel kunnen beslissen of het voor jou de beste optie is.

» Je weet al dat daytrading iets voor jou is, maar je wilt weten hoe je moet beginnen, van het openen van een rekening tot het installeren van je computerschermen (en ja, het zijn er meer dan één).

» Je hebt geld over om mee te traden (of het nu van jezelf is of niet) en je wilt daytradingtechnieken gebruiken om het rendement van je portefeuille te vergroten.

» Je weet een beetje wat beleggen inhoudt. Je weet bijvoorbeeld wat open-eindbeleggingsfondsen en effectenrekeningen zijn. Als je dat niet zo goed weet, is het misschien handig als je eerst *Beleggen voor Dummies* (door Hans Oudshoorn en Peter Siks, uitgegeven door BBNC uitgevers) leest en dan hier terugkomt. Ik wacht wel.

Pictogrammen in dit boek

Als je dit boek leest, zul je regelmatig pictogrammen zien staan in de kantlijnen. Elk pictogram verwijst naar een bepaald soort informatie, van dingen die je echt moet onthouden tot aanvullende weetjes die je misschien interessant vindt. Ik gebruik de volgende pictogrammen:

BELANGRIJK

Dit pictogram staat bij informatie die je absoluut moet onthouden. Het kan verwijzen naar iets wat ik eerder in het boek heb verteld of kan iets aangeven wat je moet onthouden voor beleggingsbeslissingen in de toekomst.

TIP

De tekst naast dit pictogram vertelt je hoe je net iets beter, slimmer of efficiënter kunt beleggen. Deze informatie kan jou helpen beter te traden of betere vragen te stellen aan mensen die jou onderzoek, training of handelssystemen aanbieden.

PAS OP

Ik heb in dit boek voor zover ik weet niets gezet dat kan leiden tot de dood of lichamelijke verwondingen, maar veel dingen in de wereld van het daytraden kunnen ertoe leiden dat je veel geld of, erger nog, je gezond verstand verliest. Deze punten helpen jou grote problemen te vermijden.

TECHNISCHE INFO

Hier heb ik niet-noodzakelijke (maar vaak nuttige) wetenschappelijke informatie ondergebracht. Door de informatie bij dit pictogram te lezen, krijg je gedetailleerde informatie over beleggingstheorieën of (soms) interessante weetjes of achtergrondinformatie.

Hoe nu verder

Nou, sla het boek open en ga aan de slag! Gebruik de index als je naar iets specifieks zoekt. Of gebruik de inhoudsopgave om direct naar het onderwerp te gaan waarover je meer wilt weten. Je kunt gewoon bij hoofdstuk 1 beginnen met lezen, maar je mag ook in het wilde weg gaan bladeren en kijken of een onderwerp in het oog springt.

Wat als je meer begeleiding nodig hebt? Laat me je dan enkele tips geven. Als je nog niets over daytrading weet, begin dan met hoofdstuk 1. Wil je weten wat je nodig hebt om echt te gaan daytraden, blader dan naar de hoofdstukken 11 en 12. Wil je meer te weten komen over de problemen die zich voor kunnen doen bij daytrading, ga dan naar de hoofdstukken 4, 14, 15 en 16. Wil je van daytrading je werk maken, dan geeft hoofdstuk 2 een beschrijving van wat daytraders de hele dag doen. Ga voor ideeën over het ontwikkelen van strategieën, of je je daar nu een paar minuten aan wilt vasthouden of een paar jaar, naar deel II.

Kortom: waar je ook begint, overal vind je interessante en nuttige informatie.

1

Beginnen met daytrading

IN DIT DEEL . . .

Wen je aan het idee van daytrading: het proces van gedurende één dag een groot aantal kortlopende transacties uitvoeren.

Kijk je of je het evenwichtige karakter hebt om te daytraden op een verraderlijke beurs. Het is een bedrijf. Zelfs parttimetraders moeten de beurs net zo serieus benaderen als een ondernemer.

Leer je de basis van beurzen, transacties en strategieën, zodat je aan de slag kunt als daytrading iets voor jou is.

Ontdek je hoe je je transacties kunt plannen zodat je je plan kunt volgen en je kansen op succes kunt vergroten.

IN DIT HOOFDSTUK

Uitvinden wat daytrading wel en niet is

Een transactiebedrijf opzetten

Concentreren op enkele fondsen

Een succesvolle trader worden

Hoofdstuk 1

Dus jij wilt gaan daytraden

Geld verdienen vanuit huis! Je eigen baas zijn! De beurs te slim af zijn! Vermogen opbouwen! Aantrekkelijk, niet? Daytrading kan een fantastische manier zijn om helemaal zelf geld te verdienen. Het is ook een fantastische manier om helemaal zelf een ton te verliezen. Heb jij wat er nodig is om iedere morgen weer de beurs te lezen?

Daytrading is een gek vak. Traders zitten achter hun computerschermen en reageren op bliepjes die echte euro's vertegenwoordigen. Ze nemen snelle beslissingen omdat hun vermogen om geld te verdienen afhangt van het met succes uitvoeren van een groot aantal transacties die kleine winsten genereren. Zij sluiten aan het einde van de dag hun posities in de aandelen, opties en termijnovereenkomsten af. Zo beperken ze hun risico's. Er kan 's nachts niets gebeuren waardoor een bestaande winstpositie wordt verstoord. Maar deze risicobeperkingen kunnen ook de winst beperken. Er kan namelijk veel veranderen in een jaar, waardoor de kans dat jouw strategie werkt groter wordt. Maar in een dag? Je moet geduld hebben en snel handelen. Er kunnen dagen tussen zitten dat er niets goeds tussen zit om te kopen. Op andere dagen lijkt elke transactie verlies op te leveren.

De individuele, menselijke daytrader moet het opnemen tegen een sterke tegenstander: de hogefrequentiealgoritmen die door brokers en hedgefondsen worden gebruikt. Deze algoritmen hebben geen emoties en voeren transacties uit in minder tijd dan dat jij met je ogen kunt knipperen. Als je je niet op die concurrentie voorbereidt, ga je het niet redden.

In dit hoofdstuk bespreek ik wat daytraders doen, vertel ik wat de voor- en nadelen zijn van daytrading, noem ik de persoonlijke eigenschappen van succesvolle daytraders en geef ik informatie over jouw kans op succes. Misschien ontdek je dat je geknipt bent als daytrader vanwege je boerenslimheid en snelle denken. Maar misschien besluit je dat het risico groter is dan de mogelijke voordelen. Hoe dan ook: hoe meer je weet voordat je beslist te gaan traden, des te groter je kans is op succes. Ook als jij tot de slotsom komt dat daytrading niet bij je past, kun je nog de strategieën en technieken toepassen die daytraders gebruiken om het rendement van jouw beleggingsportefeuille te verbeteren.

Leven met de dag: wat daytrading inhoudt

De definitie van daytrading is dat daytraders de fondsen maar een dag vasthouden. Ze sluiten hun posities aan het einde van elke dag af en beginnen de volgende dag weer van voor af aan. Ter vergelijking, *swingtraders* houden fondsen dagenlang en soms wel maandenlang vast; *beleggers* soms wel jaren. Door de kortetermijnaard van daytrading kun je enkele risico's verminderen omdat er 's nachts niets kan gebeuren waardoor je grote verliezen lijdt. Veel andere beleggers gaan blij naar bed omdat zij er goed voorstaan, maar worden de volgende ochtend wakker met het nieuws dat het bedrijf heel slechte cijfers bekend heeft gemaakt of dat de CEO wordt beschuldigd van fraude.

Maar er is ook een keerzijde (er is altijd een keerzijde, toch?): de aandelen en posities van de daytrader moeten binnen een dag resultaten laten zien, anders is het weg. Morgen bestaat niet voor een specifieke positie. Daartegenover staat dat de swingtrader of belegger de luxe van tijd heeft omdat het soms even duurt voordat een positie zich ontwikkelt op de manier die zijn onderzoek heeft aangetoond. Op de lange termijn zijn beurzen efficiënt en weerspiegelen de koersen alle informatie over een aandeel. Jammer genoeg duurt het vaak enkele dagen voordat deze efficientie zich voordoet.

BELANGRIJK

Daytraders zijn speculanten die zich één dag per keer op de zero-sum markets begeven. Hierdoor is de dynamiek anders dan bij andere financiële activiteiten waar je misschien bij betrokken bent. Als je met daytrading aan de slag gaat, kunnen de regels die je hebben geholpen om goede aandelen uit te kiezen of goede open-eindbeleggingsfondsen te vinden niet langer van toepassing zijn. Daytrading is een ander spel met andere regels.

Speculeren, niet hedgen

Professionele traders kun je onderverdelen in twee categorieën: speculanten en hedgers. *Speculanten* proberen winst te maken uit koersveranderingen. *Hedgers* proberen zich in te dekken tegen een koersverandering. Hun koop- en verkoopbeslissingen werken als een verzekering, niet als een manier om winst te maken. Dus kiezen zij hun posities zodanig dat hun blootstelling op een andere beurs wordt gecompenseerd.

Een voorbeeld van hedging is een voedselverwerkingsbedrijf en de boer die de ingrediënten teelt of fokt die dit bedrijf nodig heeft. Het bedrijf probeert zich in te dekken tegen de risico's van prijstoenamen van de belangrijkste ingrediënten, zoals maïs, bakolie of vlees, door tot future-overeenkomsten te komen voor deze ingrediënten. Als de prijzen stijgen, helpt de winst die het bedrijf met die overeenkomsten maakt, deze hogere prijzen te compenseren die het voor deze ingrediënten moet betalen. Als de prijzen gelijk blijven of dalen, verliest het bedrijf alleen de prijs van de overeenkomst, wat een redelijke compensatie kan zijn voor het bedrijf. Daarentegen heeft de boer die de maïs of sojabonen kweekt of het vee fokt voordeel als de prijzen stijgen en lijdt hij verlies als de prijzen dalen. Zijn open-eindovereenkomsten leveren geld op als de koers daalt waarmee hij het verlies op zijn producten compenseert. En als de koersen stijgen, zou hij geld verliezen op deze overeenkomsten, maar dit verlies wordt dan gecompenseerd door de winst op zijn oogst.

TECHNISCHE INFO

De grondstoffenmarkten waren oorspronkelijk bedoeld om boeren te helpen risico te verminderen en kopers te vinden voor hun producten. De aandelen- en obligatiemarkten waren bedoeld als stimulans voor beleggers om bedrijven te financieren. Speculatie werd bijna direct onderdeel van deze markten, maar het was niet hun primaire doel.

Daytraders zijn allemaal speculanten. Zij willen geld verdienen via de beurs zoals zij die nu zien. Zij beheren hun risico's door hun geld zorgvuldig toe te wijzen met behulp van stop-limietorders (die posities afdekken zodra de van tevoren vastgestelde koersniveaus worden bereikt) en door aan het einde van de avond af te dekken. Daytraders beheren risico's niet met compenserende posities zoals hedgers dat doen. Zij maken gebruik van andere technieken om verliezen te beperken, zoals zorgvuldig geldbeheer en stop-limietorders (waar je in hoofdstuk 2 van alles over kunt lezen).

BELANGRIJK

Op beurzen bevinden zich zowel hedgers als speculanten. Nu je weet dat verschillende deelnemers andere winst- en verliesverwachtingen hebben, kan dit jou helpen je een weg te banen door de heksenketel van de dagelijkse handel. En dat is belangrijk, want om geld te verdienen in een zero-sum market, verdien je alleen geld als iemand anders verlies lijdt.

Zero-sum markets begrijpen

Een zero-sum game heeft precies evenveel winnaars als verliezers. En optie- en futuremarkten, die populair zijn onder daytraders, zijn zero-sum markets. Als de persoon in het bezit van een optie winst maakt, dan lijdt de persoon die deze optie heeft *geschreven* (optietaal voor *verkocht*) verlies voor hetzelfde bedrag. Er is geen nettowinst of nettoverlies in de markt als geheel.

Er zijn mensen die kopen en verkopen op zero-sum markets die hedgers zijn en die bereid zijn kleine verliezen te nemen om grote te voorkomen. Speculanten hebben bij sommige marktomstandigheden het winstvoordeel, maar zij kunnen er niet van uitgaan dat zij dit voordeel altijd hebben.

Dus wie wint er en wie verliest er op een zero-sum market? Soms hangt dit helemaal af van geluk, maar op de langere termijn zijn de winnaars de mensen die de meeste discipline hebben. Zij hebben een handelsplan, stellen limieten en houden zich daaraan. Ze handelen op basis van de gegevens op het scherm in plaats van emoties als hoop, angst of hebzucht.

Anders dan de optie- en futuremarkten, is de aandelenmarkt *geen* zero-sum game. Zolang de economie groeit, groeien de bedrijfswinsten, waardoor de aandelenkoersen stijgen. De aandelenmarkt heeft op de lange termijn echt meer winnaars dan verliezers. Dit betekent echter niet dat er op een bepaalde dag meer winnaars dan verliezers zijn. Op de korte termijn moet de aandelenmarkt beschouwd worden als een zero-sum market.

Als je begrijpt hoe winsten worden verdeeld op de beurzen waarop je kiest te handelen, weet je beter wat de risico's zijn die de andere deelnemers nemen. Mensen verdienen geld op zero-sum markets, maar jij wilt niet dat die winnaars geld verdienen ten koste van jou.

Sommige traders verdienen geld, veel geld, door te doen wat zij leuk vinden. Trading draait allemaal om risico en beloning. De traders die worden beloond, riskeerden de 80 procent kans dat het een fiasco zou worden. Ben jij bereid, nu je dit weet, de stap te wagen? Zo ja, lees dan verder. En zo niet, lees dan toch verder omdat je misschien dan enkele ideeën opdoet voor het beheren van je andere beleggingen.

Gedisciplineerd zijn: iedere avond afdekken

Daytraders beginnen elke dag helemaal van voor af aan en sluiten elke dag af met een schone lei. Deze dagelijkse routine vermindert iets van het risico en dwingt tot discipline. Je mag de verliezende posities niet langer dan een dag vasthouden en je moet aan het einde van de dag de winst nemen voordat de winnende posities verlies lijden.

Deze discipline is belangrijk voor daytraders. Als je daytradet, heb je te maken met een beurs die niet weet (en ook niet wil weten) wie je bent en wat jouw persoonlijke of financiële doelen zijn. Er is geen aardige baas die vandaag even een oogje toeknijpt, geen lieve collega die je even helpt als het werk zich ophoopt, geen fantastische klant die je een kleine hint geeft over haar uitgaveplannen voor het komende boekjaar. Als je geen regels hebt voor jouw handelsbeslissingen, val je ten prooi aan hoop, angst, twijfel en hebzucht, de Vier Valkuilen op weg naar verval.

Dus wil je aan de slag? Stel dan eerst een bedrijfsplan en een handelsplan op die jouw doelen en persoonlijkheid weerspiegelen. Stel dan je werkdagen en -tijden vast en accepteer dat je elke avond afsluit. Deze twee stappen worden in hoofdstuk 2 besproken. Terwijl je nadenkt over de fondsen die je wilt verhandelen (hoofdstuk 3) en hoe je ze wilt verhandelen (deel II), is het misschien ook slim om je handelssysteem te testen (hoofdstuk 16) om te kijken of het werkt als je echt gaat traden.

Met andere woorden, bereid je voor en stel een plan op. Dat is de basisstrategie voor elk avontuur, of je nu een marathon wilt gaan lopen, een nieuwe garage wilt bouwen of je in daytrading stort.

Traden benaderen als ondernemer

Voor veel mensen is daytrading aantrekkelijk omdat traders hun eigen uren in kunnen delen. Veel beurzen, zoals die in vreemde valuta, handelen 24 uur per dag. Met al die mobiele tradingapps, lijkt daytrading een gemakkelijke manier om geld te verdienen tijdens het middagslaapje van je kind, in de lunchpauze of gewoon op een paar ochtendjes per week tussen het golfen en het houtbewerken door.

BELANGRIJK

De mythe dat daytrading iets eenvoudigs is, iets wat je erbij kunt doen, maakt *sommige* traders erg rijk. Wie zijn die traders? Dat zijn de professionele traders die daytrading zien als een bedrijf in plaats van een tijdverdrijf. Zij verdienen geld als traders die het er maar bij doen hun geld verliezen.

Maar daytrading is ondernemen en de beste traders benaderen het ook als zodanig. Zij hebben een bedrijfsplan voor wat ze willen verhandelen, hoe ze in hun bedrijf willen investeren en hoe ze hun handelswinst willen beschermen. Dus gaat een groot deel van dit boek over de onderneming van het traden: hoe zet je een bedrijfsplan op (hoofdstuk 2), hoe richt je je kantoor in (hoofdstuk 12) en prestatiebeoordeling (hoofdstuk 16). Als je 's avonds laat een reclame ziet over traden, gaat het vooral over het gemak en de spanning. Maar als wilt dat deze spanning blijft, moet je traden benaderen als ondernemen en hier veel tijd en energie in steken.

Parttime traden: een prima idee als je het goed aanpakt

Kun je geld verdienen door parttime te traden? Dat kan en sommige mensen doen dit ook. Succesvolle parttimetraders benaderen traden als een parttimebaan, niet als een spel dat ze spelen als zij niets anders te doen hebben. Een parttimetrader kan drie dagen per week vrijmaken om te traden of sluit tussen de middag af in plaats bij het sluiten van de beurs. Maar ook een succesvolle parttimetrader heeft een bedrijfsplan nodig, stelt limieten en handelt net als alle professionele traders, alleen voor een kortere tijd van de dag.

Parttimetraden werkt het beste als je vaste werktijden instelt en je daaraan houdt. Werken volgens een vast schema helpt je hersenen herkennen wanneer ze moeten werken en zich concentreren op de beurs, omdat het een gewoonte is geworden. De succesvolle parttimer opereert als een professional met vaste tijden. Bedenk: mijn zoon is patiënt bij een praktijk kinderartsen waar sommige artsen parttime werken. Deze parttime-artsen hebben vaste uren en gedragen zich net als andere artsen in de praktijk. Het enige verschil is dat ze per week minder uren werken. Als ze werken, gedragen ze zich professioneel en patiënten merken alleen dat ze parttime werken als ze een afspraak willen maken. Het is heus niet zo dat deze artsen in de lunchpauze van hun 'echte werk' de praktijk komen binnenstormen om hier en daar wat injecties te geven.

TIP

Als je parttime wilt traden, benader het dan op dezelfde manier zoals een parttimearts, parttimeadvocaat of parttimeboekhouder zijn werk zou doen. Bepaal de uren die in je schema passen en handel alleen gedurende die uren. Zorg voor een kantoorruimte met snel internet en een computer die je alleen gebruikt om mee te traden. Als je kinderen hebt, moet je misschien zorgen voor opvang tijdens je werktijden. En als je ander werk hebt, laat je werktijden dan niet samenvallen met de uren dat je handelt. Traden via je mobiele telefoon terwijl je 's ochtends naar je werk gaat, is een heel goede manier om veel geld te verliezen (en je leven als je dit doet terwijl je in de auto zit).

Traden als hobby: een slecht idee

Door de spanning van daytrading en het veronderstelde gemak dat ermee gemoeid is, denk je misschien dat daytrading een leuke hobby is. Op een saaie zaterdagmiddag kun je even traden op de forex (vreemde valuta) om net even wat meer geld te verdienen dan je zou doen met een paar uur op de bank hangen! Toch?

Uh, nee.

PAS OP

Traden zonder plan en zonder er de tijd en energie in te stoppen om het goed te doen, is gedoemd te mislukken. Professionele traders gaan ervan uit dat er voldoende sukkels zijn die maar willekeurig wat traden omdat dit juist de sukkels zijn waardoor zij winst maken in een zero-sum market.

PAS OP

De grootste fout die amateurtraders maken? Veel geld verdienen met de eerste transactie en dan ervan uitgaan dat verder succes net zo eenvoudig is. Dat eerste succes was eigenlijk puur geluk en dit geluk kan zich zomaar weer tegen de trader keren. Als je met je eerste transactie geld verdient, doe dan even een stapje terug en kijk of je kunt ontdekken waarom. Test daarna je strategie met hoofdstuk 16 als handleiding om te kijken of je strategie er een is die je vaak kunt gebruiken.

Ja, er staan twee waarschuwingen in deze paragraaf en daar heb ik een goede reden voor: succesvolle daytraders zijn ondernemers. En zelfs dan nog falen de meeste daytraders in hun eerste jaar. Brokers, aanbieders van trainingen en andere traders doen er alles aan om traden eruit te laten zien als een eenvoudige activiteit die je er maar een beetje bij kunt doen. Maar het is werk, werk waar sommige mensen van houden, maar toch werk.

TIP

Als je echt houdt van de spanning op de markten en beurzen, kun je manieren vinden om te beleggen volgens het schema van een hobbyist. Je kunt je tijd besteden aan het doen van fundamenteel onderzoek naar langetermijnbeleggingen (zie hoofdstuk 17 voor informatie hierover), je kunt op zoek gaan naar alternatieve beleggingen om verscheidenheid aan te brengen in je portefeuille (ga hiervoor naar hoofdstuk 3) en je kunt gaan handelen met nepgeld, zowel op demorekeningen of in tradingwedstrijden om het traden uit te proberen zonder dat er echt geld bij komt kijken.

De principes van succesvol daytraden

Hoewel je in het wilde weg met allerlei aandelen kunt gaan daytraden, is dit waarschijnlijk niet zo'n goed idee. Sommige traders werken hun hele carrière met maar één of twee soorten financiële instrumenten. Dit deel gaat over de basis van succes: werken met maar enkele fondsen op één beurs, de posities zorgvuldig beheren en je concentreren op dat wat er gaande is.

Werken met een klein aantal fondsen

De meeste daytraders pikken er één of twee beurzen uit en concentreren zich daarop en laten alle andere beurzen links liggen. Op deze manier kunnen ze leren hoe de beurzen werken, welke invloed de actualiteit heeft op de koersen en hoe de andere deelnemers reageren op nieuwe informatie. Ook helpt het concentreren op maar één of twee beurzen de trader zijn focus te behouden.

En wat traden daytraders dan? Hoofdstuk 3 bevat informatie over alle verschillende beurzen en hoe ze werken, maar hier volgt een korte samenvatting, in willekeurige volgorde, van de populairste fondsen onder de daytraders op dit moment:

» **Financiële termijnovereenkomsten.** Met termijnovereenkomsten kunnen traders profiteren van koersveranderingen in beursindexen zoals de S&P 500 of de Dow Jones Industrial Average. Termijnovereenkomsten geven traders toegang tot de koersen tegen veel lagere kosten dan wanneer ze alle aandelen in de index afzonderlijk zouden kopen. Natuurlijk zijn ze vaak volatieler dan de indexen die ze volgen omdat ze gebaseerd zijn op verwachtingen.

» **Forex.** *Forex,* kort voor *foreign exchange (vreemde valuta),* betreft het wereldwijd handelen in valuta om winst te halen uit de veranderingen in wisselkoersen. Forex is de grootste en meest liquide beurs die er is en er kan de hele dag door, iedere dag weer, op gehandeld worden. Traders vinden de grote hoeveelheid mogelijkheden prettig. Aangezien de meeste koersveranderingen klein zijn, moeten zij *leverage* (geleend geld) gebruiken om winst te maken. De lening moet hoe dan ook terugbetaald worden, wat het risico van forex weer groter maakt.

» **Gewone aandelen en exchange-traded funds (ETF's).** Daytrading is ontstaan op de aandelenmarkt en de aandelenmarkt blijft populair onder de daytraders. Zij zijn op zoek naar nieuws over de prestaties van het bedrijf en de beleggerspercepties die van invloed zijn op de aandelenkoersen. Zij willen geld verdienen door middel van de koerswijzigingen. Een vergelijkbaar fonds is het exchange-traded fund (ETF), dat verhandeld wordt als een aandeel maar gebaseerd is op een beursindex of beursstrategie. Het grote nadeel? Traders in aandelen en ETF's moeten op hun hoede zijn als het gaat om belastingen.

Je posities beheren

Belangrijk voor succesvol traden is weten hoeveel je gaat traden en wanneer je jouw positie verlaat. Natuurlijk, daytraders sluiten aan het einde van de dag af (anders zouden het geen daytraders zijn), maar ze moeten ook hun verliezen beperken en hun winsten nemen als die zich gedurende de dag voordoen. Ze moeten vooral bepalen hoeveel zij gaan traden en wat het maximale verlies of de maximale winst is:

- **Bepalen welk deel van hun geld ze riskeren voor een bepaalde transactie.** Traders zetten zelden al hun geld in op één transactie. Dit is de perfecte manier om alles te verliezen! In plaats daarvan traden zij met maar een deel van hun geld en gebruiken ze de rest voor andere transacties als zich nieuwe kansen voordoen op de beurs. Als één transactie minder goed uitpakt, heeft de trader nog geld over om andere transacties aan te gaan. Sommige traders verdelen hun geld in vaste porties en andere bepalen met hoeveel geld zij willen traden gebaseerd op het verwachte risico en het verwachte rendement op het aandeel waarin ze traden. Zorgvuldig geldbeheer zorgt ervoor dat de trader langer kan traden en hoe langer een trader kan handelen, des te groter de kans is dat hij geld verdient. Hoofdstuk 6 bevat meer informatie over money management strategieën.
- **Hun fondsen beschermen met behulp van *stop-limietorders:*** *Stop-limietorders* worden bij een broker geplaatst en worden actief als het aandeel een van tevoren vastgestelde koers bereikt. Als de koers van het aandeel meer daalt dan de trader prettig vindt, *bam!*, wordt het verkocht en wordt er geen verlies meer geleden op deze transactie. De trader hoeft niet te twijfelen over wanneer hij de beslissing moet nemen of aan zichzelf. Hij hoeft alleen maar verder te gaan naar de volgende trade en zijn geld het werk te laten doen bij een trade die waarschijnlijk beter uitpakt.

BELANGRIJK

Daytraders voeren veel transacties uit en veel daarvan zullen verlies opleveren. Het gaat erom meer winnaars dan verliezers te hebben. Door de hoeveelheid verlies te beperken, wordt het eenvoudiger om de winst hoger te laten zijn en zo meer dan voldoende geld te genereren om het verlies te compenseren.

Jouw aandacht focussen

Daytraders vallen vaak ten prooi aan stress en emotie. Je blik gericht houden op wat er op de beurs gebeurt, is moeilijk als je de hele dag naar schermen staart en alleen werkt. Maar als trader moet je je kunnen concentreren op de beurs, je aan je tradingsysteem houden en daarbij zo rustig en rationeel mogelijk blijven.

Daytraders die het goed doen, hebben een paar vangnetten. Ze kunnen hun posities afdekken en zich de rest van de dag met andere dingen bezighouden. Ze doen iets waardoor ze hun teveel aan energie kwijtraken en weer helder kunnen denken, zoals hardlopen, yoga of mediteren. Ze weten dat helder blijven denken als de beurs geopend is, cruciaal is.

Traders zien de beurs zelf of alle anderen die traden als de vijand. De echte vijanden zijn de emoties: twijfel, angst, hebzucht en hoop. Deze vier gevoelens zorgen ervoor dat traders zich niet op de beurs kunnen concentreren en hun systeem niet trouw blijven.

BELANGRIJK

Een van de frustraties van traden is dat sommige dagen meer mogelijkheden bieden om te traden dan je de tijd of het geld hebt om te traden. Op deze dagen glippen goede trades door je vingers omdat je eenvoudigweg de middelen niet hebt om van alle kansen te profiteren. Dit is de reden dat het zo belangrijk is om een plan te hebben en je te concentreren op wat voor jou werkt.

De eigenschappen van succesvolle daytraders

Succesvolle traders vormen een speciaal ras. Ze kunnen lomp en bot zijn omdat ze snel moeten reageren op een beurs die totaal geen aandacht voor ze heeft. Achter hun ruwe façade leggen ze een enorme discipline aan de dag in hoe ze hun handelsdag benaderen en wat ze tijdens de uren dat de beurs geopend is doen.

De discipline begint met een plan van hoe ze de dag beginnen, inclusief het bekijken van het nieuws en de tradingpatronen. Dit omvat het volgen van trades die gedurende de dag plaatsvinden om de traders te helpen uitvinden wat werkt en waarom. En het hangt af van verliezen nemen als deze zich voordoen en het verfijnen van een set tradingregels zodat het morgen nog beter gaat. Nee, deze strategie is niet zo leuk als er zomaar inspringen en orders plaatsen, maar het leidt waarschijnlijk wel tot succes.

Niet iedereen kan een daytrader zijn en ook moet vooral niet iedereen het proberen. In deze paragraaf beschrijf ik enkele eigenschappen die de beste daytraders bezitten.

Onafhankelijkheid

Voor het grootste deel zijn daytraders eigen baas. Computers en schermen zijn relatief goedkoop, snel internet is bijna overal beschikbaar en veel brokers voldoen aan de behoeften van traders die zelfstandig zijn. Dit alles leidt ertoe dat veel daytraders alleen thuis werken, in een kamer met alleen het computerscherm als gezelschap. De hele dag alleen zijn, kan saai zijn, waardoor het moeilijk is om te concentreren. Sommige mensen zijn hier niet geschikt voor.

Maar andere traders vinden het juist fijn om de hele dag alleen te zijn omdat dit het beste in hen naar boven brengt. Zij weten dat hun trading alleen van hen afhangt, niet van iemand anders. De trader is als enige verantwoordelijk als er iets fout gaat, maar hij mag ook alle winst houden. Hij kan zijn eigen beslissingen nemen over wat werkt en wat niet, zonder dat er een baas hem in zijn nek hijgt en hem vertelt wat hij vandaag moet doen.

Als het idee om verantwoordelijk te zijn voor je eigen doen en laten en je eigen beleggingsrekening je aanstaat, dan kan daytrading een goede carrièremogelijkheid zijn voor jou.

TIP

Wat als je wilt traden maar geen eigen baas wilt zijn? Overweeg dan te solliciteren bij een broker, een hedgefonds, een open-eindbeleggingsfonds of een handelaar in futures. Deze bedrijven hebben traders nodig om hun geld te beheren en er werken meestal veel mensen samen om ideeën te delen, elkaar te stimuleren en elkaar te ondersteunen als het verkeerd gaat.

BELANGRIJK

Hoe zelfstandig je ook bent, het traden wordt alleen maar beter als je de steun en stimulans van je familie en vrienden hebt. Dit netwerk kan jou helpen de emotionele aspecten van het traden beter in de hand te houden. Daarnaast is het samen vieren van het succes altijd leuker!

Vingervlug

Daytrading is een spel van minuten. Een uur kan net zo goed een decennium zijn als het snel gaat op de beurzen. En dit betekent dat een daytrader niet behoedzaam of paniekerig kan reageren. Als het tijd is om te kopen of te verkopen, is het tijd om te kopen of te verkopen, punt uit.

Veel beleggers besteden het liefst uren aan zorgvuldig onderzoek naar een aandeel en beurzen voordat dat zij daar geld in willen steken. Soms hebben deze mensen heel veel succes. Warren Buffett, de CEO van Berkshire Hathaway, heeft $ 54 miljard verdiend met zijn zorgvuldige beleggingsstijl. Hij geeft dit geld aan goede doelen. Maar Buffett en mensen zoals hij zijn geen traders.

Traders hebben voldoende vertrouwen in hun systeem en voldoende ervaring op de beurzen om snel te handelen als ze een koop- of verkoopkans zien. Veel brokers bieden hun klanten demorekeningen of backtesting waarmee traders hun systeem uit kunnen testen voordat ze echt gaan traden. Zo kunnen ze leren beurspatronen te herkennen die mogelijke winst aangeven.

Een trader met een fantastisch systeem die niet snel overweg kan met de muisknop heeft een andere optie: computergestuurd handelen. Veel brokers bieden software aan die computergestuurde transacties uitvoeren als zich bepaalde beursomstandigheden voordoen. Voor veel traders is computergestuurd handelen de perfecte manier om de emotie uit een tradingstrategie te halen. Anderen houden er niet van om op zo'n manier te traden omdat het wat van het plezier eruit haalt. En laten we eerlijk zijn, traders die succes hebben, beleven veel plezier aan het hele proces.

Besluitvaardigheid

Daytraders moeten snel zijn, dus moeten ze ook snel beslissingen kunnen nemen. Je kunt niet wachten tot morgen om te kijken hoe de koersen zijn voordat je geld inlegt. Als je een kans ziet, moet je ervoor gaan. Nu.

Maar wat als het een slechte beslissing blijkt te zijn? Nou, soms zullen beslissingen slecht uitvallen. Dat is het risico van dit soort beleggingen en zonder risico is er geen rendement. Iedereen die zich op de beurs begeeft, moet dit accepteren.

Maar twee goede daytradinggewoonten kunnen de gevolgen van slechte beslissingen helpen beperken. De eerste is het gebruik van stop-limietorders, waarbij automatisch verliesgevende posities worden afgedekt. De tweede is het afsluiten van alle posities aan het einde van elke dag, zodat je de volgende dag weer fris kunt beginnen.

Als je bescherming hebt tegen de negatieve gevolgen, zul je psychologisch beter voorbereid zijn op het nemen van beslissingen die nodig zijn om winst te maken. En als je één van die mensen bent die het moeilijk vindt om beslissingen te nemen, is daytrading waarschijnlijk niet geschikt voor jou.

Wat daytrading niet is

Er bestaan veel mythen over daytrading. Daytraders verliezen geld. Daytraders maken winst. Daytraders zijn gek. Daytraders zijn koud en rationeel. Daytrading is gemakkelijk. Daytrading leidt rechtstreeks naar alcoholisme en de ondergang.

In deze paragraaf maak ik korte metten met deze mythen. Iemand moet het doen, toch? Hier staat zowel goed als slecht nieuws, dus lees verder om een beeld te krijgen van wat je precies van daytrading kunt verwachten.

Het is geen beleggen

Hoewel swingtraders een positie een paar dagen, misschien wel een paar weken, vasthouden en beleggers hun aandelen nog langer vasthouden (soms wel decennia om ze misschien wel aan hun kinderen te geven), houden daytraders een positie nooit langer dan een dag vast.

Daytrading is zeer zeker niet hetzelfde als beleggen. Daytraders hebben een belangrijke functie op kapitaalmarkten omdat zij koersveranderingen forceren waardoor de vraag- en de aanbodkant van de beurs in balans met elkaar komen. Daytrading creëert echter geen nieuwe financieringsmiddelen voor bedrijven en overheden. Het genereert geen langetermijngroei.

TIP

Maar omdat daytrading geen beleggen is, betekent dit niet dat daytraders niet ergens anders beleggen. Veel daytraders romen regelmatig hun tradingkapitaal af om mee te beleggen. Zo bouwen zij een langetermijnportefeuille op voor hun pensioen of om andere avonturen aan te gaan. Maar omdat beleggen en traden een andere mindset vereisen, bestaat de kans dat de trader zijn geld laat beheren door iemand anders.

Het is geen gokken

Één van de grootste onwaarheden over daytrading is dat het een of andere vorm van gokken zou zijn. En iedereen weet, of zou moeten weten, dat je bij gokken eigenlijk altijd geld verliest. Dat is echter niet zo met daytrading. Bekijk deze punten:

» **Bij daytrading zijn op veel beurzen de kansen gelijk.** De optie- en futuremarkten bijvoorbeeld zijn zero-sum markets met evenzoveel winnaars als verliezers, maar op deze markten bevinden zich ook mensen die op zoek zijn naar een hedgerisico en die dus lagere winstverwachtingen hebben dan daytraders.

» **De aandelenmarkt biedt meer kans op winst dan verlies, vooral op de lange termijn.** Om deze reden is de aandelenmarkt geen zero-sum market, zoals optie- en futuremarkten. Op de aandelenmarkt liggen de kansen iets in het voordeel van de trader.

BELANGRIJK

Op alle beurzen zal de voorbereide en gedisciplineerde trader het beter doen dat de uitzinnige, naïeve trader. Dit is niet het geval bij het gokken. Want hoe goed voorbereid de gokker ook is, het casino wint altijd.

PAS OP

Mensen met gokproblemen gaan soms daytraden als een maatschappelijk aanvaarde manier om hun verslaving te voeden. Als je weet dat jij een gokprobleem hebt of dat je er vatbaar voor bent, is gaan daytraden waarschijnlijk geen goed idee. Daytraders die geheime gokkers zijn, nemen vaak slechte beslissingen en kunnen moeilijk limieten stellen en afsluiten aan het einde van de dag. Zo is de kans groot dat zij verlies lijden. Hoofdstuk 4 bevat informatie over de lijn tussen daytrading en gokken.

Het is niet gevaarlijk... zolang je risicokapitaal gebruikt

Veel daytraders maken verlies en sommige verliezen alles waar ze mee begonnen. Anderen verliezen niet al hun handelskapitaal, maar beslissen eenvoudigweg dat ze hun tijd beter kunnen besteden en dat er betere manieren zijn om geld te verdienen. (Ga voor meer informatie over het succespercentage van daytrading naar de paragraaf 'Naar successen kijken', verderop in dit hoofdstuk.)

Een verantwoordelijke trader werkt met *risicokapitaal*. Dit is geld wat hij kan verliezen zonder in de problemen te raken. Hij gebruikt stop-limietorders om zijn verliezen te beperken en hij sluit altijd af aan het einde van de dag. Hij weet wat de risico's en beloningen zijn van het traden en het houdt hem kien.

BELANGRIJK

Veel daytradingstrategieën zijn gebaseerd op *leverage*, het gebruiken van geleend geld om mogelijk rendement te vergroten. Leverage kan ertoe leiden dat de trader meer geld verliest dan hij heeft. Veel brokers willen echter niet dat dit gebeurt en sluiten waarschijnlijk een leveraged rekening die gevaar loopt om onder water te lopen. Dat is goed omdat dit het mogelijke verlies beperkt.

Het is niet gemakkelijk

Samen met de relatief lage kans op succes, zorgt daytrading voor veel stress. Het concentreren op de beurzen en de wetenschap dat er echt geld mee gemoed is, slurpen energie. De winst die wordt behaald bij een transactie is waarschijnlijk klein, wat betekent dat je moet volharden en transacties moet blijven uitvoeren tot het einde van de dag.

Sommige traders kunnen niet met de stress omgaan. Sommige vervelen zich. Sommige raken gefrustreerd. En sommige kunnen niet geloven dat ze in hun levensonderhoud kunnen voorzien door iets te doen wat ze leuk vinden.

Naar successen kijken

Gezien het feit dat daytraders zich ook op de aandelenmarkten begeven, proberen onderzoekers altijd uit te zoeken of zij geld verdienen. En de antwoorden zijn niet positief.

Ja, de meeste daytraders falen, ongeveer 80 procent, zoals ik al eerder heb aangegeven. Maar dit doet ook een groter percentage van de mensen dat een eigen bedrijf begint of van loopbaan verandert. Dit is de reden dat ik verschillende verslagen en gegevensbestanden heb doorgekamd om aan te tonen hoe goed mensen het doen op andere gebieden. (Mijn bronnen zijn de *Realty Times*; Barber, Lee, Liu, and Odean; American College of Sports Medicine; ACT; Ohio State University en de National Center for Education Statistics.)

Vakgebied	Percentage dat faalt in het eerste jaar
Onroerend goed	86%
Daytrading	80%
Trainen voor een marathon	70%
Aan een studie beginnen	33%
Restaurants	26%
Lesgeven	13%

Als je weet wat de risico's zijn en ze in perspectief plaatst, ben jij beter in staat op weg naar je doel het ongeluk af te weren.

BELANGRIJK

Daytrading is moeilijk, maar het is niet onmogelijk. Je kunt de kans op succes vergroten door de tijd te nemen om je voor te bereiden en door voldoende geld beschikbaar te hebben op je eerste beleggingsrekening. Gedurende het eerste jaar moet je verliezen kunnen incasseren maar ook je vaste lasten kunnen betalen en boodschappen kunnen doen. De wetenschap dat je je dagelijkse uitgaven kunt doen, zal je meer vertrouwen geven en dit zal je prestaties ten goede komen.

NEGATIEVE CIJFERS: DE GEGEVENS ACHTER DE SUCCESSEN VAN DAYTRADING

TECHNISCHE INFO

Hier bespreek ik wat literatuur om je te laten zien wat de huidige staat van de successen van daytrading is. De successen zijn niet groot. Slechts een klein deel van de mensen dat gaat daytraden slaagt, vooral omdat weinig mensen die het gaan doen voorbereid zijn. En zelfs veel van de voorbereide traders falen. (Veel van het onderzoek is gericht op prestaties in het einde van de jaren negentig van de vorige eeuw, toen daytraden heel populair was. Het groeide samen met het commerciële internet en raakte uit de gratie toen de internetzeepbel knapte. De gegevens zijn oud, maar beter is er niet.)

- ***Do Individual Day Traders Make Money? Evidence from Taiwan.*** Dit proefschrift uit 2004 van Brad Barber, Yi-Tsung Lee, Yu-Jane Liu en Terrance Odean (te raadplegen op http://faculty.haas.berkeley.edu/odean/papers/Day%20Traders/Day%20Trade%20040330.pdf) stelt dat maar 20 procent van de daytraders in Taiwan die tussen 1995 en 1999 gevolgd werden geld verdiende in een periode van 6 maanden, na aftrek van transactiekosten. Gemiddelde winst, met aftrek van kosten, was $ 4.200 (USD) voor een gemiddelde periode van 6 maanden, hoewel de beste traders halfjaarlijkse winsten maakten van $ 33.000. Het onderzoek toonde ook aan dat de traders die de meeste transacties plaatsten het meeste geld binnenhaalden, mogelijk omdat zij de meest ervaren traders in de groep waren. Dit verslag is één van de meest aangehaalde verslagen over het onderwerp omdat het de gouden norm blijft.
- ***Report of the Day Trading Project Group.*** In 1999 deed de North American Securities Administrators Association, die de aandelenregelaars van de staten en provincies van de Verenigde Staten, Canada en Mexico vertegenwoordigt, een onderzoek naar daytrading om haar leden een goed overzicht te geven. Het verslag bevat geen prestatiegegevens. Het citeert echter gevallen waar brokers een boete opgelegd kregen door de regelaars voor het verkeerd weergeven van de prestatiegetallen van hun leden, inclusief een bedrijf dat geen klanten met winst had.

- ***Trading Profits of SOES Bandits.*** Paul Schultz en Jeffrey Harris onderzochten de winsten die gemaakt werden door de zogenaamde *SOES-bandieten,* daytraders die profiteerden van gaten die in de jaren negentig van de vorige eeuw bestonden in het Small Order Entry Systeem van NASDAQ. Deze mensen waren de eerste daytraders. Hebben zij geld verdiend? De auteurs bekeken de handelsgegevens over een paar weken van twee verschillende bedrijven. Wat ze zagen was dat ongeveer een derde van alle round-trip transacties (het kopen en daarna weer verkopen van hetzelfde aandeel) verlies maakte vóór aftrek van commissie. Maar een kwart van de round-trip transacties maakte een winst van $ 250 of meer vóór aftrek van commissie. De 69 traders in het onderzoek voerden van 1 tot 312 round-trip transacties uit per week. Zij hadden een gemiddelde weekwinst van 1.690 na aftrek van commissie; echter bijna de helft, namelijk 34 traders, verloor geld in een gemiddelde week. Je kunt dit teruglezen in het uittreksel op http://papers.ssrn.com/sol3/papers.cfm?abstract_id=137949. Het volledige artikel is beschikbaar via veel bibliotheken.

Hoewel daytrading moeilijk is, kunnen veel daytraders zich niet voorstellen dat ze iets anders zouden doen. Het feit is dat er veel beroepen zijn waarmee het lastig is om geld te verdienen, en toch zijn er mensen die geknipt zijn voor deze beroepen. Elk beroep heeft zo zijn voordelen en nadelen en voor daytrading geldt hetzelfde.

Als je dit boek uit hebt, weet je of daytrading iets voor jou is of niet. Als je je realiseert dat dit beroep geknipt voor jou is, staat er in de volgende hoofdstukken veel nuttige informatie over hoe je het moet aanpakken en veel advies over hoe je je kansen op succes kunt verbeteren.

Als je erachter komt dat daytrading niets voor jou is, hoop ik dat je hier iets leert om je langetermijnbeleggingen beter te kunnen beheren. Het volgen van koersschommelingen, timing en risico, wat zo cruciaal is voor de daytrader, kan nuttig zijn voor elke belegger om zijn rendement te vergroten. Het mes snijdt dus aan twee kanten.

IN DIT HOOFDSTUK

Je eigen bedrijf opzetten

Trades plannen om je dag mee te beginnen

Korte- en langetermijnkeuzen maken

Hoofdstuk 2
Een plan maken voor succes

Daytraden wordt soms voorgesteld als een winstgevende hobby. Koop een daytradingcursus op dvd en je kunt met een paar uur per week heel eenvoudig een smak geld verdienen, toch? Nou, nee. Daytrading is een baan. Je kunt het fulltime doen, of parttime, maar er is net zoveel inzet en regelmaat voor nodig als voor elk ander vak.

De beste traders hebben plannen voor hun bedrijf en voor hun trades. Ze weten van tevoren hoe ze willen traden en wat ze gaan doen op de beurs. Soms kunnen ze van hun plan afgeleid worden, door geluk, omstandigheden of door veranderende markten. In die gevallen weten ze echter waarom ze iets anders proberen.

Traden heeft veel verschillende verschijningsvormen en veel van diegenen die zich trader noemen, doen eigenlijk andere dingen met hun geld. Als je van tevoren weet wat je wilt, is niet alleen de kans klein dat je in paniek raakt of geruchten volgt, maar je bevindt je ook in een veel betere positie om je voordeel te doen met kansen. En dan op zo'n manier dat het bij je persoonlijkheid, tradingvaardigheden en doelen past. En dit is de reden dat dit hele hoofdstuk gaat over plannen.

BELANGRIJK

Falen om te plannen, is plannen om de falen. En geen zorgen als je dit nu niet kunt onthouden. Ik zal het nog verschillende keren in dit boek herhalen.

Je tradingbedrijf plannen

De daytrader is een ondernemer die een klein bedrijf heeft opgezet dat handelt in aandelen in de hoop er winst op te maken. Je kunt je bedrijf goed van start laten gaan door een plan op te stellen voor wat je wilt doen en hoe je dat gaat doen. Met een plan weet je wat je doelen zijn en wat je nodig hebt om ze te halen.

Er staan veel voorbeelden van bedrijfsplannen in boeken en op internet, maar de meeste zijn niet geschikt voor een trader. De meeste bedrijfsplannen worden niet alleen geschreven om vast te leggen hoe het bedrijf geleid moet worden, maar vooral ook om externe financiering aan te trekken. Jouw daytradingbedrijfsplan is alleen voor jou, behalve als je met partners in zee gaat of geld wilt lenen bij een externe bron. Je hebt geen zakelijke samenvatting of pagina's met prognoses nodig.

Wat heb je dan wel nodig? Misschien een lijst met je doelen en een plan voor wat je wilt traden, wat je werktijden zullen zijn, welke apparatuur je nodig hebt en hoeveel er in het bedrijf geïnvesteerd moet worden. De volgende paragrafen gaan hier verder op in.

Je doelen stellen

Het eerste wat je nodig hebt in je plan is een lijst van jouw doelen voor zowel de korte als de lange termijn. Hier volgt een voorbeeldlijst met belangrijke vragen om je op weg te helpen:

- » Waar wil je in je leven en in je carrière over drie maanden, zes maanden, negen maanden, een jaar, drie jaar, vijf jaar en tien jaar staan?
- » Hoeveel dagen per jaar wil je traden?
- » Wat moet je weten om nog beter te traden?
- » Hoeveel wil je verdienen?
- » Wat ga je doen met je winsten?
- » Hoe beloon je jezelf als je je doelen hebt bereikt?

Wees zo specifiek mogelijk als je nadenkt over wat jij met je trading wilt bereiken. Het maakt niet uit of je zakelijke doelen en je persoonlijke doelen elkaar overlappen. Als je een eigen bedrijf hebt, vallen deze vaak samen.

PAS OP

Misschien ben je geneigd te zeggen: 'Ik wil zo veel mogelijk geld verdienen als ik maar kan' en vergeet je de rest. Maar 'zo veel mogelijk als ik maar kan' is geen meetbaar doel. Als je niet weet wanneer je je doel hebt bereikt, hoe kun je dan nieuwe doelen stellen? En als je je doel niet bereikt, hoe weet je dan hoe je veranderingen moet aanbrengen?

Koersfluctuaties vinden

Je kunt zoveel verschillende aandelen en derivaten traden! Natuurlijk wil je alles traden waarmee je geld kunt verdienen, maar waarin moet je je specialiseren? Elke beurs heeft zijn eigen nuances, dus als je overstapt van termijncontracten naar forex, kun je het schip ingaan. Maar als je weet op welke beurzen je wilt traden, kun je beter inschatten welke onderzoeksdiensten je nodig hebt, welke opleiding je zou willen volgen en hoe je je eigen prestaties kunt beoordelen.

In hoofdstuk 3 worden verschillende fondsen zeer uitvoerig besproken. Voor nu staan er in het kleine spiekoverzicht van tabel 2.1 de fondscategorieën die het populairst zijn onder daytraders. Denk op dezelfde manier over de door jou gekozen beurzen na: wat wil je traden, waar ga je traden, wat is het risico en het rendement en wat zijn enkele eigenschappen die deze beurs zo aantrekkelijk voor jou maken?

TABEL 2.1 **Populaire instrumenten die daytraders traden**

Item	Hoofdbeurs	Risico/Beloning	Kenmerken
Aandelenindexfutures	CME	Zero-sum/leverage	Voordelen uit bewegingen van brede beurzen
Staatsobligatiefutures	CBT	Zero-sum/leverage	Beste manier waarop traders op de obligatiemarkt kunnen speculeren
Vreemde valuta	OTC	Zero-sum/leverage	Markten de hele dag, iedere dag geopend
Maïs	CBT	Zero-sum/leverage	Landbouwmarkt die liquide genoeg is voor daytraders
Aandelen in hoofdfondsen	NYSE, NASDAQ	Positieve vertekening	Goede aandelen voor daytrading; groot en volatiel
Exchange-traded funds/EFT's	NYSE, NASDAQ	Hangt af van hoe het fonds is opgebouwd	Aanbod speculeert op indexen en verschillende beursstrategieën

Legenda: CME = Chicago Mercantile Exchange, CBT = Chicago Board of Trade (een dochter van de CME Group), OTC = Over the counter, NYSE = New York Stock Exchange

Wat betekenen *zero-sum, leverage en positieve vertekening*? Nou *zero-sum* betekent dat er voor elke winnaar een verliezer is. De markt heeft geen nettowinst. *Leverage* is het gebruik van geleend geld waardoor het mogelijke rendement, maar ook het risico toeneemt. *Positieve vertekening* betekent dat de verwachting is dat de markt op de lange termijn zal stijgen, maar dit betekent niet dat de koersen zullen stijgen op de dag dat je aan het traden bent.

De kenmerken van de verschillende beurzen en fondsen zijn van invloed op zowel je bedrijfsplan als je tradingplan. Het bedrijfsplan moet informatie bevatten over wat je wilt gaan traden en waarom, maar ook wat je in de toekomst hoopt te gaan traden. Het tradingplan kijkt naar wat je wilt traden, zodat je je inspanningen kunt sturen.

TIP

Veel daytraders werken op verschillende beurzen, afhankelijk van hun temperament en de tradingomstandigheden, maar succesvolle traders hebben zich beperkt tot een paar beurzen waar zij hun inspanningen op willen concentreren. Begin langzaam met maar een of twee verschillende effecten en voeg misschien nieuwe beurzen toe als je ervaring en handelskapitaal groeit.

Vaste uren, vakantie en ziekteverlof

De beurzen zijn zo goed als constant geopend. Hoewel er voor veel beurzen vaste handelstijden zijn, lassen traders korte pauzes in waardoor daytraders een ongelooflijke flexibiliteit hebben. Welke uren en dagen voor jou het beste zijn om te traden bepaal jij. Er is altijd wel iets te vinden dat werkt voor jou. Als je bijvoorbeeld 's avonds op je scherpst bent, kun je het beste gaan traden op de Amerikaanse beurzen, omdat deze actief zijn als jij dat ook bent. Natuurlijk kan een markt die altijd geopend is ook een nadeel zijn, omdat niemand jou limieten stelt. Sommige beurzen zijn fantastische plekken om elk uur van elke dag te traden.

Als je wilt, kun je bijna de hele tijd traden. Maar dat wil je waarschijnlijk niet. Je moet om helder te blijven en je perspectief te behouden ook een leven buiten het traden hebben. Stel vaste werktijden vast en houd je eraan. Geef in je bedrijfsplan aan hoe vaak je vakantie wilt nemen, hoeveel dagen je jezelf geeft wegens ziekte en hoe je weet wanneer je een dag vrij kunt nemen. Eén van de voordelen als je zelfstandige bent, is dat je een dag vrij kunt nemen als dat nodig is, dus gun jezelf dat ook.

BELANGRIJK

Traden is stressvol. Je hebt vrije tijd nodig om bij te komen en je zult merken dat als je ziek bent, dit zeker tot verlies zal leiden. Bouw wat vakantiedagen en ziektedagen in. En lees hoofdstuk 14 voor meer informatie over hoe je om moet gaan met de stress van de beurzen.

Je bedrijf opzetten

In je bedrijfsplan moet staan waar je werkt en welke apparatuur je nodig hebt. (Hoofdstuk 12 geeft je hier enkele aanwijzingen voor.) Wat kun je je nu veroorloven en wat komt er op je verlanglijstje te staan? Heb je voldoende computerapparatuur, de juiste internetaansluiting en een werkend archiefsysteem? Bekijken wat je hebt, wat je nodig hebt en hoe je dat krijgt, maakt onderdeel uit van het opzetten van je bedrijf. Dus denk na over je infrastructuur.

En ja, een kantoor inrichten en investeren in apparatuur is belangrijk. Het is enorm balen als je niet kunt traden omdat je computer is gecrasht, of als je met een open positie blijft zitten omdat je internet er tijdelijk uitligt. En je wilt zeker niet afgeleid worden omdat je in de huiskamer werkt terwijl andere gezinsleden aan het gamen zijn.

In je bedrijf investeren

Je hebt niet alle tijd en al het geld om alles te doen wat je wilt voor je tradingbedrijf. Je bedrijfsplan moet dus een lijst bevatten met dingen die je in de loop van de tijd toe wilt voegen. Belangrijk bij het investeren in je bedrijf is constante verbetering. Hoe goed je op dit moment ook bent in het traden, je kunt altijd beter worden. Daarnaast veranderen de markten constant. Er komen nieuwe producten op de markt, er worden nieuwe handelsregels aangenomen en er verschijnt nieuwe technologie. Je moet constant openstaan voor nieuwe dingen en je bedrijfsplan moet daar rekening mee houden: Stel jezelf de vragen:

» Welk percentage van je tijd en tradewinsten wil je gebruiken om je kennis van het traden uit te breiden?

» Wil je deze aanvullende kennis opdoen door seminars te volgen of door tijd vrij te maken voor simulatietesten (ga naar hoofdstuk 16 voor meer hierover)?

» Welke upgrades wil je doorvoeren in je apparatuur? Hoe zit het met je programmeervaardigheden?

» Wat doe je om langdurig te kunnen blijven traden?

BELANGRIJK

Je hebt geld nodig om geld te verdienen. Nog zo'n cliché. Deze stelregel betekent echter niet dat je je geld moet uitgeven aan alle gadgets of videoseminars die op je pad komen. Het betekent wél dat constante, doordachte investering in je bedrijf echt zal leiden tot succes op de lange termijn.

Je plan beoordelen en herzien

Eén onderdeel van je bedrijfsplan moet een plan zijn om het te herzien. Dingen zullen veranderen. De afgelopen jaren zijn er beurzen samengegaan, is de markt in elkaar gestort en is flitshandel de norm geworden. Je zult meer of minder succes hebben dan je had gehoopt. Marktomstandigheden kunnen opeens veranderen en misschien ontdek je eenvoudigweg meer over hoe je het beste tradet. Dus stel een plan op voor het herzien van je bedrijfsplan zodat duidelijk wordt waar je staat en waar je naartoe wilt. Bekijk het minstens een keer per jaar, en vaker als je denkt dat een verandering nodig is, en herzie het zodanig dat het weergeeft waar je nu staat. Wat zijn je nieuwe doelen? Wat zijn je nieuwe investeringsplannen? Wat gaat er goed en wat moet er veranderd worden?

BELANGRIJK

Bedrijfsplannen zijn levende documenten. Gebruik je plan om je bedrijf op te zetten en gebruik, als je bedrijf eenmaal loopt, de resultaten om je plan bij te werken. Je kunt de oude plannen bewaren als bewijs van hoeveel vooruitgang je hebt geboekt, als je dat leuk vindt.

TECHNISCHE INFO

VOORBEELD VAN EEN BEDRIJFSPLAN

Weet je niet zeker wat er in een bedrijfsplan moet staan? Hier volgt een voorbeeld om je op gang te helpen.

Waar sta ik nu

Ik sta op het punt om aan de slag te gaan als daytrader. Ik heb € 50.000 aan kapitaal dat ik kan verliezen zonder dat dit mijn levensonderhoud beïnvloedt. Ik vertrouw op het werk van mijn partner om in onze kosten van het levensonderhoud te voorzien, inclusief ziektekostenverzekering. Deze beleggingsrekening wordt gebruikt om aan onze langetermijndoelen te voldoen: het afbetalen van de hypotheek, onze kinderen laten studeren, ons pensioen en uiteindelijk een vakantiehuisje kopen aan de kust.

Dit bedrijfsplan bevat wat ik nodig heb om aan de slag te gaan.

Mijn bedrijfsdoelen

Over 3 maanden zal ik € 5.000 van mijn kapitaal hebben uitgegeven aan een functioneel kantoor en zal ik mijn tradingstrategie hebben getest tijdens een simulatie.

Over 6 maanden zal ik dagelijks traden en zal ik niet meer dan € 5.000 van mijn handelskapitaal hebben verloren.

Over 9 maanden zal ik dagelijks traden en zal ik meer trades winnend afsluiten dan verliezend.

Over 1 jaar zal ik 10 procent op mijn rekening hebben gewonnen. Ik zal € 1.000 opnemen als afbetaling op onze hypotheek en nog eens € 1.000 investeren in een ergonomische stoel en andere kantoorapparatuur. Ik heb dan geleerd om te programmeren, ik heb mijn eerste tradingsysteem onder de knie gekregen en zal een tweede gaan testen om mijn tradingmogelijkheden uit te breiden.

Over 3 jaar zal er € 150.000 op mijn beleggingsrekening staan door de successen die ik behaald heb, na aftrek van investeringen in mijn bedrijf en het afbetalen van nog eens € 10.000 op de hypotheek. Ik zal met 3 verschillende systemen traden met bevredigend succes.

Over 5 jaar zal er € 300.000 op mijn beleggingsrekening staan. Ik zal voldoende geld verdiend hebben om de hypotheek af te lossen door in jaar 3 € 10.000 af te lossen op de hoofdsom en de rente en de rest met de winst die ik tussen het derde en vijfde jaar verwacht te maken. Ik zal bekend staan als een succesvol trader.

Over 10 jaar heb ik een tweede huis en ben ik nog steeds succesvol in het traden. Ik zal € 100.000 van mijn beleggingsrekening halen als betaling van de studiekosten van onze kinderen.

Beurzen waarop ik heb getraded

Mijn primaire tradingstrategie omvat momentum trades in de AEX DAX FTSI S&P 500 en E-Mini NASDAQ futures verhandeld op de Chicago Mercantile Exchange. Ik zal niet meer dan 10 procent van mijn kapitaal in een enkel trade steken en ik zal posities elke avond afsluiten.

Ik ben geïnteresseerd in het door nieuws gedreven *swingtrading* (kortere periodes vasthouden van posities maar langer dan een dag) in grote technologiebedrijven. Dus zal ik strategieën op dit gebied onderzoeken en testen. Ik wil ook graag in Aziatische valuta traden, dus maak ik tijd vrij om meer over deze beurzen te weten te komen en te beslissen of ik daar effectief in kan traden tijdens de handelsuren van mijn voorkeur.

Handelsuren en -dagen

Aangezien mijn primaire strategie aande en gerelateerd is, trade ik alleen als de aandelenmarkten geopend zijn, op maandag tot en met vrijdag van 09.00 tot 17.30 uur. Ik zal een uur voordat de beurzen opengaan beginnen met het bestuderen van de huidige trends en gebeurtenissen in het nieuws, zodat ik weet waar mensen op die dag naar op zoek zijn. Nadat de beurzen sluiten zal ik een uur lang mijn administratie bijwerken en de trades van de dag bekijken.

Ik zal 3 weken vakantie nemen: een week gedurende de meivakantie van mijn kinderen, een week in augustus voor een vakantie met het gezin, en de laatste week van december. Ik zal ook vrij nemen op de dagen dat ik ziek ben, zodat ik snel weer op de been ben en mijn concentratie kan vasthouden.

Hoe leid ik mijn bedrijf

Ik werk vanuit huis. Ik gebruik mijn startgeld om twee monitoren te kopen die vanaf één computer werken, met een tweede klooncomputer achter de hand voor het geval er iets fout gaat. Ik heb internettoegang via de kabel met een mobiele app op mijn telefoon als back-up. Ik heb een draadloze router zodat ik mijn e-mail en instant berichten kan checken via een derde computer, een laptop, in plaats van via mijn tradingcomputer.

Ik heb een account bij een fullserviceonlinebroker dat mij de nodige onderzoeksdiensten biedt. Ik heb ook een abonnement op *verschillende beleggersbladen* die ik iedere ochtend lees om het sentiment te peilen.

Ik houd mijn trades bij op een papieren overzicht dat ik in ordners bewaar. Ik bewaar mijn andere administratie in ordners op een plank in mijn kantoor.

Investeren in mijn bedrijf

Ik moet mijn vaardigheden bijhouden om op lange termijn succesvol te blijven. Om deze reden lees ik iedere maand een boek over traderpsychologie zoals *De kunst van het traden* of de biografie van een succesvolle trader. Ik werk ook aan simultaan traden voor swingtrading in technologieaandelen omdat ik dit aan mijn tradingsysteem toe wil voegen.

Als mijn tradewinst groeit, wil ik een deel ervan investeren in het uitproberen van nieuwe tradingtechnieken. Ik weet dat ik op korte termijn verlies kan lijden tot ik de markt beter begrijp. Ik zal aan het einde van elk kwartaal een dag besteden aan het backtesten en de simulatie van nieuwe strategieën.

Op mijn verlanglijstje staat een comfortabelere stoel voor mijn kantoor.

Mijn bedrijfsplan evalueren

Voor elke vakantie zal ik dit bedrijfsplan doorlezen. Ik zal de tijd dat ik niet op de beurzen zit, gebruiken om na te denken over wat ik moet veranderen en zal het plan als ik weer terug ben, aanpassen.

Je trades plannen

Een goede trader heeft een plan. Ze weet wat ze wil traden en hoe ze het gaat traden. Ze weet wat haar limieten zijn voordat ze een order plaatst. Ze is niet bang om verlies te lijden om een groter verlies in de toekomst te voorkomen en ze is bereid om de rit uit te zitten als er niets gebeurt op die dag. Haar plan biedt haar de discipline om haar vermogen te beschermen zodat ze geld op haar rekening heeft voor wanneer de kansen zich voordoen.

In deze paragraaf beschrijf ik uit welke onderdelen de tradeplanning bestaat. Als je met traden begint, maak je waarschijnlijk de hele dag door notities om een tradingplan op te stellen dat alles dekt wat jij voor die dag verwacht, welke trades je hoopt te maken en wat je winstdoelen en verlieslimiet zijn. Als je meer ervaring krijgt, wordt tradeplanning natuurlijker. Je ontwikkelt de discipline om te traden volgens het plan zonder dat je alles hoeft op te schrijven. Hoewel het wel handig kan zijn om een lijst met de verwachte bekendmakingen van die dag aan je monitor te hangen.

BELANGRIJK

Een tradingplan is net als een bedrijfsplan flexibel. De markten weten niet wat jij gepland hebt en je zult er waarschijnlijk meer dan één keer vanaf wijken. Het belangrijkste is om te weten *waarom* je ervan afweek. Kwam het door de informatie die je zag toen je naar je scherm keek of kwam het omdat je paniekerig werd?

Wat wil je gaan traden?

De eerste stap van je tradingplan moet ook in je bedrijfsplan aan bod komen. Wat wil je gaan traden? Veel traders zitten op meer dan één beurs en elke beurs is net weer anders. Sommige traden verschillende producten tegelijkertijd, waar anderen er één per dag kiezen en daarmee aan de slag gaan.

Je moet gaan kijken welke beurzen de beste kansen bieden om op die dag winst te maken en dit verandert regelmatig. Op sommige dagen zijn er op een beurs geen trades die bij jou passen en dan ben je beter af om het uit te zitten. Als je te ongedurig bent om het uit te zitten, kun je op zoek gaan naar een andere beurs, zodat je iets om handen hebt en je niet alleen tradet om wakker te blijven. (Natuurlijk vertellen veel traders dat er grote kansen op winst zijn in de langzamere, minder aantrekkelijke markten.)

BELANGRIJK

Als daytrader ben je je eigen baas. Je hoeft je niet te verantwoorden bij een baas en je hoeft niet te traden op een bepaalde dag als je daar geen zin in hebt. Dus neem de dag vrij als je hoofdpijn hebt, als er geen goede trades beschikbaar zijn voor jou of als je down bent geworden van recente verliezen en ga iets leuks doen.

Hoe wil je gaan traden?

Bij het bedenken hoe je een fonds moet traden, moet je verschillende dingen overwegen. Hoe voel je je vandaag? Waar gaan andere traders vandaag op reageren? Hoeveel risico wil je vandaag lopen? Hoeveel geld wil je er vandaag in steken? Deze overwegingen vormen de kleine details van de tradeplanning die je kunnen helpen de beursdag beter in de hand te houden.

De dag beginnen met een ochtendreview

Neem even de tijd voordat je gaat traden om te bepalen waar je hoofd zich bevindt ten opzichte van de beurs. Kun je je vandaag concentreren? Zijn er dingen aan de hand in je privéleven die je afleiden, voel je je grieperig of heb je het gisteren laat gemaakt? Of sta je in de startblokken, klaar om wat de dag ook brengt te aan te kunnen? Je mindset moet beïnvloeden hoe agressief je wilt traden en hoeveel risico je wilt lopen. Je moet je aandacht erbij houden om het goed te doen op de beurzen, maar je moet ook weten wanneer je je terughoudend op moet stellen gedurende de activiteiten van de dag. Veel traders zien bijvoorbeeld dat hun strategieën het beste werken op bepaalde tijdstippen van de dag, zoals bij het openen of voor grote bekendmakingen in de pers.

Bedenk, nadat je je eigen mindset hebt bepaald, waarop mensen die dag zullen reageren. Bekijk de kranten en check de nieuwssites om informatie te verzamelen. Beantwoord daarna deze drie vragen:

» Staan er grote bekendmakingen gepland voor vandaag? En hoe laat? Wil je traden voordat het nieuws bekend wordt gemaakt of wil je wachten en kijken wat de markt doet?

» Is er iets gebeurd gedurende de nacht? Zal dit nieuws van invloed zijn op de handel bij het openen van de beurs of hebben markten al gereageerd? Wil je gaan traden bij het openen van de beurs of wil je wachten?

» Waar maken de anderen, degenen die traden in hetzelfde termijncontract, dezelfde grondstof, hetzelfde aandeel of vreemde valuta als jij, zich zorgen over? Hoe zullen zij gaan reageren? Wil je met de markt meegaan of juist een tegenovergestelde positie innemen?

Een proeforder opstellen

Als je een idee hebt van hoe je de dag wilt aanpakken, bepaal dan hoeveel je wilt gaat traden. Hierna volgen de belangrijkste overwegingen:

» **Wil je long of short gaan?** Dat wil zeggen, gok je dat de koers van het fonds waarin je tradet omhoog of omlaag gaat?

» **Wil je geld lenen?** Zo ja, hoeveel? Lenen, ook wel bekend als *marge* of *leverage*, vergroot je potentiële rendement maar ook je risico. (Ik bespreek marge, leverage en baisse verkoop in hoofdstuk 9.)

BELANGRIJK

Sommige contracten, zoals termijncontracten, hebben ingebouwde leverage. Zodra je beslist om ze te gaan traden, leen je geld.

» **Met hoeveel geld wil je traden?** Bepaal dit in zowel euro's als een percentage van je totale kapitaal. (Ik bespreek geldbeheer uitgebreid in hoofdstuk 6.)

Als je dit allemaal hebt uitgewerkt, ben je er klaar voor om de dag te beginnen.

Bedenken wanneer te kopen en wanneer te verkopen

Als je inzicht hebt gekregen hoe de dag eruit kan gaan zien en hoeveel geld je op de beurzen wilt besteden, is de volgende stap te bedenken wanneer je gaat kopen en wanneer je gaat verkopen. Maar als je denkt dat beslissen wanneer te kopen en te verkopen eenvoudig zou zijn, denk je dan dat ik een boek aan daytrading zou wijden? Nee. Ik zou te druk zijn met mijn privésurflessen in de zee voor mijn strandhuis in Maui.

BELANGRIJK

De allerbeste traders verkopen geen tradingadvies want zij zijn al aan het rentenieren. Alle anderen proberen het gaandeweg uit te zoeken, met verschillende mate van succes.

Veel traders vertrouwen op *technische analyse*. Zij bekijken patronen in grafieken van koers- en volumeveranderingen. (Ik bespreek technische analyse in hoofdstuk 7.) Andere traders houden het nieuws en de koersen in de gaten in plaats van naar de koerspatronen te kijken (een discussie hierover vind je terug in hoofdstuk 8). Weer anderen kijken alleen naar koersdiscrepanties op zeer korte termijn (meer hierover in hoofdstuk 10). Maar het belangrijkste is, welke benadering je ook kiest, om te backtesten en te simuleren voordat je gaat traden met echt geld. Op deze manier heb je beter inzicht in hoe je zult reageren op echte beursomstandigheden. In hoofdstuk 16 lees je meer over backtesting.

Winstdoelen vaststellen

Als je tradet, is het handig om een realistisch idee te hebben van hoeveel geld je kunt verdienen. Wat is een eerlijke winst? Is het handig om tot het einde van de dag een winstgevende positie vast te houden of is het beter er snel uit te stappen zodra je voldoende geld hebt verdiend om het risico te compenseren? Hier is geen eenduidig antwoord op. Er hangt zoveel af van de marktomstandigheden en je tradingstijl. In deze paragraaf worden enkele richtlijnen gegeven die je kunnen helpen vast te stellen wat het beste is voor jou.

Je winstdoelen kunnen op verschillende manieren benaderd worden. De eerste is de *winst per trade* op zowel procentuele als absolute basis. De tweede is *winst per dag* op zowel procentuele als absolute basis. Wat moet je doen om deze doelen te bereiken? Hoeveel succesvolle trades heb je daarvoor nodig? Heb je het kapitaal om dit te doen? En wat is het juiste voor de trade die je nu maakt, ongeacht van je langetermijndoelen?

TIP

Niemand heeft ooit geld verloren door winst te nemen, zoals het cliché gaat. (Trading zit vol clichés, als je dat nog niet is opgevallen.) Hoe nieuwer je bent in daytrading, des te logischer is het om conservatief te zijn. Sluit je posities af en eindig je dag als je een winstdoel hebt bereikt, en maak dan aantekeningen van wat er daarna gebeurt. Kun je het je veroorloven om je posities langer vast te houden om zo meer winst te maken?

TECHNISCHE INFO

DE TAAL VAN GELD

Winst betekent op verschillende markten iets anders en je moet dan wel precies weten hoe het in elkaar steekt als je je plan opstelt:

- **Centen.** Aandelen die verhandeld worden op decimalen, dus is elke koersbeweging minstens een cent waard. Het is een logische manier om winst te meten.
- **Pips.** Een *pip* is de kleinste valutaeenheid die verhandeld kan worden. Op de vreemde valutamarkten (forex), is een pip over het algemeen gelijk aan een honderdste van een cent. Als de waarde van de euro verschuift van € 1,2934 naar € 1,2935, is hij een pip verschoven. Tegenwoordig heb je ook een tiende pip. Dat is het 5e getal achter de komma.

  Opmerking: verwar een pip op de forexmarkt niet met een beleggingsconstructie ook wel bekend als *PIP,* soms ook genoemd People in Profit (Mensen in winst) of Pure Investor (Pure belegger). (Deze constructie staat ook wel bekend als *HYIP,* als in High Yield Investment Program oftewel Beleggingsregeling met hoge opbrengst.) PIP wordt aangeduid als een tradingsysteem met een gegarandeerd dagelijks rendement, maar is eigenlijk een piramidespel waar-bij deelnemers geld moeten inleggen en waarbij het rendement weinig tot niets is. Meer informatie staat op de website van de SEC, http://sec.gov/divisions/enforce/primebank.shtml.
- **Punten.** Een *punt* is een enkel percentage. Een *punt* is een enkel percentage Een cent is een punt aangezien het een verandering is van 1 procent in de koers van een obligatie. Een daarmee verband houdend getal, een *basispunt,* is een procent van een procent, oftewel 0,0001.0001.
- **Ticks.** Een *tick* is het kleinste tradingstapje E-Mini S&P 500 contract van de CME Group, staat een tick gelijk aan € 12,50, berekend als een 0,25 verandering in de onderliggende S&P 500 index vermenigvuldigd met de € 50 vermenigvuldiger. Een tick op een E-Mini sojabooncontract is € 1,25, berekend als ⅛ cent per bushel sojabonen in een contract voor 1.000 bushels. Informatie over de tickgrootte van contracten waarin je geïnteresseerd bent, staat op de website van de beurs waarop deze worden aangeboden (beurzen worden genoemd in hoofdstuk 3).

Limieten instellen voor je trades

Het is verstandig om naast een winstdoel ook een verlieslimiet in te stellen. Veel traders in futures bijvoorbeeld hebben een regel om twee ticks risico te lopen in de jacht op drie ticks aan waarde. En voor iets daar tussenin? Nou, ze sluiten hun posities aan het einde van de dag, dus wat er gebeurt, gebeurt er.

Zelfs traders die zo'n regel niet hebben, stellen vaak een limiet in van hoeveel zij willen verliezen per trade. Andere traders gebruiken computerprogramma's om wat ze kopen en verkopen te begeleiden, dus verkopen ze hun posities automatisch. Brokers maken het instellen van limieten gemakkelijk door de klant de keuze te bieden tussen een stoporder of limietorder om hun posities te beschermen.

BELANGRIJK

Probeer je verlies per trade en óók je verlies per dag te beperken. Als het vandaag niet lukt, sluit alles af, neem even afstand en begin morgen weer fris.

Stoporders

Een *stoporder* is een order om een aandeel te verkopen zodra een aandeel boven of onder de huidige koers komt. Een stopkooporder wordt ingesteld boven de huidige marktkoers en wordt gebruikt om een short positie te beheren. Een stopverkooporder wordt ingesteld op een koers die lager is dan waar de markt nu is en dit wordt gebruikt om een winst te beschermen of een verlies te beperken voor een aandeel die je al in je bezit hebt. Als je er zeker van wilt zijn dat je een blok aandelen verkoopt als deze onder de € 30 per aandeel komt bijvoorbeeld, kun je een stoporder instellen op € 30 (vertel je broker 'Verkoop Stop 30'). Zodra het aandeel op of onder € 30 komt, verkoopt de broker hem. Ook als de koers naar de € 29 of € 31 gaat voordat alle aandelen verkocht zijn. Dit staat over het algemeen bekend als een *stoplossorder.*

Een versie van een stop, bekend als een *trailingstop,* wordt gebruikt om een winst te beschermen. Je kunt een trailingstoporder instellen voor de huidige markt met een stoplosskoers onder de huidige marktkoers. Hij wordt automatisch verhoogd als de aandelenkoers omhooggaat. Als je een blok aandelen hebt gekocht op € 30 met een trailingstop van bijvoorbeeld € 5, gaat de stop in op € 25. Maar als je trade een goede was en de aandelen gingen van € 30 naar € 35, zou de stop deze volgen en omhooggaan naar € 30, een koers € 5 onder de huidige koerswaarde.

Limietorders

Een *limietorder* is een order om een aandeel tegen een specifieke koers of hoger te kopen of verkopen: lager dan de huidige koers voor de kooporder (omdat je natuurlijk laag wilt kopen), hoger dan de specifieke koers voor een verkooporder (omdat je hoog wilt verkopen).

Om ervoor te zorgen dat je een blok aandelen verkoopt als het op € 30 per aandeel staat bijvoorbeeld, kun je een limietorder instellen op € 30. (Zeg tegen je broker: 'Verkooplimiet 30'.) Zodra het aandeel op € 30 komt, verkoopt de broker ze. Hij blijft de order plaatsen zolang de koers op € 30 of beter staat. Als de koers ook maar een cent onder de € 30 komt, wordt de limiet niet langer afgedwongen en stopt de broker met het verkopen van je positie. Natuurlijk willen kopers geen koers betalen die boven de markt ligt zodat jij je order kunt voltooien!

Stop-limietorders

Een *stop-limietorder* is een combinatie van een stoporder en een limietorder. Hij vertelt de broker om bij een specifieke koers of beter te kopen of te verkopen; maar alleen als de koers een bepaalde stopkoers is gepasseerd. Als je er bijvoorbeeld voor wilt zorgen dat je een blok aandelen verkoopt als deze onder de € 30 per aandeel komt, maar je wilt er ook voor zorgen dat je alleen verkoopt als je verlies lijdt, kunt je een stoporder instellen op € 30 met een limiet van € 29. (Zeg tegen je broker, 'Verkoop 30 Limiet 29'.) Zodra de aandelen op € 30 komen, verkoopt de broker ze zolang de koers boven de € 29 blijft. Als hij onder de € 29 komt, stopt de broker met verkopen. Stop-limietorders helpen je eruit te kunnen stappen zonder je verlies te maximaliseren. Het gevaar is natuurlijk dat de aandelen naar € 6 kelderen en dat je er op € 28 uit had kunnen stappen zonder de stop-limietorder.

Kun je het nog volgen? De termen kunnen verwarrend, zijn maar het is belangrijk dat je ze begrijpt, zodat je je verliezen kunt beheren. Dit is de reden dat tabel 2.2 je een handig overzicht geeft van de verschillende soorten orders.

TABEL 2.2 Verschillende soorten orders

Kooporders			
	Stoporder	Limietorder	Stop-Limietorder
Orderinstructies	Koopstop 30	Kooplimiet 30	Koopstop 30 Limiet 31
Marktkoers (€)	*Actie nadat de aandelen op € 30 komen*		
28,50	Niets	Kopen	Kopen
29,00	Niets	Kopen	Kopen
29,50	Niets	Kopen	Kopen

30,00	Kopen	Kopen	Kopen
30,50	Kopen	Niets	Kopen
31,00	Kopen	Niets	Niets
31,50	Kopen	Niets	Niets
Verkooporders			
	Stoporder	**Limietorder**	**Stop-Limietorder**
Orderinstructies	Verkopen Stop 30	Verkopen Limiet 30	Verkopen Stop 30 Limiet 29
Marktkoers (€)	***Actie nadat de aandelen op € 30 komen***		
28,50	Verkopen	Niets	Niets
29,00	Verkopen	Niets	Verkopen
29,50	Verkopen	Niets	Verkopen
30,00	Verkopen	Verkopen	Verkopen
30,50	Niets	Verkopen	Niets
31,00	Niets	Verkopen	Niets
31,50	Niets	Verkopen	Niets

Order cancels other

Ook wel bekend als *one cancels other* of OCO, een *order cancels other* order wordt gebruikt met een limiet- en een stoplossorder om een tradingstop in te stellen in een volatiele markt. De limiet bepaalt een automatisch uitstappunt als je positie op de door jou aangegeven koers komt, en de stoplossorder treedt in werking als je trade zich tegen je keert om je verlies te beperken. De broker voert alleen de betreffende orders uit en annuleert de andere order als dat gebeurt. Zo niet, blijft de andere helft van de order staan, wachtend om uitgevoerd te worden, en dat is niet iets wat je wilt.

Order sends other

Afhankelijk met wie je praat, betekent OSO *order sends order, order sends other* of *one sends other.* Ze betekenen allemaal hetzelfde: als een order wordt uitgevoerd, wordt een andere order automatisch toegevoegd aan het systeem. En geen moment eerder. Je kunt een OSO gebruiken om een limietorder of een stoplossorder in te stellen zodra je order op een long of short positie wordt uitgevoerd.

Wat als een trade mislukt?

Het maakt niet uit hoe goed je de markt aanvoelt, hoe succesvol je bent en hoe gedisciplineerd je bent in het instellen van stops, er zullen dingen gebeuren. Net zoals je meer geld kunt verdienen dan je had verwacht, kun je ook veel meer verliezen. Als je daytradet, moet je accepteren dat je soms een slechte dag zult hebben.

Wat doe je dan? Je neemt je verlies en gaat verder met je leven. Ja, de markt is door je stops gezakt. Dit gebeurt soms en het is moeilijk om te zien hoe de euro's naar de rekening van iemand anders verdwijnen, iemand die je nooit zult kennen. Dus sluit je positie en onthoud dat er morgen weer een dag is met weer een kans om het beter te doen.

TECHNISCHE INFO

EEN VOORBEELD VAN EEN TRADINGPLAN

Een tradingplan kan maar voor een korte tijd werken, maar een idee hebben van wat je van de markt kunt verwachten en hoe je dan reageert, helpt je gedisciplineerd te traden. Hierdoor wordt de kans op winst op de lange termijn alleen maar groter. Hoe ziet zo'n plan eruit? Hier volgt een voorbeeld om je op weg te helpen.

Wat ga ik vandaag traden

Vandaag ga ik termijncontracten op de E-Mini S&P 500 traden. Ze stonden gisteren laag, maar ik verwacht dat de markt vandaag zal aantrekken, aangezien bedrijven goede cijfers bekendmaken. Dus ga ik long. Mijn plan is om de dag te beginnen met het kopen van twee contracten met stoporders om te verkopen als zij elk meer dan drie ticks zakken. Deze contracten houd ik tot het einde van de dag vast, behalve als de stop wordt bereikt. Ik voeg een derde contract toe als de markt momentum laat zien in de ochtend en een vierde contract als hij momentum laat zien in de middag. Deze twee extra contracten kunnen long of short zijn, afhankelijk van de richting van de markt, hoewel het onwaarschijnlijk is dat de inkoopmanager of onderzoeken naar de huizenverkoop veel effect daarop zullen hebben. Aan het einde van de dag sluit ik alle posities, als ik dat al niet eerder heb gedaan.

Aangezien de marge voor elk contract € 3.500 is, zal het maximale risico dat ik vandaag loop ongeveer 28 procent zijn van mijn totale rekening, waarbij een contract niet meer dan 7 procent van mijn rekening bedraagt.

Verwachte bekendmakingen van vandaag

Voordat de beurs opengaat: Bekendmakingen van de winst van ADM (verwacht € 0,62), PG (verwacht € 0,74)

10.00: ISM Index – enquête van inkoopmanagers – markt verwacht 51,0

10.00: Ophanden zijnde huizenverkopen – markt verwacht 0,5 procent omhoog

Na sluiten van de beurs: Bekendmakingen van de winst van AAPL (verwacht € 8,27), MET (verwacht € 1,29)

17.00: Autoverkopen – markt verwacht 5,1m

17.00: Vrachtwagenverkopen – markt verwacht 7,2m

Mijn winst- en verliesdoelen voor de dag

Mijn winstdoel is vijf ticks of € 62,50 per getraded contract voor een doel van € 250 als ik mijn geplande maximum van vier contracten koop. Maar ik ben van plan ze te sluiten als ze elk drie ticks dalen, met een maximumverlies van € 37,50 per contract of € 150 voor de dag.

Tip: maak een basisformulier of spreadsheet met al deze informatie, zodat je het iedere ochtend gemakkelijk kunt invullen. Het kan er zo ongeveer uitzien als:

Wat ga ik vandaag traden:

Fondsen: ________________

Leverage: ________________

Limieten: ________________

Verwachte bekendmakingen:

Tijd: ______ Onderwerp: ______

Tijd: ______ Onderwerp: ______

Tijd: ______ Onderwerp: ______

Tijd: ______ Onderwerp: ______

Winst- en verliesdoelen: ____

PAS OP

Blijf niet hopen dat je een verlies goed kunt maken. De markt weet niet wat je hebt en zal je loyaliteit en vertrouwen niet belonen.

TIP

Kijk nadat je je verlies hebt genomen en je weer helder kunt denken of je iets kunt leren voor de volgende keer. Soms kun je waardevolle dingen leren van een verlies waardoor je op de langere termijn een slimmere en gedisciplineerdere trader zult worden.

Je positie sluiten

Per definitie houden daytraders hun beleggingsposities maar één dag vast. Sluiten aan het einde van de dag is belangrijk om een paar redenen:

- » Dagelijks sluiten vermindert het risico wanneer er 's nachts iets gebeurt.
- » Margerentes, de rente die betaald wordt over geleend geld dat gebruikt wordt om te traden, zijn laag en in sommige gevallen nul voor daytraders, maar de rentes gaan omhoog voor kortetermijnleningen.
- » Een goede discipline in het traden behoedt je voor het maken van dure fouten.

Maar net als alle regels kán de ééndagregel worden gebroken en zál waarschijnlijk ook weleens gebroken worden. In deze paragraaf bespreek ik enkele langetermijntradingstrategieën die je op bepaalde momenten aan je plan toe kunt voegen.

Swingtrading: dagen vasthouden

Swingtrading is het enkele dagen vasthouden van een positie. Sommige swingtraders sluiten de positie de volgende dag, terwijl andere hem een paar dagen of zelfs maanden vasthouden. De langere periode biedt de positie een grotere kans, wat vooral belangrijk is als de positie gebaseerd is op de actualiteit of als je een positie inneemt die tegen het marktsentiment ingaat. Hoewel swingtrading meer mogelijkheden biedt om winst te maken, brengt het ook risico's met zich mee omdat de positie zich tegen je kan keren als je niet op de beurs zit.

BELANGRIJK

Er bestaat altijd een wisselwerking tussen risico en rendement. Als je meer risico neemt, doe je dit in de hoop meer winst te maken. Maar als je op zoek bent naar een manier om het rendement te vergroten, moet je onthouden dat je hiervoor meer risico loopt.

Swingtrading vereist dat je aandacht besteedt aan enkele grondregels en de nieuwsstroom. (Fundamenteel onderzoek wordt besproken in hoofdstuk 7.) Het is ook een goede keuze voor mensen die de discipline hebben om 's avonds te gaan slapen in plaats van wakker te blijven en hun positie in de gaten te houden uit angst dat er iets verkeerd gaat.

Positietrading: wekenlang vasthouden

Een *positietrader* houdt een belang in aandelen of een grondstof een paar weken en mogelijk zelfs maanden vast. Deze persoon voelt zich aangetrokken tot de koersmogelijkheden op de korte termijn, maar denkt ook dat hij meer winst kan maken door het belang voldoende lang aan te houden om te kijken hoe het zich ontwikkelt. Positietrading vergroot het risico en mogelijke rendement omdat er in de loop van maanden veel meer kan gebeuren dan in minuten.

Beleggen: maanden- of jarenlang vasthouden

Een *belegger* is geen trader. Beleggers doen zorgvuldig onderzoek en kopen een belang in een fonds in de hoop dat ze op de lange termijn winst opbouwen. Het is niet ongewoon dat beleggers fondsen decennialang vasthouden. Hoewel goede beleggers snel verkopen als zij zich realiseren dat ze een fout hebben gemaakt of als het verhaal verandert. (Zij willen zo min mogelijk verlies lijden, net als een trader dat wil.)

Beleggers kijken naar de vooruitzichten van het onderliggende bedrijf. Zal het winst maken? Kan het zijn schulden afbetalen? Zal het zijn waarde behouden? Ze zien koersschommelingen op de korte termijn als ruis in plaats van mogelijkheden om winst te maken.

Veel traders gebruiken hun winst om te beleggen voor de lange termijn (of geven het aan iemand anders, zoals een beheerder van een open-eind-beleggingsfonds of hedgefonds om het te beleggen). Dit is een manier om financiële veiligheid op te bouwen in de jacht op doelen op langere termijn. Dit geld wordt meestal apart gehouden van de rekening die gebruikt worden voor het traden.

Stelregels en clichés die traders leiden en misleiden

In dit hoofdstuk zijn enkele van de vele stelregels aan bod gekomen die traders gebruiken als ze nadenken over hun trading, zoals:

» De aandelen weten niet dat jij ze in handen hebt.

» Falen om te plannen, is plannen om te falen.

» Je eerste verlies is je beste verlies.

En zo zijn er nog veel meer.

Clichés zijn nuttig om in het kort belangrijke regels weer te geven die je kunnen helpen bij het plannen van het traden. Maar ze kunnen ook misleiden omdat sommige erg voor de hand liggend zijn, te voor de hand liggend om effectief op te kunnen reageren. Ja, iedereen weet dat je geld verdient door laag te kopen en hoog te verkopen, maar hoe weet je wat laag en wat hoog is? Hier volgen nog wat clichés die je vaker zult tegenkomen tijdens het traden, samen met wat ik denk dat ze betekenen.

Biggetjes worden vet, varkens worden geslacht

Trading is puur kapitalisme en mensen doen het om één primaire reden: om winst te maken. Natuurlijk zijn er veel economische voordelen verbonden aan een goed functionerende kapitaalmarkt, zoals betere koersvoorspellingen, risicobeheer en kapitaalvorming. Maar een daytrader wil alleen maar winst maken.

Als je echter te inhalig wordt, ga je domme dingen doen. Je neemt te veel risico, wijkt te veel van je strategie af en gaat te onzorgvuldig om met je verliezen. Goede traders weten wanneer het tijd is om de winst te nemen en naar de volgende trade te gaan.

Deze stelregel is één van de voor de hand liggende, maar moeilijk op te volgen regels. Wanneer verandert een blij biggetje in een groot, vet, inhalig varken dat op weg is om een heerlijke karbonade te worden? Weet dat als je van je tradingplan afwijkt omdat het zo goed gaat, je in de problemen kunt komen.

Dit is een cliché dat verwant is aan 'Biggetjes worden vet, varkens worden geslacht': 'Beren worden vet, stieren worden vet en varkens worden geslacht.' Met andere woorden, een gewiekste trader kan winst maken, of de markt nu omlaag of omhoog gaat, maar een inhalige trader raakt in de problemen.

Bij een bearmarkt komt het geld bij de rechtmatige eigenaren terecht

Een *bullmarkt* is een opgaande markt en een *bearmarkt* is een neergaande markt. Veel mensen denken onterecht dat zij tradinggenieën zijn omdat zij winst maken als de hele markt omhooggaat. Geld verdienen met daytrading was in 1999 eenvoudig aan de hand van internetaandelen, maar het was niet meer zo eenvoudig toen de zeepbel in 2000 barstte. En als de markten dalen, kunnen mensen die het traden echt begrijpen en weten hoe zij hun risico's kunnen beperken, blijven zitten tot het beter gaat, en mogelijk zelfs een leuke winst maken.

Het cliché dat voortvloeit uit 'In een bearmarkt komt het geld bij de rechtmatige eigenaren terecht' is: 'Verwar hersenen niet met een bullmarkt.' Word niet overmoedig als het goed gaat. Misschien is het wel het juiste moment om je bedrijfs- en tradingplannen bij te werken, maar niet om ze terzijde te schuiven.

De trend is je vriend

Als je daytradet, moet je snel winst maken. Je kunt je niet veroorloven te wachten tot die unieke, tegenstrijdige theorie die je bedacht hebt, uitkomt. Een belegger kan aandelen kopen in de hoop ze decennialang vast te houden, maar voor een trader moet het nu gebeuren.

BELANGRIJK

Gezien de kortetermijnaard van de markt is kortetermijnsentiment belangrijker dan grondbeginselen op de lange termijn. Mensen die nu traden kunnen er wat betreft de richting van de vreemde valuta, rente of aandelenkoersen naast zitten, maar als je vanavond je posities sluit, moet je werken met de informatie die *vandaag* bekend is. Op de korte termijn zullen traders die tegen de markt ingaan verlies lijden.

Er zijn twee problemen bij de stelregel: 'De trend is je vriend.' Het eerste is dat als je erachter bent wat de trend is, deze al voorbij kan zijn. Ten tweede kan het soms verstandig zijn om tegen alles in te gaan, zodat jij kunt innen als alle anderen zich realiseren dat zij fout zaten. In zo'n situatie komt de psychologie van het traden om de hoek kijken. Ben je goed genoeg om het menselijk gedrag te kunnen beoordelen om te weten wanneer de trend goed is en wanneer niet?

Koop het gerucht, verkoop het nieuws

Beurzen reageren op informatie. Dat is wat uiteindelijk vraag en aanbod stimuleert. Hoewel de beurs meestal snel op informatie reageert, kan hij ook te sterk reageren. Veel roddels worden verhandeld als iedereen op zoek is naar informatie die ze nodig hebben om winst te maken. En ondanks dingen als geheimhoudingsovereenkomsten en wetten tegen handel met voorkennis, blijken veel roddels waar te zijn.

Deze roddels zijn vaak verbonden aan gebeurtenissen zoals de bekendmaking van bedrijfsresultaten. Om welke reden ook (goed nieuws, analytisch onderzoek, een populair product) kunnen traders gaan geloven dat het bedrijf bijvoorbeeld goede kwartaalcijfers per aandeel bekend gaat maken. Dat is de roddel. Als je koopt naar aanleiding van de roddel, kun je voordeel halen uit de koersstijging als het verhaal bekender wordt. Als de omzet uiteindelijk bekend wordt gemaakt, kunnen er twee dingen gebeuren:

- » De omzet is net zo goed of beter dan er werd gefluisterd en de koers stijgt. De trader kan nu verkopen en winst maken.
- » De omzet is minder dan werd gefluisterd, iedereen verkoopt met slecht nieuws en de trader zal willen verkopen om het verlies te beperken.

Natuurlijk, als de roddel niet waar blijkt te zijn, zul je het tegenovergestelde willen doen: verkopen bij de roddel en kopen bij het nieuws. Ga voor meer informatie over *short gaan*, aandelen verkopen in de hoop dat de koers dan daalt, naar hoofdstuk 9.

Het probleem met 'Koop de roddel, verkoop het nieuws' is dat roddels vaak niet waar zijn en dat zich meer kansen voordoen om te kopen bij slecht nieuws als andere traders in paniek zijn, waardoor de koersen een paar minuten gedrukt worden totdat iedereen weer met beide op de grond staat. Maar dit is één van die regels waar iedereen het over heeft, of ze hem nu volgen of niet.

Beperk je verlies en melk de winst uit

Ik heb eerder in dit hoofdstuk aangegeven dat je je verlies moet beperken voordat het je de afgrond intrekt. Het maakt niet uit hoeveel moeite het kost en in hoeverre je vindt dat je gelijk hebt, je moet een verlieslijdende positie sluiten en verdergaan.

Maar het tegenovergestelde, dat je de winst uit moet melken, hoeft niet waar te zijn. Hoewel goede traders meestal gedisciplineerd zijn in het verkopen van winstgevende posities, zijn ze niet zo rigoureus in het inzetten van stops en limieten als bij een verlieslijdende positie. Ze houden waarschijnlijk vast aan de winst en kijken dan hoe hoog deze wordt voordat ze een positie sluiten.

Het zal je zijn opgevallen dat dit een beetje in strijd is met de stelregel 'Biggen worden vet, varkens worden geslacht'. (Stelregels in trading kunnen zo tegenstrijdig zijn!) Melk de winst uit *binnen* het redelijke om overmoed en slordigheden uit hebzucht te voorkomen. Als je algemene regel is om drie ticks te riskeren op een termijncontract om vijf ticks winst te maken, en een contract gaat zes ticks omhoog voordat je het kunt sluiten, zou je kunnen overwegen om te kijken wat er gebeurt. Maar als je ook aan het einde van de dag sluit, raak dan niet in de verleiding om deze positie open te houden alleen omdat hij nog steeds omhooggaat. Houd je aan je algemene regel.

Je bent zo goed als je laatste trade

De beurzen gaan elke dag gewoon hun gang met weinig aandacht voor de redenen waarom iedereen die tradet er eigenlijk op zit. Koersen gaan omhoog en omlaag in overeenkomst met het aanbod en de vraag op een gegeven moment. Dit hoeft helemaal niets te maken te hebben met de daadwerkelijke waarde op lange termijn van een fonds dat wordt getraded. En het heeft zeker niets te maken met hoe graag je winst wilt maken met de trade.

Een van de grootste vijanden van goede traders is overmoed. Vooral na een reeks winstgevende trades kan een trader gevangen raken in de euforie en gaan denken dat hij eindelijk het geheim voor succesvol traden onder controle heeft. En terwijl hij dat strandhuis op Maui op de site van de makelaar aan het bekijken is: BAM! De volgende trade is een ramp. Betekent dit dat de trader ook een ramp is? Nee, het betekent alleen dat de beurzen deze keer gewonnen hebben.

BELANGRIJK

De meeste daytraders werken in zero-sum markets, waar er voor elke winnaar ook een verliezer is. Dus niet iedereen maakt iedere dag winst. De uitdaging is om een evenwicht te bewaren, en je niet laten afleiden door zelfverzekerdheid als het goed gaat of door angst als het slecht gaat. De volgende trade is een nieuwe trade.

Als je niet weet wie je bent, is Beursplein 5 een dure plek om dat uit te vinden

De beste traders kennen hun grenzen. Ze weten waar ze opgewonden van raken, waar ze boos om worden en waar ze op moeten letten. Ze hoeven dat niet per se uitgevonden te hebben achter een scherm. Ze hebben teruggekeken op hun leven en zich gerealiseerd hoe ze hun zwakke en sterke punten tijdens het traden kunnen toepassen.

Neem als je nieuw bent in het traden je eigen eigenschappen mee als je een tradingplan opstelt en denk goed na over de dingen waardoor jij uit balans kunt raken. Door hierover na te denken, kun je overeenkomstig handelen.

PAS OP

Als je al met echt geld gaat traden voordat je weet hoe goed je tegen risico's en stress kunt, zul je nog veel geld verliezen.

IN DIT HOOFDSTUK

- Goede fondsen voor daytrading zoeken
- Aandelen om te traden vinden
- Geld en valuta tellen
- Geld verdienen met grondstoffen
- Winst maken met derivaten

Hoofdstuk 3
Beslissen wat je wilt traden en hoe

Dus *wat* ga je traden? Aandelen, maïs of bitcoins? Je hebt onmetelijk veel keuzen, maar je moet kiezen omdat je zo de markt leert kennen, weet welke veranderingen je kunt verwachten en aan de hand daarvan kunt gaan traden. En om te voorkomen dat je te veel aan belasting afdraagt, is het misschien handig om de fondsen waarin je tradet zo breed mogelijk te spreiden.

Daartegenover staat dat je niet alles kunt traden. Er zit maar zoveel uur in een dag en je hoofd kan maar zoveel ideeën per keer aan. Verder zijn sommige tradingstrategieën geschikter voor sommige soorten fondsen dan andere (zie hoofdstuk 8). Door meer te weten te komen over alle fondsen die geschikt zijn voor daytrading, kun je betere beslissingen nemen over wat je wilt traden en hoe je wilt traden.

Een goed fonds voor daytrading definiëren

In feite omvatten fondsen zo ongeveer alles wat je tegen een bepaalde prijs kunt kopen en tegen een andere, potentieel hogere prijs kunt verkopen. Kunst, onroerend goed en particuliere bedrijven bijvoorbeeld worden allemaal gezien als belegbare fondsen.

Daytraders hebben een veel kleinere groep aan fondsen om mee te werken. Het is niet realistisch om in één dag snel winst te willen maken op prijsveranderingen in onroerend goed. Op online veilingen worden collectibles enkele dagen aangeboden, niet voor een paar minuten. Als je gaat daytraden, heb je fondsen nodig die gemakkelijk te verhandelen zijn en dat een paar keer per dag. Met andere woorden, je bent op zoek naar *liquiditeit*. Als individu dat voor eigen rekening tradet, heb je fondsen nodig die je kunt aantrekken met relatief weinig kapitaal. En ten slotte kun je *leverage* (geleend geld) gebruiken om je rendement te verbeteren, dus moet je op zoek naar fondsen die gekocht kunnen worden met geld van anderen. De volgende paragrafen beschrijven de eigenschappen van goede fondsen voor daytrading.

Op zoek naar liquiditeit

Liquiditeit is het vermogen om een grote hoeveelheden van financiële middelen te kunnen kopen of verkopen zonder dat hiermee de koersen veranderen. Daytraders zijn op zoek naar liquide fondsen, zodat zij zich snel op de beurs kunnen begeven en deze ook weer snel kunnen verlaten zonder dat de koersen verstoord raken. Anders kunnen zij niet in grote hoeveelheden tegen een goede koers kopen of verkopen op het moment dat ze het willen.

Heel sec gesteld worden financiële markten gedreven door vraag en aanbod. Hoe meer er van een fonds aanwezig is op de markt, des te lager de koers. Hoe meer mensen van een fonds willen hebben, des te hoger de koers. In een perfecte markt zijn de gevraagde en aangeboden hoeveelheden gelijk en verandert de koers dus niet. Dit doet zich voor als een grote hoeveelheid mensen zodanig aan het handelen is dat vraag en aanbod constant gelijk zijn, of als de frequentie van de trades zo laag is dat de koers niet verandert.

BELANGRIJK

Misschien denk je: ik heb toch meer aan grote koersveranderingen, zodat ik snel winst kan maken? Ja, natuurlijk heb je koersschommelingen nodig, maar jij moet niet degene zijn die ze veroorzaakt. Hoe minder liquide de markt is, des te groter de kans is dat de koersen worden beïnvloed als jij koopt of verkoopt en des te kleiner je winst zal zijn.

Volume

Volume is de totale hoeveelheid van een aandeel die op een bepaald moment verhandeld wordt. Hoe groter het volume, des te meer kopers en verkopers geïnteresseerd zijn in het aandeel en des te gemakkelijker je kunt verkopen en kopen zonder dat dit van invloed is op de koers.

Daytraders kijken ook naar de relatie tussen volume en koers. Deze belangrijke technische indicator wordt gedetailleerder besproken in hoofdstuk 7. Hier volgt de eenvoudige analyse:

- » Hoog volume zonder verandering in de koers betekent dat wat kopers en verkopers doen in balans is.
- » Hoog volume met stijgende koersen betekent dat er meer kopers zijn dan verkopers zodat de koers blijft stijgen.
- » Hoog volume met dalende koersen betekent dat er meer verkopers zijn dan kopers zodat de koers blijft dalen.

Frequentie

Een ander middel om liquiditeit te meten, is *frequentie*, oftewel hoe vaak een aandeel wordt verhandeld. Sommige fondsen, zoals termijncontracten op aandelenmarkten, worden constant verhandeld vanaf het moment dat de beurs opengaat tot de allerlaatste trade van de dag, en de handel gaat 's nachts verder. Andere, zoals agrarische grondstoffen, worden alleen tijdens de beursuren of alleen tijdens bepaalde tijden van het jaar verhandeld. Andere aandelen, zoals effecten, worden vaak verhandeld, maar het volume stijgt en daalt regelmatig als gevolg van dingen als *optievervaldatum* (de datum waarop opties op aandelen vervallen).

Veel van de markt wordt gedomineerd door *flitshandelaren*, handelaren met computergestuurde systemen die razendsnel koop- of verkooporders aangaan, uitvoeren of annuleren. Deze traders hebben heus weleens een handelsdag in de war geschopt, maar ze zijn maar gedeeltelijk verantwoordelijk voor het type frequentie dat hier wordt besproken. Dat komt omdat flitshandelaren zoeken naar aandelen die al vaak worden verhandeld om de programma's beter te laten werken.

Inzoomen op hoge volatiliteit

De *volatiliteit* van een aandeel is de mate waarin de koers van een fonds in een bepaalde periode verschilt. Het vertelt je hoe veel koersen fluctueren en dus wat de kans is dat je daar voordeel uit kunt halen. Als een aandeel bijvoorbeeld een gemiddelde koers heeft van € 5, maar wordt verhandeld tussen € 1 en € 14, is het volatieler dan een aandeel met een gemiddelde koers van € 5 dat verhandeld wordt tussen € 4 en € 6.

Een standaardberekening van volatiliteit en risico is de *standaarddeviatie*. Dit is hoe veel een bepaalde koersnotering verschilt van de gemiddelde koers van een aandeel. Als je graag wilt weten hoe je dat moet berekenen, wordt dit uitgelegd in het kader 'De standaarddeviatie vinden – op de moeilijke manier', maar je kunt het ook berekenen met behulp van de meeste spreadsheetprogramma's en veel handelsplatformen.

BELANGRIJK

Hoe hoger de standaarddeviatie, des te groter de volatiliteit; hoe groter de volatiliteit, des te meer de koers van een aandeel zal fluctueren en des te groter de kansen op winst (en verlies) er liggen voor een daytrader.

De standaarddeviatie meet ook het risico en kan worden gebruikt in het beoordelen van je tradeprestaties. Dit gebruik van de standaarddeviatie wordt besproken in hoofdstuk 16.

DE STANDAARDDEVIATIE VINDEN – OP DE MOEILIJKE MANIER

TECHNISCHE INFO

Hier volgt de formule voor het berekenen van de standaarddeviatie:

$$\sigma = \sqrt{\frac{1}{N}\sum_{i=1}^{N}(x_i - \bar{x})^2}$$

In deze formule is *N* het aantal koersnoteringen, x^1 is een willekeurige koersnotering en die grappige *x* met dat streepje erboven is het gemiddelde van alle koersen in de loop van de tijd.

Om de standaarddeviatie voor jezelf te berekenen, bereken je eerst het verschil tussen een willekeurige koers en de gemiddelde waarde. Dus als de gemiddelde koers € 5 is en de slotkoers is € 8, is het verschil € 3. (De kans is groot dat de onderzoeksdienst die je gebruikt het verschil voor jou uitrekent; er is meer over onderzoeksdiensten terug te vinden in hoofdstuk 13.)

Nadat je alle verschillen hebt bepaald tussen de koersen en het gemiddelde voor de betreffende periode, bereken je het kwadraat van deze verschillen. Is het verschil van de koers van een bepaalde dag € 8, dan is het kwadraat € 64. Tel alle gekwadrateerde verschillen voor de betreffende periode bij elkaar op en bepaal het gemiddelde daarvan. Dit getal wordt de *variantie* of σ^2 genoemd. Bereken ten slotte de wortel van de variantie en dan heb je de standaarddeviatie.

Binnen je budget blijven

Je hebt eigenlijk niet veel geld nodig om te gaan daytraden, maar je hebt wel veel geld nodig om bepaalde aandelen te kopen. Aandelen worden over het algemeen verhandeld in *afgeronde partijen*. Dit zijn orders van minstens 100 aandelen. Als je aandelen wilt kopen van € 40 per aandeel, moet je € 4.000 op je rekening hebben staan. Je broker zal je waarschijnlijk ongeveer de helft van dat geld laten lenen, maar je moet nog steeds de andere € 2.000 ophoesten.

Opties en termijncontracten worden verhandeld per contract. Een contract vertegenwoordigt een bepaalde eenheid van het onderliggende aandeel. Op de optiemarkt is een contract bijvoorbeeld goed voor 100 aandelen. Deze contracten worden ook verhandeld in afgeronde partijen van 100 contracten per order.

PAS OP

Niemand zal je tegenhouden als je een kleinere hoeveelheid koopt dan de normale afgeronde partij van een bepaald aandeel, maar dan betaal je waarschijnlijk meer commissie en wordt je order slechter uitgevoerd. Aangezien het rendement op elke trade meestal toch lager is, is het verstandig om pas te gaan daytraden als je voldoende geld hebt om het doelfonds effectief te kunnen traden. Anders betaal je te veel aan je broker zonder er zelf veel beter van te worden.

Obligaties worden niet in delen verhandeld. Ze worden verhandeld per obligatie en elke obligatie heeft een nominale waarde van € 1.000. Sommige worden voor meer of minder dan dat verhandeld, afhankelijk van in hoeverre de rente van de obligatie overeenkomt met die van de markt. Het bedrag € 1.000 is een goed getal om in gedachten te houden als je nadenkt over kapitaalvereisten. Veel dealers hebben echter een minimumorder van 10 obligaties, dus zou een minimumorder € 10.000 bedragen.

Zorg ervoor dat je marge kunt gebruiken

De meeste daytraders verdienen geld door een grote hoeveelheid kleine winsten. Een manier om de winst per trade te vergroten, is door geleend geld te gebruiken om meer aandelen, contracten of obligaties te kopen. *Marge* is geld op je rekening dat als onderpand dient voor het geld dat je leent. Bijna alle brokers willen met alle liefde een margelening voor je treffen, vooral als je het geld gaat gebruiken om mee te traden, wat meer commissie betekent voor het effectenbureau. In hoofdstuk 9 bespreek ik hoe marge wordt gebruikt binnen een beleggingsstrategie. Je hoeft nu alleen na te denken over hoe marge van invloed is op je keuze van fondsen om mee te gaan daytraden.

De volgende paragraaf biedt meer informatie over hoe marge werkt en wat je moet overwegen als je fondsen gaat kiezen om te mee traden. Dit is wat je nu moet weten: de meeste aandelen en obligaties kunnen met marge worden gekocht en de Federal Reserve Board staat traders toe tot 50 procent van hun waarde te lenen. Maar niet alle aandelen kunnen met marge worden gekocht. Aandelen met een koers lager dan $ 3 per aandeel, die op de OTC Bulletin Board of OTC Link (die later in dit hoofdstuk worden besproken) worden verhandeld, en die van nieuwe publieke vennootschappen kunnen meestal niet als onderpand dienen of op marge gekocht worden. Je effectenkantoor heeft vast een lijst van aandelen die niet voor marge in aanmerking komen.

BELANGRIJK

Als leverage onderdeel van je daytradingstrategie gaat uitmaken, controleer dan wel of de fondsen die je wilt traden ook met marge kunnen worden verkocht.

De algemene regel is dat er op je aandelen- of obligatierekening in ieder geval € 2.000 of 50 procent van de koopprijs van de aandelen moet staan als je geld leent. Dus als je bijvoorbeeld iets koopt op marge voor een waarde van € 5.000, moet er € 2.500 op je rekening staan. De koers van die aandelen kan dalen, maar als hij zoveel daalt dat er nu op de rekening maar 25 procent van de waarde van de lening staat, krijg je een *margin call, de uitoefening van bijstortingsverplichting.* Dit betekent dat je op dat moment geld of aandelen aan je rekening moet toevoegen.

Overtollige marge is het bedrag boven het minimum dat op je rekening staat. Als er bijvoorbeeld € 100.000 op je rekening staat en je 30 procent nodig hebt als onderhoudsmarge, kun je lenen tegen € 70,000, het bedrag boven de 30 procent die gebruikt wordt voor onderhoud.

Voor derivaten gelden er iets andere margeregels. Elk contract heeft zijn eigen vereisten voor de beginmarge en onderhoudsniveaus die op de rekening moeten blijven staan. In de taal van de derivatenmarkten wordt marge ook wel een *uitvoeringsgarantie* genoemd. Als je tradet in E-mini MSCI Emerging Markets indexcontracten op de Chicago Mercantile Exchange is de initiële marge per contract $ 10.000 en de onderhoudsmarge $ 8.000. De huidige margevereisten voor Chicago Mercantile Exchange- en Chicago Board of Trade-producten staan op de website van de Chicago Mercantile Exchange, www.cmegroup.com.

TECHNISCHE INFO

Margevereisten worden niet bepaald door effectenkantoren. Het minimumbedrag dat er op je rekening moet staan, en dus het minimumbedrag dat je kunt lenen, wordt bepaald door de Federal Reserve Board volgens Regulation T. Dit omdat men bang is dat als er te veel geleend wordt, de leners in paniek raken en ervoor zorgen dat de beurs nog meer naar beneden getrokken wordt. (Overmatig traden op marge was een van de factoren die bijdroegen aan de beurscrash van 1929, waarbij het industriële gemiddelde van de Dow Jones op één dag 13 procent zakte en de beurs pas in 1954 volledig hersteld was. De financiële crisis van 2008 werd niet veroorzaakt door leverage op de aandelenmarkt, maar door overmatig lenen op de onroerendgoedmarkt.)

Soorten effecten

Op de financiële markten kopen en verkopen mensen elke dag effecten. Maar wat kopen en verkopen ze precies? *Effecten* zijn financiële instrumenten. In vroegere tijden waren het stukken papier, maar nu zijn het elektronische vermeldingen die een wettelijke vordering vormen op een bepaald soort onderliggend bezit. Dit bezit kan een bedrijf zijn, als het effect uit aandelen bestaat, of het kan een lening zijn aan de overheid of een bedrijf, als het effect bestaat uit obligaties. In deze paragraaf bespreek in verschillende soorten effecten waar daytraders waarschijnlijk mee te maken krijgen en geef ik aan hoe je het moet aanpakken.

TECHNISCHE INFO

In de praktijk zijn *bezit* en *effecten* synoniemen en wordt *derivaat* gezien als een soort bezit of effect. Maar deze drie zijn niet hetzelfde:

- Een *bezit* is een fysiek voorwerp. Voorbeelden zijn een bedrijf, huis, ongemunt goud of een lening.
- Een *effect* is een contract dat iemand het recht op eigendom van het bezit geeft, zoals een aandeel, obligatie of een promesse.
- Een *derivaat* is een contract dat zijn waarde haalt uit de koers van een effect. Voorbeelden zijn opties en termijncontracten.

Aandelen

Een *aandeel* is een effect dat een klein belang in het eigendom van een bedrijf vertegenwoordigt. Koop een aandeel Microsoft en jij bent eigenaar van het bedrijf, net als Bill Gates. Hij heeft waarschijnlijk een veel groter aandeel in het totale bedrijf, maar jullie hebben er beiden een belang in. Aandeelhouders kiezen een raad van bestuur om hun belangen te behartigen in hoe het bedrijf wordt geleid. Elk aandeel is een stem, dus succes om Bill Gates uit de raad van Microsoft te stoten.

Een aandeel heeft *beperkte aansprakelijkheid,* wat betekent dat je je hele inleg kunt verliezen, maar niet meer dan dat. Als een bedrijf faillissement aanvraagt, kunnen crediteuren niet bij de aandeelhouders aankloppen voor het geld dat ze nog tegoed hebben.

Sommige bedrijven betalen hun aandeelhouders *dividend* uit, wat een kleine contante betaling is vanuit de winst die het bedrijf gemaakt heeft. Aangezien daytraders de aandelen maar een heel korte tijd in handen hebben, krijgen zij meestal geen dividend uitbetaald.

Hoe worden aandelen verhandeld

De koers van aandelen is gebaseerd op een enkel aandeel en de meeste brokers vragen commissie op basis per aandeel. Ondanks deze kosten per aandeel worden aandelen bijna altijd in afgeronde partijen van 100 aandelen verhandeld. Vraag en aanbod van een bepaald aandeel worden bepaald door de verwachte prestaties van het bedrijf.

De koers van een aandeel wordt aangegeven met een biedkoers en een laatkoers.

» De *biedkoers* is de koers die de broker betaalt om de aandelen van jou te kopen als je verkoopt.

» De *laatkoers* is de koers die de broker jou in rekening brengt als jij degene bent die koopt.

TIP

Je kunt het verschil tussen biedkoers en laatkoers op deze manier onthouden: De *broker* koopt tegen de *biedkoers*.

Het verschil tussen de bied- en laatkoers is de *spread* en dat vertegenwoordigt de winst van de handelaar.

Hier volgt een voorbeeld van een koersnotering:

INGA1 € 11,370 € 11,375

Deze notering is voor ING Groep (Amsterdam) (handelssymbool: INGA). De biedkoers, het eerste bedrag, is € 11,370, en de laatkoers is € 11,375. Dat is de kleinste spread die je kunt tegenkomen! De spread is hier zo klein omdat ING Groep liquide aandelen zijn en er geen grote gebeurtenissen in het nieuws zijn die het evenwicht tussen kopers en verkopers kunnen verstoren.

TIP

De broker verdient geld met de commissie én met de spread. Veel nieuwe daytraders focussen op de commissie en vergeten dat sommige brokers de order beter kunnen uitvoeren dan anderen, dus de spread kleiner houden. Je moet de totale kosten van het traden meenemen als je een tradingstrategie opstelt en een broker kiest. Brokers moeten gegevens over de kwaliteit van de uitvoering van de trades bekendmaken als je erom vraagt.

TECHNISCHE INFO

Ik gebruik de worden 'broker' en 'handelaar' door elkaar, maar er is een verschil. Een *broker* brengt eenvoudigweg kopers en verkopers van financiële instrumenten samen, waar een *handelaar* financiële instrumenten voor eigen rekening koopt en verkoopt.

Waar aandelen worden verhandeld

Aandelen worden meestal op georganiseerde beurzen verhandeld, zoals de New York Stock Exchange en de NASDAQ, maar ze worden steeds vaker op elektronische communicatienetwerken verhandeld, waarvan enkele worden gerund door de beurzen zelf.

De oude beurzen zijn waar je aan denkt als iemand aandelenbeurs noemt: fysieke gebouwen met veel mensen die druk door elkaar rennen en zelf trades uitvoeren. Deze beurzen zijn nog altijd grote factoren in de markt, maar ondervinden steeds meer concurrentie van elektronische communicatienetwerken die zijn opgezet vanuit de gedachte dat meer concurrentie ervoor zou zorgen dat de markten nog beter zouden functioneren. Dat is niet helemaal zo uitgepakt. De spreads tussen de bied- en laatkoersen zijn klein, maar de volatiliteit is toegenomen toen zij een factor in de markt werden. Aan de andere kant zorgt volatiliteit voor kansen voor daytraders, dus dat is niet noodzakelijkerwijs slecht.

Als je een order plaatst via een broker, voert de computer van de broker die order daar uit waar de beste deal gemaakt kan worden. Maar is dat de beste deal voor jou of voor de broker? Het is moeilijk om daarachter te komen. Over het algemeen zorgen brokers die vaker traden en aanwezig zijn op meerdere beurzen en elektronische communicatienetwerken voor de beste uitvoering voor jou. (Ga voor meer informatie over het kiezen van een goede betrouwbare broker naar hoofdstuk 11.)

BELANGRIJK

De financiële markten zijn steeds in beweging omdat er op de beurzen veel fusies en overnamen plaatsvinden. Tegen de tijd dat je deze informatie leest, kan alles alweer veranderd zijn, wat ik fascinerend vind. Het was nog niet zo lang geleden dat deze beurzen vastgeroeste organisaties waren.

DE NEW YORK STOCK EXCHANGE (NYSE)

De New York Stock Exchange is de beroemdste van alle beurzen. De meeste van de grootste Amerikaanse bedrijven staan er genoteerd en zij betalen voor dat privilege.

Om genoteerd te staan op de New York Stock Exchange moet een bedrijf over het algemeen minstens 2.200 aandeelhouders hebben exclusief insiders, minstens 100.000 aandelen per maand hebben gehandeld in de voorgaande 6 maanden, een *marktkapitalisatie* (het aantal aandelen dat uitstaat vermenigvuldigd met de koers per aandeel) hebben van minstens $ 100 miljoen en totale inkomsten voor belastingen hebben van $ 10 miljoen in de voorgaande 3 jaar.

De New York Stock Exchange is meer dan 200 jaar oud, maar heeft enkele grote veranderingen ondergaan om relevant te blijven. Het is een beurs met een *beursvloer*. De ruimte waar wordt gehandeld is groot en ruim en wordt de *vloer* genoemd. De vloerbroker, die werkt voor het bedrijf dat lid is, ontvangt de order elektronisch en neem deze mee naar de handelspost, het gebied op de vloer waar in de betreffende aandelen wordt gehandeld. Bij de handelspost voert de vloerbroker de order uit tegen de best beschikbare koers.

Hoewel het ooit een onafhankelijke organisatie was gebaseerd op lidmaatschap is de New York Stock Exchange nu grondig gemoderniseerd. In 2007 is hij samengegaan met Euronext, een holding voor vijf verschillende Europese aandelenbeurzen. Toen kocht de NYSE Euronext de American Stock Exchange, ooit een grote concurrent van de NYSE, en heeft deze toen afgebouwd. Het samengestelde bedrijf handelt fysiek in aandelen, obligaties en derivaten op de overgebleven fysieke beurzen, en elektronisch via Arca, de elektronische beurs. Natuurlijk wordt het percentage van de handel die door echte mensen die op de vloer staan van een echt gebouw wordt uitgevoerd geleidelijk aan minder. De meeste handel vindt elektronisch plaats door zowel kleine daytraders als grote instellingen, waarbij bijna 30 procent wordt uitgevoerd door computeralgoritmen.

Om je een hint te geven over het belang van computergestuurde handel: de NYSE staat brokers toe hun servers op de beursvloer te plaatsen, natuurlijk tegen betaling. Voor sommige kantoren is de voorsprong van een milliseconde het meer dan waard.

NASDAQ

NASDAQ was ooit de afkorting van National Association of Securities Dealers Automated Quotation System (Geautomatiseerd Noteringssysteem van de Nationale Vereniging van Aandelenhandelaren), maar nu is het gewoon een naam, en geen afkorting. Het wordt uitgesproken zoals je het schrijft. Toen de NASDAQ werd opgericht, was het een elektronisch communicatienetwerk (meer hierover verderop) voor bedrijven die te klein of te speculatief waren om aan de noteringsvereisten van de New York Stock Exchange te voldoen. Wat er gebeurde, was dat brokers het prettig vonden om het NASDAQ-netwerk te gebruiken en technologiebedrijven die te klein en speculatief waren (Microsoft, Intel, Apple), groeiden uit tot grote, internationale reuzen.

Als een klant een order plaatst, kijkt de computer van het effectenkantoor of er een overeenkomstige order op het netwerk staat. Soms kan de order elektronisch uitgevoerd worden. In andere gevallen moet de handelaar van het effectenkantoor andere handelaren bij andere kantoren bellen om te kijken of de koers nog steeds klopt. Een belangrijk kenmerk van NASDAQ is de *marketmakers*. Dit zijn werknemers van aangesloten effectenkantoren die ermee instemmen minimale hoeveelheden van specifieke aandelen te kopen en te verkopen om ervoor te zorgen dat er een basisniveau aan handel plaatsvindt.

NASDAQ verdeelt de genoteerde bedrijven in drie categorieën:

» De **NASDAQ Global Select Market** omvat de duizend grootste bedrijven op de beurs. Bedrijven die op de lijst komen te staan, hebben een minimale gemiddelde marktkapitalisatie van $ 550 miljoen en totale inkomsten van minstens $ 11 miljoen in de voorgaande drie boekjaren.

» De **NASDAQ Global Market** omvat bedrijven die te klein zijn voor de Global Select Market maar die niet echt klein zijn. Om voor de Global Market in aanmerking te komen, moeten bedrijven een marktkapitalisatie hebben van minstens $ 75 miljoen, minstens 1,1 miljoen aandelen hebben uitstaan bij minstens 400 aandeelhouders en een minimale koers hebben van $ 4 per aandeel.

» De **NASDAQ Capital Market** is voor bedrijven die niet in aanmerking komen voor de NASDAQ Global Market. Om hiervoor in aanmerking te komen, hebben bedrijven een marktkapitalisatie nodig van minstens $ 50 miljoen, minstens 1 miljoen aandelen hebben uitstaan, ongeveer 300 aandeelhouders hebben en een minimale koers hebben van $ 4 per aandeel.

TIP

Als daytrader zul je zien dat NASDAQ Global Select Market-bedrijven de meest liquide zijn. Het zal je ook opvallen dat de tradingpatronen veranderen als een bedrijf op het punt staat om van categorie te veranderen. Een upgrade is een teken dat er goed nieuws aankomt en dat er meer belangstelling vanuit de markt komt. Een downgrade betekent dat het bedrijf het zeer waarschijnlijk niet zo goed doet en dat er minder belangstelling zal zijn van de beleggers.

De nieuwe elektronische beurzen

NASDAQ was de eerste elektronische aandelenbeurs, maar het is nu een instelling. Verschillende nieuwe beurzen zijn ontstaan en concurreren met de NYSE en de NASDAQ. Deze bedrijven begonnen meestal bij elektronische communicatienetwerken, maar zijn uitgegroeid tot iets anders. Zij hebben gezorgd voor nieuwe tradingmogelijkheden en verlaagde kosten, maar zij hebben ook bijgedragen aan de volatiliteit op de markt. In de volgende paragrafen worden twee elektronische beurzen besproken die zich nu op de markt bevinden.

BATS EXCHANGE

BATS (www.batstrading.com) staat voor Better Alternative Trading System (Beter Alternatief Handelssysteem). Het is opgericht om de uitvoering van een trade te verbeteren en het is nu de op twee na grootste beurs in de Verenigde Staten. Verschillende EFT's staan rechtstreeks genoteerd op BATS. De beurs heeft ook geprobeerd aandelennoteringen aan te bieden, beginnende met zijn eigen beursgang, maar door een fout in het handelssysteem is de beursgang afgeblazen en zijn die ambities afgeschaald. Voorlopig tenminste.

NATIONAL STOCK EXCHANGE

De National Stock Exchange vloeit voort uit de Cincinnati Stock Exchange, die in 1885 werd opgericht. Hij is in 1980 helemaal elektronisch geworden en is nu eigendom van de Chicago Board Options Exchange en een groep effectenkantoren. Het is een elektronisch communicatienetwerk dat in alle beursgenoteerde aandelen handelt, maar er worden zelf geen effecten genoteerd.

De risicovolle onderhandse beurzen

Toen de traditionele, op de beursvloer gebaseerde beurzen nog de hoofdmoot uitmaakten, waren er een paar bedrijven die in aandelen handelden die niet in aanmerking kwamen voor een beursnotering. Deze bedrijven bestaan nog steeds en veel traders vinden ze fijn omdat ze hier aandelen kunnen vinden die een goede volatiliteit hebben en te klein zijn om de aandacht van de groep jongens met hun grote computers te trekken. Het risico ligt echter ook een stuk hoger. Sommige van deze aandelen worden niet voldoende verhandeld voor een daytrader en een enkele van deze aandelen worden niet uitgegeven door legitieme bedrijven.

OVER-THE-COUNTER BULLETIN BOARD (OTC BB)

De Over-the-Counter Bulletin Board is de markt voor bedrijven die hun financiële waarden melden aan de U.S. Securities and Exchange Commission, maar niet in aanmerking komen voor notering in een NASDAQ-categorie. Het omvat ook enkele buitenlandse emittenten die geen notering hebben gekregen op een Amerikaanse beurs. Amerikaanse OTC BB-bedrijven hebben een handelssymbool van vier letters gevolgd door *.OB*. Het handelssymbool van bijvoorbeeld Sanborn Resources is SANB.OB. Niet-Amerikaanse emittenten handelen met vijflettersymbolen: vier letters gevolgd door een *F*. ACS Motion Control, gevestigd in Israël, handelt als ACSEF.

Effectenkantoren dragen noteringen op OTC BB-aandelen via hun NASDAQ-werkstations of andere noteringsdiensten, waardoor ze in staat zijn om huidige koersen te vinden en kopers en verkopers te vinden voor orders die ze hebben. Noteringen worden ook op de website van OTC BB gezet: www.otcbb.com.

TIP

In veel gevallen zijn OTC BB-bedrijven bedrijven die ooit op de NASDAQ stonden, maar waarvan de aandelenkoersen te veel aan waarde hebben verloren om hun notering te kunnen vasthouden. Een Bulletin Board-notering is vaak een laatste poging voordat ze verdwijnen.

OTC LINK

Vroeger bestonden er maar een paar elektronische netwerken en die boden niet voldoende ruimte voor veel bedrijven om erop te handelen. Kleinere bedrijven werden niet dagelijks verhandeld. Om de huidige koers te vinden, schreven effectenkantoren zich in op een koersservice die een wekelijkse nieuwsbrief rondstuurde met de koersnoteringen van die bedrijven. Deze nieuwsbrief werd gedrukt op roze papier, zodat hij bekend werd als de *Pink Sheets.* In het modernere tijdperk werd de nieuwsbrief online gezet en werd de naam veranderd in OTC Link (www.otcmarkets.com).

OTC Link hanteert geen noteringsvereisten voor bedrijven. De meeste bedrijven komen niet in aanmerking voor een notering op de NASDAQ of OTC BB, meestal omdat zij niet blij zijn met het versturen van gegevens naar de Securities and Exchange Commission. Deze bedrijven hebben een handelssymbool van vier of vijf letters en hebben soms het achtervoegsel *.PK.* Orders voor OTC Link-bedrijven worden geplaatst via effectenkantoren die de dienst gebruiken om koersen te vinden en kopers en verkopers samen te brengen.

PAS OP

Niet alle OTC Link-bedrijven zijn legitiem. Vanwege de minimale noteringsvereisten bevinden zich er veel dubbeltjesfondsen (die voor minder dan $ 1,00 per aandeel worden verhandeld), frauduleuze bedrijven en aandelen die gemakkelijk gemanipuleerd worden door boilerroomexploitanten. OTC Link is een ruige omgeving, te ruig voor velen.

Dark pools

Laat je niet van de wijs brengen door het woord 'dark'. Dark pools, ook wel 'dark liquidity' genoemd, is goed voor traders. Deze beurzen stellen mensen in staat koop- of verkooporders te plaatsen die alleen uitgevoerd worden als iemand de andere kant neemt. Natuurlijk, zo werken de meeste beurzen, maar donkere handel publiceert geen koersen of grootte van de orders. Traders gebruiken ze voor uitvoering tegen lage kosten, niet om achter de koers te komen. Het nadeel is dat koersnoteringen vaak informatie bevatten over welke kant de markt op gaat.

Obligaties

Een *obligatie* is een lening. De koper van de obligatie geeft de emittent van de obligatie geld. De emittent van de obligatie belooft regelmatig rente te betalen. De regelmatige couponbetalingen zijn de reden waarom obligaties vaak *vastrentende beleggingen* worden genoemd. Emittenten van obligaties betalen het geleende geld, het hoofdbedrag, terug op een van tevoren vastgestelde datum, ook wel *aflossingsdatum* genoemd. Obligaties hebben over het algemeen een looptijd van meer dan tien jaar. Kortere termijn obligaties worden meestal *notes* genoemd en obligaties met een aflossingsdatum binnen een jaar na uitgifte worden meestal *bills* genoemd. De meeste obligaties in de Verenigde Staten worden uitgegeven door bedrijven (bedrijfsobligaties) of door de federale overheid (staatsobligaties). Sommige worden uitgegeven door plaatselijke overheden (municipal bonds).

In de loopt van de jaren realiseerden ondernemende financiers zich dat sommige beleggers regelmatige betalingen nodig hadden, maar dat andere een enkel bedrag wilden ontvangen op een datum in de toekomst. Dus hebben ze de *coupons*, de rentebetalingen op een obligatie, gescheiden van het hoofdbedrag. De betaling van het hoofdbedrag, ook *nulcouponobligatie* genoemd, wordt aan één belegger verkocht, terwijl de coupons, strips genaamd, aan een andere belegger worden verkocht. De lener voert de betalingen uit net zoals bij een normale obligatie. (Normale obligaties worden soms ook *plain vanilla* genoemd.)

De lener die een aantal betalingen wil uitvoeren zonder daarbij het hoofdbedrag in één keer terug te betalen, kan een *amortiserende* obligatie uitgeven om het hoofdbedrag en de rente met regelmatige betalingen terug te betalen. Als je denkt aan een normale hypotheek, dan betaalt de lener het hoofdbedrag en de rente met regelmatige betalingen terug. Op deze manier wordt het verschuldigde bedrag in de loop van de tijd steeds kleiner, zodat de lener op de aflossingsdatum het hoofdbedrag niet in één keer hoeft terug te betalen.

Andere leners geven er de voorkeur aan om alles op de aflossingsdatum in één keer terug te betalen, dus dan geven ze *kortingobligaties* uit. De aanschafkoers is het hoofdbedrag verminderd met het bedrag aan rente dat anders betaald zou moeten worden.

BELANGRIJK

Als een bedrijf failliet gaat, krijgen obligatiehouders eerder betaald dan de aandeelhouders. Bij sommige faillissementen nemen de obligatiehouders het bedrijf over en blijven de huidige aandeelhouders met lege handen achter.

Hoe obligaties worden verhandeld

Obligaties worden vaak als enkele obligaties verhandeld met een nominale waarde van € 1.000, hoewel sommige brokers alleen minimale orders van 10 obligaties aannemen. Obligaties worden niet zo vaak verhandeld als aandelen omdat de meeste beleggers in obligaties op zoek zijn naar regelmatige inkomsten, zodat zij hun obligaties houden tot aan de aflossingsdatum. Obligaties lopen minder risico dan aandelen, dus is hun koers ook minder volatiel. De waarde van een obligatie wordt meestal bepaald door de rentestanden in de economie. Als de rente stijgt, gaan de koersen van obligaties naar beneden. Gaat de rente naar beneden, dan stijgen de koersen van obligaties. Obligatiekoersen worden ook beïnvloed door de waarschijnlijkheid dat een lening terugbetaald wordt. Als handelaren denken dat de emittent van de obligatie niet zal betalen, gaat de koers van de obligatie naar beneden.

BELANGRIJK

Over het algemeen loop je alleen met bedrijfsobligaties en municipal bonds terugbetalingsrisico. De Amerikaanse regering zou in gebreke kunnen blijven, maar dat is niet waarschijnlijk omdat zij altijd geld bij kunnen drukken. De meeste internationale overheidsobligaties lopen een vergelijkbaar laag risico dat de overheden in gebreke blijven, maar sommige landen zijn wel degelijk in gebreke gebleven. Het meest opmerkelijke geval was Rusland dat weigerde in de zomer van 1998 om geld te drukken om schulden af te betalen. Deze beslissing veroorzaakte veel chaos op de financiële markten over de hele wereld, inclusief het instorten van een belangrijk hedgefonds, Long-Term Capital Management.

Investeringsbanken en de federale overheid verkopen nieuwe obligaties rechtstreeks aan beleggers. Nadat deze zijn uitgegeven, wordt gezegd dat obligaties op de secundaire markt verhandeld worden. Sommige staan genoteerd en sommige worden onderhands verhandeld, wat betekent dat handelaren ze onderling verhandelen in plaats van via een gevestigde beurs.

De koersnotering van een obligatie ziet er zo uit:

0,125 juli 17 n 99:98 99:99

Vertaling: dit is een Amerikaanse Treasury note die in juli 2017 vervalt en een rente draagt van 0,125 procent. Net als bij aandelen staan de getallen achter de *n* (voor *note*) voor de bied- en laatkoers. Het eerste getal is de biedkoers, de koers die de dealer betaalt om de obligatie van jou te kopen als je verkoopt. Het tweede getal is de laatkoers, de koers die de dealer jou vraagt als jij wilt kopen. Het verschil is de spread en dat is de winst van de dealer.

PAS OP

De meeste obligaties zijn niet geschikt voor daytraders. Alleen staatsobligaties, uitgegeven door de Amerikaanse overheid, beschikken over voldoende tradingvolume om een daytrader aan te trekken. Aangezien de hoeveelheid kapitaal dat vereist is om te handelen en de relatief lage liquiditeit van veel soorten obligaties, geven veel traders de voorkeur aan *termijncontracten* om op rentes te gokken. Ik bespreek termijncontracten verderop in dit hoofdstuk.

Lees verder als jij een van die daytraders bent die toch obligaties wil gaan kopen en verkopen of gewoon wat meer over de markt wilt weten.

Beursgenoteerde obligaties

Sommige grotere bedrijfsobligaties worden verhandeld op de New York Stock Exchange. Degenen die ze willen kopen of verkopen, plaatsen een order via hun broker, die de order doorstuurt naar de vloerbroker. Het proces is bijna hetzelfde als bij het handelen in beursgenoteerde aandelen.

Onderhands handelen

De meeste bedrijfsobligaties en municipal bonds worden onderhands verhandeld. Dit betekent dat er geen georganiseerde beurs bestaat. In plaats daarvan gebruiken brokers elektronische koersdiensten om uit te zoeken waar zich de kopers en verkopers bevinden voor verschillende uitgiftes. Onderhandse obligaties worden niet veel verhandeld. Kopers geven vaak hun eisen ten aanzien van de kwaliteit, rente en aflossingsdatum door aan hun broker en de broker wacht tot er een geschikte obligatie op de markt komt.

Handelen in staatsobligaties

Anders dan bij de bedrijfsobligaties en municipal bonds, zijn staatsobligaties de meest liquide obligaties ter wereld. De beste manier om nieuwe staatsobligaties te kopen is rechtstreeks van de overheid omdat zij geen commissie vraagt.

Nadat obligaties zijn uitgegeven, worden ze verhandeld op een secundaire markt van handelaren in staatsobligaties. Dit zijn grote brokers die geregistreerd staan bij de overheid die afspreken obligaties te kopen en te verkopen en de markt stabiel te houden. Als je broker niet geregistreerd is als handelaar in staatsobligaties, werkt hij samen met iemand die het wel is waar hij je order naartoe kan sturen.

Handelaren in staatsobligaties daytraden redelijk veel in staatsobligaties voor de rekening van het bedrijf. De markt is voldoende liquide, zodat daytraden mogelijk is. Er bevinden zich echter maar een paar individuele handelaren in staatsobligaties op de markt omdat je er veel kapitaal en leverage voor nodig hebt voor een groot rendement.

Exchange-traded funds (ETF's)

Exchange-traded funds (of ETF's) zijn een kruising tussen open-eindbeleggingsfondsen en aandelen en zij vormen een goede manier om toegang te krijgen tot marktsegmenten waar het anders moeilijk is om op te handelen. De categorie wordt soms *exchange-traded products* (beursgenoteerde effecten) genoemd, omdat sommige fondsen meer de vorm hebben van een tradingstrategie dan een open-eindbeleggingsfonds. Een geldbeheerbedrijf koopt een groep effecten (aandelen, obligaties of iets anders) en noteert dan aandelen die verhandeld worden op de beurs. In de meeste gevallen zijn de gekochte effecten ontwikkeld om de prestaties van een index na te doen en beleggers weten wat deze effecten zijn voordat zij aandelen in het fonds kopen. Het grote voordeel voor daytraders is dat een ETF op elk gewenst moment gedurende de handelsdag gekocht of verkocht kan worden. Deze flexibiliteit is heerlijk voor daytraders.

Hoewel een ETF er een beetje uitziet als een open-eindindexfonds of een marktindextermijncontract, is de opbouw heel anders. ETF's hebben twee soorten aandelen, creatie-eenheden en retailaandelen:

- **Creatie-eenheden.** Deze aandelen zijn in handen van geautoriseerde deelnemers, wat andere handels- en effectenkantoren zijn die ermee instemmen geld in het fonds te storten. Houders van creatie-eenheden kunnen hun aandelen ruilen voor daadwerkelijke aandelen in het fonds of zij kunnen de juiste aandelen toevoegen aan het fonds om nieuwe creatie-eenheden te maken. Zij doen dit om de waarde van het ETF in lijn te houden met de onderliggende beursindex. Dus als de koers van een ETF onder de waarde komt van de aandelen die erin zitten, ruilen de geautoriseerde deelnemers hun creatie-eenheden in voor de aandelen en verkopen ze dan op de open beurs. Als de koers van een ETF boven de waarde van de aandelen komt, zullen de geautoriseerde deelnemers de aandelen opkopen en inruilen voor meer creatie-eenheden, die zij tegen een leuke winst kunnen verkopen.
- **Retailaandelen.** Deze ETF-aandelen staan genoteerd op de beurs en kunnen dus door normale beleggers en handelaren gekocht en verkocht worden. Als je daytradet in ETF's doe je dit met retailaandelen.

Het merendeel van de tijd is de koers van zowel de creatie-eenheden en de retailaandelen in lijn met de koers van de aandelen. Soms zal de waarde van het ETF afwijken van zijn beleggingen. Op 6 mei 2010 bijvoorbeeld kreeg de Amerikaanse aandelenbeurs een schok. Aan het einde van de handelsdag daalde de Dow Jones Industrial Average met bijna 1.000 punten en herstelde zich bijna direct. De oorzaak was de verkoop van een grote portie open-eindbeleggingsfondsen, maar het leidde tot veel verstoringen. Aandeelkoersen daalden en veerden zo snel weer op dat de ETF-koersen het niet bij konden houden. ETF-handelaren hadden moeite te bepalen wanneer zij moesten kopen en verkopen omdat de fondswaarderingen niet klopten. Er ontstond meer onzekerheid tijdens een al moeilijke middag.

Traditionele ETF's zijn beschikbaar op grote beursindexen, zoals de Standard & Poor's 500 en de Dow Jones Industrial Average. Ze zijn ook beschikbaar in een grote verscheidenheid aan binnenlandse obligatie-indexen, vreemde valuta en grondstoffen. Aangezien handelaren vaak geïnteresseerd zijn in een beurssegment zonder index, ontwikkelen sommige ETF-bedrijven hun eigen niche-index en geven hierop gebaseerde ETF's uit. Dus zijn er ook ETF's voor markten als groene energie en islamitisch beleggen. De liquiditeit van de aandelen in de onderliggende index kan echter laag zijn, dus kunnen deze fondsen volatieler zijn en kunnen zelfs mogelijkheden bieden voor arbitrage.

Strategie-ETF's zijn fondsen die gebaseerd zijn op een beleggingsstrategie in plaats van een onderliggende index. Zij kunnen gevaarlijk zijn voor langetermijnbeleggers die niet weten wat zij kopen, maar ach, dit is een boek voor traders! Voor traders zitten er vaak fantastische mogelijkheden in strategie-ETF's. Een omgekeerd ETF bijvoorbeeld is ontwikkeld om tegenovergesteld aan de onderliggende index te bewegen en een hefboom-ETF is ontwikkeld om met grotere stappen te bewegen dan de index. Zij bieden een grotere gereedschapskist die je kunt gebruiken om de beurzen het hoofd te bieden.

Je vindt meer informatie over de duizenden verschillende ETF's die er beschikbaar zijn op www.morningstar.com/Cover/ETFs.aspx.

Hoe exchange-traded funds worden verhandeld

Voor daytraders ligt het voordeel van exchange-traded funds in het feit dat zij net als aandelen kunnen worden gekocht en verkocht, zoals eerder in dit hoofdstuk besproken. Klanten plaatsen orders, meestal in afgeronde partijen, via hun brokers. De koersnoteringen worden vermeld in decimalen en bevatten een spread voor de dealer.

Waar exchange-traded funds worden verhandeld

Het bedrijf dat het exchange-traded fund opzet, mag de beurs kiezen waarop het verhandeld wordt, zolang het fonds aan de vereisten van de beurs voldoet als het gaat om grootte, liquiditeit en financiële verslaggeving. Exchange-traded funds worden verhandeld waar genoteerde aandelen worden verhandeld.

Geld verdienen met valuta

Op je daytradingrekening staat geld dat je snel kunt gebruiken om meer aandelen te kopen. Over het algemeen is de rente op dit geld erg laag, maar als je elke avond je posities sluit, staat er altijd geld op je rekening bij de broker. De broker betaalt je er misschien iets rente over, dus draagt dit bij aan je totale rendement. Al zal dat niet erg veel zijn.

Eén soort belegging met contant geld kan echter echt spannend zijn voor een daytrader en dat is valuta. Iedere dag worden triljoenen (ja, echt!) dollars aan valuta uitgewisseld tussen overheden, banken, reizigers, bedrijven en speculanten. Bij elke trade en elke verandering in wisselkoersen heb je nieuwe mogelijkheden om geld te verdienen. Valuta is een grotere, meer liquide markt dan de Amerikaanse aandelen- en obligatiemarkten samen. Vaak wordt het de *forex*markt genoemd, afkorting van *foreign exchange* (vreemde valuta). Vreemde valuta kan een aantrekkelijke plek zijn om wat van je tradinggeld te stallen en kan veel bijdragen aan het daytraden.

Er kleeft nog een ander voordeel aan de valutamarkt: sommige soorten valutatrades zijn belastingvrij. Deze transacties zijn meestal lange termijn en hebben betrekking op de valuta zelf, niet daytrades of transacties in open-eindbeleggingsfondsen of termijnmarkten. Maar toch, belastingvrij! Met andere woorden: laat je niet gek maken door de reclames van valutahandelaren die belastingvrije inkomsten beloven voordat je de kleine lettertjes hebt gelezen.

Hoe valuta wordt verhandeld

De wisselkoers is de prijs van geld. Het geeft aan hoeveel euro's je nodig hebt om yens, ponden of dollars te kopen. De koers die mensen bereid zijn te betalen voor valuta hangt af van de beleggingsmogelijkheden, bedrijfsmogelijkheden en de waargenomen veiligheid in elk land. Als Europese bedrijven fantastische mogelijkheden zien in Thailand bijvoorbeeld, moeten zij hun euro's omwisselen voor bahts om daar de huur te betalen, benodigdheden te kopen en werknemers in dienst te nemen. Door deze situatie neemt de vraag naar de baht toe ten opzichte van de euro en zorgt ervoor dat de baht stijgt in koers ten opzichte van de euro.

Wisselkoersen worden genoteerd op een bied-laatbasis, net als obligaties en aandelen. Een notering kan eruitzien als:

EUR/JPY=X 115,148 115,153

Dit is de wisselkoers voor het omzetten van Amerikaanse dollars in Japanse yens. De biedkoers van 115,148 is het bedrag aan yen dat een handelaar je bereid is te geven als je een euro wilde verkopen en een yen zou willen kopen. De laatkoers van 115,153 is het bedrag aan yen dat een handelaar bereid is te geven als je een euro zou willen kopen en een yen zou willen verkopen. Het verschil is de winst van de handelaar en natuurlijk moet je ook nog commissie betalen.

BELANGRIJK

Vergeet niet dat met valuta je tegelijkertijd koper en verkoper bent, waardoor de winstkansen kunnen toenemen, maar ook je risico.

Daytraders kunnen valuta direct traden tegen de huidige wisselkoersen, ook wel bekend als *traden op de spotmarkt*. Als je geld wisselt om op vakantie te gaan in het buitenland, wissel je op de spot en mag je dit doen als een trader of een belegger. Daytraders kunnen ook valuta-ETF's (zoals eerder in dit hoofdstuk besproken) gebruiken om winst te halen uit de veranderde koersen van geld.

Waar valuta wordt verhandeld

Contante valuta, de realtime waarde van geld, wordt niet op een georganiseerde beurs verhandeld. In plaats daarvan kopen en verkopen banken, brokers, hedgefondsen en valutahandelaren de hele dag en iedere dag onderling.

TIP

Daytraders kunnen speciale forexrekeningen openen bij forexbrokers zoals Saxo Bank en dan traden als ze gedurende de dag kansen zien.

Als je geïnteresseerd bent in het traden van valuta, zoek dan goed uit welke kosten van toepassing zijn. Sommige banken en brokers hebben zich echt gespecialiseerd in handel in vreemde valuta voor bedrijven en reizigers, dus zullen de kosten voor jou veel te hoog zijn om er een goede winst uit te kunnen halen. In hoofdstuk 11 staat meer over de verschillende soorten forexbrokers waar daytraders forexrekeningen kunnen openen.

TECHNISCHE INFO

EN BITCOINS DAN?

Bitcoins is een virtuele valuta die ontstaat door een computerprogramma exploitatieproces. Ze kunnen worden geruild voor goederen of dollars, yen of euro's. Bitcoins zijn nieuw (sommige technologieconferenties accepteren bitcoins als inschrijfgeld of als betalingsmiddel voor T-shirts) en sommige mensen denken dat het de wereldwijde valuta van de toekomst is. Wie weet? Er is een markt om ze te verhandelen, sommige mensen hebben er geld mee verdiend, en als je ervoor in bent zou dit een markt voor jou kunnen zijn. Zorg ervoor dat je ze op dezelfde manier tradet als je iets anders zou traden. Stel een plan op, houd je aan je plan en beheer je risico. Er staat meer informatie op https://bitcoinfoundation.org.

Grondstoffen en hoe ze worden verhandeld

Grondstoffen zijn uitwisselbare basisgoederen die als bulkgoederen verkocht worden en worden gebruikt om andere goederen te maken. Voorbeelden zijn olie, goud, tarwe en hout. Grondstoffen zijn populair onder beleggers als indekking tegen inflatie en onzekerheden. Aandelenkoersen kunnen dalen tot nul, maar mensen moeten nog steeds eten! Hoewel grondstofprijzen meestal in dezelfde mate stijgen als de algehele economie en dus hun echte (aan inflatie aangepaste) waarde behouden, kunnen zij ook onderhevig zijn aan kortetermijnveranderingen in vraag en aanbod. Met een koude winter stijgt de vraag naar olie, door een droge zomer daalt de productie van tarwe, en een burgeroorlog kan de toegang tot platinamijnen versperren.

Daytraders zullen niet zomaar grondstoffen gaan kopen. Als je de hele dag met balen tarwe wilt gaan slepen, kun je dat gerust doen, maar dan zonder de risico's van daytrading (en je beweegt ook meer). In plaats daarvan kunnen daytraders die in grondstoffen willen handelen naar andere beleggingen kijken. De populairste manier is om termijncontracten te kopen die in koers veranderen samen met de onderliggende grondstof (zoals verderop in dit hoofdstuk wordt besproken). Daarnaast handelen steeds meer mensen in grondstoffen met behulp van exchange-traded funds die gebaseerd zijn op de waarde van een onderliggende mand van grondstoffen.

BELANGRIJK

Grondstofprijzen beïnvloeden de brede economie, niet alleen de koersen van grondstofcontracten op de termijnbeurzen. Vooral als je daytradet in aandelen, zul je merken dat veranderingen in de olieprijs of de prijs van landbouwproducten van invloed is op veel van de bedrijven waar je bij betrokken bent alsmede de bredere beursindexen.

Handelen in derivaten

Derivaten zijn financiële contracten die hun waarde halen uit de waarde van een onderliggend fonds, effect of index. Een AEX-termijncontract bijvoorbeeld biedt de koper een contante betaling gebaseerd op de koers van de AEX-index op de dag dat het contract afloopt. De waarde van het contract hangt dus af van waar de index wordt verhandeld. Je tradet niet de index zelf. In plaats daarvan trade je een contract met een waarde afgeleid van de koers van de index. De indexwaarde verandert de hele tijd, dus hebben daytraders veel mogelijkheden om te kopen en verkopen.

Veel daytraders kiezen derivaten omdat deze producten traders toegang geven tot een groot deel van het economisch universum, zoals aandelen, obligaties, grondstoffen en valuta. Verder hebben derivaten meer belastingvoordelen voor daytraders dan veel van de andere fondsen. Menig nieuwe daytrader heeft zijn vingers gebrand aan de zogenoemde *wash-sale rule,* die de aftrekbaarheid van kortetermijnverliezen beperkt. Termijncontracten zijn niet onderhevig aan wash-sale rules. Lees verder om meer te weten te komen en te zien of derivaten iets voor jou zijn!

Meer soorten derivaten leren kennen

Daytraders komen waarschijnlijk in aanraking met drie soorten derivaten: opties, termijncontracten en warrants. Opties en termijncontracten worden verhandeld op speciale derivatenbeurzen, terwijl warrants worden verhandeld op aandelenbeurzen.

Opties

Een *optie* is een contract dat de houder het recht, maar niet de plicht, geeft om het onderliggende fonds te kopen of te verkopen tegen een afgesproken prijs op een afgesproken datum in de toekomst. Een optie die je het recht biedt om te kopen is een *calloptie* en de optie die je het recht biedt om te verkopen is een *putoptie.* Een calloptie is het waardevolst als de aandelenkoers omhooggaat, terwijl een putoptie meer waarde heeft als de aandelenkoers naar beneden gaat.

TIP

Er is een Engelstalig ezelsbruggetje om het verschil te kunnen onthouden: 'You *call up* your friend to *put down* your enemy.'

Een MSFT 2013 Aug 26.00 calloptie bijvoorbeeld geeft je het recht om Microsoft te kopen voor $ 26,00 per aandeel op de vervaldatum op de derde vrijdag van augustus 2013. (Wist jij dat traders naar Microsoft verwijzen als 'Mr. Softy'? Slim hè?) Als Microsoft boven de $ 26,00 wordt verhandeld, kun je de optie uitvoeren en snelle winst maken. Als het onder de $ 26,00 staat, kun je de aandelen goedkoper kopen op de open markt, dus heeft de optie geen waarde.

Veel informatie over opties, inclusief online tutorials, staan op de website van de Chicago Board Options Exchange: www.cboe.com.

Futures

Met een *future* verplicht je je om een vastgestelde hoeveelheid van het onderliggende fonds te kopen tegen de vastgestelde prijs en op een vastgestelde datum in de toekomst. Futures zijn ontstaan in de landbouwsector aangezien zij boeren en voedselverwerkers de mogelijkheid boden om hun prijzen vroeg in het seizoen vast te zetten, zodat de onzekerheid in hun sector werd verminderd. Futures worden nu toegepast op veel verschillende fondsen, van varkensmagen (ja, die worden echt verhandeld; er wordt bacon van gemaakt) tot valutawaarden. Een simpel voorbeeld is het vastzetten van de hypotheekrente. De lener weet welke rente wordt toegepast voordat de koop wordt gesloten en de lening wordt afgerond. Daytraders gebruiken termijncontracten om grondstoffen te traden zonder de daadwerkelijke fondsen te hoeven verhandelen.

De meeste futures worden voor de afwikkelingsdatum afgedekt met contant geld. Financiële contracten (termijncontracten op valuta, rente of beursindexwaarden) kunnen alleen afgedekt worden met contant geld. Grondstofcontracten kunnen afgewikkeld worden met de fysieke producten, maar worden bijna allemaal voldaan met contant geld. Niemand komt met een stuk vlees de vloer van de Chicago Board of Trade opgelopen!

Warrants

Warrants zijn vergelijkbaar met opties, maar worden uitgegeven door het bedrijf in plaats dat ze worden verkocht op een georganiseerde beurs. (Nadat ze zijn uitgegeven, worden warrants net zo verhandeld als aandelen.) Een warrant geeft de houder het recht om in de toekomst meer aandelen te kopen in het bedrijf tegen een afgesproken koers.

Een neefje van de warrant is de *converteerbare obligatie.* Dit is schuld uitgegeven door het bedrijf. Het bedrijf betaalt rente over de obligatie en de obligatiehouder heeft het recht om deze in te wisselen voor aandelen, afhankelijk van de rente en de aandelenkoersen. Converteerbare obligaties worden verhandeld op de aandelenbeurzen.

Derivaten kopen en verkopen

Derivaten worden iets anders verhandeld dan andere soorten aandelen omdat zij gebaseerd zijn op beloften. Als iemand een optie op een aandeel koopt, handelt hij niet op dit moment met iemand in de aandelen. Hij koopt het recht om deze in de toekomst te kopen of te verkopen. Dit betekent dat de optiekoper moet weten dat de persoon aan de andere kant gaat betalen. Daarom beschikken derivatenbeurzen over systemen om er zeker van te zijn dat degenen die de contracten kopen en verkopen kunnen presteren als dat moet. De vereisten voor het verhandelen van derivaten zijn anders dan bij andere markten.

Hoe derivaten worden verhandeld

Ik heb het er eerder in dit hoofdstuk zijdelings over gehad, maar het woord *marge* betekent iets anders als het gaat om derivaten, gedeeltelijk omdat derivaten al beleend zijn. Je koopt niet het fonds, maar alleen toegang tot koerswijzigingen, zodat je veel waar voor je geld krijgt. (De risico's en beloningen van leverage worden in hoofdstuk 9 uitgebreid besproken.)

Marge op de derivatenmarkt is het geld dat je hebt betaald om het contract uit te kunnen oefenen als het moment daar is om het uit te voeren. Op de aandelenmarkt is marge het onderpand met betrekking tot de lening van het effectenkantoor. Op de derivatenmarkt is marge het onderpand voor het bedrag dat je moet betalen voor het contract. Hoe waarschijnlijker het is dat je de partij moet betalen die het contract gekocht of verkocht heeft, des te meer margegeld je op moet hoesten. Sommige beurzen geven de voorkeur aan de term *uitvoeringsgarantie* in plaats van *marge*.

Om een derivaat te kopen, ga je de marge aan met het clearingkantoor van de beurs. Op deze manier weet de beurs dat je over het geld beschikt om jouw kant van de overeenkomst na te komen als bijvoorbeeld een calloptie die je verkoopt wordt uitgevoerd of als je geld verliest met termijnvaluta die je koopt. Je effectenkantoor zorgt voor de borg.

Aan het einde van elke dag zijn derivatencontracten *marked-to-market.* Dit betekent dat zij geherwaardeerd worden. Winsten worden gestort op de margerekening van de trader en de verliezen worden geïnd. Als de marge onder het benodigde bedrag komt, wordt de trader gebeld en moet hij meer geld storten.

Per definitie sluiten daytraders aan het einde van elke dag af, dus zijn hun opties niet marked-to-market. De contracten zijn het probleem van iemand anders, en de winsten of verliezen die voortvloeien uit de trade gaan rechtstreeks naar de margerekening, klaar om de volgende dag mee te traden.

Waar worden derivaten verhandeld

Vroeger werd er bij het handelen in derivaten luidkeels geboden op een fysieke beursvloer. Handelaren op de vloer kregen orders en voerden ze onder elkaar uit door te schreeuwen en handgebaren te gebruiken om aan te geven wat zij wilden. Terwijl ik dit schrijf, wordt er op sommige derivatenbeurzen nog zo gehandeld, maar het worden er steeds minder.

Bijna alle handelaren werken 'boven', zoals ze dat op de beurs noemen, en handelen elektronisch. Sommigen zijn werknemers van grote brokers in grondstoffen en anderen zijn zelfstandig. Zowel handelaren in loondienst als zelfstandige handelaren kunnen tegen betaling de orders van iemand anders uitvoeren, of ze werken voor bedrijfseigen accounts.

Alle derivatenbeurzen bieden elektronische handelsdiensten, zelfs als ze ook nog een beursvloer hebben. Nu elektronisch handelen steeds populairder is geworden, zijn steeds meer ervaren vloerhandelaren gedwongen met pensioen gegaan omdat zij de overstap niet konden maken, wat heeft gezorgd voor veel reorganisaties en consolidatie van beurzen.

Chicago Board Options Exchange (CBOE)

De Chicago Board Options Exchange, vaak bekend onder de afkorting CBOE (uitgesproken *zie-bo*), is de grootste optiebeurs van de Verenigde Staten. Hier worden de orders voor aandelenopties verhandeld. Effectenkantoren gebruiken brokers op de vloer of het elektronische handelssysteem van de CBOE om de klantenorders te verhandelen. Meer informatie staat op de website: www.cboe.com.

De CME Group

De CME Group (www.cmegroup.com) bestaat uit de Chicago Board of Trade (CBOT), de Chicago Mercantile Exchange (CME, ook wel de Merc genoemd) en de New York Mercantile Exchange (NYMEX). Deze drie beurzen zijn in 2008 samengegaan, hoewel mensen vaak naar elk verwijzen met de voormalige naam. Historisch gezien is de CBOT gespecialiseerd in agrarische grondstoffen, zoals maïs, tarwe, rijst, haver en sojabonen, terwijl de Merc contracten aanbiedt in overige agrarische producten (zoals melk, boter, vee, varkensmagen en mest) en in vreemde valuta, rentes en Standard & Poor's en NASDAQ-indexen. Brandstoffen en metalen worden verhandeld op de New York Mercantile Exchange.

De samengevoegde CME Group biedt een combinatie van producten, ook wel bekend als hun *E-mini-contracten*, voor kleinere handelaren. Deze producten stellen daytraders in staat om te handelen op verschillende agrarische en financiële markten zonder zoveel marge als nodig zou zijn voor volledige CME-contracten. De E-mini's worden ook allemaal elektronisch verhandeld. Op dit moment zijn E-mini's beschikbaar voor tarwe, maïs en sojabonen alsmede voor aandelenmarktindexen in de Verenigde Staten en daarbuiten.

Intercontinental Exchange (ICE)

De Intercontinental Exchange (www.theice.com) is een relatief nieuw bedrijf dat grondstoffen- en termijnbeurzen heeft overgenomen in de Verenigde Staten en Europa. In 2008 heeft het de New York Board of Trade overgenomen, die verschillende agrarische en financiële contracten aanbiedt, vooral voor koffie, katoen en valutawisselkoersen. Orders worden uitgevoerd op de vloer of via een elektronisch handelssysteem. Hoewel de ICE geen contracten heeft die speciaal zijn ontwikkeld voor kleinere handelaren, handelen veel daytraders die van grondstoffen houden en die over voldoende kapitaal beschikken hier.

International Securities Exchange (ISE)

De International Securities Exchange (www.ise.com) is de Amerikaanse dochter van Eurex, een Duits handelskantoor in derivaten. Hier worden aandelen en vreemde valutaopties verhandeld, inclusief een serie mini-opties voor kleine handelaren. Deze mini's zijn opties voor maar 10 aandelen van het onderliggende fonds, in tegenstelling tot een standaardoptie van 100 aandelen.

IN DIT HOOFDSTUK

- **Risico nemen en iets terugkrijgen**
- **Beleggen voor de lange termijn versus traden voor de dag**
- **Rekening blijven houden met de risico's**

Hoofdstuk 4

Kenmerken van trading: risico, beloning en timing

Daytrading is geen beleggen, ook geen gokken, tenminste niet als je het goed doet. Maar de lijnen tussen deze drie kunnen heel dun zijn. Door te weten waar deze lijnen liggen, ben je beter in staat je tradingstrategie te volgen en meer geld te verdienen. En als je de valkuil van het gokken kunt omzeilen, ben je beter in staat je tradingkapitaal in stand te houden.

Het verschil tussen beleggen en gokken is de wisselwerking tussen *risico* en *rendement*. Bij beleggen ligt het voordeel meestal bij jou, maar dit betekent nog niet per definitie dat je geld verdient. Bij gokken ligt het voordeel niet bij jou. En als je gaat gokken als daytrader zal niemand je, anders dan in een chic casino, gratis drankjes aanbieden om de pijn van het verlies te verzachten. Veel heeft te maken met persoonlijkheid. Als je het casino niet meer in mag, ben je waarschijnlijk ook niet geschikt om te gaan daytraden.

Daytraden is steeds meer op gokken gaan lijken in vergelijking met jaren geleden, omdat flitshandelaren steeds meer arbitrage- en winstmogelijkheden nemen. Zorg ervoor dat je je op je gemak voelt met het nemen van risico's voordat je gaat traden.

Dit hoofdstuk begint met veel informatie over risico en rendement. Mijn doel is dat je begrijpt welke risico's je loopt op de aandelenmarkt en welke beloningen er liggen voor beleggers, traders en gokkers, zodat je over de goede informatie beschikt om je daytrading vorm te geven.

Risico en rendement begrijpen

Beleggers, traders en gokkers hebben één ding gemeen: ze lopen risico met hun geld en ze verwachten er iets voor terug. Idealiter heeft dit rendement de vorm van keiharde knaken, maar als ze niet voorzichtig zijn, krijgen ze niets. Of erger nog, ze blijven met schulden zitten. Traders moeten eigenlijk niet meer inleggen dan zij zich kunnen veroorloven te verliezen.

BELANGRIJK

Trading is een bedrijf: hoe meer je weet over de mogelijke risico's en de mogelijke bronnen van rendement, des te beter zul je af zijn. Je risico is dat je niet het rendement krijgt wat je had verwacht, en je beloning is dat je een redelijke vergoeding krijgt voor het risico dat je neemt.

Wat houdt risico eigenlijk in?

Risico is de meetbare kans op verlies. Hoe riskanter iets is, hoe vaker er verlies geleden zal worden en des te waarschijnlijker dit verlies zal zijn. Fietsen op de snelweg is riskanter dan fietsen in het bos, en parachutespringen is riskanter dan tuinieren. Dit betekent niet dat je geen verlies kunt lijden bij een activiteit met weinig risico, en betekent het niet dat je niet veel winst kunt boeken bij een activiteit met veel risico. Het betekent alleen dat bij een spel met weinig risico de kans dat er verlies ontstaat kleiner is. En als je verlies lijdt, is het waarschijnlijk maar weinig.

TECHNISCHE INFO

Wat is het verschil tussen risico en onzekerheid? Risico heeft te maken met de bekende kans dat er iets goeds of slechts zal gebeuren zodat er een waarde aan toegekend kan worden. Wat is de kans dat je honderd wordt? Of dat je vanavond betrokken raakt bij een auto-ongeluk? Je verzekeringsmaatschappij weet dit en bepaalt je tarief aan de hand daarvan. Wat is de kans dat marsmannetjes komen en de aarde overnemen? Wie weet! Het kan gebeuren, maar dat is heel onwaarschijnlijk. Het is een gebeurtenis met weinig risico. Tenminste... zolang het niet gebeurt!

Het vermogen om risico te meten, maakt modern zakendoen mogelijk. Totdat wiskundigen in staat waren om statistiek te gebruiken om menselijke activiteiten te kwantificeren, gingen mensen ervan uit dat slechte dingen eenvoudigweg kwamen door pech of doordat de goden kwaad waren. Maar sinds mensen kansberekening zijn beginnen te begrijpen, kunnen zij dat toepassen en gebruiken om de kans te berekenen dat een gebeurtenis zich zal voordoen en de evenredige vergoeding bepalen voor het nemen van dat risico. Als een matroos ermee instemt om mee te gaan op een ontdekkingsreis, wat zou dan de kans zijn dat hij levend terug zou komen? En wat zou voor hem een redelijke vergoeding zijn daarvoor? Wat is de kans dat een silo met graan in vlammen opgaat? Hoeveel moet een boer vragen aan graanopkopers als vergoeding voor het risico dat hij neemt? Hoeveel moet een verzekeringsmaatschappij de boer in rekening brengen om hem voor brand te verzekeren?

De kans van verlies overwegen

Wanneer je risico neemt, heb je kans verlies te lijden. Als je weet wat deze kans is, kun je bepalen of de voorwaarden die je geboden worden eerlijk zijn en of je een redelijke inschatting hebt van de grootte van het verlies.

Stel dat je te maken krijgt met deze kans: je zet € 10 in. Je hebt 80 procent kans om € 11 terug te krijgen en 20 procent om alles te verliezen. Moet je die kans nemen? Om dit uit te zoeken, vermenigvuldig je het verwachte rendement met de kans en tel je ze bij elkaar op: (80% × € 11) + (20% × € 0) = € 8,80. Je verwachte rendement van € 8,80 is minder dan de € 10 van dit contract, dus moet je dit aan je voorbij laten gaan.

Stel nu dat je deze kans krijgt: je zet € 10 in. Je hebt 90 procent kans om € 11 terug te krijgen en 10 procent kans om € 6 terug te krijgen. Je verwachte rendement is (90% × € 11) + (10% × € 6) = € 10,50. Dit contract zou in je voordeel zijn, dus kun je het doen.

Hier is een derde voorstel: je zet € 10 in. Je hebt 90 procent kans om € 13,89 terug te krijgen en 10 procent kans om € 20 te verliezen (nog meer dan je hebt ingezet). Je verwachte rendement is (90% × € 13,89) + (10% × -€ 20) = € 10,50. Je hebt hetzelfde verwachte rendement als bij het vorige voorstel, maar vind je het wat? Veel mensen zouden dit niets vinden omdat zij naar de waarde van het verlies kijken in plaats van naar het risico. Mensen die te sterk reageren op het risico van verlies zonder naar de feiten te kijken, zullen waarschijnlijk geen goede traders worden.

BELANGRIJK

Als het om verlies gaat, zijn mensen geneigd meer waarde te hechten aan het absolute geldbedrag dat ze kunnen verliezen dan te kijken naar de daadwerkelijke kans dat ze het zouden verliezen. Het probleem is dat de beurzen geen rekening houden met je persoonlijke voorkeuren. Dit is een van de psychologische hordes van het traden die succesvolle traders kunnen overwinnen. Denk je dat jij het kunt? (Er staan tips hiervoor in hoofdstuk 8.)

WERKEN MET BEPERKTE AANSPRAKELIJKHEID (NORMAAL GESPROKEN)

Aandelenmarkten vertrouwen op het concept van *beperkte aansprakelijkheid*. Dit wil zeggen dat je niet meer geld kunt verliezen dan je in eerste instantie hebt belegd. Als je een aandeel koopt, kan dit aandeel dalen tot nul, maar niet lager dan dat. Als het bedrijf failliet gaat, kan er niemand bij je aankloppen en je vragen om de rekeningen te betalen. Aan de andere kant kan de koers van het aandeel oneindig stijgen, dus is het mogelijke rendement op je risico enorm. (Microsoft is meer dan 500 keer gegroeid sinds ze openbaar zijn geworden, wat niet echt oneindig is, maar ik had gewild dat ik deze kans gegrepen had.)

PAS OP

Hoewel de meeste daytradingstrategieën dezelfde beperkte aansprakelijkheid hebben (dit wil zeggen dat je niet meer kunt verliezen dan je inzet) hebben sommige strategieën *onbeperkte aansprakelijkheid*. Als je aandelen blanco verkoopt (aandelen lenen en dan verkopen in de hoop dat de koers van de aandelen daalt, zodat je je lening terug kunt betalen met goedkopere aandelen, een strategie die in hoofdstuk 9 wordt besproken) en de aandelen stijgen dramatisch, dan moet je de lening terugbetalen met die dure aandelen! Je zult zeer waarschijnlijk je positie afsluiten voordat dit gebeurt, maar zelfs als je je posities elke avond afsluit, zoals elke verstandige daytrader doet, bestaat de kans dat sommige strategieën je meer geld kosten dan je op je beleggingsrekening hebt staan.

BELANGRIJK

Brokers en optiebeurzen eisen dat je voldoende geld op je rekening hebt staan om tekorten aan te vullen (bekend als *marge*, besproken in hoofdstuk 3). Hiermee beschermen ze zichzelf en jou, zodat je niet meer geld kunt verliezen dan je hebt. Je moet worden goedgekeurd voordat je in bepaalde aandelen mag handelen. Iedereen die bijvoorbeeld in opties handelt, moet een overeenkomst tekenen die de broker eerst moet goedkeuren en dan bewaart.

DE ZERO-SUM GAME SPELEN

Veel daytradingstrategieën zijn *zero-sum games*, wat betekent dat er bij een trade voor elke winnaar een verliezer is. Dit geldt vooral voor optiemarkten. Het kan natuurlijk zo zijn dat de persoon aan de andere kant van de trade het niet erg vindt om verlies te lijden. Het kan zijn dat ze de trade is aangegaan om te *hedgen* (bescherming tegen een daling van een andere belegging) en is blij met een klein verlies in plaats van een veel groter.

Het probleem voor jou als daytrader is dat een zero-sum game maar weinig bewegingsruimte biedt. Elke trade die je doet, win of verlies je. En je verliezen kunnen precies gelijk zijn aan je winst. Toch nog winst maken is nog moeilijker als zoveel traders gebruikmaken van computeralgoritmen. Backtesting en tracken (zie hoofdstuk 16) zijn belangrijk voor het inschatten van je veranderende risico.

De kans bepalen dat je niet het rendement krijgt dat je verwacht

Naast de absolute berekeningen van risico en aansprakelijkheid, moet je ook rekening houden met *volatiliteit*. Dat is hoeveel de koers van een aandeel mag stijgen of dalen in een bepaalde tijdsperiode.

De wiskunde achter het berekenen van volatiliteit is gebaseerd op de standaarddeviatie (besproken in de hoofdstukken 3 en 16). De berekening van de standaarddeviatie begint met het gemiddelde rendement over een tijdsperiode. Dit gemiddelde is het *verwachte* rendement (het rendement dat je gemiddeld krijgt als je je aan je tradingstrategie houdt). Maar in een bepaalde week, maand of jaar kan het rendement heel anders zijn dan je verwacht. Hoe groter de kans dat je krijgt wat je verwacht, des te minder risico je neemt in de vorm van volatiliteit.

TIP

De standaarddeviatie is een belangrijk begrip bij traden. Een gedetailleerde uitleg vind je in hoofdstuk 16. Belangrijk is te weten dat hoe hoger de standaarddeviatie van de onderliggende aandelen is, des te meer risico je loopt met je trade. Dezelfde volatiliteit leidt echter tot tradingmogelijkheden die daytraders kunnen uitbuiten. Een aandeel met een lage standaarddeviatie zal je niet veel kansen bieden om in de loop van de dag geld te verdienen.

De standaarddeviatie wordt ook gebruikt om een ander statistisch gegeven te berekenen: de bèta. De *bèta* geeft aan hoe riskant een aandeel is ten opzichte van het risico van de markt zelf. Als je een aandeel koopt met een bèta hoger dan 1, is het de verwachting dat de koers van het aandeel met een groter percentage stijgt dan de markt als de markt hoog is en dat het met een groter percentage zal dalen dan de markt als de markt laag is.

BELANGRIJK

Aandelen en opties met een hoge bèta zijn riskanter dan aandelen met een lage bèta, maar ze bieden een grotere kans op rendement.

TECHNISCHE INFO

Het begrip 'bèta' is afkomstig van het *capital assets pricing model*, een wetenschappelijke theorie die stelt dat het rendement van een belegging een functie is van de risicovrije rendementsvoet (wordt besproken in de volgende paragraaf), het extra risico van beleggen in de markt als geheel en dat de volatiliteit (bèta) van het aandeel ten opzichte van de markt. Volgens het capital assets pricing model bestaan er geen andere bronnen van risico en rendement. Andere bronnen zouden 'alfa' genoemd worden maar in theorie bestaat alfa niet. Niet iedereen is het hiermee eens, maar de termen 'alfa' en 'bèta' zijn blijven plakken.

Beloond worden voor het nemen van risico

Als je risico neemt, verwacht je er iets voor terug. Dat is toch heel redelijk? Het rendement kan verschillende vormen aannemen, afhankelijk van het genomen risico. Hoewel het je misschien niet veel kan schelen hoe je je rendement krijgt, zolang je het maar krijgt, kan nadenken over waar rendement uit bestaat je helpen na te denken over je tradingstrategie en hoe deze voor je werkt.

Gederfde inkomsten

De *gederfde inkomsten* van je geld is het rendement dat je zou kunnen krijgen als je iets anders zou doen. Moet je kiezen tussen daytraden of blijven werken in je huidige functie? Je gederfde inkomsten zijn je huidige salaris en secundaire arbeidsvoorwaarden. Je zou dat opgeven als je ontslag zou nemen om te gaan daytraden. Zijn de gederfde inkomsten dermate laag dat het je allemaal waard is? Misschien. Alleen omdat je voordeel doen met een kans iets kost, betekent niet dat de kans het niet waard is.

BELANGRIJK

Als je tradet, is het belangrijk je gederfde inkomsten af te dekken. Deze inkomsten zijn voor iedereen anders, maar als je weet wat ze zijn, heb je een beter beeld of het rendement de moeite waard is.

Er is nog een andere manier om over gederfde inkomsten na te denken. Als je een trade uitvoert, geef je de mogelijkheid op om dit geld voor een andere trade te gebruiken. Dit betekent dat je alleen wilt traden als je weet dat de kans groot is dat de trade goed uitpakt. Dit is de reden dat het belangrijk is om je trades te plannen (zie hoofdstuk 2) en te *backtesten* (een simulatie doen aan de hand van je strategie en aandelenkoersen uit het verleden), en om je prestaties regelmatig te evalueren (zie hoofdstuk 16). Door dit te doen, weet je dat je tradet met de juiste bedoelingen en niet alleen uit verveling.

Risico-rendementsverhouding

Economen stellen dat zoiets als een gratis lunch niet bestaat. Wat je ook terugkrijgt, krijg je omdat je risico nam en een andere kans opgaf. Als je het zo bekijkt, bestaat er geen geheim voor het verdienen van geld. Het draait allemaal om werk en risico.

Dit concept staat bekend als de *risico-rendementsverhouding*. Hoe groter de mogelijke beloning, des te groter het risico dat je moet nemen en dus des te grotere kans je hebt op verlies. Maar als je begrijpt welke risico's je neemt, kan het zijn dat je vindt dat het de moeite waard is. Dit is de reden dat je de risico's en beloningen goed moet afwegen.

Marktefficiëntie in de echte wereld

De reden dat er een evenwicht bestaat tussen risico en beloning is dat markten redelijk efficiënt zijn. Deze efficiëntie betekent dat prijzen alle beschikbare informatie over de bedrijven en de economie weergeven en dat alle deelnemers begrijpen over welke afwegingen ze beschikken. Anders zou je winst kunnen maken zonder risico te lopen en dat is niet correct volgens de gemiddelde econoom. 'Je kunt geen geld uit de lucht plukken', zeggen ze vaak. Als in een efficiënte markt de mogelijkheid zou bestaan om zonder risico geld te verdienen, zou iemand deze kans allang gegrepen hebben.

Zo werk marktefficiëntie: je hebt gehoord dat bedrijf A morgen goede omzetcijfers bekend gaat maken, dus koop je aandelen. De door jou toegenomen vraag zorgt ervoor dat de koers stijgt en al gauw staat de aandelenkoers waar hij moet staan, op voorwaarde dat het bedrijf het goed doet. Het informatievoordeel is al snel geëlimineerd. In de meeste gevallen hoort iedereen het nieuws (of de geruchten) van de goede omzetcijfers op hetzelfde moment, dus past de koers zich snel aan.

PAS OP

Zou het niet fantastisch zijn als je het nieuws van de goede omzetcijfers als eerste (of enige) zou weten, zodat je snel winst kon maken? Natuurlijk. Tenminste tot de AFM of de FSMA op de stoep staat en je inrekent. Dat zijn nog eens gederfde inkomsten! Handelen met voorkennis (informatie die niet algemeen bekend is en die van invloed zou kunnen zijn op de koers van een aandeel) is illegaal. En ja, de Securities and Exchange Commission en de beurzen controleren de handel om te kijken of de handelspatronen op illegale handel wijzen op basis van voorkennis, omdat zij willen dat alle beleggers en traders erop vertrouwen dat de handel eerlijk verloopt. Wees extra voorzichtig met tips die te mooi lijken om waar te zijn.

De markten zijn dan min of meer efficiënt, maar dit betekent niet dat ze op toverkracht werken. Koersen veranderen omdat mensen reageren op nieuws. En mensen die het snelst reageren zijn daytraders. In het voorbeeld is het de activiteit van de traders waardoor de koers van de aandelen van bedrijf A stijgen in afwachting van de goede omzetcijfers.

In economische termen is *arbitrage* een risicoloze winst. Een standvastige aanhanger van de wetenschappelijke theorie zou zeggen dat arbitragemogelijkheden niet bestaan. In de praktijk bestaan ze wel. Arbitrage werkt als volgt: hoewel de verwachting is dat bedrijf A morgen goede omzetcijfers bekend zal maken, zie je dat de aandelenkoers sneller is gestegen dan de koers van een calloptie op bedrijf A, hoewel de premie evenredig zou moeten zijn aan de aandelenkoers. Dus je verkoopt bedrijf A (aandelen lenen en ze blanco verkopen als dat moet), om met de opbrengsten opties te kopen. Gaat vervolgens de koers van de optie omhoog (om gelijke tred te houden met de aandelenkoers), dan doe je de opties weer van de hand en haal je een risicoloze winst binnen (de transactiekosten niet meegerekend).

DE OUDSTE ECONOMIE-MOP DIE ER BESTAAT

TIP

Als je alles weet over risico en rendement, zul je deze mop begrijpen:

Twee economen lopen over straat. Een ziet een briefje van € 20 liggen en wil het oprapen. 'Laat maar liggen', zegt de ander. 'Als het echt zou zijn, zou iemand anders het al opgeraapt hebben.'

'Wees daar maar niet zo zeker van', zegt de eerste econoom. Hij raapt het op, ziet dat het echt is en zegt tegen zijn vriend: 'Wat als ik je op een gratis lunch trakteer?'

Marktefficiëntie is niet perfect. Het duurt even voordat mensen een logische beslissing nemen over wat een fonds waard is en totdat dit gebeurt, kan traden onlogisch en inefficiënt zijn. Of het nu gaat om Japanse aandelen, internetaandelen, vastgoed in Spanje of goud, de markt kan soms zo gek reageren dat het alle logica te boven gaat. Op de korte termijn kan een golf van paniek of euforie de markt overnemen en de koersen in inefficiënt gebied duwen. Op dit soort dagen zal je vermogen om kalm en buiten schot te blijven, in plaats van je te laten meezuigen in de gekte, je helpen meer winstgevende trades uit te voeren.

BELANGRIJK

Bubbels en paniek zijn van alle tijden en ze komen meer voor dan wetenschappelijke economen bereid zijn toe te geven. Op de meeste dagen is de handel echter efficiënt. Jij haalt je voordeel uit het kennen van de markt, goed risicobeheer en weg kunnen lopen. Reken niet elke dag op gekke koersen.

Onderscheid maken tussen traden, beleggen en gokken

Daytrading is een neefje van zowel beleggen als gokken, maar het is niet hetzelfde. Daytraden gaat om snelle reacties op de markten, niet een langetermijnoverweging van alle factoren die betrekking kunnen hebben op een belegging. De kansen moeten opwegen tegen de risico's, of daar in ieder geval in balans mee zijn.

De drie activiteiten kunnen elkaar overlappen. Veel daytraders beleggen ook en sommige zijn gaan traden nadat ze jarenlang de markten als belegger in de gaten hebben gehouden. Daarnaast zal menig daytrader beamen dat goed kunnen pokeren nuttig is om de psychologie van de markt goed te kunnen begrijpen. Bijna elke daytrader kan wel een anekdote vertellen over een winstgevende trade waarvan hij niet weet waarom hij die eigenlijk gemaakt heeft. Om je te helpen onderscheid te maken tussen traden, beleggen en gokken, leg ik in de komende paragrafen uit wat wat is, zodat je beter begrijpt wat je doet als je aan het daytraden bent. Je kunt je kansen op succes vergroten als je bij de les blijft.

Beleggen gaat langzaam en standvastig

Beleggen is het proces van geld risico laten lopen om rendement te behalen. Het vormt het fundament van het kapitalisme. Het is de manier waarop bedrijven starten, wegen aangelegd worden en onderzoeken gefinancierd worden. Dit is hoe onze economie mensen met meer geld dan ze nodig hebben (althans gedurende een deel van hun leven) in contact brengt met mensen die het nodig hebben om de capaciteiten van de maatschappij te laten groeien.

Beleggen is intensief. En het is heel erg gericht op de lange termijn. Goede beleggers doen veel onderzoek voordat zij hun geld ergens insteken, omdat ze weten dat het lang duurt voordat het resultaat zichtbaar is. Daar zitten zij niet mee. Beleggers beleggen vaak in dingen die niet heel erg populair zijn, omdat ze weten dat anderen in de loop van de tijd de waarde zullen erkennen en overeenkomstig zullen reageren.

Eén van de beste beleggers allertijden is Warren Buffett, chief executive officer van Berkshire Hathaway. Zijn jaarlijkse brieven aan de aandeelhouders bieden veel inzicht. Je kunt ze lezen op www.berkshirehathaway.com/letters/letters.html.

Wat is het verschil tussen beleggen en sparen? Als je spaart, neem je geen risico. Je vergoeding is laag. Het is net voldoende om de tijdswaarde van je geld te dekken. Over het algemeen is het rendement op spaargeld gelijk aan de inflatie en meer niet. Veel banken betalen ook veel minder dan het inflatiepercentage op door de overheid gegarandeerde spaarrekeningen. Dit betekent dat jij de bank betaalt om je geld te gebruiken.

In tegenstelling tot beleggen, gaat daytraden snel. Daytraders reageren alleen op wat er op het scherm staat. Er is geen tijd om onderzoek te doen en de markt heeft het altijd bij het rechte eind als je daytradet. Je hebt geen twee maanden of twee jaar de tijd om te wachten tot je theorie uitkomt en de hele beurs ziet hoe slim je bent. Vandaag moet het gebeuren. En als je daar niet mee om kunt gaan, moet je niet gaan daytraden.

Trading werkt snel

Trading is het kopen en verkopen van effecten. Alle beleggers traden omdat zij hun beleggingen moeten kopen en verkopen. Maar voor beleggers is een trade een zeldzame transactie en ze krijgen meer waarde uit het vinden van een goede mogelijkheid het goedkoop te kopen en het op een bepaald moment in de toekomst tegen een veel hogere koers te verkopen. Maar traders zijn geen beleggers.

Traders proberen voordeel te halen uit koersdiscrepanties op de markt op de korte termijn. Over het algemeen nemen zij niet veel risico per trade, dus behalen ze ook niet veel rendement per trade. Traders reageren snel. Ze kijken naar wat de markt ze vertelt en reageren daarop. Ze weten dat veel van hun trades niet winstgevend zullen zijn, maar zolang dat minder dan de helft is, doen ze het goed. Ze doen niet veel diepgaand onderzoek naar de effecten waar ze in handelen, maar ze weten wat de normale koers- en volumepatronen zijn en kunnen zo mogelijke winstkansen herkennen.

Traden houdt markten efficiënt omdat het vraag en aanbod op de korte termijn creëert, waardoor kleine koersdiscrepanties verdwijnen. Het zorgt ook voor veel stress voor traders, die in het hier en nu moeten reageren. Traders geven de luxe van tijd op in ruil voor snelle winst.

TECHNISCHE INFO

Speculeren is gerelateerd aan trading in zoverre dat het vaak betrekking heeft op kortetermijntransacties. Speculanten nemen risico's uitgaande van een groter rendement dan te verwachten valt en er zal aan veel wat-als-stellingen voldaan moeten worden voordat de transactie geld opbrengt. Veel speculanten hedgen hun risico's met andere effecten, zoals opties of futures.

Gokken is niets meer dan geluk hebben

Een *gokker* zet geld in in de hoop op winst als zich een willekeurige gebeurtenis voordoet. De kansen zijn altijd tegen de gokker gekeerd en ten gunste van het casino, maar mensen houden van gokken omdat zij hopen dat als ze geluk hebben hun rendement net zo groot zal zijn als hun verlies waarschijnlijk zal zijn.

Sommige gokkers geloven dat ze het geluk aan hun zijde hebben, maar dat zien ze verkeerd. (Bij bepaalde kaartspelletjes komt het meer neer op vaardigheid dan gokken, op voorwaarde dat je een casino kunt vinden waar volgens de standaardregels gespeeld wordt. Misschien versla je al je vrienden met blackjack, maar het is veel moeilijker in een professioneel geleid casino.) Ze raken opgewonden bij de gedachte aan grote winsten, laten zich meeslepen door de chique omgeving van het casino... en raken zo snel hun geld kwijt.

TIP

Er bestaat zoiets als een *eerlijke loterij*, die plaatsvindt als het verwachte resultaat hoger is dan de risico's bij het meespelen. Dit vind je niet bij de meeste casino's, hoewel de kansen bij sportuitslagen of paardenrennen soms ten gunste zijn van degene die wedt, tenminste op de korte termijn. Een veelvoorkomend voorbeeld is als bij loterijen de jackpot tot een astronomisch bedrag is gestegen. Zoals in mei 2013, toen de Amerikaanse Powerball-loterij een jackpot had van $ 590 miljoen en de kans om te winnen 1 op 175 miljoen was. Dit betekende dat een lot van $ 1,00 een verwachte waarde had van $ 3,37, wat het tot een redelijk voorstel maakte. (Die $ 590 miljoen is een record dat nog altijd niet gebroken is.)

PAS OP

Traden is geen gokken, maar traders die geen acht slaan op hun strategie en hun resultaten, zijn eigenlijk aan het gokken. Ze kunnen de bliepjes op hun scherm gaan zien als een spel. Ze kunnen traden zonder te kijken naar de risico's en het rendement. Ze kunnen gaan denken dat de manier waarop ze dingen doen van invloed is op de trade. En al snel gebruiken ze de aandelenmarkt als een gigantisch casino door tradingtechnieken te gebruiken die net zulke slechte kansen hebben als een gokautomaat.

De risico's van daytrading beheren

Als je meer weet over de risico's, de rendementen en de activiteiten die bij daytrading komen kijken, kun je erover gaan denken hoe je je bedrijf als daytrader wilt gaan vormgeven. Voordat je verder bladert om uit te zoeken hoe je moet beginnen, moet je nog even naar twee soorten risico's kijken waar je mee te maken zult krijgen:

- » zakelijk risico;
- » persoonlijk risico.

Je moet beide begrijpen en in de hand hebben om beter met de risico's van de handelsdag om te kunnen gaan.

Het is jouw bedrijf

Zakelijk risico is de onzekerheid in de timing van je cashflow. Het traden zal niet elke maand even goed gaan, maar je moet wel je rekeningen betalen. Je moet je abonnementen betalen, je hebt elektriciteit nodig en je computer moet op internet aangesloten blijven. Je moet belasting betalen en koolzuurhoudende dranken voelen zich erg aangetrokken tot toetsenborden, waardoor er op de meest onhandige momenten kortsluiting ontstaat.

Houd je zakelijke onkosten bij en houd ze zo laag mogelijk als redelijkerwijs kan. Je moet natuurlijk in je bedrijf investeren, maar alleen in zoverre dat je je rekeningen kunt blijven betalen, ook als je een maand niet tradet.

TIP

Ongeacht wat er op je beleggingsrekening gebeurt, heb je geld nodig om je rekeningen te betalen. Anders is het snel over met handelen. De beste manier om jezelf te beschermen, is door een buffer aan te leggen om je zakelijke kosten te kunnen betalen. Houd deze buffer gescheiden van het geld waar je mee tradet. Vul hem tijdens de maanden dat het goed gaat aan, en stop met traden als de buffer verdwenen is.

Het is jouw leven

Het *persoonlijke risico van* trading is dat het een obsessie wordt waardoor er niets anders meer voor je bestaat. Traden is stressvol en het verschil tussen degenen die succesvol zijn en degenen die falen is vaak psychologisch. Je moet er helemaal zijn als je aan het traden bent. En aan het einde van een handelsdag moet je je emoties achter je laten, net zo goed als je ook je posities achter je laat. Dat is niet gemakkelijk, dus denk na over hoe je je emoties kunt beheersen voordat je begint met traden. Dan loop je niet achter de feiten aan.

Het persoonlijk risico is eigenlijk zo groot dat ik er een heel hoofdstuk aan gewijd heb: hoofdstuk 14. Lees het als je ook maar iets in dit hoofdstuk hebt gezien waarbij je alarmbellen zijn gaan rinkelen.

IN DIT HOOFDSTUK

De toezichthouders aanwijzen

Basisvereisten van een broker bekijken

Tips voor handel met voorkennis vermijden

De markten tijdens crisissituaties beschermen

Hoofdstuk 5

Regulering en de moderne trader

De financiële markten zijn een wilde en chaotische speeltuin voor kapitalisme op z'n best. Elk moment van de handelsdag bepalen acties van kopers en verkopers wat de koers van een aandeel, grondstof of valuta op dat moment moet zijn, gezien de vraag, het aanbod en de beschikbare informatie. Het is prachtig.

Een reden dat de markten het grootste deel van de tijd zo goed werken, is dat ze gereguleerd worden. Dit lijkt tegenstrijdig: kapitalisme draait toch om vrije handel, ongehinderd door regels van betuttelende bureaucraten? Maar wil kapitalisme werken, dan moeten de mensen aan beide kanten van een trade weten dat de regels nageleefd zullen worden. Ze moeten weten dat het geld op hun rekening er inderdaad is en dat het niet gestolen kan worden. En ze moeten weten dat niemand een oneerlijk voordeel heeft. *Regulering* zorgt voor het vertrouwen dat nodig is om de markt te laten functioneren.

Als daytrader beheer je dan wel geen geld voor andere beleggers en hoef je je niet te verantwoorden bij een werkgever, maar dit betekent niet dat je je niet aan regels hoeft te houden. Daytraders moeten voldoen aan de geldende effectenwetten en beursbepalingen, waarvan sommige speciaal bedoeld zijn voor degenen die veel kortetermijntrades uitvoeren. Ook brokers en adviseurs die met daytraders te maken hebben, moeten zich aan regels houden. Door al deze verschillende regels en reguleringen te begrijpen, ben je beter in staat om beslissingen te nemen over met wie je in zee wilt gaan. In dit hoofdstuk wordt beschreven wie er toezicht houdt, waar ze naar kijken en wat dit voor jou betekent.

Terugkijken naar het verleden van reguleringen

Door de uitvinding van de telegraaf konden handelaren dagelijks koersnoteringen ontvangen. Veel steden hadden *bucket shops,* winkeltjes waar handelaren konden wedden op wijzigingen in aandelenkoersen en grondstofprijzen. Deze handelaren kochten niet de effecten zelf; in plaats daarvan plaatsten ze weddenschappen tegen anderen. Deze stelsels waren zeer gevoelig voor manipulatie en fraude en ze verdwenen na de crash van 1929.

Na de crash van 1929 begonnen kleine beleggers te handelen via ticker tape, een afdruk van de koerswijzigingen die via de telegraaf werden verzonden. In de meeste gevallen voerden handelaren deze transacties uit door naar het kantoor van hun broker te gaan, in een conferentieruimte te gaan zitten en orders te plaatsen gebaseerd op de wijzigingen die via de tape waren binnengekomen. Echt serieuze handelaren lieten een telegraaf in hun eigen kantoor plaatsen, maar dat was vaak te duur voor de meeste individuele beleggers. In elk geval moesten handelaren nog steeds hun orders via een broker plaatsen. Aangezien ze geen directe toegang hadden tot de markt, konden zij er niet van uitgaan dat hun orders ook tijdig uitgevoerd werden.

TECHNISCHE INFO

Een andere reden dat er toen zo weinig werd gedaytraded, is dat alle brokers tot 1975 dezelfde commissie vroegen. In dat jaar verbood de Securities and Exchange Commission dergelijke prijsafspraken. Voortaan konden brokers gaan concurreren met hun commissies. Sommige brokers, zoals Charles Schwab, lieten toe dat klanten tegen lagere commissietarieven in aandelen handelden, waardoor actief handelen winstgevender werd. Sommige brokers vragen helemaal geen commissie meer (maar maak je geen zorgen, ze verdienen hun geld op andere manieren).

Het handelen via ticker tape bleef min of meer bestaan tot de crash van de aandelenmarkt in 1987. Brokers en marketmakers werden overspoeld met orders, dus hielpen zij hun grootste klanten eerst en stopten de kleinste trades onder op de stapel. Na de crash brachten de beurzen en de Securities and Exchange Commission verschillende veranderingen aan om de kans op nog een crash te verminderen en de uitvoering te verbeteren als er zich weer een zal voordoen. Een van die veranderingen was het Small Order Entry System, vaak SOES genoemd, waarbij orders van 1.000 aandelen of minder prioriteit krijgen ten opzichte van grotere orders.

In de jaren negentig van de vorige eeuw werd internet algemeen beschikbaar en verschillende elektronische communicatienetwerken boden kleine handelaren directe toegang tot koersnoteringen en handelsactiviteiten. Dit betekent dat handelaren op dezelfde voet orders konden plaatsen als de brokers via wie ze eerst moesten handelen. Dankzij SOES hadden kleine handelaren zelfs een voordeel: ze konden orders plaatsen en dan de aandelen verkopen aan grotere bedrijven en harkten op deze manier een leuke winst binnen. Daytrading leek een goede manier om geld te verdienen.

SOES viel samen met de groei van commercieel internet, waardoor het einde van de jaren negentig een gouden tijdperk was voor daytraders, tenminste volgens de overlevering. Steeds meer discountbrokers boden internettrading aan en aandelen in internetbedrijven waren enorm populair. Niemand had SOES nodig om winst te maken zolang de koers van Pets.com en Webvan iedere dag weer steeg, tenminste voor een tijdje. (Kun je je dit nog herinneren? Nee? Nou, het was leuk voor zolang het duurde.)

Toen, in 2000, zakte de markt voor technologieaandelen in elkaar, gedeeltelijk omdat veel bedrijven ook in elkaar stortten. In de tien jaar die daarop volgden, was het rustig op de beurzen. Tegelijkertijd werden er nieuwe producten geïntroduceerd die aantrekkelijk waren voor daytraders, zoals exchange-traded funds en minicontracten voor grondstoffen (die alle twee worden besproken in hoofdstuk 3).

En toen brak de gekte uit. In 2008 faalden de brokers en waren de financiële markten bijna in elkaar gezakt. Al die volatiliteit was heerlijk voor de traders die ermee om konden gaan. De brokers ontwikkelden grotere en geavanceerdere handelprogramma's, die goed leken te werken. Tot die laatste order in de middag van 6 mei 2010, waardoor alles van slag raakte. De zogenoemde 'flash crash' legde de risico's bloot die veroorzaakt werden door de flitshandel. Niemand wilde de technologie de schuld geven en probeerden in plaats daarvan de schuld bij de traders te leggen, die te inhalig zouden zijn.

In de herfst van 2008 kreeg het financiële systeem veel overheidssteun in de hoop een depressie te kunnen voorkomen. De beurzen en de federale overheid bedachten nieuwe regels om grote instellingen aan banden te leggen, maar er is weinig veranderd voor daytraders. Tenminste, tot nu toe.

Dus wat zijn de wetten die van invloed zijn op daytraders? Blijf verder lezen om erachter te komen!

Toezichthouders beoordelen

In de Verenigde Staten houden twee overheidsorganen toezicht op de financiële markten: de Securities and Exchange Commission (SEC) en de Commodity Futures Trading Commission (CFTC). In Nederland en België zijn dat de AFM en de FSMA. Beide hebben vergelijkbare doelen: ervoor zorgen dat beleggers en traders over de juiste informatie beschikken om beslissingen te kunnen nemen, en fraude en misbruik te voorkomen.

Geen van beide organen heeft echter volledige autoriteit over de markten. In plaats daarvan ligt veel van de verantwoordelijkheid voor goed gedrag bij zelfregulerende organisaties waar brokers zich bij aansluiten en bij de beurzen zelf. Het is een ingewikkelde situatie, maar de overlap tussen deze organisaties lijkt ervoor te zorgen dat de problemen vroegtijdig worden onderkend en dat de belangen van bedrijven, brokers en vermogensbeheerders eerlijk worden vertegenwoordigd.

Regulering van de aandelen- en bedrijfsobligatiemarkten

De aandelen- en bedrijfsobligatiemarkten zijn het prominentst aanwezig. Toezichthouders zijn actief en zichtbaar omdat zich op deze markten een relatief groot aantal relatief kleine emittenten bevinden. Op de valutamarkt zijn daarentegen alleen overheden emittent en daar zijn er veel minder van dan bedrijven. Als een van deze bedrijven gesjoemeld blijkt te hebben met de cijfers, staan alle kranten er bol van en plotseling heeft iedereen een mening over de toezichthouders. En dat is pas de eerste laag in het reguleren van deze markt.

BELANGRIJK

Gezien de snelheid waarmee beurzen fuseren en organisaties reorganiseren, kan het zijn de dat de volgende lijst is veranderd tegen de tijd dat jij dit leest. Maar zelfs als organisaties verdwijnen, de regels blijven.

De U.S. Securities and Exchange Commission (SEC)

De SEC (www.sec.gov) is een overheidsorgaan dat ervoor zorgt dat markten efficiënt functioneren. De Commission bestaat uit vijf bestuurders die zijn aangewezen door de Amerikaanse president en bevestigd door het congres en die elke vijf jaar gekozen worden. Deze constructie is bedoeld om de SEC onpartijdig te houden. Een van de commissarissen wordt aangewezen als voorzitter.

De SEC heeft drie functies:

- ervoor zorgen dat bedrijven met aandelen die genoteerd staan op beurzen in de Verenigde Staten hun financiële informatie nauwkeurig en op tijd bekendmaken, zodat beleggers voor zichzelf kunnen bepalen of beleggen in dat bedrijf de juiste keuze is;
- overzicht bieden van de markten door ervoor te zorgen dat de beurzen en de zelfregulerende organisaties over voldoende regels beschikken en dat die regels worden gehandhaafd;
- reguleren van open-eindbeleggingsfondsen, beleggingsadviseurs en andere instanties die beslissingen nemen over het geld van andere mensen.

Naast de standaardregels, die de brokers van binnen en buiten kennen, stelt de SEC soms tijdelijke regels in als de markt gestrest is. Tijdens de financiële crisis in 2008 stelde de SEC bijvoorbeeld restricties in op het blanco verkopen van aandelen van verschillende financiële instellingen.

De beurzen

Hoewel de New York Stock Exchange en de NASDAQ geen toezichthoudende rol meer hoeft te vervullen, zijn ze beide betrokken bij de regulering. Zij en de kleinere beurzen doen er alles aan om ervoor te zorgen dat bedrijven waarvan de effecten op de beurs worden verhandeld, voldoen aan de criteria die zij hebben opgesteld voor de notering ervan. Deze criteria houden onder andere in tijdige financiële rapportage aan de SEC en een minimaal aantal aandelen dat daadwerkelijk wordt verhandeld. (Hoofdstuk 3 geeft een beschrijving van de verschillende beurzen en hun noteringsvereisten.)

De beurzen controleren ook hoe de effecten worden verhandeld, op zoek naar patronen die op manipulatie van de markt of handel met voorkennis kunnen duiden. Elke beurs werkt met de brokers die op die beurs mogen handelen om ervoor te zorgen dat de brokers weten wie hun klanten zijn en dat de brokers systemen hanteren om er zeker van te zijn dat hun klanten zich aan de regels houden.

Het Federal Reserve Systeem

Het Federal Reserve Systeem, bij zowel vriend als vijand bekend als de Fed, is de centrale bank van de Verenigde Staten. Een van zijn rollen is zorgen voor de integriteit van het financiële systeem van het land. Hoewel het toezicht van de Federal Reserve vooral gericht is op commerciële banken, raakt de Fed in tijden van crisis betrokken bij effectenmarkten om ervoor te zorgen dat de markten blijven functioneren. Tijdens de financiële crisis van 2008 betrof dit het begeleiden van fusies van falende brokers en het opkopen van aandelen van verschillende banken, brokers en verzekeringsmaatschappijen die in de problemen zaten.

De Securities Investor Protection Corporation

De Securities Investor Protection Corporation (SIPC) is opgericht in 1970 om brokers te beschermen tegen verlies in het geval dat een bedrijf failliet ging. Als jouw bedrijf kopje onder gaat (en dat is in de loop van de jaren enkele bedrijven overkomen, ook sommige bedrijven die eens grote marktbekendheid genoten), kun je je geld en aandelen terugkrijgen.

De SIPC vormt echter geen verzekering tegen fraude. Als je zakendoet met een bedrijf of verkoper die je besteelt, zul je moeten proberen om via de rechter en de Securities and Exchange Commission je geld terug te krijgen. Ga dus in elk geval in zee met een broker die aangesloten is bij de SIPC. Maar hier houdt je verantwoordelijkheid niet op.

Daarnaast worden bijna alle geschillen die klanten hebben met brokers arbitragezaken en komen niet voor de rechter. Veel mensen vinden dat de arbitrageprocedure subjectief is ten gunste van de brokers. Je kunt verhaal halen, maar misschien niet zoveel als je zou willen.

Regulering van de derivatenmarkt

De derivatenmarkten, waar opties en futures worden verhandeld, handelen niet rechtstreeks in aandelen en obligaties. In plaats daarvan koppelen zij kopers en verkopers van contracten waarvan de waarde is gekoppeld aan de waarde van een onderliggend effect. Derivaten zijn populair onder daytraders aangezien ze deze traders een manier bieden om met minder vermogen te beleggen in rentes en marktindexprestaties dan ze nodig zouden moeten hebben voor het rechtstreeks kopen van staatsobligaties of grote groepen aandelen.

Derivatenmarkten hebben hun eigen toezichthoudende organen; deze komen overeen met de opmaak en hiërarchie van de regulering van aandelen- en obligatiemarkten. De organisaties zijn dan misschien niet algemeen bekend, maar hun functies zijn vergelijkbaar.

Commodity Futures Trading Commission (CFTC)

De CFTC (www.cftc.gov) is een overheidsinstelling die in 1974 is opgericht om toezicht te houden op de marktactiviteiten van agrarische grondstoffen en financiële producten. De overheid realiseerde zich dat deze markten gereguleerd moesten worden, maar ook dat ze flink verschilden van de traditionele aandelenbeurzen, zodat de SEC niet het orgaan was om hiermee te belasten. De CFTC lijkt in opbouw wel heel erg op de SEC, met vijf commissarissen die voor vijf jaar worden aangesteld, aangesteld worden door de president van de VS en bevestigd worden door het congres. Een van de commissarissen wordt als voorzitter aangewezen. Deze constructie is bedoeld om de CFTC onpartijdig te laten zijn.

TECHNISCHE INFO

Decennialang stond de handel in futures onder toezicht van het Amerikaanse ministerie voor Landbouw omdat het betrekking had op alleen agrarische grondstoffen, zoals graan, varkensmagen en koffie. Toen traders vroegen om nieuwe producten zoals termijncontracten op rentes en valuta, was het duidelijk dat een nieuw toezichthoudend orgaan nodig was en dat werd de CFTC.

De CFTC heeft twee hoofdfuncties:

- ervoor zorgen dat de markten liquide zijn en dat beide partijen van een optie- of termijncontracttransactie in staat zijn om aan hun contractuele verplichtingen te voldoen;
- inzicht bieden in de markten door ervoor te zorgen dat de beurzen en zelfregulerende organisaties over voldoende regels beschikken en dat die regels gehandhaafd worden.

National Futures Association (NFA)

De NFA (www.nfa.futures.org) houdt toezicht op 4.200 bedrijven met 55.000 werknemers die op verschillende termijnbeurzen actief zijn. Het voert achtergrondcontroles en licentietoetsen uit, reguleert de handel in termijncontracten en controleert hoe bedrijven de regels naleven, en verstrekt informatie aan beleggers zodat zij op de hoogte zijn van de termijnhandel en hoe deze verschilt van de traditionelere beleggingen.

Bedrijven die zich met termijncontracten bezighouden worden in plaats van *brokers* ook *futures commission merchants (termijncontractencommissiehandelaars)* of FCM's genoemd. Je kunt meer informatie over FCM's en hun werknemers vinden via het Background Affiliation Status Information Center van de NFA, met de slimme afkorting BASIC. Dit staat op www.nfa.futures.org/basicnet of je kunt er via de homepagina van de NFA komen. Via BASIC kun je commissiehandelaren en werknemers opzoeken om te kijken of zij geregistreerd zijn en of er klachten tegen hen zijn ingediend. Als er klachten zijn ingediend, kun je zien hoe het probleem is opgelost. (Zie BASIC als hetzelfde voor termijncontracten als het leerlingvolgsysteem waarin je hele schoolcarrière is vastgelegd.)

TIP

De Securities and Exchange Commission en de National Association of Securities Dealers houden toezicht op de handel in opties op aandelen, maar de Commodity Futures Trading Commission en de National Futures Association houden toezicht op de handel in opties op termijncontracten. Nu de grenzen tussen derivaatproducten steeds vager worden, zul je veel overlap tussen deze verschillende organisaties ontdekken en veel deskundigen in de sector voorspellen dat de SEC en de CFTC op enig moment zullen fuseren. Aangezien het onderzoeken van bedrijven en mensen via diverse zelfregulerende organisaties mogelijk is, loont het de moeite om daar tijd in te steken. Raak niet in paniek als iemand bij één organisatie wel bekend is en bij de andere niet, maar wees wel op je hoede als een bedrijf of persoon nergens bekend is.

De beurzen

Anders dan de aandelenbeurzen, hebben de derivatenbeurzen hun toezichthoudende functies niet gebundeld. Dus hebben de Chicago Board Options Exchange (CBOE), de CME Group, InterncontinentalExchange en andere derivatenbeurzen hun eigen toezichthoudende organen die ervoor zorgen dat traders zich houden aan de regels van de beurs en van andere organisaties, vooral de CFTC. Ze ontwikkelen ook nieuwe soorten handelscontracten die voldoen aan de geldende regels. (In hoofdstuk 3 beschrijf ik de verschillende beurzen en wat ze doen.)

Beurzen bekijken ook hoe derivaten worden verhandeld om patronen op te sporen die kunnen wijzen op marktmanipulatie of handel met voorkennis. Elke beurs werkt samen met de futures commission merchants die op die beurs mogen handelen om ervoor te zorgen dat de FCM's weten wie hun klanten zijn en over systemen beschikken die ervoor zorgen dat deze klanten goed traden (al dan niet winstgevend).

Soms werken beurzen samen met toezichthouders van aandelen- en obligatiemarkten, vooral als er fraude of marktmanipulatie wordt vermoed. Want handel met voorkennis in opties is net zo illegaal als handel met voorkennis in aandelen!

Regulering vreemde valuta (forex)

Aangezien het de grootste, meest liquide markt ter wereld is, gaan veel daytraders traden in vreemde valuta, ook wel *forex* genoemd. Maar er zit wel een addertje onder het gras: deze markten worden niet goed gereguleerd. Iedereen kan zomaar euro's wisselen voor Amerikaanse dollars. Toeristen doen het iedere dag, vaak bij de receptie van het hotel of bij wisselkantoortjes. Je hoeft niets in te vullen, er is geen gedoe, dus ook geen toezicht.

Toezicht is niet nodig voor het omwisselen van euro's voor dollars; het is hetzelfde als dat iemand iets koopt bij de supermarkt. Jammer genoeg heeft deze situatie ertoe geleid dat sommige bedrijven het aan daytraders doen voorkomen alsof de handel in vreemde valuta gereguleerd is, waardoor sommige daytraders hun vingers lelijk gebrand hebben. Een gewaarschuwd mens telt voor twee, zoals het gezegde luidt.

PAS OP

Sommige onlinebrokers in vreemde valuta bevinden zich buiten de EU en de Verenigde Staten, dus mogen zij klanten meer leverage aanbieden. Meer leverage kan het rendement vergroten, maar het zorgt ook voor meer risico. En sommige rechtsgebieden beschikken over betere bescherming voor beleggers dan andere. Controleer waar het bedrijf is gevestigd en welke wetten daar van toepassing zijn, zodat je beschermd bent.

Opties en termijncontracten op valuta

De meeste valuta wordt verhandeld als een spottransactie: handelaren wisselen een valuta voor een andere valuta tegen de huidige wisselkoers. De spotmarkt wordt niet gereguleerd. Maar de meeste daytraders geven er de voorkeur aan om hun valutapositie af te dekken met behulp van opties en termijncontracten, om erop te wedden of de wisselkoersen zullen stijgen of dalen en om de risico's van onverwachte veranderingen te hedgen. Opties en termijncontracten op valuta worden gereguleerd als derivaten, via de CFTC, de NFA en de betreffende termijnbeurzen. In sommige gevallen kan het zijn dat FCM's klantreferenties krijgen van vreemde valutabedrijven die zelf niet geregistreerd staan, waardoor het onduidelijk is of klanten begrijpen waarin ze zich begeven.

BELANGRIJK

Als je je begeeft op een niet-gereguleerde markt als forex, kun je jezelf beschermen door onderzoek te doen, zodat je weet wat de risico's en beloningen zijn. Dit gezegd hebbende, bevinden zich op alle markten ongure types, dus het is altijd beter om je eigen informatie te verzamelen dan om op iemand anders te vertrouwen. De beurzen en zelfregulerende organisaties hebben allemaal uitstekende websites bomvol met informatie. Je kunt ze in de bijlage achter in dit boek terugvinden.

Banken en toezicht

Banken zijn verantwoordelijk voor het grootste deel aan handel in vreemde valuta en staan onder zwaar toezicht. Dus houden de Federal Reserve Banks en het Amerikaanse ministerie van Financiën de forexmarkten goed in de gaten, op zoek naar bewijs voor manipulatie en het witwassen van geld (wat later in dit hoofdstuk aan bod komt). Door dit toezicht wordt voorkomen dat deze markt helemaal vogelvrij is, ondanks dat iedereen mag handelen in vreemde valuta.

PAS OP

Toezicht op banken is niet voldoende om je te beschermen tegen buitensporige claims van schimmige kantoren die handelen in vreemde valuta, maar het zorgt er wel voor dat jouw contracten worden uitgevoerd.

Werken met regels van brokers

Brokers en futures commission merchants moeten weten wie hun klanten zijn en wat zij van plan zijn, wie er ook toezicht op ze houdt. Dit leidt tot enkele basisregels met betrekking tot geschiktheid, patroondaytrading en het witwassen van geld. En natuurlijk meer administratieve rompslomp voor jou. Raak niet te gefrustreerd van alle formulieren die je in moet vullen om een rekening te openen, want de broker moet er nog veel meer invullen.

Geschiktheid peilen

Brokers en FCM's moeten ervoor zorgen dat de activiteiten van de klant geschikt zijn. De kantoren moeten hun klanten kennen en er zeker van zijn dat de aanbevelingen kloppen. Als het gaat om daytrading, moeten de kantoren ervan uit kunnen gaan dat klanten handelen met *risicokapitaal*, geld dat zij zich kunnen veroorloven te verliezen. Ze moeten er ook van op aankunnen dat de klanten begrijpen wat de risico's zijn die zij nemen. Afhankelijk van het kantoor en wat je probeert te bereiken, zul je financiële overzichten moeten overleggen en ook een stapel verklaringen ondertekenen en verklaren dat je verschillende handleidingen voor het traden hebt ontvangen.

Je financiële situatie gaat alleen jou wat aan en niemand anders, behalve natuurlijk dat de verschillende toezichthouders ervoor willen zorgen dat werknemers van de kantoren klanten niet verleiden tot het nemen van risico's die ze eigenlijk beter niet kunnen nemen. Dat is de reden waarom de broker wil weten wie je bent en welk geld je gebruikt voor het traden. Natuurlijk kun je erover liegen. Je kunt je broker vertellen dat je de

€ 25.000 die je op je rekening stort niet nodig hebt, zelfs als dat het geld is om je kinderen te laten studeren. Maar als je het verliest, kun je niet zeggen dat je de risico's niet kende.

TECHNISCHE INFO

WITWASSEN: AL CAPONE OF WATERGATE?

Hoewel sommige mensen denken dat de term 'witwassen' stamt uit de tijd van de pogingen van Al Capone om de belastingen te ontduiken via het opkopen van wasserettes (bedrijven waar veel geld in omging via kleine geldtransacties), stelt de Federal Reserve Board dat de term in zwang raakte ten tijde van het Watergate-schandaal, toen campagnemedewerkers van president Nixon het geld moesten verbergen dat gebruikt werd om de mensen te betalen die hadden ingebroken in het kantoor van de psychiater van zijn opponent.

Er zeker van zijn dat het geld legaal is

Witwassen is het proces van het creëren van een legale herkomst van geld dat verkregen is uit illegale activiteiten. De gemiddelde drugsdealer, huurmoordenaar of corrupte politicus accepteert geen creditcards, maar wil ook geen grote bedragen geld in huis hebben. Hoe kan hij rente vangen voor zijn geld als het onder zijn matras ligt? Ook kan hij onfrisse vrienden hebben die hem zijn bankbiljetten met liefde afhandig zouden maken. Als een misdadiger met al zijn contante geld naar de bank gaat, zullen die nieuwsgierige bankmedewerkers allerlei vervelende vragen gaan stellen, omdat zij weten dat mensen die legaal werk doen, hun salaris gewoon op hun rekening krijgen gestort.

Dus zoekt de crimineel met het zwarte geld manieren om het geld legitiem te laten lijken. Er bestaan allerlei manieren om geld wit te wassen, van vaak kleine bedragen aan contant geld storten tot het aangaan van verschillende gecompliceerde financiële transacties en geldoverboekingen, vooral tussen verschillende landen: razend moeilijk te achterhalen voor toezichthouders. Soms lijken deze transacties veel op daytrading. Dit is de reden dat legitieme brokers die daytradingaccounts openen goed moeten weten wie hun klanten zijn.

Het gevecht tegen witwassen is veel intenser geworden na de aanvallen van 11 september 2001, omdat het duidelijk was dat iemand ergens slechteriken veel geld gaf om deze dodelijke missie te kunnen voorbereiden en uitvoeren. De VS en verschillende andere landen hebben het toezicht op financiële activiteiten verscherpt na de aanvallen op het World Trade Center en het Pentagon. Een belangrijk onderdeel van de administratieve rompslomp van je broker bestaat dan ook uit antiwitwasverklaringen. Het

Financial Crimes Enforcement Network van het Amerikaanse ministerie van Financiën (www.fincen.gov), dat onderzoek doet naar het witwassen van geld, eist dat financiële instellingen gebruikmaken van handhavingsprocedures om te controleren dat nieuwe beleggingen niet uitgevoerd worden met illegaal verkregen geld.

De broker zal je, om te controleren dat ze weten wie hun klanten zijn en waar hun geld vandaan komt, waarschijnlijk vragen de volgende informatie te verstrekken als je een beleggingsrekening opent:

- » je naam
- » je geboortedatum
- » je adres
- » je bedrijfsgegevens
- » je burgerservicenummer
- » je paspoort en rijbewijs
- » kopieën van je financiële overzichten

Wees op je hoede voor handelen met voorkennis

De wetten met betrekking tot geschiktheid en witwassen zijn heel duidelijk. Je krijgt een stapel formulieren, je leest ze, je ondertekent ze, je overhandigt de nodige documenten en iedereen is blij. De regels waardoor de markten blijven functioneren zijn duidelijk en gemakkelijk te volgen.

Maar er is nog een belangrijke afspraak waardoor markten blijven functioneren, namelijk dat niemand anders oneigenlijk informatievoordeel mag hebben. Als je al op de hoogte bent van een grote fusie voordat die bekend wordt gemaakt, als je weet wat de Federal Reserve gaat besluiten op het gebied van de rente, of als je kennis hebt van een nieuwe uitvinding die de vraag naar een bepaald agrarisch product zal doen instorten, dan zou je een oneerlijk voordeel hebben. Als iedereen denkt dat anderen een oneerlijk voordeel hebben, is niemand nog bereid om deel te nemen in kapitaalmarkten en dat zou de economie schaden.

PAS OP

Handelen met voorkennis wordt niet goed gedefinieerd. Voorkennis omvat alle niet-openbare informatie die een redelijk persoon mee zou laten wegen bij het kopen of verkopen van een aandeel en dat is nogal vaag.

Vooral omdat het hele doel van onderzoek is het combineren van beetjes immateriële informatie om te komen tot beleggingsbeslissingen.

Daytraders, die zo snel kopen en verkopen, kunnen ontvankelijk zijn voor tips. Ze zitten misschien op internetfora of chatsessies waar roddels een beetje sjeu kunnen geven aan een saaie dag. Als deze tips eigenlijk voorkennis is, kan de trader aansprakelijk gesteld worden. Als je fantastische informatie krijgt van iemand die zich in een positie bevindt dat hij het kan weten (zoals een directielid, jurist of beleggingsadviseur) en je gebruikt deze informatie bij het traden, of je geeft het door aan iemand die het dan gebruikt, kun je daar hoge boetes voor krijgen. Civielrechtelijke boetes bedragen meestal drie keer je winst, maar de overheid kan ook beslissen dat het traden onderdeel uitmaakte van een criminele organisatie, waardoor de mogelijke boetes nog hoger kunnen oplopen.

TECHNISCHE INFO

Handel met voorkennis is moeilijk te bewijzen, dus gebruiken toezichthouders andere instrumenten om degenen waarvan vermoed wordt dat zij oneigenlijke winst maken te straffen. Martha Stewart werd niet veroordeeld tot gevangenisstraf vanwege handel met voorkennis, ze werd beticht van het hinderen van de rechtsgang door tegen onderzoekers te liegen over wat er was gebeurd.

Als er groot nieuws bekend wordt gemaakt, zoals een grote fusie, kijken beurzen een paar dagen terug om te kijken of er ongewone activiteiten hebben plaatsgevonden met de betreffende aandelen en derivaten. Ze leiden die activiteit dan via de brokers terug naar de betreffende traders om te kijken of het toeval was of onderdeel van een patroon.

O ja, de meeste tips blijken ook nog loos alarm te zijn of ten minste niet zo interessant voor de markt als eerst gedacht. Echte voorkennis is moeilijk te krijgen, maar een roddel de wereld in helpen is heel gemakkelijk.

TIP

Waar het op neerkomt is dit: je krijgt waarschijnlijk zelden te maken met voorkennis. Maar als een tip te mooi lijkt om waar te zijn, dan is dat meestal ook zo. Dus wees voorzichtig.

Speciale regels voor crisissituaties

Veel toezichthouders zitten langs de zijlijn en bekijken de markten zonder veel interactie... totdat zich een grote crisis voordoet. Als dit gebeurt, doen ze er alles aan om de markten te kalmeren, vaak door het instellen van nieuwe en tijdelijke regels tot iedereen gekalmeerd is en de normale marktactiviteiten hervat kunnen worden.

Er zijn drie hoofdsoorten regels die alleen van toepassing zijn tijdens een crisis. Dit zijn noodstops, beperkingen in het short gaan en onderbroken trades.

Noodstops zijn tijdelijke stops in het traden die van toepassing zijn als de markt overmatig volatiel is, ten minste volgens de New York Stock Exchange. (Traders houden van volatiliteit, maar de NYSE is er niet zo blij mee.) Zo werken noodstops:

- **Als de Dow Jones Industrial Average met 10 procent daalt** vóór 14.00 uur plaatselijke tijd, dan wordt de handel 1 uur stilgelegd. Als dit tussen 14.00 en 14.30 uur gebeurt, wordt de handel een halfuur stilgelegd. Als het na 14.30 uur gebeurt, wordt er gehandeld tot de bel van 16. 00 uur, of tot de daling 20 procent is geworden.
- **Als de Dow Jones Industrial Average met 20 procent daalt** vóór 13.00 uur plaatselijke tijd, wordt de handel 2 uur stilgelegd. Als dit tussen 13.00 en 14.00 uur gebeurt, wordt de handel 1 uur stilgelegd. Als het na 14.00 uur gebeurt, wordt er die dag niet meer gehandeld.
- **Als de Dow Jones Industrial Average met 30 procent daalt**, wordt er voor de rest van de dag niet meer gehandeld, hoewel de markt zeer waarschijnlijk al gesloten zou zijn vanwege de 20 procentregel.

De andere beurzen hoeven zich niet aan de regels van de New York Stock Exchange te houden, maar dat doen ze vaak wel. Daarnaast heeft de NYSE het recht om de handel in een bepaald aandeel stil te leggen als dit binnen 5 minuten meer dan 10 procent daalt.

Beperkingen in het short gaan kunnen ingesteld worden als de toezichthoudende autoriteiten vinden dat actie in een bepaalde sector de hele markt naar beneden trekt. In de herfst van 2008 werd short gaan tijdelijk verboden voor aandelen in de financiële dienstverlening.

Ten slotte, als de markt echt gek gaat doen, hebben de beurzen het recht om trades te onderbreken, oftewel koop- en verkooporders annuleren die te goed lijken om waar te zijn. Toen de flitscrash in 2010 toesloeg, vonden veel traders het geweldig dat ze tegen een fractie van de normale koers aandelen konden kopen van gerenommeerde en winstgevende bedrijven. Ze waren echter niet zo blij toen de beurzen deze trades annuleerden.

BELANGRIJK

De Securities and Exchange Commission staat aandelenbeurzen toe om trades te onderbreken als de koersen in het systeem 'duidelijk foutief' zijn, vooral als er een computerstoring is. Sommige traders klagen dat er ook wel trades worden onderbroken als de koersen niet duidelijk foutief zijn, waardoor ze winst mislopen. De richtlijnen staan beurzen toe te overwegen om een trade te onderbreken als koersen met 10 procent verschillen voor aandelen onder de $ 25, 5 procent voor aandelen tussen $ 25 en $ 50 en 3 procent voor aandelen van meer dan $ 50. Ook dient het proces van het beoordelen binnen 30 minuten na de trade gestart worden.

Als je een mooie deal ziet, ga er dan voor en voer de trade uit, maar weet dat deze geannuleerd kan worden als die fantastische koers een fout bleek te zijn.

Samengaan met een partner

Als je succesvol blijkt in het daytraden, kun je overwegen te gaan samenwerken met partners, zodat je over meer handelsvermogen beschikt en iets regelmatigere inkomsten hebt uit de beheerkosten. Bij samenwerking met partners komt wel het nodige kijken. Ook hier moet je je aan bepaalde regels en procedures houden.

Als je handelt in opties en termijncontracten en een grondstoffenpool beheert, of werkt als adviseur in de handel in grondstoffen, moet je je inschrijven bij de National Futures Association. Als je handelt in aandelen en obligaties, moet je je inschrijven bij de Securities and Exchange Commission, behalve als je voldoet aan de uitzonderingscriteria die je toestaan als een hedgefonds te opereren.

PAS OP

Inschrijven is niet iets wat je zelf even snel doet. Aan de andere kant is samenwerken met partners zonder dit te registreren ook onderhevig aan allerlei vereisten. Een fout of omissie kan tot enorme vergeldingen leiden, inclusief boetes of gevangenisstraf. Als je wilt gaan samenwerken met partners in je tradingbedrijf, geef dan geld uit aan gedegen juridisch advies. Dit beschermt jou en laat mogelijke klanten zien dat je je bedrijf serieus neemt.

Om aangemerkt te worden als een hedgefonds, wat een particulier beleggingspartnerschap is dat niet ingeschreven hoeft te worden volgens de Investment Company Act van 1940, mag je alleen zakendoen met *geaccrediteerde beleggers* (beleggers met minstens $ 1 miljoen aan nettovermogen of een jaarinkomen van $ 200.000) of *gekwalificeerde kopers* (met $ 5 miljoen aan te investeren vermogen). Het idee is dat deze mensen de risico's die ze nemen begrijpen en voldoende geld hebben om verlies te kunnen lijden. Hedgefondsen hoeven niet ingeschreven te worden bij de SEC, maar het kan zijn dat ze zich in moeten schrijven bij de NFA.

Of jij je wel of niet moet inschrijven, mogelijke klanten willen graag bewijs zien dat je weet wat je aan het doen bent en weet hoe je met hun geld moet omgaan. Die stap ligt buiten het doel van dit boek, maar het is iets wat een succesvolle trader moet overwegen.

2 Populaire daytrading-strategieën bekijken

IN DIT DEEL . . .

Kijk je hoe de beste daytraders onderzoek en bewezen strategieën gebruiken om te beslissen wanneer te kopen en wanneer te verkopen.

Doorgrond je je geldbeheer, wat het belangrijkste is om succes te hebben met traden. Het helpt je geld achter de hand te houden voor de volgende kans. En er is altijd een volgende kans zolang je in de markt blijft.

Raak je bekend met algemene strategieën, inclusief technische basispatronen, arbitrage, blanco verkopen en leverage.

Kijk je hier voor een overzicht van onlinebrokers die gespecialiseerd zijn in traders.

IN DIT HOOFDSTUK

Het verwachte rendement berekenen

Je kans op ondergang kennen

De vele methoden voor money management overwegen

Beslissen wat je met je winst wilt doen

Hoofdstuk 6

Je geld en posities beheren

Je kunt niet traden als je geen geld hebt. Natuurlijk kan de broker je wel wat lenen, maar alleen als je ook eigen geld hebt als onderpand. Je moet altijd wat geld achter de hand houden.

Hoeveel geld kun je inzetten als je tradet? Als je te veel risico neemt, kun je failliet gaan als je te veel van je kapitaal verliest. Neem je te weinig risico, dan kun je failliet gaan omdat je niet voldoende winst kan maken om je kosten en tijd te dekken.

In de loop van de tijd hebben veel theoretici en ervaren traders verschillende systemen van money management ontwikkeld, die erop gericht zijn traders, beleggers en zelfs gokkers te helpen hun geld op zo'n manier te beheren om het rendement te maximaliseren terwijl het kapitaal wordt beschermd. In dit hoofdstuk leg ik uit hoe enkele van de beter bekende systemen werken, zodat je kunt kijken hoe je ze het beste toe kunt passen. Dit kan je helpen je tradingvermogen te beschermen en uit te zoeken hoeveel geld je moet inzetten om zo lang te blijven traden als je wilt.

Let op: een deel van het materiaal in dit hoofdstuk heeft betrekking op *leverage*, dat wil zeggen geld lenen om te traden. Omdat met leverage het geld dat je beschikbaar hebt om te traden dramatisch kan toenemen, net als het risico en rendementprofiel van de trades die je aangaat, is het van invloed op hoe je je geld beheert. Ga naar hoofdstuk 9 voor meer informatie over leverage en waarom je het zou willen gebruiken.

Je winstverwachting bepalen

Rendement is een afgeleide van risico. Als je een gegarandeerd rendement wilt, ga dan naar je bank en open een depositorekening. Het rendement zal bijna lachwekkend laag zijn, maar je loopt geen risico. Als je meer wilt dan je bank je kan bieden, zul je wel wat risico moeten nemen. Als je risico neemt, vergroot je je kans op rendement, maar ook op verlies.

Succesvolle daytraders lijden steeds verlies, maar ze kunnen blijven traden. Als je kijkt naar een trade met zelfs 0,5 procent kans op 100 procent verlies, geeft kansberekening aan dat je alles zou verliezen in de loop van 200 trades, maar alleen als je al je geld inzet bij elke trade. Als je maar een deel van je geld gebruikt voor een trade, dan kun je nooit alles verliezen. Natuurlijk maak je dan ook niet volledig gebruik van het potentieel, maar je zult het potentiële hoge rendement vaker krijgen omdat je die trade vaker uitvoert.

BELANGRIJK

De belangrijkste term bij beleggen is *spreiding:* als je je geld verdeelt over verschillende fondsen, zal je langetermijnrendement hoger zijn met minder totaal risico dan wanneer je het inzet op maar een fonds.

Traden is geen beleggen, maar de kracht van spreiding blijft. Als je je geld verdeelt over een paar verschillende trades of altijd wat geld achter de hand houdt op je rekening voor de volgende trade, zul je op de lange termijn zeker meer winst maken dan wanneer je al je geld op één trade inzet. Natuurlijk kan voluit inzetten op één trade een paar keer werken, maar denk je dat je zó veel geluk zult hebben? Als je verstandig omgaat met je geld, heb je geen geluk nodig.

Je verwachte rendement uitrekenen

Voordat je kunt bedenken hoe je je geld moet beheren, moet je uitzoeken hoeveel geld je verwacht te verdienen. Dit bedrag is je *verwachte rendement*, hoewel sommige traders de voorkeur geven aan de term *rendementsverwachting*. Je begint met het opstellen van je tradingsysteem en het testen ervan (beschreven in hoofdstuk 16). Hier moeten uiteindelijk vier getallen uit rollen:

- Hoeveel van je trades leveren verlies op?
- Wat is het gemiddelde verliespercentage bij een trade die verlies oplevert?

» Hoeveel van je trades leveren winst op?

» Wat is het gemiddelde winstpercentage bij een trade die winst oplevert?

Stel dat je vaststelt dat een bepaalde trade 40 procent van de tijd verlies oplevert en dat je dan 1 procent verliest. 60 procent van de tijd levert de trade winst op en winstgevende trades leveren gemiddeld 1,5 procent op. Met deze getallen kun je je verwachte rendement voorafgaand aan een trade als volgt bepalen:

> % verliezende trades × verlies bij verliezende trades +
> % van winstgevende trades × winst bij winstgevende trades =
> verwachte rendement

Wat in dit voorbeeld leidt tot:

> 0,40 × –0,01 + 0,60 × 0,015 = –0,004 + 0,009 = 0,005, wat gelijk is aan 0,5%.

Je kunt dus uitgaan van gemiddeld 0,5 procent winst bij elke trade die je aangaat. Voer voldoende trades uit met voldoende geld en dat tikt aan.

BELANGRIJK

De kans is groot dat je meer winst maakt als de verwachting van winstgevende trades groter is en als de verwachting is dat die winstgevende trades het goed doen. Maar zolang de kans op verlies bestaat, kun je natuurlijk geld verliezen.

Je kans op ondergang vaststellen

Verwachte rendement is het blije getal. Het is hoeveel geld je kunt verwachten te verdienen als je blijft traden. Maar er bestaat ook een tegenhanger die, hoewel die niet zo blij, net zo belangrijk is: de *kans op ondergang*.

Ja, ondergang.

Zolang er een kans op verlies bestaat, hoe klein ook, bestaat de kans dat je alles verliest tijdens het traden. Hoeveel je kunt verliezen, hangt af van hoe groot elke trade is in vergelijking met je kapitaal, de kans van elke trade op verlies en de grootte van het verlies als het zich voordoet. (Denk je dat dat niet kan gebeuren? Dat zeiden de top executives van AIG, Bear Stearns, Lehman Brothers en Washington Mutual ook.)

Veel traders die winstgevende tradingstrategieën volgden, hebben het toch niet gered vanwege een paar buitengewoon slechte trades. Elke trader maakt weleens verlies, maar dit verlies hoeft niet het einde van je tradingcarrière te betekenen als je de kans op ondergang weet en hoe je die moet inzetten. De formule voor het bereken van de kant op ondergang (R) is:

$$R = \left[\frac{1-A}{1+A}\right]^{C}$$

In deze formule staat A voor het voordeel van elke trade. Dat is het verschil tussen het percentage aan winstgevende trades en het percentage aan verliesgevende trades. In het voorbeeld van het verwachte rendement dat eerder werd besproken, leveren trades 60 procent van de tijd winst op en 40 procent van de tijd verlies. In dat geval is het voordeel van de trader:

60% - 40% = 20%

En c is het aantal trades in een account. Stel dat je je account hebt verdeeld in 10 gelijke delen en van plan bent om vandaag 10 trades uit te voeren. De kans op ondergang is vandaag 1,7 procent, zoals blijkt uit deze formule:

$$1{,}7\% = \left[\frac{1-0{,}20}{1+0{,}20}\right]^{10}$$

Nu is 1,7 procent geen grote kans op ondergang, maar het is ook niet nul. De kans bestaat dat het gebeurt. Als het verwachte verlies groter is of als het aantal trades minder is, dan wordt de kans nog groter.

Figuur 6.1 geeft de relatie aan tussen het voordeel van de trader, het aantal trades en de overeenkomstige kans op ondergang, afgerond op hele percentages.

Kans op ondergang					**Aantal trades**					
Voordeel van de trader	**1**	**2**	**3**	**4**	**5**	**6**	**7**	**8**	**9**	**10**
2%	96%	92%	89%	85%	82%	79%	76%	73%	70%	67%
4%	92%	85%	79%	73%	67%	62%	57%	53%	49%	45%
6%	89%	79%	70%	62%	55%	49%	43%	38%	34%	30%
8%	85%	73%	62%	53%	45%	38%	33%	28%	24%	20%
10%	82%	67%	55%	45%	37%	30%	25%	20%	16%	13%
12%	79%	62%	49%	38%	30%	24%	18%	15%	11%	9%
14%	75%	57%	43%	32%	24%	18%	14%	10%	8%	6%
16%	72%	52%	38%	27%	20%	14%	10%	8%	5%	4%
18%	69%	48%	34%	23%	16%	11%	8%	5%	4%	3%
20%	67%	44%	30%	20%	13%	9%	6%	4%	3%	2%

FIGUUR 6.1: Het voordeel van de trader toevoegen aan de mix.

Hoe groter de kans op winst en hoe meer trades je kunt uitvoeren, des te lager is de kans op ondergang. Nu is dit model een vereenvoudiging omdat het ervan uitgaat dat een verliesgevende trade uitkomt op nul en dat is niet altijd het geval. Als je gebruikmaakt van stops (automatische koop- en verkooporders; beschreven in hoofdstuk 2) heb je nooit 100 procent verlies. Maar je zult een gelijkmatige erosie van je rekening opmerken, waardoor het voor jou moeilijker wordt om geld te verdienen. Dus is de kans op ondergang een nuttige berekening omdat het aangeeft of je op de lange termijn verlies zult lijden.

BELANGRIJK

Hoe meer trades je kunt uitvoeren, des te lager de kans op ondergang. Dat is de reden waarom money management een belangrijk onderdeel is van risicobeheer.

Voordeel krijgen met een money management plan

Zolang er enige kans bestaat dat je al je geld kunt verliezen, is het niet verstandig te gokken op één enkele trade. Maar zolang er de kans bestaat om winst te maken, wil je natuurlijk voldoende mogelijkheden om te traden, zodat je een goede winst kunt binnenhalen. Hoe kom je erachter hoeveel geld je kunt en mag riskeren?

Verderop in dit hoofdstuk geef ik een beschrijving van verschillende money management systemen die traders gebruiken om uit te vinden hoeveel geld ze kunnen riskeren per trade. Maar eerst wil ik de logica achter een money management systeem uitleggen, zodat je begrijpt waarom je er een nodig hebt. Op deze manier kun je je fondsen beter beheren en het rendement op het traden verbeteren.

Schade beperken terwijl je je kans vergroot

Verwacht rendement geeft je een idee van hoeveel je gemiddeld met een trade kunt verdienen, maar het vertelt je niet hoeveel dit rendement per trade kan verschillen. Het gemiddelde van 9, 10 en 11 is 10; het gemiddelde van -90, 10 en 110 is ook 10. De eerste getallenreeks is veel smaller dan de tweede. Hoe breder de rendementsspreiding van een strategie, des te *volatieler* hij is.

VOLATILITEIT METEN

TECHNISCHE INFO

Je kunt volatiliteit op verschillende manieren meten. Een algemeen bekende berekening is de *standaarddeviatie*, die je vertelt in welke mate je daadwerkelijke rendement zal verschillen van wat je verwacht. Hoe hoger de standaarddeviatie, des te volatieler en dus riskanter de strategie.

Op de derivatenmarkten wordt volatiliteit gemeten door een groep getallen met Griekse namen: delta, gamma, vega en theta:

- **Delta** is een ratio die je vertelt hoeveel de optie of future zal veranderen in koers als het onderliggende effect of de onderliggende marktindex verandert in koers. De delta verandert in de loop van de tijd.
- **Gamma** is de mate van verandering van de delta. De delta van een derivaat zal bijvoorbeeld hoger zijn naarmate het dichterbij de afloopdatum komt dan wanneer de afloopdatum nog een eind weg ligt.
- **Vega** is de hoeveelheid waarin de koers van het derivaat verandert als de geïmpliceerde volatiliteit van het onderliggende effect met 1 procent verschuift.
- **Theta** is de hoeveelheid waarmee de koers van het derivaat daalt als het dichter in de buurt van de afloopdatum komt.

Daytraders zijn op zoek naar volatiele effecten omdat deze een grotere kans bieden op het maken van winst gedurende een bepaalde dag. Om deze reden moeten ze een manier hebben om de schade die kan ontstaan te minimaliseren, terwijl ze kunnen innen bij opwaartse bewegingen. Money management kan daarbij helpen.

Langer in de markt blijven

Je hebt maar een beperkt geldbedrag om mee te traden. Of het nu gaat om € 1.000 of € 1.000.000: als het geld op is, lig jij eruit. Het probleem is dat je een lange reeks aan verlieslijdende trades kunt hebben voordat de markten de kant op gaan die gunstig is voor jou en je systeem.

Stel dat je 100 procent van je kapitaal inzet. Als je dan een trade hebt die 100 procent naar beneden gaat, heb je niets meer. Als je je kapitaal verdeelt in 10 delen, dan lig je er pas na 10 totale verliezers uit. Als je begint met 10 gelijke delen en je inzet elke keer als je verliest verdubbelt, lig je er na 4 trades uit.

Aan de andere kant als je je kapitaal in honderd porties verdeelt, kun je honderd verliesgevende trades doorstaan. Als je minieme deeltjes van je kapitaal tradet, kun je oneindig lang door blijven gaan of ten minste tot je tot het niveau komt dat te laag is om een minimumorder te plaatsen. (Dat is de filosofie achter het Kelly Criterion, dat later in dit hoofdstuk wordt beschreven.) Money management laat je langer traden en dat geeft je meer mogelijkheden om winstgevende trades te plaatsen.

BELANGRIJK

Hoe riskanter je tradingstrategie, des te serieuzer je je money management moet nemen. Anders ben je binnen de kortste keren uitgespeeld.

Eruit stappen voordat je alles kwijt bent

Een money management systeem werkt het beste als de trader die het gebruikt weet wanneer hij een positie moet sluiten. Je moet een tradingplan hebben en weten wanneer je bereid bent om eruit te stappen: op de recente hoogste stand? Een paar punten onder de meest recente hoogste stand? Een paar punten boven waar je bent ingestapt? Een paar punten onder waar je bent ingestapt, om je verlies te beperken?

Soms gaat de markt gek doen en kun je er niet zo snel uitstappen als je zou willen. In deze omstandigheden komt die kleine kans om alles te verliezen om de hoek kijken en goed money management zorgt voor de beste bescherming.

Zorg er op de gewonere handelsdagen voor dat je de grootte van je positie en inspanningen om je kapitaal te beschermen aanvult met gewone handelsinstrumenten: tradeplanning en het gebruik van stop-limietorders. Deze worden in hoofdstuk 2 beschreven.

Gederfde inkomsten incalculeren

Gederfde inkomsten is de waarde die je opgeeft omdat je ervoor kiest iets anders te doen. Bij traden is elke euro die je in een trade stopt een euro die je niet voor een andere trade kunt gebruiken. Dus elke euro die je tradet is voor een deel gederfde inkomsten en goede traders proberen dit te minimaliseren. Gedurende de loop van de handelsdag zul je een paar prachtige trades voorbij zien komen en sommige kansen zullen zich voordoen voordat je de vorige trade kunt afsluiten.

Aangezien een money management systeem wat van je kapitaal achterhoudt, is de kans groter dat je over het geld beschikt om je voordeel te doen met kansen dan wanneer je je geld willekeurig inzet. Het kan zijn dat je door je plan een paar trades mist en dat is prima. Als je vindt dat je er te veel mist, kun je overwegen met een ander systeem te gaan experimenteren om te kijken of dit betere resultaten oplevert.

BELANGRIJK

Als je al je geld hebt ingezet op één trade, loop je de tweede mis. Dat alleen is al een goede reden om wat geld achter te houden elke keer als je tradet.

Stijlen van money management bekijken

In de loop van de jaren hebben traders veel verschillende manieren ontwikkeld om hun geld te beheren. Sommige money management strategieën zijn gebaseerd op bijgeloof, maar de meeste zijn echter gebaseerd op statistische kanstheorieën. De onderliggende gedachte is dat je nooit al je geld in moet zetten op één enkele trade. In plaats daarvan moet je een bedrag inleggen dat goed is als je kijkt naar de mate van volatiliteit. Anders riskeer je alles te snel te verliezen.

TIP

Het berekenen van de grootte van de positie is bij veel van deze formules lastig. Dit is de reden dat websites van brokers en softwarepakketten vaak speciale programma's voor money management aanbieden. Zie hoofdstuk 11 voor meer informatie over brokers en hoofdstuk 12 voor meer over verschillende software en onderzoeksdiensten.

In de volgende paragrafen geef ik voorbeelden van de vele verschillende money management methoden die er zijn. Er zijn nog meer methoden en geen enkele is altijd geschikt voor alle markten. Als je zowel in aandelen als in opties tradet, is het misschien handig om een systeem te gebruiken voor je optietrades en een andere voor aandelentrades. En als dat ook voor jou geldt, zul je één grote money management beslissing moeten nemen voordat je überhaupt begint: hoeveel geld wijs je toe aan elke markt?

Porties beperken: vast-fractioneel traden

Vast-fractioneel traden beperkt tot een vast gedeelte van je totale rekening, vaak tussen de 2 en de 10 procent. Binnen dat bereik trade je met een hoger percentage bij minder riskante trades en met een kleiner percentage bij riskantere trades. (Met andere woorden, deze methode is niet zo heel 'vast', maar niemand heeft mij gevraagd een naam voor het systeem te verzinnen!)

Hier volgt de vast-fractionele formule voor het berekenen van de vast-fractionele tradeproporties.

$$N = f\left(\frac{aandelen}{|traderisico|}\right)$$

N is het aantal contracten of aandelen waarin je wilt traden, *f* is het vaste gedeelte van je rekening waarvan je hebt beslist om te traden, *equity* is de waarde van je totale kapitaal en *trade risk* (handelsrisico) is het geldbedrag dat je kunt verliezen met de transactie. Aangezien handelsrisico een negatief getal is, moet je het omzetten in een positief getal zodat de formule werkt. Die verticale strepen in de formule (| |) zijn het teken voor absolute waarde en dit betekent dat je het getal dat ertussen staat in een positief getal omzet.

Hier volgt een voorbeeld waarin de formule gebruikt wordt. Ga ervan uit dat je hebt beslist elke trade te beperken tot 10 procent van je rekening, dat je € 20.000 op je rekening hebt staan en dat je op zoek bent naar contracten met een waarde van € 3.500. Je gaat er bij deze trade van uit dat de contracten tot nul gaan, dus kijk je naar het ergste scenario. Als je de getallen in de formule zet, kom je uit op

$$0{,}57 = 0{,}10\left(\frac{20.000}{|-3.500|}\right)$$

Natuurlijk zul je geen 0,57 van een contract kunnen traden, dus moet je het in dit geval afronden op 1.

Winst beschermen: vaste ratio

Het money management systeem *vaste ratio* is ontwikkeld door de trader Ryan Jones en wordt gebruikt bij het traden in opties en futures. De gedachte achter traden met vaste ratio is je te helpen je exposure tot de markt te vergroten terwijl je je opgebouwde winst beschermt.

Gebruik deze formule om het optimale aantal opties of futures om te traden te berekenen:

$$N = 0{,}50\left(\sqrt{1 + 8\left(P/\Delta\right)} + 1\right)$$

N is het aantal contracten of aandelen dat je moet traden, *P* is je opgebouwde winst op dat moment en Δ (delta) is het bedrag dat je nodig hebt voordat je nog een contract of nog een partij aandelen kunt traden. (Verwar deze delta niet met de delta die gebruikt wordt om volatiliteit te meten; zie het kader 'Volatiliteit meten' in dit hoofdstuk voor meer informatie.)

De minimale marge voor Chicago Mercantile Exchange E-mini S&P 500 futures, die je exposure geven tot de Standard & Poor's 500 aandelenindex, is bijvoorbeeld € 3.500. Je kunt geen tweede contract traden tot je weer € 3.500 op je rekening hebt staan. Als je je geld beheert volgens het vaste ratiosysteem voor het traden van deze future is je delta € 3.500.

Hier is een voorbeeld waarin de berekening van vaste ratio wordt toegepast. Stel dat je delta € 3.500 is en dat je € 10.000 aan winst op je rekening hebt staan. Als je de getallen invult en de berekening uitvoert, zie je dat je 2,94 contracten kunt traden:

$$2{,}94 = 0{,}50\left(\sqrt{1+8\left(10.000/3.500\right)}+1\right)$$

Wat dit betekent, is dat je maar één of twee contracten kunt traden en niet daartussenin. Dat is een van de imperfecties van de meeste money management systemen.

Vasthouden aan 10 procent: Gann

William Gann heeft een gecompliceerd systeem ontwikkeld voor het identificeren van effectentrades. Deel van dit systeem is een lijst met regels voor het beheren van geld en veel traders volgen die.

TIP

De primaire regel is: verdeel je geld in 10 gelijke delen en zet nooit meer dan een portie van 10 procent in op één enkele trade. Deze strategie helpt je je risico onder controle te houden, of je Gann nu wel of niet gebruikt. (Gann wordt besproken in hoofdstuk 7.)

Het ideale percentage bepalen: Kelly Criterium

Het Kelly Criterium stelt je in staat om het ideale percentage van je portefeuille te berekenen dat je kunt riskeren. Om te berekenen hoeveel je van je portefeuille kunt riskeren, moet je weten van welk percentage van je trades verwacht wordt dat ze winstgevend zullen zijn, wat het rendement is van een winstgevende trade, en de ratio van winstgevende trades ten opzichte van verlieslijdende trades. Als verkorte versie delen veel traders de winst door de kans en in de praktijk ziet de formule er als volgt uit:

$$\text{Kelly}\ \% = W - \left(\frac{1-W}{R}\right)$$

W is het percentage van winstgevende trades en *R* is de ratio van de gemiddelde winst ten opzichte van het gemiddelde verlies van de verlieslijdende trades.

Gebruik om deze formule in actie te zien een systeem dat 40 procent van de tijd verliest met een verlies van 1 procent en dat 60 procent van de tijd winst maakt met een winst van 1,5 procent. (Ziet dit er bekend uit? Ik heb ditzelfde voorbeeld gebruikt aan het begin van het hoofdstuk.) Voer deze informatie in in de Kelly-formule en dan volgt dat het juiste percentage om te traden 33,3 procent is:

$$\text{Kelly }\% = W - \left(\frac{1-W}{R}\right) = 0{,}60 - \left(\frac{1-0{,}60}{0{,}015/0{,}010}\right) = 33{,}3\%$$

Als je in dit geval je trades beperkt tot niet meer dan 33 procent van je kapitaal, kom je nooit zonder geld te zitten. Het probleem is natuurlijk dat als je vaak achter elkaar verlies lijdt, je misschien te weinig geld over hebt om een volgende trade uit te voeren. Veel traders gebruiken een 'halve-Kelly'-strategie, waarbij elke trade wordt beperkt tot de helft van het bedrag dat wordt aangegeven door het Kelly Criterium, om op deze manier ervoor te zorgen dat het tradingkapitaal niet te snel krimpt. Ze doen dit veelal wanneer het Kelly Criterium een getal genereert dat groter is dan ongeveer 20 procent, zoals bij dit voorbeeld.

TECHNISCHE INFO

De money management methode kwam naar voren uit statistisch werk dat werd uitgevoerd door de Bell Laboratories in de jaren vijftig van de vorige eeuw. Het doel was de beste manier om signaalgeluid tijdens telefonische communicatie over lange afstanden onder controle te krijgen. Al snel zagen de wiskundigen die hieraan werkten dat het toegepast kon worden op gokken en binnen de kortste keren was de formule heel populair. Zelfs wiskundeprofessor Edward O. Thorpe gebruikte het Kelly Criterium met succes en won veel geld met blackjack in Las Vegas in de vroege jaren zestig van de vorige eeuw, waardoor de casinoregels werden aangepast.

In een casino zijn de regels altijd nadelig voor jou. Als je op winst staat, wordt je binnen de kortste keren gevraagd te vertrekken en kunnen de regels worden veranderd. In de financiële markten zijn de kansen gelijk of iets in je voordeel, dus heb je meer mogelijkheden om geld te verdienen door je strategieën uit te voeren.

Verdubbelen bij verlies: martingale

De *martingale* stijl van money management wordt vaak gebruikt door serieuze gokkers en veel traders gebruiken het ook. Het is ontwikkeld om de hoeveelheid geld dat je kunt verdienen te verbeteren met een spel dat gelijke kansen biedt. Bij gokken heeft het casino zelf net iets meer kans (roulettewielen hadden vroeger evenveel zwarte als rode vakjes, maar casino's hebben uitgevonden dat ze meer geld konden verdienen door een groen vakje met een nul te plaatsen, waardoor de kansen niet meer gelijk zijn). Daytraden is daarentegen een zero-sum game, vooral op de optie- en futuremarkten. Tegenover elke winnaar staat een verliezer, dus is de kans dat een trade succesvol is gelijk. Het martingale systeem werkt in alle markten waar de kansen gelijk of in jouw voordeel zijn.

Volgens de martingale strategie begin je met een vast bedrag per trade, stel € 2.000. Als je trade succesvol is, trade je nog eens € 2.000. Als je trade verlies lijdt, verdubbel je je volgende order (nadat je de eerste order hebt afgesloten of beperkt), zodat je je verlies terug kunt verdienen. (Misschien heb je gokkers weleens horen praten over *verdubbelen bij verlies*? Nou, dit is wat ze doen.)

BELANGRIJK

Volgens het martingale systeem zul je altijd winnen zolang je maar een *oneindig bedrag hebt om mee te traden*. Zie je het probleem? Je kunt al je geld kwijt zijn voordat je een trade hebt waarmee je winst maakt. De markt heeft daarentegen bijna oneindige middelen vanwege het enorme volume aan deelnemers die over de hele wereld komen en gaan, en jij zit aan de verkeerde kant. Zolang je een nadeel hebt, is goed doordacht money management cruciaal.

Je laten leiden door een programma: Monte Carlo-simulatie

Als je erg goed bent in programmeren of de juiste software aanschaft, kun je een zogeheten *Monte Carlo-simulatie uitvoeren,* genoemd naar de beroemde stad met alle casino's. In deze berekening voer je je risico- en rendementparameters in en ook hoeveel geld je hebt, en laat je het programma werken. Het berekent de optimale tradegrootte. Het systeem is niet perfect. Het houdt geen rekening met elke marktomstandigheid waar je mee te maken kunt krijgen en het heeft ook het fractionele tradeprobleem, net als de andere systemen. Maar het heeft een groot voordeel: het kan rekening houden met willekeurige veranderingen in de markten, terwijl eenvoudigere money management modellen dat niet kunnen.

Er bestaan verschillende denkrichtingen over de statistische theorieën die gebruikt worden bij een Monte Carlo-simulatie. Gelukkig hoef je ze niet te kennen om de rendementsschattingen van het systeem te kunnen gebruiken, zodat je je positiegrootten vast kunt stellen als de markt verandert.

TIP

Een Monte Carlo-simulatie is dynamischer dan de meeste andere money management systemen, maar is niet zo makkelijk te gebruiken. Om die reden is het geen doe-het-zelfproject, behalve als je veel ervaring hebt in het ontwikkelen van deze programma's. Als je geïnteresseerd bent, moet je een geschikt programma vinden. Veel brokers stellen Monte Carlo-simulatiepakketten beschikbaar via hun daytradingplatforms. Als je de voorkeur geeft aan standalonesoftware, kijk dan eens naar Crystal Ball van Oracle Corporation (www.oracle.com/us/products/middleware/bus-int/crystalball/index.html).

Prestaties uit het verleden meenemen: Optimal F

Het *Optimal F*-systeem van money management is ontwikkeld Ralph Vince en hij heeft over deze en andere methoden enkele boeken geschreven (zie de bijlage voor meer informatie). De gedachte is dat je het ideale deel van je geld om per trade te gebruiken baseert op prestaties uit het verleden. Als je Optimal F 18 procent is, dan moet elke trade 18 procent van je kapitaal zijn. Niet meer en niet minder. Het systeem is vergelijkbaar met de vaste-fractie- en vaste-ratiomethoden die eerder in dit hoofdstuk zijn besproken, maar met een paar kleine verschillen.

Gebruik de volgende formule om het aantal aandelen, *N*, te berekenen om te traden volgens Optimal F:

$$N = \frac{\left(F \times \dfrac{equity}{risk}\right)}{price}$$

F is een factor gebaseerd op de basis van historische gegevens, *risk* (risico) is het grootste percentage aan verlies dat je in het verleden geleden hebt, *equity* is de hoeveelheid geld die op je rekening staat en *price* is de huidige koers. Met deze getallen kun je de contracten of aandelen vinden die je moet kopen.

Hier volgt een voorbeeld. Stel dat je € 25.000 op je rekening hebt staan, je grootste verlies (risk) was 40 procent, je *F* is 30 procent en je kijkt naar aandelen die voor € 25 per aandeel worden verhandeld. Vul de nummers in de formule en dan komt eruit dat je 750 aandelen moet kopen:

$$750 = \frac{\left(0{,}30 \times \dfrac{25.000}{0{,}40}\right)}{25}$$

Het Optimal F-getal zelf is een gemiddelde gebaseerd op historische traderesultaten. Het riskgetal is ook gebaseerd op rendement uit het verleden en dat is een probleem met deze methode: het is pas nuttig als je tradegegevens hebt. Een tweede probleem is dat je een spreadsheet moet maken om het te berekenen (lees dus het boek van Ralph Vince als je dit wilt uitproberen). Sommige traders gebruiken alleen Optimal F bij bepaalde marktomstandigheden. Gedeeltelijk omdat elke keer als er een trade wordt uitgevoerd de geschiedenis verandert en omdat de geschiedenis niet altijd tot bruikbare getallen leidt.

Bekijken hoe money management van invloed is op je rendement

Beschrijven waarom je money management moet toepassen is één ding, maar aantonen hoe het werkt is leuker. En omdat ik het leuk vind om spreadsheets te maken (we hebben allemaal een hobby nodig, toch?), heb ik er een opgesteld om je te laten zien hoe verschillende manieren van het beheren van je geld van invloed kan zijn op je rendement.

In figuur 6.2 ben ik begonnen met de verwachte rendementsveronderstellingen die ik in het eerdere voorbeeld heb gebruikt: 40 procent van de tijd lijdt een trade verlies en verliest het 1 procent. De trade maakt 60 procent van de tijd winst en winstgevende trades leveren 1,5 procent op. Ik heb een hypothetische rekening genomen met $ 20.000 erop en heb neptrades ingesteld aan de hand van deze verwachte rendementsgetallen. Ik heb daarna de prestaties van het martingale systeem en het Kelly-systeem vergeleken met het elke keer inzetten van het hele bedrag.

Zoals de berekeningen in figuur 6.2 laten zien, verdien je het meeste geld als je je hele bedrag inzet. Dit betekent niet dat je op deze manier *altijd* het meeste geld verdient. Het is alleen maar hoe het in dit geval uitkomt, gezien de winratio van 60/40 en de winst-verliesratio van 3/2. (Onthoud dat als je Kelly of het martingale systeem hebt gebruikt, je waarschijnlijk iets anders met de rest van het geld op je rekening zou doen dan het er alleen maar laten staan.)

BELANGRIJK

Dit is alleen een voorbeeld waarbij enkele verschillenden strategieën worden toegepast op verschillende hypothetische opbrengsten. Ik beveel niet een bepaald systeem aan. Het beste systeem voor jou hangt af van in welke fondsen je tradet, je persoonlijke tradingstijl en hoeveel geld je hebt om te traden.

Martingaal: Begin met 10% en verdubbel bij verlies

	Prestaties	Beginwaarde rekening	% getraded	Hoeveelheid getraded	Eindwaarde rekening	% verandering
Trade 1	1,5%	$ 20.000	10%	$ 2.000	$ 20.030	
Trade 2	1,5%	$ 20.030		$ 2.000	$ 20.060	
Trade 3	-1,0%	$ 20.060		$ 2.000	$ 20.040	
Trade 4	-1,0%	$ 20.040		$ 4.000	$ 20.000	
Trade 5	1,5%	$ 20.000		$ 8.000	$ 20.120	
Trade 6	1,5%	$ 20.120		$ 2.000	$ 20.150	
Trade 7	-1,0%	$ 20.150		$ 2.000	$ 20.130	
Trade 8	-1,0%	$ 20.130		$ 4.000	$ 20.090	
Trade 9	1,5%	$ 20.090		$ 8.000	$ 20.210	
Trade 10	1,5%	$ 20.210		$ 2.000	$ 20.240	1,20%

Kelly Criterion: 33% traden

	Prestaties	Beginwaarde rekening	% getraded	Hoeveelheid getraded	Eindwaarde rekening	
Trade 1	1,5%	$ 20.000	33%	$ 6.660	$ 20.100	
Trade 2	1,5%	$ 20.100	33%	$ 6.693	$ 20.200	
Trade 3	-1,0%	$ 20.200	33%	$ 6.727	$ 20.133	
Trade 4	-1,0%	$ 20.133	33%	$ 6.704	$ 20.066	
Trade 5	1,5%	$ 20.066	33%	$ 6.682	$ 20.166	
Trade 6	1,5%	$ 20.166	33%	$ 6.715	$ 20.267	
Trade 7	-1,0%	$ 20.267	33%	$ 6.749	$ 20.199	
Trade 8	-1,0%	$ 20.199	33%	$ 6.726	$ 20.132	
Trade 9	1,5%	$ 20.132	33%	$ 6.704	$ 20.233	
Trade 10	1,5%	$ 20.233	33%	$ 6.738	$ 20.334	1,67%

Alles inzetten

	Prestaties	Beginwaarde rekening	% getraded	Hoeveelheid getraded	Eindwaarde rekening	
Trade 1	1,5%	$ 20.000	100%	$ 20.000	$ 20.300	
Trade 2	1,5%	$ 20.300	100%	$ 20.300	$ 20.605	
Trade 3	-1,0%	$ 20.605	100%	$ 20.605	$ 20.398	
Trade 4	-1,0%	$ 20.398	100%	$ 20.398	$ 20.194	
Trade 5	1,5%	$ 20.194	100%	$ 20.194	$ 20.497	
Trade 6	1,5%	$ 20.497	100%	$ 20.497	$ 20.805	
Trade 7	-1,0%	$ 20.805	100%	$ 20.805	$ 20.597	
Trade 8	-1,0%	$ 20.597	100%	$ 20.597	$ 20.391	
Trade 9	1,5%	$ 20.391	100%	$ 20.391	$ 20.697	
Trade 10	1,5%	$ 20.697	100%	$ 20.697	$ 21.007	5,04%

FIGUUR 6.2: Hoe money management van invloed is op je rendement.

Je winst plannen

Naast bepalen hoeveel je moet traden elke keer als je een order plaatst, heb je een plan nodig voor wat je met de winst gaat doen die er op je rekening bijkomt. Dat maakt net zo'n groot deel van money management uit als het berekenen van je kans op ondergang en het bepalen van de optimale tradegrootte.

Ga je geld bijstorten op je rekening en net als daarvoor traden? Ga je je winsten vergroten door er agressiever mee te traden dan met je hoofdrekening? Room je de winst af en gebruik je die voor langetermijnbeleggingen? Of een combinatie van deze drie? In de volgende paragrafen worden enkele van je opties besproken.

Samengesteld rendement

Rendement op rendement is een simpel concept. Elke keer als je rendement hebt, zet je dat rendement op je rekening. Je blijft daar rendement op maken, waardoor je saldo nog meer toeneemt. Je blijft rendement op rendement maken en al snel wordt het bedrag best hoog.

Om hiervan te profiteren storten traders hun winst terug op hun rekening en blijven ermee traden om zo het saldo te laten groeien. Hoewel daytraders weinig tot geen rente krijgen (dit is de vergoeding voor het uitlenen van geld door, stel, obligaties te kopen), blijft het basisprincipe overeind: door de winst op je rekening te laten staan om meer winst te genereren, groeit je kapitaal in de loop van de tijd.

TIP

Deze gewoonte van het toevoegen van je winst aan het saldo om meer te kunnen traden is heel logisch voor kleinere traders die hun saldo op willen bouwen en in de loop van de tijd grotere posities willen nemen.

De kracht van de piramide

Bij *pyramiding* wordt tradingwinst gebruikt om zwaar te belenen en zo nog meer winst te genereren. Traders doen dit meestal gedurende de dag en gebruiken niet-realiseerde winst in trades die nog niet gesloten zijn als onderpand voor leningen die gebruikt worden om nieuwe posities in te nemen. Als de nieuwe posities winstgevend zijn, kan de trader blijven lenen tot het aan het einde van de dag tijd is om alles te sluiten.

PAS OP

Pyramiding werkt fantastisch zolang de markten de juiste richting opgaan. Als alle posities in de piramide winstgevend blijven, kun je gedurende de dag veel winst maken. Maar als een van die posities zich tegen je keert, klapt de constructie in elkaar en heb je een margin-call aan je broek.

Figuur 6.3 begint met een eerste trade van $ 2.000 en veronderstelt een rendement van 10 procent op elke transactie. Misschien niet echt realistisch, maar het staat leuk. Als de winst uit alle trades wordt gebruikt als onderpand om tegen te lenen en als die 10 procent aan rendement de hele dag aanhoudt, dan kan die trader 17 procent verdienen door de winsten op te stapelen. Als er tegenslag komt voor het einde van de tradingsessie en de posities verliezen 10 procent, dan wordt door het stapelen het verlies groter, ervan uitgaande dat je broker je heeft laten doorlenen. Want geleend geld moet worden terugbetaald, ongeacht wat er op de markt gebeurt.

Pyramiding vergroot rendement
Ga ervan uit dat je een marge van 25% moet vasthouden

	Begin-trade	Bedrag geleend	Totale tradegrootte	Winst bij 10% negatief rendement
Eerste trade	$ 2.000	$ -	$ 2.000	$ 200
Tweede trade	$ 200	$ 600	$ 800	$ 80
Derde trade	$ 80	$ 240	$ 320	$ 32
Vierde trade	$ 32	$ 96	$ 128	$ 13
Vijfde trade	$ 13	$ 38	$ 51	$ 5
Zesde trade	$ 5	$ 15	$ 20	$ 2
Rendement op eerste trade van $ 2.000:	$ 332			
Percentage rendement:	17%			

...en pyramiding vergroot verlies

	Begin-trade	Bedrag geleend	Totale tradegrootte	Winst bij 10% negatief rendement
Eerste trade	$ 2.000	$ -	$ 2.000	$ (200)
Tweede trade	$ 200	$ 600	$ 800	$ (80)
Derde trade	$ 80	$ 240	$ 320	$ (32)
Vierde trade	$ 32	$ 96	$ 128	$ (13)
Vijfde trade	$ 13	$ 38	$ 51	$ (5)
Zesde trade	$ 5	$ 15	$ 20	$ (2)
Rendement op eerste trade van $ 2.000:	$ (332)			
Percentage rendement:	-17%			

FIGUUR 6.3: Pyramiding vergroot rendement en verlies.

BELANGRIJK

Pyramiding heeft niets te maken met een piramidespel. In het tradingjargon is *pyramiding* een manier om tegen je winst te lenen om nog grotere winst te behalen. Een *piramidespel* is misleiding waarbij deelnemers nieuwe leden aan moeten dragen en de inbreng van de nieuwe leden naar de oudere gaat. Uiteindelijk klapt de piramide in elkaar omdat het aantrekken van nieuwe leden te moeilijk wordt en krijgen degenen onderaan niets. Let erop dat sommige beleggingsplannen net zo gestructureerd zijn als een piramidespel. Blijf uit de buurt van aanbiedingen die te mooi klinken om waar te zijn en van je eisen dat je andere traders aandraagt.

Pyramiding vergroot je tradingrisico, maar ook je verwachte rendement. Het is een nuttige manier om een deel van je tradingrekening te laten groeien, vooral als de markt gunstig is voor je tradingsysteem. Deze techniek past goed bij middelgrote traders die voldoende geld hebben om in de markt te blijven als een piramide inzakt.

Regelmatig geld afromen

Daytrading kan zo riskant zijn dat veel traders hun totale financiële risico proberen te spreiden. Een manier om dit te doen is door geld van je rekening te halen en in minder volatiele langetermijnbeleggingen te steken. Veel traders romen regelmatig een percentage van hun winst af en steken dit geld in staatsobligaties, een open-eindbeleggingsfonds met weinig risico of onroerend goed. Geen van deze beleggingen is zo spannend als daytrading, maar dat is precies de bedoeling. Traden is hard werken en iedereen kan geld verliezen op een bepaalde dag, hoe groot zijn kapitaal ook is of hoeveel winst hij ook gemaakt heeft. Door wat geld af te romen kan een trader een buffer opbouwen voor als het traden slechter gaat, pensioen opbouwen of ruimte hebben om even, of voor altijd, afstand van het traden te nemen. Beleggingen met laag risico verminderen de stress en de angst die samengaan met traden.

TIP

Hoe groter je kapitaal, des te gemakkelijker is het om het af te romen, maar zelfs kleine traders kunnen overwegen 5 of 10 procent af te romen van de kwartaalwinst en voor een ander soort belegging te gebruiken. Veel brokers kunnen automatisch afroomplannen opzetten waardoor geld van je beleggingsrekening ingezet wordt voor een open-eindbeleggingsfonds in aandelen of obligaties, mocht je er niet op vertrouwen dat je het zelf doet.

IN DIT HOOFDSTUK

Markten en trades onderzoeken

Technische analyse gebruiken en haar valkuilen vermijden

Informatie halen uit grafieken

Verschillende denkrichtingen over technische analyse bekijken

Hoofdstuk 7

Technische analyse voor beginners

In sommige opzichten is daytrading gemakkelijk. Je opent een rekening bij een broker en je kunt aan de slag met het kopen en verkopen van effecten! Maar hoe weet je wanneer je moet kopen en wanneer je moet verkopen? Dat is nog niet zo eenvoudig. De meeste daytraders falen omdat het gemakkelijk is een order te plaatsen, maar moeilijk om te weten of het de juiste order is.

Traders gebruiken verschillende onderzoekssystemen om de markt te beoordelen, en hebben toegang tot allerlei instrumenten die helpen uit te zoeken wanneer de koers van een effect zal stijgen en wanneer hij waarschijnlijk zal dalen. Er bestaan twee primaire typen systemen om beleggingen te onderzoeken: technische analyse en fundamentele analyse. Technische analyse, wat vaak door daytraders wordt gebruikt, kijkt naar het aanbod en de vraag voor een effect en hoe dit naar voren komt in de koers. Fundamentele analyse, wat veel minder vaak door daytraders wordt gebruikt, kijkt naar de financiële en operationele factoren die van invloed zijn op de waarde van een effect. Dit hoofdstuk vertelt je wat je over beide soorten analyse moet weten.

PAS OP

Laat je niet afleiden door mensen die je een systeem willen aansmeren waarmee je gegarandeerd winst maakt met daytraden. Iemand met een winstgevend systeem heeft al een fortuin verdiend en is aan het rentenieren op een tropisch eiland. Hij of zij heeft het te druk met het drinken van cocktails om dit tradingsysteem met jou te delen.

Onderzoekstechnieken die bij daytrading worden gebruikt

Daytraders moeten snel beslissingen nemen en hebben daar een kader voor nodig. Maar wat voor kader? Dat is waarom ze op onderzoek vertrouwen. Meer in het bijzonder vertrouwen de meeste daytraders op *technische* analyse, de analyse van grafieken van koerspatronen om de relatieve vraag en aanbod van een effect te meten. Maar sommige mensen gebruiken de hulp van *fundamentele* analyse om tot hun beslissingen te komen.

BELANGRIJK

Onderzoekssystemen vallen in twee categorieën: fundamenteel en technisch:

- **Fundamenteel onderzoek kijkt naar de specifieke factoren die van invloed zijn op de waarde van een effect.** Wat is de relatie tussen het handelstekort en futures op tweejarige schatkistpapier? Wat is de voorspelling voor de zomerregens in Iowa en wat zal de invloed hiervan zijn op de maïsfutures in december? Hoe afhankelijk is een bedrijf van nieuwe producten om groei te genereren?
- **Technisch onderzoek kijkt naar de vraag en aanbod van het effect zelf.** Kopen mensen steeds meer aandelen? Stijgt de koers erg als ze meer kopen of stijgt de koers maar een klein beetje? Lijkt het erop of iedereen die waarschijnlijk zal kopen al gekocht heeft, en wat betekent dit voor de koers in de toekomst?

Welke richting gaat je onderzoek op?

Effecten worden beïnvloed door zaken die specifiek zijn voor het type effect, maar ook door wereldwijde macro-economische factoren die op verschillende manieren van invloed zijn op alle effecten. Sommige traders geven er de voorkeur aan om eerst naar het grote beeld te kijken, terwijl andere klein beginnen. En sommige gebruiken een combinatie van de twee benaderingen. Geen van de twee is beter. Elke benadering biedt eenvoudigweg een ander perspectief op wat er op de markten gebeurt.

Top-downonderzoek

Bij een *top-downbenadering* kijkt de trader naar de grote economische factoren: rente, wisselkoersen, overheidsbeleid en ga zo maar door. Welke invloed hebben deze dingen op een bepaalde sector of effect? Is het een goed moment om aandelen of korte rentecontracten te kopen? De top-downbenadering kan de koersen in grote marktsectoren helpen beoordelen en het kan ook helpen vast te stellen welke factoren van invloed zijn op het traden in een subsector. Je hoeft niet te handelen in marktindexcontracten om te weten dat de voorspelling voor de hele aandelenmarkt van invloed zal zijn op het verhandelen van de aandelen van een specifiek bedrijf.

Bottom-uponderzoek

Bottom-upanalyse kijkt naar de specifieke prestaties van het fonds. Het kijkt naar de vooruitzichten van het bedrijf en werkt dan terug om te kijken hoe het daar zal komen. Wat moet er gebeuren om de aandelenkoers van een bedrijf met 20 procent te laten stijgen? Welke opbrengsten moeten gemeld worden, welke soorten kopers moeten er zijn en wat moet er nog meer in de economie gebeuren?

Fundamenteel onderzoek

Daytraders doen heel weinig fundamenteel onderzoek. Natuurlijk weten ze dat de vraag naar ethanol van invloed zal zijn op de maïsprijzen, maar wat ze echt willen weten is wat de prijs zal doen in vergelijking met een paar minuten geleden. Wat de invloed van een wetsvoorstel in de agrarische sector zal zijn op de ethanolprijs over zes jaar, past niet binnen daytrading.

Iets weten van de fundamentele feiten (de elementaire feiten die van invloed zijn op vraag en aanbod voor een effect op alle markten) kan de daytrader helpen beter op gebeurtenissen te reageren. Het kan ook een beter inzicht geven van wanneer *swingtrading* (een positie een paar dagen aanhouden) tot een betere winst zal leiden dan elke avond afsluiten. Maar veel weten kan een daytrader ook afremmen.

PAS OP

Fundamentele analyse kan je in daytrading ook *verkeerd* beïnvloeden, omdat je dan beslissingen kunt gaan nemen om de verkeerde redenen. Als je te veel weet over fundamentele zaken kun je je te veel op langetermijnvooruitzichten richten dan op kortetermijnactiviteiten. Veel mensen kopen bijvoorbeeld Standard & Poor's (S&P) 500 Index open-eindbeleggingsfondsen om hun pensioen aan te vullen omdat ze denken dat de markt op de lange termijn zal aantrekken. Dit betekent niet dat mensen vandaag moeten gaan handelen in E-mini S&P-futures of een S&P

exchange-traded fund, omdat tussen nu en het moment van de langetermijnkoersverhoging nog veel golvende bewegingen kunnen plaatsvinden.

Fundamenteel onderzoek valt uiteen in twee hoofdcategorieën: top-down en bottom-up. Zoals ik al eerder aangaf, begint top-down met brede economische overwegingen en kijkt dan naar hoe die van invloed zullen zijn op een specifiek effect. Bottom-up kijkt naar specifieke effecten en bepaalt dan of dit het juiste moment is om te kopen of verkopen.

TIP

Als je veel voelt voor fundamenteel onderzoek, dan is daytrading waarschijnlijk niets voor jou. Daytrading vereist snelle reacties op koerswijzigingen, geen diepgaande kennis van boekhoudkundige methoden en zakelijke trends. Iets van fundamentele analyse kan nuttig zijn in daytrading, maar te veel kan ervoor zorgen dat je te traag wordt.

Technische analyse

Informatie over de koers, tijd en het volume van de trading van een effect kan weergegeven worden in een grafiek. De grafieken vormen patronen die geanalyseerd kunnen worden om te laten zien wat er gebeurt. Hoe is de vraag naar en het aanbod van een effect veranderd? Technische analyse is gebaseerd op het uitgangspunt dat de koersen van effecten zich in trends bewegen en dat deze trends zichzelf in de loop van de tijd herhalen. Dus kan een trader die een trend in de grafieken herkent bepalen welke kant de koersen het meest waarschijnlijk opgaan, totdat zich een onverwachte gebeurtenis voordoet waardoor er een nieuwe trend ontstaat.

TIP

De meeste traders vertrouwen op software om patronen op te merken omdat dit het voor hen gemakkelijker maakt om ze te vinden en ernaar te handelen. Onthoud dat het overgrote deel van de kortetermijnhandel plaatsvindt via computeralgortimen. Verslaan kun je ze niet, dus doe er maar liever aan mee.

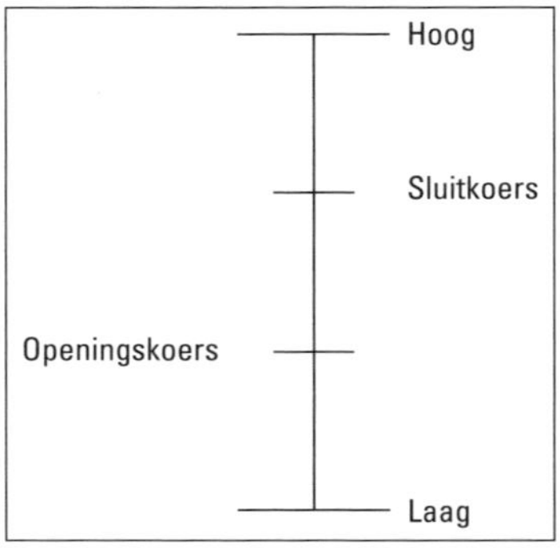

FIGUUR 7.1: Een schaal met hoge, lage, openings- en sluitkoers.

Het basiselement van technische analyse is een *schaal* die de hoge, lage, openings- en sluitkoers van een effect op een bepaalde dag weergeeft. Het ziet eruit zoals in figuur 7.1.

TECHNISCHE INFO

STIEREN EN BEREN EN VARKENSMAGEN

Traders handelen in vee en varkens op de Chicago Mercantile Exchange, maar er zijn stieren en beren op elke markt. Wat symboliseren deze dieren?

- *Bulls* geloven dat de markt stijgt, en optimistisch nieuws en optimistische patronen zijn goed voor ze.
- *Bears* geloven dat de markt daalt, dus zijn negatief nieuws en negatieve patronen goed voor ze.

Niemand weet precies waarom juist deze dieren het symbool zijn geworden voor gedrag op de markt, maar het meest waarschijnlijke is dat stieren aanvallen als ze bedreigd worden, terwijl beren zich dan terugtrekken.

In de meeste markten ontstaat er iedere dag een nieuwe *schaal*. (Veel traders praten dan ook over schalen in plaats van dagen. En ze hebben het dan niet over eten.) Een verzameling schalen, met alle verschillende hoge, lage, openings- en sluitpunten, wordt samen een grotere *grafiek*. Vaak wordt een grafiek van het volume eronder weergegeven en dan ziet het eruit zoals in figuur 7.2.

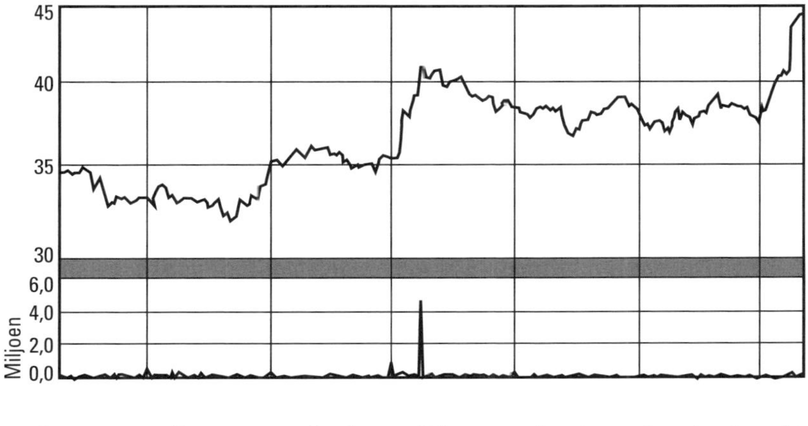

FIGUUR 7.2: Een grafiek van het volume onder de verzameling schalen van een jaar.

Veel patronen die ontstaan in de grafieken worden in verband gebracht met toekomstige koersveranderingen. Technisch analisten brengen dus veel tijd door met het kijken naar de grafieken om te kijken of ze kunnen voorspellen wat er gaat gebeuren. Veel softwarepakketten (waarvan sommige in hoofdstuk 12 worden besproken) sturen traders signalen als zich bepaalde technische patronen voordoen, zodat de traders naar aanleiding hiervan orders kunnen plaatsen.

BELANGRIJK

Technische analyse is een manier om de vraag en het aanbod in de markt te meten. Het is een instrument voor het analyseren van de markten, niet om ze te voorspellen. Als het ontcijferen van de betekenis van de gegevens zo eenvoudig zou zijn, zou iedereen geld kunnen verdienen op de markten.

Koersveranderingen

Marktwaarnemers kijken constant naar de *marktefficiëntie*. Op een efficiënte markt is alle informatie over een effect al opgenomen in de koers ervan, dus hoef je geen onderzoek te doen. (Grapje! Natuurlijk moet je onderzoek doen. Maar bijna iedereen is het er wel over eens dat de koers de belangrijkste samenvatting is van de informatie over het bedrijf.) Dit betekent dat technische analyse, kijken naar hoe de koers in de loop van de tijd verandert, een manier is om erachter te komen of de vooruitzichten van een effect beter worden of juist slechter.

Volumeveranderingen

De basisschaal geeft aan hoe de koers verandert in de loop van de dag, maar door informatie over *volume* toe te voegen, wordt er een andere kant van het verhaal toegevoegd: hoeveel was de vraag naar het effect tegen die koers. Als de vraag stijgt, dan willen meer mensen dit effect, dus zijn ze bereid er meer voor te betalen. De koers vertelt traders wat de markt weet. Het volume vertelt hoevéél mensen op de markt het weten.

Technische analyse gebruiken

Technische analyse helpt daytraders veranderingen in de vraag en het aanbod van een effect identificeren, die een teken kunnen zijn van winstgevende koerswijzigingen in de toekomst. Dit biedt traders een kans om over de markt te praten en na te denken zodat ze effectiever kunnen zijn.

Het noteringssysteem van de meeste brokers genereert grafieken, soms met behulp van aanvullende software die automatisch de trendlijnen in de grafieken zet. Technische traders kijken naar deze trendlijnen. Alvorens een order om te kopen of te verkopen te plaatsen, moet een trader weten of de koers van een effect omhooggaat en of deze trend zich zal voortzetten.

Een interessant aspect van technische analyse is dat de basis klopt, hoe je er ook naar kijkt. Technische analyse kan je helpen om trends op de aandelenmarkt, de obligatiemarkt, de grondstoffenmarkt en de valutamarkt in de gaten te houden. Overal waar mensen proberen een evenwicht te vinden tussen vraag en aanbod, kan technische analyse gebruikt worden om aan te tonen hoe goed ze dit doen

Belangrijke dingen eerst: moet je een trend volgen of ervan afwijken?

De volgende paragrafen gaan in allerlei soorten detail over hoe je een trend kunt spotten. Maar het belangrijkste om als daytrader te weten is of je een trend moet volgen of niet. Soms is het prima om een trend te volgen maar soms is het beter om er vanaf te wijken.

Weet je nog toen je een kind was en je iets wilde doen wat al je vriendjes ook deden en je moeder dan altijd zei: 'Als al je vrienden in de sloot springen, spring jij er dan ook in?'

Nou mama, raad eens? Als er een dolle stier achter mij aan zou zitten, zou ik ook springen. Hetzelfde geldt als iemand goed geld zou betalen om te springen en ik zou weten dat het veilig was: dan lag ik zo in het water. Soms is het prima om een volger te zijn. Maar als mijn vrienden allemaal gek waren en er was geen stier, dan zou ik niet zo happig zijn.

Het volgen van een trend is net als die vriendjes bij die sloot. Soms moet je met de meute meegaan. Op andere momenten is het beter iets anders te doen. Wanneer moet je volgen en wanneer moet je afwijken? Nou, dat hangt ervan af. Je moet weten wat je aan het traden bent en wat de overwegingen zijn van andere traders in datzelfde effect als ze hun orders plaatsen. Dit is de reden dat je moet weten wat trends zijn en hoe ze werken.

Trends zoeken

Een technisch analist kijkt meestal eerst naar een grafiek en tekent lijnen om de algemene richting aan te geven van de koersschalen voor de betreffende periode. In plaats van de grafiek op papier te tekenen of het scherm af te drukken, gebruikt ze waarschijnlijk software om de lijnen te tekenen. In figuur 7.3 zie je een voorbeeld van trendlijnen.

Als de basistrendlijnen zijn ingetekend, kan de trader gaan nadenken over wat de trends tot nu toe hebben aangegeven en wat er nu kan gaan gebeuren.

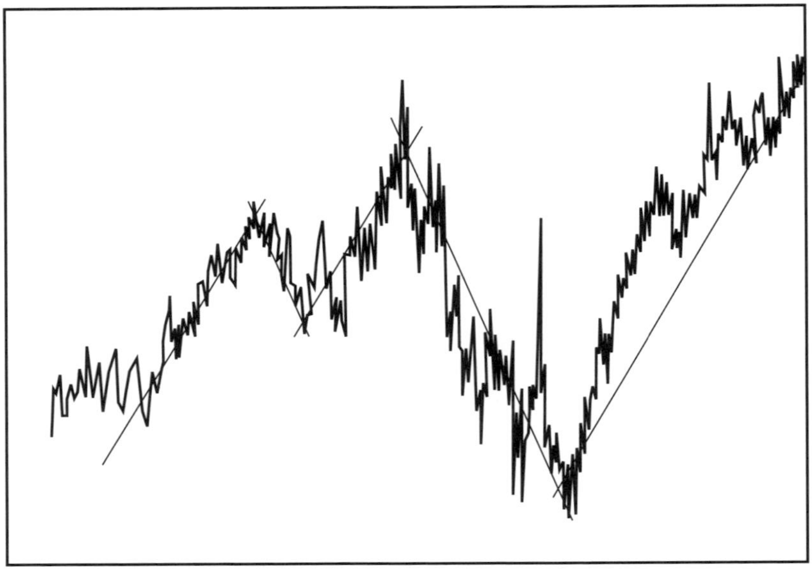

FIGUUR 7.3: Basisanalyse van trends in veranderingen in koersschalen tekent lijnen waarmee de algemene beweging wordt aangegeven.

Trendlijnen tekenen

Zoals aangetoond in de voorgaande paragraaf is de meest eenvoudige trendlijn een lijn die de algemene richting van de trend aangeeft. En dat is een goed begin, maar het vertelt je niet alles wat je moet weten. De volgende stap is om je liniaal te pakken of je software in te stellen om de trendlijnen te vinden die de hoge en lage koersen verbindt. Hierdoor ontstaat er een kanaal dat het ondersteuningsniveau (de trendlijn van de lage koersen) en het weerstandsniveau (de trendlijn van de hoge koersen) aangeeft, zoals je ziet in figuur 7.4. Effecten hebben de neiging om zich binnen het kanaal te bewegen, dus als je de lijn doortrekt, krijg je een idee van de koers waartegen het effect waarschijnlijk wordt verhandeld in de toekomst. Behalve als er iets gebeurt waardoor de trend verandert.

Als een effect op het ondersteuningsniveau komt, wordt het meestal gezien als relatief goedkoop, dus een goed moment om te kopen. Als een effect op het weerstandsniveau komt, wordt het meestal gezien als relatief duur, dus is het een goed moment om te verkopen. Voor sommige daytraders is het kopen op het ondersteuningsniveau en het verkopen op het weerstandsniveau een winstgevende strategie, tenminste tot er iets gebeurt waardoor die twee niveaus veranderen.

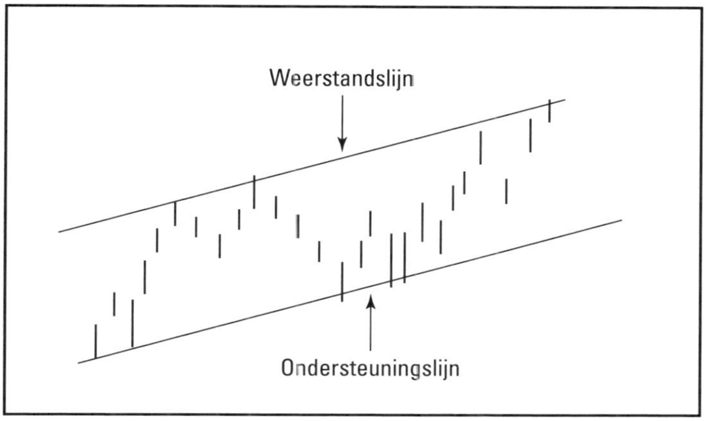

FIGUUR 7.4: Trendlijnen tekenen om kanalen aan te geven.

Indicatoren berekenen

Naast het tekenen van lijnen, gebruiken technisch analisten hun rekenmachines (of laten zij hun software berekeningen uitvoeren) om verschillende *indicatoren* te bepalen, getallen die gebruikt worden om prestaties te meten. In de volgende paragrafen worden enkele veelgebruikte indicatoren met hun definitie besproken.

MEETPUNTEN

Een *meetpunt* is het gemiddelde van de hoogste, laagste en sluitkoers van de dag. Als de volgende dag de koers boven het meetpunt sluit, dan wordt er een nieuw ondersteuningsniveau ingesteld, en als de volgende dag de koers onder het meetpunt sluit, dan wordt er een nieuw weerstandsniveau ingesteld. Dus kan het berekenen van meetpunten en hoe ze veranderen nieuwe hoogste en laagste stops voor je trading aangeven. (Zie hoofdstuk 2 voor meer over het gebruik van stops.)

TIP

Voor markten die min of meer constant geopend zijn, zoals valutamarkten, wordt de sluitkoers willekeurig bepaald. De gewoonte in de Verenigde Staten is om de koers op 16.00 uur Eastern Time te gebruiken, wat in de buurt ligt van de sluitingstijd van de New York Stock Exchange.

VOORTSCHRIJDENDE GEMIDDELDEN

Als je kijkt naar al die hoog-laag-open-sluitlijntjes op een grafiek word je duizelig. Om een trend beter te kunnen onderscheiden, berekenen traders een voortschrijdend gemiddelde door het gemiddelde te berekenen van de sluitkoersen over een bepaalde periode. Sommige traders kijken naar de vijf voorgaande dagen, sommige naar de voorgaande zestig dagen. Iedere dag wordt de laatste koers toegevoegd en wordt de oudste koers verwijderd en wordt de berekening van die dag uitgevoerd. Gezien de wonderen van de moderne technologie is het berekenen van voortschrijdende gemiddelden voor bijna elke periode heel eenvoudig. Het gemiddelde voor elke dag wordt dan aangegeven in de koersgrafiek om te laten zien hoe de trend in de loop van de tijd verandert. Figuur 7.5 geeft een voorbeeld van een grafiek van voortschrijdende gemiddelden over een periode van tien dagen.

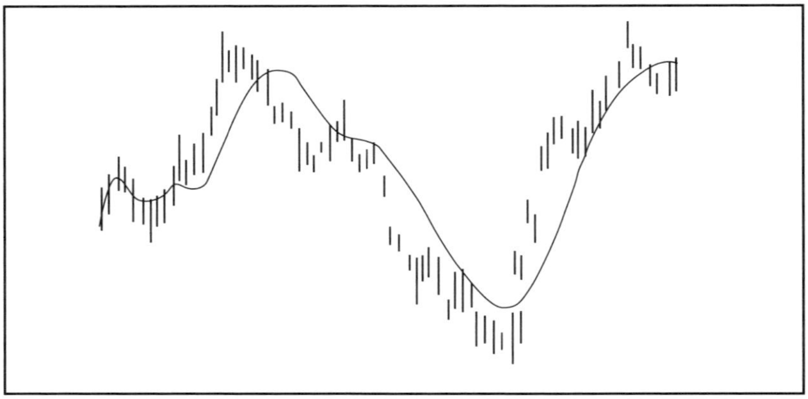

FIGUUR 7.5: Een grafiek van de voortschrijdende gemiddelden over een periode van tien dagen.

Traders gebruiken de lijn van de voortschrijdende gemiddelden op zoek naar cross-overs, convergenties en divergenties. Een *cross-over* doet zich voor als de koers de voortschrijdendgemiddeldelijn kruist. Meestal is het een goed idee om te kopen als de koers boven de lijn van het voortschrijdende gemiddelde komt en om te verkopen als de koers eronder komt.

Om *convergentie* en *divergentie* te gebruiken in de analyse kijkt de trader naar de voortschrijdende gemiddelden van verschillende periodes, zoals vijf, tien en twintig dagen. Figuur 7.6 geeft aan hoe convergentie en divergentie eruitzien.

TIP

Als twee of drie van de voortschrijdendgemiddeldelijnen convergeren (samenkomen), betekent dit dat de trend op zijn einde kan lopen. Dit is vaak een goed moment om te kopen als de trend naar beneden ging en de verkopen als de trend omhoogging. Als twee of drie van de voortschrijdendgemiddeldelijnen zich splitsen en divergeren, is de kans groot dat de trend aan blijft. Dit betekent dat het waarschijnlijk een goed moment is om te kopen als de trend omhooggaat en te verkopen als de trend naar beneden gaat.

BELANGRIJK

Een voortschrijdend gemiddelde is een achterlopende indicator. Het geeft een overzicht van de tradingactiviteit van de afgelopen vijf, tien, dertig of zestig dagen, wat betekent dat de lijn de veranderingen in de trend gladstrijkt die van invloed zijn op toekomstige koersen, zodat je een nauwkeuriger beeld krijgt van de algehele trend over die periode.

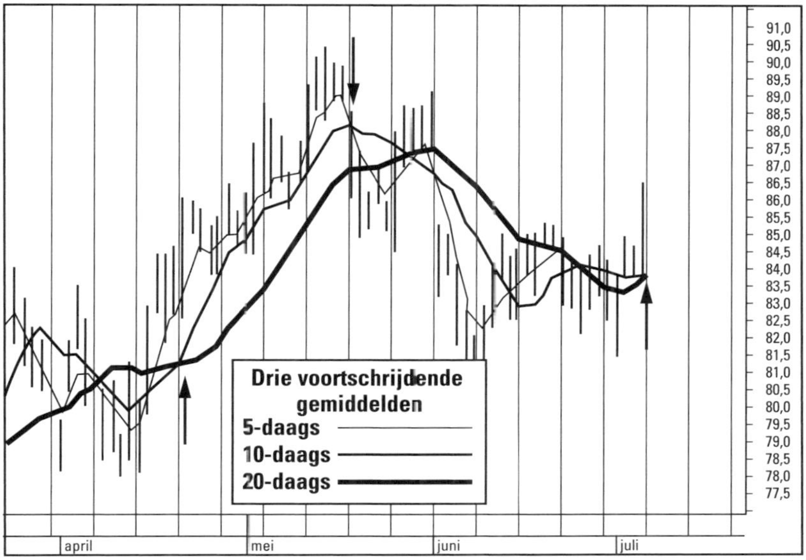

FIGUUR 7.6: Convergentie en divergentie bij voortschrijdend gemiddelde.

Trendfasen observeren

Koerstrends hebben de neiging om zich in cirkels te bewegen die zichtbaar worden op de grafieken of opvallen in marktgedrag. Het kennen van de fasen van een trend kan je helpen beter te beoordelen wat er aan de hand is. Hier volgt een samenvatting van enkele fasen van een trend:

- **Accumulatie.** Dit het eerste gedeelte van de trend, waar traders enthousiast worden over een effect en de vooruitzichten ervan. Ze nemen nieuwe posities in of voegen toe aan bestaande posities.
- **Hoofdfase (ook wel *consolidatiepatroon* genoemd).** Hier wordt de trend geconsolideerd zonder ongewone koersacties. De hoogste koersen worden hoger bij een uptrend en lager bij een downtrend. Een trader kan winst maken, maar niet veel, door hier de trend te volgen.
- **Consolidatie.** Deze fase geeft een zijwaartse markt aan. Het effect blijft binnen de trend, maar zonder hogere toppen of lagere bodems. Het blijft binnen het handelsbereik. Een consolidatiefase is goed voor schrapers die grote volumes aan trades uitvoeren op zoek naar heel kleine winsten. Dit kunnen anderen saai vinden.
- **Retracement (ook wel *correctie* of *pullback* genoemd).** Retracement is een secundaire trend, een tijdelijke terugval van de hoofdtrend naar het ondersteuningsniveau. Retracements leiden tot koopkansen, maar kunnen ook daytraders om zeep helpen die de trend volgen.

- **Distributie.** In de distributiefase denken traders dat de koers van een effect niet verder kan stijgen, dus zijn ze geneigd grote volumes te verkopen.
- **Reversal.** Dit is het punt waarop de trend verandert. Het is het moment om te verkopen als je een uptrend volgt en te kopen als je een downtrend volgt. Veel reversals vertonen klassieke patronen, die later in dit hoofdstuk worden besproken.

Die steeds veranderende trends

Hoewel technische traders het liefst trends volgen, zijn ze ook op zoek naar situaties waar de trend verandert, zodat er nieuwe winstkansen zijn. Over het algemeen volgen daytraders trends en zijn swingtraders (de traders die effecten een paar dagen of zelfs weken vasthouden) geïnteresseerder in het vaststellen van kansen die zich in de loop van de tijd zullen voordoen.

Momentum in de gaten houden

Het volgen van de trend is fantastisch, maar als de trend te snel gaat, wil je dat weten, zodat je hem voor kunt blijven. Als de snelheid van de verandering van een trend omhooggaat, dan zullen de koersen waarschijnlijk stijgen.

Neem om het momentum te berekenen de huidige sluitkoers van een effect, deel deze door de sluitkoers van tien dagen geleden en vermenigvuldig het resultaat met 100. Dit is dan een *momentumindicator.* Als de koers gelijk is gebleven, is de momentumindicator 100. Als de koers stijgt, is de indicator groter dan 100. En als de koers daalt, is de indicator kleiner dan 100.

Bij technische analyse wordt ervan uitgegaan dat trends blijven doorgaan, dus van een effect met een momentumindicator van meer dan 100 wordt verwacht dat het blijft stijgen als er verder niet verandert. Maar juist dat 'als er verder niets verandert' is waar het venijn zit. Technisch analisten houden meestal de momentumindicatoren in de loop van de tijd bij om te kijken of het positieve momentum zelf een trend is. Momentumindicatoren zijn een goede bevestiging van de onderliggende trend.

BELANGRIJK

Momentum is een toonaangevende technische indicator. Het geeft aan wat er waarschijnlijk in de toekomst zal gebeuren, niet wat er gebeurd is in het verleden.

Bij momentumhandel wordt er ook wat aandacht besteed aan de fundamentals. Als de belangrijke, zakelijke fundamentals, zoals verkoop of winst, op hetzelfde moment accelereren als de koers van het effect stijgt, kan het momentum misschien nog een tijdje doorgaan. Je leest meer over momentumhandel en -beleggingen in hoofdstuk 17.

Uitbraken zoeken

Een *uitbraak* vindt plaats als de koers van een effect boven de weerstandslijn of onder de ondersteuningslijn breekt en daar blijft. Hierdoor ontstaat een nieuwe trend met nieuwe ondersteunings- en weerstandsniveaus. Een eenmalige uitbraak kan ook een stuiptrekking zijn (dit noemen technici een *valse uitbraak*), maar let op bij twee of meerdere uitbraken. Figuur 7.7 geeft aan hoe uitbraken eruitzien.

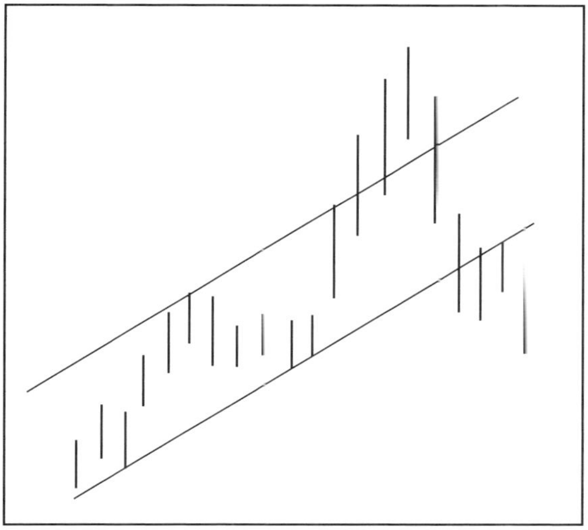

FIGUUR 7.7: Een uitbraak geeft een nieuwe trend aan.

Als er echte uitbraken zijn, begint er een nieuwe trend. Dit betekent dat een opwaartse uitbraak samengaat met stijgende koersen en een neerwaartse uitbraak met dalende koersen.

PAS OP

Valse uitbraken kunnen een tot twee dagen aan traden verpesten. Bij een valse uitbraak verkopen of kopen sommige traders omdat ze denken dat de trend zich zal voortzetten. Als ze zien dat dit niet gebeurt, draaien ze hun posities met verlies om. Gedurende dit soort momenten kan het vermogen om de intelligentie van de andere traders op de markt in te schatten erg handig zijn.

Goede technisch analisten kijken naar enkele verschillende indicatoren om te bepalen of een verandering in de trend echt is of gewoon iets wat net zo snel weer verdwijnt als de oude trend zich hervat. Ze kijken bijvoorbeeld naar korte rente of de algehele volatiliteit van de markt. Je leest meer over deze indicatoren in hoofdstuk 8.

De grafieken lezen

Hoe lang duurt het om een trend te vinden? Hoe lang duurt het voordat een trend zichtbaar wordt? Wanneer reageer je erop? Na enkele minuten, uren, dagen?

Aangezien markten de neiging hebben in cirkels te bewegen, zoeken technisch analisten naar patronen in de koersgrafieken die een indicatie geven van hoe lang een bepaalde trend zal aanhouden. In deze paragraaf laat ik enkele algemene patronen zien waar daytraders naar zoeken als ze een technische analyse uitvoeren. Bepaalde patronen zijn pas achteraf duidelijk, maar als je weet wat de patronen betekenen kan het je helpen betere voorspellingen te doen over waar een koers naartoe gaat.

Deze paragraaf is alleen een introductie tot de beter bekende patronen (met slimme namen). Technisch analisten zijn op zoek naar veel meer patronen en je moet echt een boek lezen over dit onderwerp om ze allemaal te kunnen begrijpen. Kijk in de bijlage voor boeken die meer informatie geven over technische analyse, zodat je een beetje een gevoel kunt krijgen hoe je patroonanalyse in je tradingstijl kunt toepassen.

Met vlag en wimpel

Wimpel en *vlag* zijn grafiekpatronen die *retracements*, kortetermijnafwijkingen van de hoofdtrend, aantonen. Met een retracement doen zich geen uitbraken voor van het ondersteunings- of weerstandsniveau, maar het effect volgt ook de trend niet. Aangezien er geen uitbraak is, is de trend meer een kortetermijntrend.

Figuur 7.8 laat een wimpel zien. Kijk hoe de ondersteunings- en weerstandslijnen van de wimpel (die zich voordoen binnen de ondersteunings- en weerstandslijnen van een veel grotere trend) bijna tot een punt afbuigen.

Figuur 7.9 is het tegenovergestelde: een vlag. Het grootste verschil tussen een vlag en een wimpel is dat de ondersteunings- en weerstandslijnen van een vlag parallel lopen.

Wimpels en vlaggen bevinden zich meestal in het midden van de hoofdfase van een trend en het duurt ongeveer twee weken voordat ze weer teruggaan naar de trendlijn. Ze gaan bijna altijd gepaard met een dalend volume. Als het tradingvolume niet daalt, heb je waarschijnlijk te maken met een *reversal* (een verandering in de trend) in plaats van een retracement.

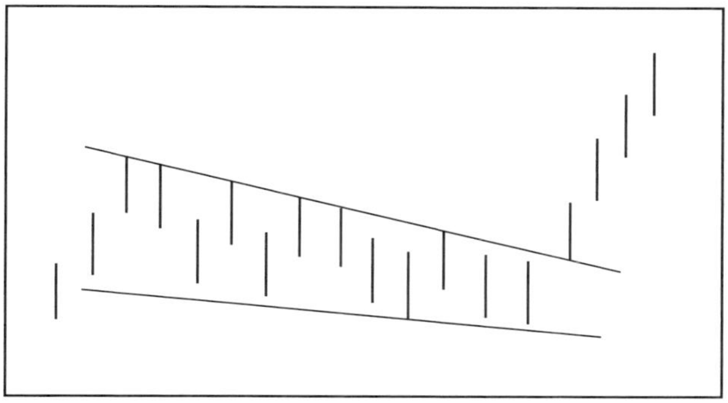

FIGUUR 7.8: In een wimpel beginnen ondersteuning en weerstand af te buigen.

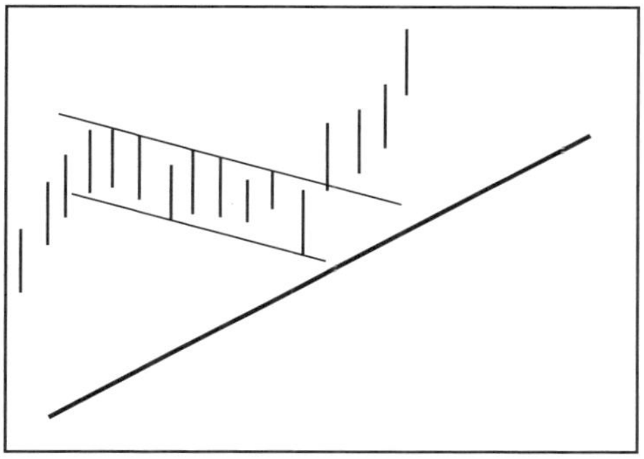

FIGUUR 7.9: Een vlag geeft, net als een wimpel, normaal gesproken een dalend volume aan.

Niet alleen voor onder de douche: head and shoulders

De *hoofd-en-schouderformatie* is een serie van drie pieken binnen een koersgrafiek. De pieken aan de linker- en de rechterkant (de schouders) moeten relatief lager zijn dan de piek in het midden (het hoofd). De schouders worden verbonden bij een koers bekend als de *neklijn*, en als de rechterschouder wordt bereikt, schiet de koers naar beneden.

De hoofd-en-schouderformatie is een van de meest pessimistische technische patronen. Figuur 7.10 toont een voorbeeld.

De hoofd-en-schouderformatie lijkt zich voor te doen als traders vasthouden tot een laatste piek nadat een effect een lang koersverloop heeft gehad. Maar op enig moment verandert de trend omdat niets voor altijd doorgroeit. En als een trend verandert, dalen de koersen.

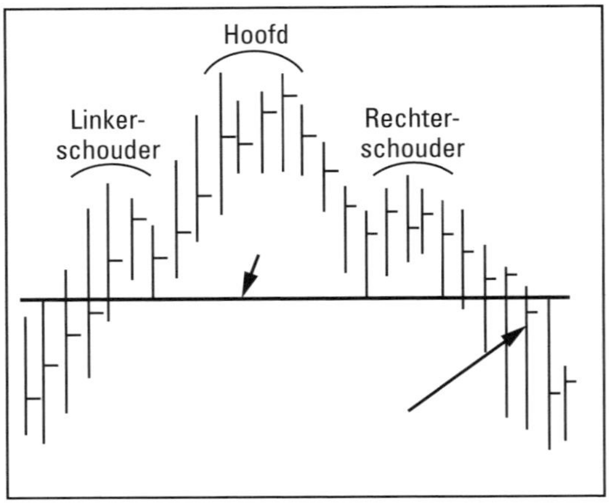

FIGUUR 7.10: In een hoofd-en-schouderformatie daalt de koers na de rechterschouderformatie.

Een omgekeerde hoofd-en-schouderformatie doet zich soms voor aan het einde van een downtrend en het geeft aan dat de koers van het effect op het punt staat te stijgen.

Drinken uit een beker met oor

Als de koers van een effect een top bereikt en dan daalt, soms door slecht nieuws, kan hij een tijdje laag blijven. Maar op een gegeven moment is het slechte nieuws uitgewerkt, verbeteren de onderliggende fundamentals en komt het moment weer om te kopen. De technisch analist ziet dit scenario terug in een *beker-met-oorformatie* en figuur 7.11 laat zien hoe dat eruitziet.

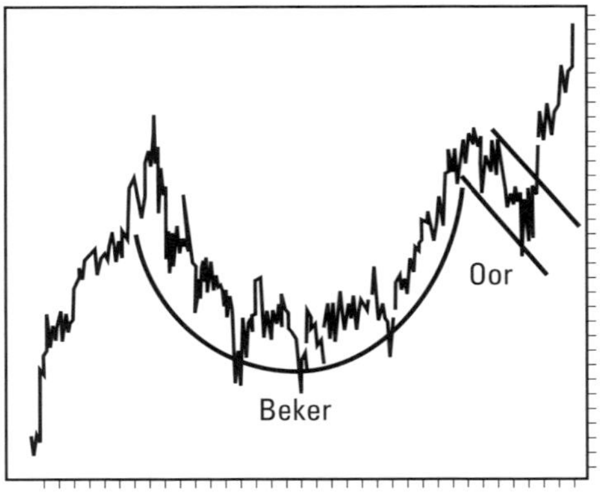

FIGUUR 7.11: Een beker-met-oorformatie is een langetermijntrend.

Het oor komt tevoorschijn als degenen die hebben gekocht tegen een oude hoge koers, schrikken van de daling en snel verkopen om hun verliezen te beperken. Maar andere traders die niet dezelfde geschiedenis hebben met het effect, herkennen dat de koers waarschijnlijk verder blijft stijgen nu die oude verkopers van de markt af zijn.

Een beker-met-oorformatie komt over het algemeen naar voren over een lange periode van handel; soms wel zo lang als een jaar. Veel subtrends doen zich tijdens die periode voor. Als daytrader heb je waarschijnlijk meer interesse in die dagelijkse veranderingen dan de onderliggende trend. Als je echter die bekerformatie ziet en de aanzet tot het oor, kun je dit interpreteren als een teken dat de koers van dat effect waarschijnlijk zal stijgen.

Val niet in de kloof

Kloven zijn onderbrekingen in de koers die zich de hele tijd voordoen, meestal als er een nieuwsgebeurtenis plaatsvindt tussen de handelssessies door, waardoor er een aanpassing plaatsvindt in koers en volume. Of het nu nieuws is over een overname, een tegenvallende productlijn of een oorlog die is uitgebroken, het is belangrijk genoeg om de trend te veranderen en dit is de reden dat traders opletten als zij kloven zien.

Een kloof is een onderbreking tussen twee schalen, zoals je ziet in figuur 7.12.

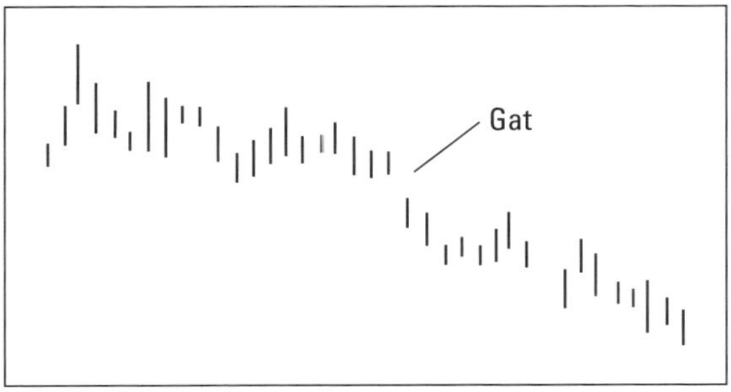

FIGUUR 7.12: Een kloof naar beneden betekent vaak dat het tijd is om te verkopen.

Kloven geven meestal fantastische signalen. Een effect met een kloof naar boven bij opening betekent meestal dat er een sterke uptrend begint, dus dat het tijd is om te kopen. Hetzelfde geldt als een effect een kloof naar beneden heeft. Dit betekent vaak het begin van een downtrend, dus is het beter om te verkopen.

PAS OP

Daytraders kunnen in een kloof getrokken worden, een situatie die bekend staat als kloof-en-zweten. Voor veel traders betekent het dat als de koers stijgt, het een goede tijd is om te verkopen, dus wordt de daytrader die op een kloof koopt direct om de oren geslagen door alle druk om te verkopen. Om deze reden geven sommige daytraders er bij de opening van een kloof de voorkeur aan minstens een halfuur te wachten, terwijl andere op hun kennis van kopers en verkopers in een bepaalde markt vertrouwen om te beslissen wat ze gaan doen.

Grijp je hooivork!

Een *hooivork* wordt soms een *Andrews pitchfork* genoemd, naar Alan Andrews, de technisch analist die het populair heeft gemaakt. Dit patroon stelt langetermijnondersteunings- en weerstandsniveaus vast voor subtrends door het creëren van en kanaal rondom de hoofdtrendlijn. Figuur 7.13 laat zien hoe een hooivork eruitziet.

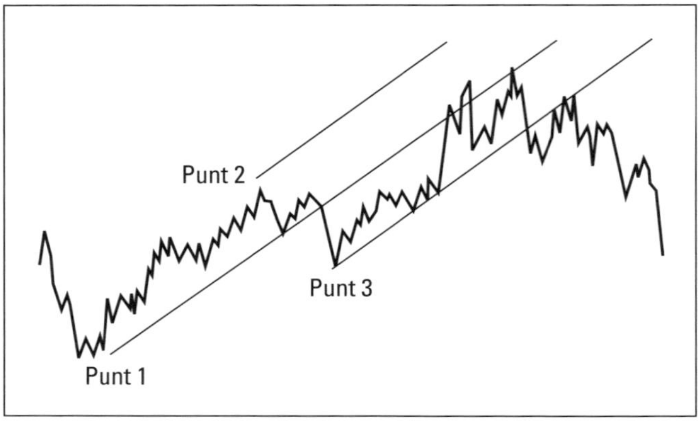

FIGUUR 7.13: Een hooivork maakt een kanaal rond de hoofdtrendlijn.

De bovenste lijn toont het weerstandsniveau voor opwaartse subtrends en de onderste lijn het ondersteuningsniveau voor lagere subtrends. De middelste lijn vormt een ondersteunings- en weerstandslijn, afhankelijk van aan welke kant ervan er getraded wordt. Als de koers boven de middellijn komt, dan zal hij niet hoger gaan dan de hoogste lijn. Hetzelfde geldt als de koers onder de middellijn komt: dan zal hij niet lager komen dan de laagste lijn.

Verschillende benaderingen van technische analyse

Technisch analisten hebben de neiging zich onder verschillende denkstromingen te plaatsen. Elke benadert de grafieken anders en gebruikt ze om andere informatie uit te halen over hoe effectenkoersen zich zullen gaan gedragen. In deze paragraaf geef ik een inleiding tot enkele van deze benaderingen. Als er een is waar je iets in ziet, kun je in de bijlage kijken voor bronnen waar je meer informatie kunt vinden.

Dowtheorie

De *Dowtheorie* is ontwikkeld door Charles Dow, de oprichter van *The Wall Street Journal*. De theorie en de marktindexen die er deel van uitmaakten, hebben geholpen om kranten te verkopen. Ze hebben ook mensen geholpen winst te maken op de beurzen. De Dowtheorie vormt de basis voor de traditionele technische analyse die in dit hoofdstuk beschreven wordt.

Volgens Dow bewegen effecten rond in trends, vormen de trends patronen die de traders kunnen identificeren, en blijven deze trends aanhouden tot er zich een grote gebeurtenis voordoet die ze verandert. Verder kunnen de trends in de Dow Jones Industrial Average en de Dow Jones Transportation Average de algehele marktprestaties voorspellen.

Niet alle technisch analisten vinden dat de Dow Jones Industrial Average en de Dow Jones Transportation Average primaire indicatoren zijn in de moderne economie, maar ze vertrouwen op de Dowtheorie voor hun analyse en lezen nog altijd de *Journal*.

Fibonaccireeks en de Elliottgolf

Ken je die intelligentietesten waarin je het volgende getal in een reeks moet aangeven? Nou, hier is er weer een. Wat is het volgende getal in deze reeks? (Hint: dit is geen telefoonnummer in Tsjaad.)

0, 1, 1, 2, 3, 5, 8, 13, 21

Als je 34 hebt gezegd, heb je het goed! De reeks staat bekend als de *Fibonaccireeks*. Je vindt dit getal door de twee voorgaande nummers bij elkaar op te tellen, beginnend bij de eerste twee getallen in de getallenlijn. 0 + 1 = 1; 1 + 1 = 2; 1 + 2 = 3 en zo kun je oneindig lang doorgaan. Daarnaast, als de reeks in de dubbele cijfers is gekomen, is de ratio van een getal tot het volgende 0,618, een getal dat ook bekend staat als de *gulden snede*. Dit betekent dat de ratio van het kleinere en het grotere van de twee getallen hetzelfde is als de ratio van het grotere getal van de som van de twee getallen. In de natuur is dit de proportie van een perfecte spiraal, zoals in een dennenappel of een ananas.

Ralph Elliott was een trader die vond dat de markt op de lange termijn zich in golfbewegingen bewoog zoals aangegeven door de Fibonaccireeks. Elliott geloofde bijvoorbeeld dat een bullmarkt gekenmerkt kon worden door drie neerwaartse golven en vijf opwaartse golven. Hij geloofde ook dat ondersteunings- en weerstandsniveaus zich 61,8 procent boven de laagste koersen en onder de hoogste koersen bevonden. Volgens het golfsysteem van Elliott is het een goed moment om te kopen als een effect 61,8 procent is gedaald ten opzichte van de vorige hoge koers.

Elliott geloofde dat deze golven zich zowel over eeuwen als over minuten uitstrekken, dus traders en beleggers gebruiken het systeem om de markttrends vast te stellen die binnen hun tijdspanne passen. Anderen, ook ik, geloven dat het zeer onwaarschijnlijk is dat de menselijke activiteit op de aandelenmarkt dezelfde natuurlijke orde zou volgen als de ratio van een spiraalschelp.

Japanse staafdiagrammen

Deze speciale soort staafdiagrammen is in de achttiende eeuw ontwikkeld door handelaren op de Japanse rijsttermijnmarkten en dat hebben ze doorgezet tot in het heden. De basisgrafieken zijn vergelijkbaar met de hoog-laag-sluit-openschalen waar ik het eerder in dit hoofdstuk over heb gehad. Maar deze hebben een net iets andere vorm zodat ze meer informatie kunnen bevatten. Figuur 7.14 geeft een voorbeeld van een Japans staafdiagram.

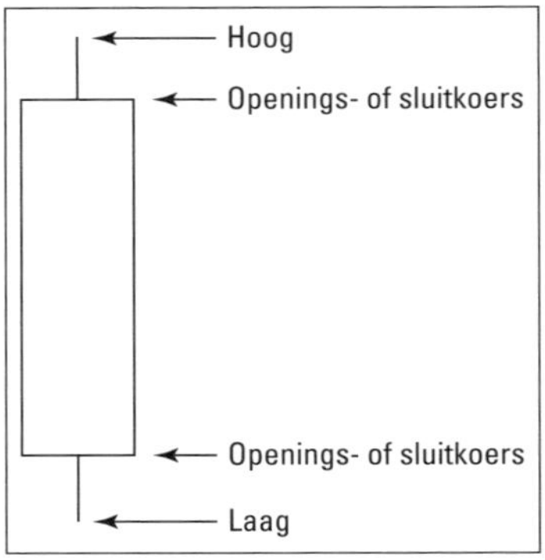

FIGUUR 7.14: Staafdiagrammen lijken op iets geavanceerdere schalen.

De lengte van de rechthoek (de zogeheten kaars) tussen de openings- en de sluitkoersen geven een indicatie van hoe volatiel het effect is, vooral ten opzichte van de hoogste en laagste koersen boven en onder de driehoek (de zogenoemde *wick* of ook wel *schaduw*). De vormen en kleuren vormen verschillende patronen die traders kunnen gebruiken om de richting van de toekomstige koersen uit af te leiden. (De meeste technische analysepakketten kleuren de staven groen op de dagen dat de koers stijgt en rood op de dagen dat hij daalt om de trends nog gemakkelijker te zien.)

Het Gannsysteem

William Gann zou in de eerste helft van de twintigste eeuw 50 miljoen dollar hebben verdiend op de aandelen- en grondstoffenmarkten door een bijzonder systeem te gebruiken. Sommige mensen geloven dat hij het geheim van zijn systeem aan anderen heeft verteld voordat hij stierf, andere mensen beweren van niet. Er hangt mysterie en mythologie rond het Gannsysteem; sommige traders vertrouwen op zijn methode (of althans op dat wat zij denken dat zijn methode is), terwijl andere het naast zich neerleggen omdat Gann zijn voorspellingen baseerde op astrologie.

Het *Gannsysteem* in zijn huidige definitie kijkt naar de relatie tussen koers en tijd. Als een effect één punt beweegt op een dag, dan is dat een Gannhoek van 1 × 1, en dat is normaal traden. Als een effect twee punten op een dag beweegt, wordt er gesteld dat er een Gannhoek van 2 × 1 zou ontstaan, wat een optimistische markt zou zijn. Een hoek van minder dan 1 × 1 is pessimistisch.

Verder erkende Gann dat de markt zich op en neer beweegt in een algemene opwaartse of neerwaartse cyclus, maar sommige van deze fluctuaties zijn positiever dan andere. Net zoals het systeem op zoek is naar koersbewegingen in de loop van de tijd met gelijke delen (1 × 1, 2 × 1 en zo verder), is het ook op zoek naar ordelijke retracements. Als een effect 50 procent terugvalt, stel van een lage koers van € 20 naar een hoge van € 40 en dan terug naar € 30, zou het een goed moment zijn om te kopen volgens het Gannsysteem.

TIP

Veel traders zweren bij de 50 procentretracementrichtlijn (zelfs degene die denken dat Gann op andere gebieden een gek systeem is). Dit is gestoeld op een hardnekkige denkwijze binnen het traden: kopen als een koers daalt omdat hij dan zeer waarschijnlijk weer zal stijgen.

De valkuilen van technische analyse vermijden

Veel mensen verdienen veel geld met het verkopen van diensten aan daytraders. Ze produceren video's, organiseren seminars en schrijven boeken (jazeker!) om je te vertellen hoe je succesvol kunt zijn. Maar in de financiële wereld is succes een combinatie van geluk, vaardigheden en trucjes.

TIP

Denk na over wie je bent en wat je probeert te bereiken voordat je je volledig achter een bepaalde denkrichting schaart en voordat je veel geld stopt in dat 'gegarandeerd werkende systeem' uit die reclame. Ondanks alle boeken en alle seminars en alle debatten heeft elke vorm van onderzoek zo zijn negatieve kanten. Onthoud dit als je je bedrijfsplan voor het daytraden opstelt.

Als het duidelijk is, is er geen kans

Veel daytradingsystemen werken het grootste deel van de tijd. Stel bijvoorbeeld dat de koers van een effect met een kloof omhoog springt (zie figuur 7.12 voor de kloofformatie). Dit is goed en de koers zal waarschijnlijk blijven stijgen. Dus koop het effect en je maakt winst. Bingo! Maar hier komt het: iederéén kijkt naar die kloof, iedereen gaat ervan uit dat de koers zal stijgen, dus iedereen koopt op en daardoor gaat de koers omhoog. De winstkans is verdwenen. Dus ben je misschien beter af als je short gaat? Of door de situatie helemaal te vermijden? Wie weet? En dat is het probleem. Als je kijkt naar duidelijke patronen, zoals kloven, leer je veel over wat er op de markt gebeurt, maar alleen je eigen oordeel en ervaring kunnen je vertellen wat je volgende zet moet zijn.

De gegevens overanalyseren

Technische analyse is een nuttige manier om de psychologie van de markt te testen. Daar is het ook voor bedoeld. Echter, toen technische analyse werd ontwikkeld, waren de meeste traders mensen die zich lieten leiden door hun menselijke emoties. Vandaag de dag trade je niet meer tegen een persoon. In bijna alle gevallen trade je tegen machines die doen waar zij voor geprogrammeerd zijn om te doen. Ze worden niet gehinderd door twijfel, angst of hebzucht. Jij wel. De markt is een verzameling van iedereen die er zich bevindt, maar je kunt geen menselijke emoties toekennen aan niet-mensen.

Als je het sentiment van de markt probeert te peilen, kun je al snel gaan overanalyseren en kom je in de knoop te zitten. Moet je de trend volgen of ertegenin traden? Maar als iedereen ertegenin tradet, is het dan niet beter als je hem juist volgt?

Ontwikkel een systeem dat je kunt vertrouwen in plaats van te blijven piekeren over wat er gaande is. Doe dit aan de hand van backtesting, simulatie en prestatieanalyse. Hoofdstuk 16 biedt veel advies over het inzetten van deze technieken. Hoe zekerder je je voelt over hoe je op een bepaalde marktsituatie moet reageren, des te beter je zult traden.

Succes kan het gevolg zijn van positieve vertekening

Volgens de theorie van de efficiënte markten zit alle informatie al in de koers van een effect. De koersen bewegen zich in een willekeurig patroon tot er nieuwe informatie op de markt komt. Dus zal het ene effect het waarschijnlijk net zo goed doen als een andere. Op sommige markten, zoals de aandelenmarkt, vertoont dit pad *positieve vertekening*. Dit betekent dat zolang de economie groeit, bedrijven het goed zullen doen. Dus zal de beweging zeer waarschijnlijk omhoog zijn in plaats van omlaag, maar de grootte van de beweging is willekeurig.

Als koersbewegingen willekeurig zijn, zullen sommige mensen winst maken en andere verlies, ongeacht welk systeem ze gebruiken om hun effecten te kiezen. Als koersbewegingen willekeurig zijn met een positieve vertekening, dan zullen meer mensen winst maken dan verlies, ongeacht welk system ze gebruiken om hun effecten te kiezen. Sommige van de mensen die winst maken, gaan dit systeem verfijnen, ondanks het feit dat hun succes eigenlijk gebaseerd was op toeval.

BELANGRIJK

Technische analyse is een nuttige manier om het relatieve aanbod en de relatieve vraag van de markt te meten en dat is weer een manier om de psychologie te peilen van degenen die aan het traden zijn. Maar het is niet perfect. Vraag jezelf af, voordat je veel geld uitgeeft aan het leren van een complex tradingsysteem, of je abonneert op een nieuwsbrief waarin een gegarandeerde tradingmethode wordt aangeboden, of de persoon die het aanbiedt slim is of alleen geluk heeft. Een goed systeem biedt je discipline en een manier om over de markt na te denken met betrekking tot je tradingstijl. Een slecht systeem kost veel geld en kan een korte periode gewerkt hebben in het verleden zonder dat het relevant is voor de huidige omstandigheden.

IN DIT HOOFDSTUK

- De psychologie en het sentiment van de markt bestuderen
- De stroom van fondsen en informatie volgen
- Gevaarlijke situaties vermijden
- Veelgebruikte strategieën ontdekken

Hoofdstuk 8

Marktindicatoren en bewezen daytradingstrategieën

Daytraders zetten hun onderzoek in via verschillende strategieën. Alle strategieën hebben twee dingen gemeen: ze zijn ontwikkeld om winst te maken en ze zijn ontwikkeld om een enkele dag te werken. En de beste helpen traders om de psychologie van de markt te doorgronden.

In deze tijd wordt er het meest via computers getraded. Het traden wordt natuurlijk vaak geleid door mensen, maar de machines doen het werk. De winstpotentie op de korte termijn kan erg klein zijn. Hoe graag menselijke traders ook onaantastbaar willen zijn, ze worden vaak geleid door hoop, angst en hebzucht, de drie emoties die mensen elke dag de afgrond in storten. Om de zaken nog gecompliceerder te maken, is dat veel markten, zoals de optie- en termijnmarkt, zero-summarkten zijn, dus dat er tegenover elke trader die winst maakt ook een trader is die verliest. Sommige markten, zoals de aandelenmarkt, hebben een positieve vertekening. Dit betekent dat er op de lange termijn meer winnaars zijn dan verliezers, al wil dit nog niet zeggen dat dit vandaag het geval zal zijn.

Met zo'n dunne winstpotentie en zo veel emotionele onrust, kan geld verdienen als daytrader op de lange termijn moeilijk zijn. Dit hoofdstuk kan helpen. Hier bespreek ik enkele algemene daytradingstrategieën en heb ik het over de koude, harde analyse die gebruikt wordt om de psychologie van de markt uit te zoeken.

De psyche van de markten ontdekken

Voor elke koper is er een verkoper. (Dat moet wel, anders kan er geen transactie plaatsvinden.) De koers verandert om het punt te bereiken waar de koper bereid is het effect te kopen en de verkoper bereid is om er afstand van te doen. Deze interactie is een fundamenteel vraag-en-aanbodverhaal. De financiële markten zijn efficiënter in het samenbrengen van vraag en aanbod dan bijna welke andere markt dan ook. Er zijn geen rekken vol onverkochte truien aan het einde van het seizoen, geen wachtrijen voor een restaurant. De koersen veranderen tot ze overeenkomen met de vraag, en zij die bereid zijn de koers te betalen of te ontvangen, komen tot een trade.

Ondanks de meedogenloze, kapitalistische efficiëntie die aan de bron van het traden ligt, worden de markten ook gedomineerd door menselijke emotie en psychologie. Alle kopers en alle verkopers kijken naar dezelfde informatie, maar ze komen tot andere conclusies. Voor elke verkoper is er ergens een koper, dus de trader die wil kopen moet weten waarom de verkoper bereid is over te gaan tot een deal.

Welke redenen zou degene kunnen hebben die aan de andere kant van je trade staat?

- **De andere trader kan een andere tijdshorizon hebben.** Langetermijnbeleggers willen bijvoorbeeld verkopen bij slecht nieuws dat de vooruitzichten van een effect kan doen veranderen. Een kortetermijntrader kijkt waarschijnlijk niet naar de langetermijnvoorspellingen als er in de ochtend te veel wordt verkocht, zodat er een mogelijkheid ontstaat om nu te kopen en in de middag tegen een hogere koers te verkopen.
- **De andere trader kan een ander risicoprofiel hebben.** Een conservatieve belegger wil misschien geen aandelen in een bedrijf bezitten dat wordt overgenomen door een snelgroeiend technologiebedrijf. Die belegger wil verkopen en iemand met meer interesse in groei wil kopen. Een handelsalgoritme kan een trade uitvoeren om het risico van een andere trade te beheren.

» **De andere trader kan aan wensdenken doen, uit angst handelen of traden vanuit pure hebzucht.** Hij of zij denkt misschien niet rationeel over wat er gebeurt, zodat er voor jou een kans ontstaat.

» ***Jijzelf* kunt aan wensdenken doen, handelen uit angst of traden vanuit pure hebzucht.** Jij kan een irrationele trader zijn, fouten maken die je duur moet betalen. Dat gebeurt zelfs de besten, maar hoe bewuster je je bent van je emotionele kanten, des te beter je ze bij het traden terzijde kunt schuiven.

BELANGRIJK

Probeer de trader aan de andere kant nooit te slim af te zijn. Je hebt nooit dezelfde traders tegenover je en de kans is groot dat de trader die je tegenover je hebt een machine is. Houd je liever met jezelf bezig.

Gokken op de koopkant

Elke marktdeelnemer heeft zijn of haar eigen redenen en overwegingen om vandaag een order te plaatsen. Er bestaan veel redenen om te verkopen: om de belasting te betalen, het collegegeld van de kinderen te betalen en ga zo maar door. Maar over het algemeen is er één reden om te kopen: omdat je denkt dat de koers van het effect zal stijgen.

Alleen al om die reden besteden traders vaak meer aandacht aan wat er is gebeurd wanneer ze orders kopen dan wanneer ze orders willen verkopen. Om een gevoel te krijgen van wie er op winst staat, kijken traders naar het aantal orders dat binnenkomt, hoe groot deze zijn en tegen welke koers. Ik bespreek volume- en koersindicatoren uitgebreider verderop in dit hoofdstuk.

TIP

Aangezien er zoveel goede redenen bestaan om te verkopen en maar een goede reden om te kopen, kan het lang duren voordat de markt *bearish* (negatief) sentiment oppikt. Zelfs als je ziet dat de koersen in de nabije toekomst moeten gaan dalen, moet je in overweging nemen dat de markt van vandaag heel anders kan zijn dan wat je verwacht dat er gaat gebeuren. En als daytrader heb je alleen vandaag.

De prognoseval vermijden

Als je in hoofdstuk 7 naar de voorbeelden van technische analyses hebt gekeken, is het je misschien opgevallen dat je in bepaalde soorten koersgrafieken kunt zien wat je wilt zien. En als je een beetje hebt nagedacht over fundamentele analyse, besef je waarschijnlijk dat het net zo gemakkelijk is om informatie te interpreteren op de manier die je wilt. In plaats van objectief kijken naar wat de markt ze vertellen, zien sommige traders wat ze willen zien. Dat is een reden dat je systeem kennen en je limieten gebruiken zo belangrijk is. De informatie in de hoofdstukken 2 en 16 kan je met beide helpen.

De beste traders kunnen de psychologie van de markt bijna instinctief aanvoelen. Soms kunnen ze niet eens uitleggen wat ze doen, wat het moeilijk maakt voor degenen die van hen willen leren. Maar wat ze wel kunnen zeggen, is dat als je rationeel kunt vaststellen waarom de persoon aan de andere kant van de trade aan het traden is, je beter in staat bent om winst te maken en grote fouten te vermijden die voortvloeien uit hoop, angst en hebzucht.

De temperatuur van de markt meten

Decennialang stonden de meeste handelaren op de beursvloer. Ze hadden een goed gevoel voor het sentiment van de markt omdat ze dit konden voelen aan de hand van het gemoed van de mensen die om hen heen stonden. Ze kenden hun collegahandelaren vaak goed genoeg om te weten hoe goed ze waren of wat de behoeften waren van de mensen voor wie ze werkten. Dit zorgde voor een saamhorigheidsgevoel, ondanks al het geschreeuw en de woeste gebaren. Het was niet de meest efficiënte manier om grote volumes te verhandelen, maar het stelde de handelaren in staat om de gedachten van de anderen om hen heen te lezen.

Nu gaat bijna alle handel elektronisch, zonder de papiertjes, de jasjes en de spanning. Professionele handelaren (bijvoorbeeld van een broker of een beleggingsfonds) handelen elektronisch, aan lange tafels (*tradingdesks* genoemd), waar ze naast collega's zitten die in vergelijkbare effecten handelen. Hoewel ze allemaal via een scherm handelen, delen ze een sentiment en dus een gevoel van wat er op de markt gebeurt. Sommige daytraders kunnen dit gevoel van kameraadschap kopiëren door in een handelsverband te werken, maar de meeste werken thuis, alleen, met niets anders dan de informatie op hun scherm om ze te vertellen wat er op de markt gebeurt.

Gelukkig zijn er manieren op erachter te komen wat er gebeurt, zelfs als je alleen maar naar een scherm kijkt. Dit is onder andere letten op de koers-, volume- en volatiteitsindicatoren. En je bent op de juiste plek om daar meer over te weten te komen!

PAS OP

Sommige traders vertrouwen op chatrooms op internet om het sentiment op de markt te peilen. Dit kan riskant zijn. In sommige chatrooms zitten werkelijk deskundige mensen, die bereid zijn hun mening te geven over de markt. Maar veel chatrooms worden voornamelijk bevolkt door nieuwe traders die geen goede informatie hebben om te delen of door mensen die de markt in hun voordeel proberen te manipuleren. Kijk goed hoe een chatroom werkt voordat je gaat deelnemen aan gesprekken.

Nauwkeurig vaststellen met koersindicatoren

In een efficiënte markt is alle informatie over het effect opgenomen in de koers. Als de koers hoog is en stijgt, dan doet het effect het in principe goed. Als de koers laag is en daalt, dan gaat er iets niet goed. En alles daartussenin betekent iets anders.

De verandering in de koers van een effect geeft je het eerste beetje informatie. Koersveranderingen kunnen op diverse manieren geanalyseerd worden om je te helpen beslissen wanneer je koopt of verkoopt.

Momentum

Momentum, wat ook besproken wordt in hoofdstuk 7, is de snelheid waarmee de koers van een effect stijgt (of daalt). Als het momentum sterk en positief is, dan laat het effect zowel hogere toppen en hogere bodems zien. Mensen willen het effect om een of andere reden kopen en de koers geeft dit weer. Het momentum kan ook sterk en negatief zijn. Negatief momentum wordt gekenmerkt door lage toppen en lage bodems. Niemand lijkt geïnteresseerd in kopen en daardoor wordt de koers omlaag getrokken.

De precieze grootte van het moment van een effect kan gemeten worden met indicatoren bekend als *momentumoscillatoren*. Een klassieke momentumoscillator begint met het voortschrijdend gemiddelde. Dit is het gemiddelde van de sluitkoersen van een periode in het verleden, zeg de voorgaande tien handelsdagen. Dan wordt de verandering in het voortschrijdend gemiddelde van elke dag aangegeven onder de koerslijn. Als de oscillator positief is, zeggen handelaren dat het effect *overkocht* is. Figuur 8.1 toont een momentumoscillator aangegeven onder een koerslijn.

Als een momentumoscillator aangeeft dat een effect overkocht is (de lijn boven de middenlijn) bezitten te veel mensen het, ten opzichte van de resterende vraag in de markt, en sommige van hen beginnen het te verkopen. Onthoud: sommige van deze mensen hebben heel goede redenen om te verkopen die niets van doen hebben met de onderliggende fundamentals van het effect, maar ze verkopen toch, waardoor de koers daalt. Handelaren die zien dat een effect overkocht is, willen deze mensen voor zijn.

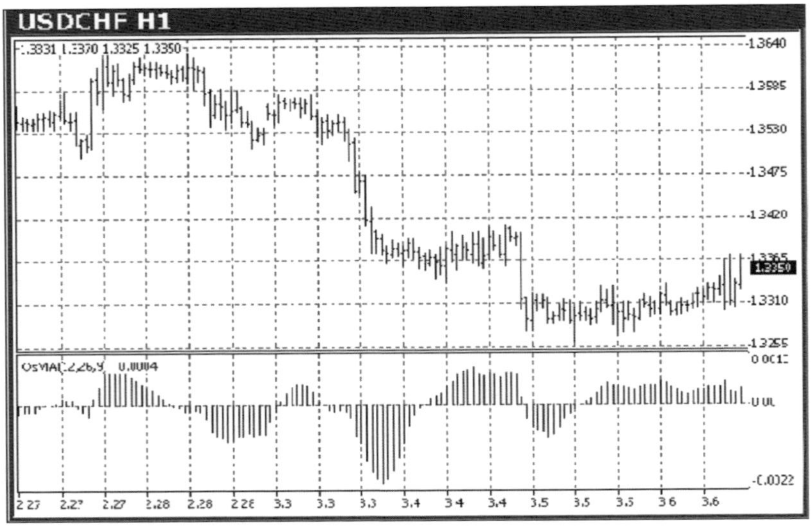

FIGUUR 8.1: Een momentumoscillator geeft het (je raadt het al) momentum aan.

Als een momentumoscillator aangeeft dat een effect *oververkocht* is (de lijn ligt onder de middenlijn), is het effect waarschijnlijk te goedkoop. Iedereen die ervan af wilde heeft verkocht en nu kan het aantrekkelijk zijn om in te stappen. Als de kopers die de winstkansen zien nu instappen, stijgt de koers.

BELANGRIJK

De trend is je vriend... tot het bittere eind. Hoewel er uitstekende redenen kunnen zijn om de koerstrends te volgen, moet je niet vergeten dat ze allemaal ooit ophouden te bestaan. Dus moet je je geldbeheer en je stops in de gaten houden, hoe sterk een trend ook lijkt te zijn.

TIP

Gezien het feit dat de meeste trends ophouden te bestaan (of in ieder geval zigzaggen), zoeken sommige traders effecten die onder het wat zij het *1-2-3-4 criterium* noemen vallen. Als de koers van een effect drie dagen op rij stijgt, geldt dit waarschijnlijk ook voor de vierde dag. Voer enkele simulaties (zie hoofdstuk 16) uit om te kijken of deze strategie werkt voor een markt waar je in geïnteresseerd bent.

Op de tick handelen

Een *tick* is een opwaartse of neerwaartse koerswijziging. Voor sommige effecten, zoals termijncontracten, wordt de tickgrootte gedefinieerd als onderdeel van het contract. Voor andere, zoals bij aandelen, kan een tick iets zijn van een cent tot het oneindige (ten minste in theorie).

Je kunt ook de tickindicator berekenen voor de markt als geheel. (De meeste noteringssystemen berekenen de tickindicator al voor je.) De tick voor de markt is het totale aantal effecten in die markt die bij de laatste trade stegen min het aantal dat daalde bij de laatste trade. Als de tick een positief getal is, is het goed: de markt als geheel vertoont veel koopinteresse. Hoewel een bepaald effect het wat minder goed doet, geeft een positieve tick aan dat de meeste mensen in de markt op dit moment een positief vooruitzicht hebben.

Daarentegen laat een negatieve tick zien dat de meeste mensen in de markt zien dat de koersen dalen. Natuurlijk stijgen sommige koersen ook, maar er zijn meer sombere mensen dan blije (ervan uitgaande dat de meeste mensen long gaan, dus dat ze winst maken als de koersen stijgen, niet dalen). Dit geeft aan dat het sentiment in de markt op dit moment negatief is.

De trin volgen

Trin is de afkorting van *trading indicator* (handelsindicator) en dat is weer een andere manier om het sentiment op de markt te meten. Het is gebaseerd op hoeveel koersen er zijn gestegen ten opzichte van hoeveel er zijn gedaald. De meeste noteringssystemen geven de trin voor een bepaalde markt, maar je kunt het ook zelf berekenen. De formule ziet er als volgt uit:

$$\frac{\dfrac{\textit{stijgingen}}{\textit{dalingen}}}{\dfrac{\textit{stijgingsvolume}}{\textit{dalingsvolume}}}$$

De teller is gebaseerd op de tick: het aantal effecten dat is gestegen gedeeld door (dus niet minus) het aantal dat is gedaald. De deler omvat het volume: het aantal aandelen of contracten dat verhandeld werd voor die effecten waarvan de koers steeg, gedeeld door het aantal effecten verhandeld voor die waarvan de koers daalde. De uitkomst vertelt je in welke mate de kopers de effecten ondersteunden die stegen en hoeveel verkoopdruk de effecten die daalden te verwerken kregen.

Een trin van minder dan 1,00 betekent meestal dat de kopers sterk reageren, wat betekent dat er veel negatief sentiment is in de markt.

Volume

De trinindicator kijkt naar de koers in verband met volume. *Volume* geeft aan hoeveel handel er op de markt plaatsvindt. Hoe enthousiast zijn mensen over de huidige koers? Zien zij dit als een goede kans om te kopen of te verkopen? Verkopen ze snel om er nu uit te stappen of kiezen ze een rustigere benadering? Deze informatie zit verstopt in het volume van de handel en is een belangrijke aanvulling op de informatie die in de koersen gevat zit. Volume vertelt je of er voldoende ondersteuning bestaat dat koerstrends aanhouden of dat ze binnenkort zullen veranderen.

Sterkte-index

De *sterkte-index* geeft je een indicatie van de sterkte van een trend. Het begint met informatie uit de koersen, namelijk dat als de sluitkoers vandaag hoger is dan de sluitkoers gisteren. Dit is positief voor het effect. Daartegenover staat dat als de sluitkoers vandaag lager is dan die van gisteren, de sterkte over het algemeen negatief is. Dan wordt deze koersinformatie gecombineerd met volume-informatie. Hoe meer volume er met deze koersverandering gemoeid is, des te sterker die positieve of negatieve kracht is.

Hoewel veel noteringssystemen de sterkte voor je berekenen, kun je dit ook zelf doen. Gebruik elke handelsdag deze formule:

Sterkte-index = volume × (voortschrijdend gemiddelde van vandaag - voortschrijdend gemiddelde van gisteren)

Met andere woorden geeft de sterkte-index eenvoudigweg de momentumoscilliator van het voortschrijdend gemiddelde (eerder besproken in de paragraaf 'Nauwkeurig vaststellen met koersindicatoren') voor het volume dat gepaard gaat met de koersverandering. Op deze manier krijgt de trader een gevoel in hoeverre het effect overkocht of oververkocht is op een bepaalde dag.

On-balance volume

Het *on-balance volume* is een actueel totaal van de hoeveelheid handel in een effect. Kijk om het on-balance volume te berekenen eerst naar de sluitkoers van vandaag ten opzichte van die van gisteren en dan naar één van de volgende situaties:

- **Als de sluitkoers van vandaag hoger is dan die van gisteren:** het volume van vandaag toevoegen aan dat van gisteren.
- **Als de sluitkoers van vandaag lager is dan die gisteren:** het volume van vandaag aftrekken van het totaal van gisteren.
- **Als de sluitkoers van vandaag hetzelfde als die van gisteren:** niets doen! De balans van vandaag is hetzelfde als die van gisteren.

Veel traders houden het on-balance volume bij in de loop van de tijd, en wel hierom: een verandering in het volume duidt op een verandering in de vraag. De verandering in de vraag hoeft niet direct uit de koers te blijken als er voldoende kopers zijn om het volume te absorberen van de verkopers. Maar als er nog meer kopers zijn, dan zal de koers stijgen. Dus moeten de volumes van zelfs kleine, dagelijkse toenamen in de koers in de loop van de tijd bij elkaar opgeteld worden. Als het volume blijft groeien, dan moeten de koersen op enig moment gaan stijgen om in evenwicht te komen met de vraag.

Het nadeel is dat de volumes van kleine koersdalingen in de loop van de tijd ook bij elkaar opgeteld worden. Dit volume kan tonen dat er heel weinig opgehoopte rente bestaat, wat aangeeft dat de koersen een tijdje zullen blijven hangen.

TIP

Veel traders kijken naar het on-balance volume om het gedrag te bepalen van het zogenaamde *smart money*, zoals pensioenfondsen, hedgefondsen en open-eindbeleggingsfondsen. Anders dan individuele beleggers hebben deze grote institutionele beleggers de neiging om zich bij het beleggen te laten leiden door fundamentals in plaats van emoties. Ze beginnen over het algemeen met het kopen van een effect op het moment dat minder gehaaide individuele beleggers deze effecten zat zijn, dus kan dit vroege kopen leiden tot grote volumes met kleine koersveranderingen. Maar als de institutionele beleggers blijven kopen, moet de koers stijgen om de slimmere individuele beleggers en de vroege institutionele beleggers te bewegen hun aandelen van de hand te doen.

Open interest

Open interest heeft een andere betekenis op de aandelenmarkt dan op de optie- en termijnmarkten, maar in beide gevallen geeft het traders nuttige informatie over de vraag:

- » Op de aandelenmarkt is open interest het aantal kooporders dat is ingediend vóór het openen van de markt. Als de open interest hoog is, zijn mensen bereid aandelen aan hun posities toe te voegen of om nieuwe posities aan te gaan, wat betekent dat de aandelenkoers waarschijnlijk zal stijgen door de vraag.
- » Op de optie- en termijnmarkten is open interest het aantal contracten aan het einde van elke dag dat niet uitgevoerd, afgesloten of toegestaan is om af te lopen.

Daytraders doen niet aan open interest, omdat zij per definitie aan het einde van elke dag afsluiten. Maar sommige traders houden open interest, ofwel omdat ze denken dat hun positie nog winstgevender kan worden, of omdat ze een andere positie aan het hedgen zijn en die optie- of termijnpositie aan moeten houden. Als de open interest in een contract toeneemt, komt er nieuw geld op de markt en zullen de koersen waarschijnlijk blijven stijgen. Dit is vooral het geval als het volume ongeveer net zo snel stijgt als de open interest. Aan de andere kant gaan mensen als de open interest daalt hun posities sluiten omdat ze geen winstpotentie meer zien en zullen de koersen waarschijnlijk dalen.

Volatiliteit, crisis en kans

De *volatiliteit* van een effect is hoeveel dat effect zal stijgen of dalen in een bepaalde periode. Hoe volatieler een effect, des te meer de koers fluctueert. De meeste daytraders hebben een voorkeur voor volatiele effecten omdat die in een korte tijd meer kans bieden op winst. Maar de volatiliteit kan het peilen van het marktsentiment nog moeilijker maken. Als een effect volatiel is, kan het sentiment snel veranderen. Wat er bij het openen van de markt uitzag als een winstkans kan aan het einde van de ochtend verdwenen zijn, om er vervolgens weer te zijn bij het sluiten van de markt.

Gemiddelde echte bereik

Het *gemiddelde echte bereik* geeft de volatiliteit aan en wordt vaak gebruikt in de grondstoffenmarkten, maar sommige handelaren in aandelen gebruiken het ook. Het geeft aan hoeveel volatiliteit er heeft plaatsgevonden elke dag. Als het gemiddelde wordt genomen over een bepaalde periode, geeft deze meting aan hoeveel volatiliteit er plaatsvindt gedurende de betreffende periode. Hoe hoger het gemiddelde echte bereik is, des te volatieler een effect is.

Veel noteringssystemen bereken het gemiddelde echte bereik automatisch, maar als je het zelf wilt doen, begin dan met het vinden van het echte bereik van elke dag, wat het hoogste is van:

- het huidige hoogste getal min het huidige laagste;
- de absolute waarde van het huidige hoogste getal min de voorgaande sluiting;
- de absolute waarde van het huidige laagste getal min de voorgaande sluiting.

Bereken deze drie getallen en bereken daarna het gemiddelde van het hoogste ervan met het echte bereik van de voorgaande veertien dagen.

Het echte bereik van elke dag geeft aan hoeveel het effect heen en weer is gegaan tussen de hoge en lage koers en hoeveel de hoge of de lage koers op die dag verschilde van de sluitkoers van de vorige dag.

Bèta

De *bèta* is de *covariantie* (dat wil zeggen de statistische meting van hoeveel twee variabelen samen bewegen) van een aandeel ten opzichte van de rest van de markt. Het getal is afkomstig uit het *capital assets pricing model*, wat een formule is die gebruikt wordt in wetenschappelijke kringen om de prestaties van effecten in kaart te brengen. Traders gebruiken het capital assets pricing model niet, maar ze hebben het vaak over de bèta om de volatiliteit van aandelen en opties te beoordelen.

Wat betekent bèta?

- » Een bèta van 1,00 betekent dat het effect sneller beweegt dan de markt. Je koopt hoge bèta's als je denkt dat de markt stijgt, maar niet als hij daalt.
- » Een bèta van minder dan 1,00 betekent dat het effect langzamer beweegt dan de markt. Dat is goed als je minder risico wilt dan de markt.
- » Een bèta van precies 1,00 betekent dat het effect net zo snel beweegt als de markt.
- » Een negatieve bèta betekent dat het effect de tegenovergestelde kant van de markt uitgaat. De gemakkelijkste manier om een effect met een negatieve bèta te krijgen is door *short* te gaan (lenen en dan verkopen) op een effect met een positieve bèta.

De VIX

VIX is de afkorting van Chicago Board Options Exchange Volatility Index. Het berekenen van VIX is best complex, maar veel noteringssystemen en de website van de beurs (www.cboe.com/micro/vix/introduction.aspx) bieden het aan.

De VIX is gebaseerd op de impliciete volatiliteit van opties op aandelen die onderdeel uit maken van de S&P 500 Index. Hoe groter de volatiliteit, des te meer onzekerheid beleggers hebben en des de wijdverspreider de zorg over de vooruitzichten voor de financiële markten zullen zijn. De VIX wordt ook vaak de *angstindex* genoemd en wordt gebruikt om de hoeveelheid van het negatieve sentiment te peilen die beleggers hebben. Hoe groter de VIX, des te meer bearish de vooruitzichten voor de markt in het algemeen zijn. En hoe meer bearish de vooruitzichten, des te groter de waarschijnlijkheid dat de markt volatiel is. En volatiliteit is de beste vriend van de daytrader.

Traders kunnen de VIX gebruiken om ze te helpen opties te waarderen op de marktindexen. (Ook traders die een positie willen innemen op marktvolatiliteit kunnen opties en termijncontracten op de VIX gebruiken, inclusief een minitermijncontract, aangeboden door de Chicago Board Options Exchange.) De VIX kan ook gebruikt worden om bullish of bearish sentiment te bevestigen dat zich voordoet in andere marktsignalen, zoals de tick of het on-balance volume, die eerder beschreven zijn. De CBOE berekent ook een VIX-getal voor een handjevol algemene aandelen, als je deze effecten of de opties erop verhandelt.

Naast de VIX houdt de beurs ook de *VXN* (volatiliteit op de NASDAQ 100 Index) en de *VXD* (volatiliteit op de Dow Jones Industrial Average) in de gaten.

Volatiliteitsratio

De *volatiliteitsratio* vertelt traders wat de impliciete volatiliteit van een effect is ten opzichte van de recente, historische volatiliteit. Deze ratio geeft aan of het effect nu meer of minder volatiel zal zijn dan het in het verleden was en wordt veel gebruikt op optiemarkten. De eerste berekening die je nodig hebt is de *impliciete volatiliteit,* die ondersteund wordt door het Black-Scholes-model, een wetenschappelijk model voor het waarderen van opties. Als je bepaalde variabelen in het model invoert (tijd tot expiratie, rentes, dividenden, aandelenkoers en uitoefenprijs), is de impliciete volatiliteit het volatiliteitsgetal, dat vervolgens de huidige optiekoers genereert. (Je hoeft deze berekeningen niet zelf uit te voeren omdat de meeste noteringssystemen de impliciete volatiliteit voor je berekenen.)

Als je de impliciete volatiliteit weet, kun je dit vergelijken met de historische volatiliteit van de optie, die aangeeft hoeveel de koers is veranderd in de voorgaande twintig tot negentig dagen. Als de impliciete volatiliteit hoger is dan de statistische volatiliteit kan het zijn dat de markt de onzekerheid in de koersen overschat en dat de opties overgewaardeerd zijn. Als de impliciete volatiliteit veel lager is dan de statistische volatiliteit kan het zijn dat de markt de onzekerheid onderschat, zodat de opties misschien ondergewaardeerd worden.

Geldstromen meten

Geldstromen vertellen je hoeveel geld er een markt binnenkomt of uitgaat. Er bestaat een andere set indicatoren die aangeeft waar het marktsentiment zich op dit moment begeeft en waar het binnenkort naartoe zal gaan. Geldstroomindicatoren combineren eigenschappen van koers- en volume-indicatoren om traders te helpen de markt te peilen. Hoewel de bedragen die uitgegeven worden om te kopen en te verkopen overeen moeten komen (anders zou de markt niet bestaan), is het enthousiasme van de kopers en de bezorgdheid van de verkopers zichtbaar in het verhandelde volume en de richting van de koersverandering. Hoe moeilijk was het voor de kopers om de verkopers te overtuigen om hun posities los te laten? En hoe moeilijk zal het morgen zijn om ze te overtuigen hun posities te verlaten? Deze informatie zit in de geldstroomindicatoren.

De meest basale geldstroomindicator is de verandering in de sluitkoers vermenigvuldigd met het aantal verhandelde aandelen. Als de sluitkoers hoger lag dan de sluitkoers van gisteren, dan is het getal positief. Als de sluitkoers van vandaag lager is dan die van gisteren, dan is het getal negatief. Andere indicatoren gebruiken middelpuntwaarden en zijn niet negatief. In plaats daarvan gaan de getallen van hoger naar lager. Of het nu negatief of positief is, een hoge geldstroom geeft sterke koopactiviteit aan en dit duidt er weer op dat een positieve koerstrend zich waarschijnlijk voort zal zetten.

Accumulatie/distributie-index

In handelstermen betekent *accumulatie* gecontroleerd kopen en *distributie* gecontroleerd verkopen. Dit soort kopen en verkopen leidt niet tot grote veranderingen in effectenkoersen, meestal omdat de actie gepland was. Niemand accumuleert of distribueert een effect als hij in paniek is.

Maar zelfs als het kopen en verkopen niet gestimuleerd wordt door het paniekerig in- en uitstappen van posities, is het nog steeds belangrijk om te weten of, over het algemeen, de kopers of de verkopers iets meer overwicht hebben op de markt, omdat dit van invloed kan zijn op de richting die de koersen op korte termijn uitgaan. Als een effect bijvoorbeeld een opwaartse trend heeft laten zien maar er steeds meer neerwaartse dagen zijn met een steeds groter volume, krijgen de verkopers de overhand en zal de trend van de koers waarschijnlijk dalen.

Gebruik voor het vaststellen van de accumulatie/distributie-index de volgende formule:

$$\frac{accumulatie}{distributie} = \frac{(sluit - laag) - (hoog - sluit)}{(hoog - laag) \times volume\ van\ de\ periode}$$

Sommige traders kijken van dag tot dag naar de accumulatie/distributie, waar andere traders liever per week of zelfs per maand kijken. De ene manier is niet beter dan de ander. Het hangt af van wat je tradet en hoe je het tradet.

Geldstroomratio en geldstroomindex

De *geldstroom* is de sluitkoers vermenigvuldigd met het aantal verhandelde aandelen. Dit basisgetal kan op vreemde en prachtige manier gemanipuleerd worden om nieuwe getallen te genereren die nog meer informatie bevatten over of de markten in de toekomst waarschijnlijk meer koopdruk of verkoopdruk zullen ervaren.

De eerste is de *geldstroomratio*, dit is eenvoudigweg de totale geldstroom voor de dagen waar koersen stegen ten opzichte van de voorgaande dagen (dagen met positieve geldstroom) gedeeld door de totale geldstroom voor die dagen waar de koersen daalden ten opzichte van de voorgaande dag (dagen met negatieve geldstroom). Daytraders hebben de neiging om geldstroomratio's te berekenen voor korte periodes, zoals een week of tien dagen, waar swingtraders en beleggers meer naar de langere termijn kijken, zoals een maand of zelfs vier maanden.

De geldstroomratio wordt soms omgezet in de *geldstroomindex*, die gebruikt kan worden als een enkele indicator of gevolgd kan worden ten opzichte van koersen voor een bepaalde periode. De formule die gebruikt wordt om de geldstroomindex te berekenen ziet er zo uit:

$$MFI = 100 - \frac{100}{1 + geldratio}$$

Als de geldstroomindex hoger is dan 80, wordt er meestal van het effect gezegd dat het overkocht is. Dit betekent dat de kopers klaar zijn met kopen en dat de verkopers neerwaartse druk op de koersen uitoefenen. Als de geldstroomindex lager is dan 20, wordt er meestal van het effect gezegd dat het oververkocht is. De kopers zullen het snel overnemen en de koersen opdrijven. Daartussenin kan de geldstroomindex informatie van andere marktindicatoren verduidelijken.

Short interest ratio's

Short gaan is een manier om winst te maken als de koers van een effect daalt. Op de optie- en termijnmarkten spreek je gewoon af om een contract aan iemand anders te verkopen. Op de aandelen- en obligatiemarkt is short gaan iets gecompliceerder. De shortseller leent aandelen of obligaties via de broker en verkoopt ze dan. Het ideale scenario is dat de koers dan daalt en de trader dan de aandelen of obligaties terug kan kopen tegen een lagere koers om de lening terug te betalen. De trader houdt het verschil tussen de verkoopkoers en de terugkoopkoers zelf. (Het proces wordt gedetailleerder beschreven in hoofdstuk 9.)

Mensen gaan maar om één reden short: ze denken dat de koers zal gaan dalen. Ze willen zich ertegen hedgen of ze willen veel winst maken als dit gebeurt. Op de aandelenmarkt in het bijzonder kan het in de gaten houden van hoeveel mensen short gaan aanwijzingen geven over de verwachtingen van de belegger en de toekomstige richting van de markt.

De New York Stock Exchange en NASDAQ vermelden de short interest van aandelen die bij hen genoteerd staan. De gegevens worden maandelijks bijgewerkt, aangezien het voor effectenkantoren even kan duren om precies uit te rekenen met hoeveel aandelen er short is gegaan en om dan deze gegevens door te geven aan de beurzen. Het resulterende getal, de *short interest ratio*, geeft het aantal aandelen aan waarmee short is gegaan, de procentuele verandering met de voorgaande maand, het gemiddelde, dagelijkse handelsvolume in dezelfde maand en het aantal dagen dat er op gemiddeld volume gehandeld werd die nodig waren om het short gaan te dekken.

BELANGRIJK

De leningen waarmee short gaan mogelijk is, moeten terugbetaald worden. Als de lener de effecten terugvraagt of als de koersen stijgen zodat de positie verliest lijdt, moet de trader aandelen gaan kopen om terug te kunnen betalen. Hoe moeilijker het is om het juiste aantal aandelen op de markt te krijgen, des te wanhopiger de trader wordt en des te hoger de koersen worden.

Een toename van de short interest geeft aan dat beleggers zenuwachtig worden over de aandelen. Echter, gezien het feit dat de short interest niet vaak berekend wordt, geeft het getal de trader waarschijnlijk niet veel informatie over de vooruitzichten voor het bedrijf zelf. Dit betekent niet dat de short interest niet veel nuttige informatie bevat voor traders. Dat doet het wel. Als de short interest hoog is, dan zal de koers van het effect waarschijnlijk stijgen als alle mensen die short zijn gegaan de aandelen terug moeten kopen. Dus als de short interest laag is, zal er weinig koopdruk zijn in de nabije toekomst.

BELANGRIJK

Een hoge short interest, samen met andere bullish indicatoren, is een teken dat het waarschijnlijker is dat de koersen in de nabije toekomst zullen stijgen dan dat ze zullen dalen.

Informatie die tijdens de handelsdag op komt duiken

Technische analyse (beschreven in hoofdstuk 7) en alle indicatoren die in dit hoofdstuk worden besproken, bieden nuttige informatie over wat er op de markten gebeurt, maar er is een probleem mee: omdat zo veel van die indicatoren gebaseerd zijn op sluitkoersen en sluitvolumes, hebben ze niet veel nut gedurende de handelsdag. Veel traders bekijken de informatie in de ochtend voordat de beurs open gaat om te kijken wat er waarschijnlijk zal gebeuren en wat het sentiment van die dag zal zijn, maar dan zullen ze hun standpunt aan moeten passen als er tijdens de dag andere informatie bekend wordt gemaakt. Die informatie wordt pas aan het einde van de dag zichtbaar in grafieken of nette numerieke indicatoren. Gelukkig worden verschillende informatiebronnen bijgewerkt terwijl de beurzen open zijn om de trader op een bepaald moment een idee te geven van wat er aan de hand is.

Koers, tijd en verkoop

De allerbelangrijkste informatie voor een trader is de huidige koers van het effect, hoe vaak en in welk volume het is verhandeld en hoeveel de koers is veranderd ten opzichte van de laatste trade. Deze informatie is de echte realtimebasisinformatie en zij is altijd beschikbaar via de noteringsschermen van een broker.

Hoofdstuk 11 bespreekt de verschillende diensten waar traders gebruik van kunnen maken via hun brokers. Hoewel je broker je meer vraagt voor gedetailleerdere noteringen, het is het wel waard voor de meeste tradingstrategieën. Weten hoe de koers zich beweegt, kan je een gevoel geven of het algemene sentiment op de markt wordt bevestigd of tegengesproken; informatie die je kan helpen winstgevendere trades te plaatsen.

Orderboek

Hoogwaardige koersnoteringsgegevens, zoals die beschikbaar zijn via NASDAQ Level 2 of NASDAQ TotalView-ITCH, omvatten informatie over wie er orders plaatsen en hoe groot deze orders zijn. (Ga naar hoofdstuk 13 om te kijken hoe zulke hoogwaardige koersnoteringsgegevens eruitzien.) Het orderboek biedt belangrijke gegevens omdat het je een gevoel geeft van hoe slim andere kopers en verkopers zijn. Zijn het daytraders die proberen hun hoofd boven water te houden? Of zijn het instellingen die veel onderzoek hebben gedaan en veel prestatiedruk ervaren? Natuurlijk hebben daytraders het vaak bij het rechte eind en instellingen niet, maar de informatie in een orderboek kan je helpen te bedenken of mensen op informatie of gevoel traden.

Aanvullende informatie uit het orderboek kan je helpen uit te zoeken van wat er nu op de markt gebeurt, namelijk de aanwezigheid van een disbalans van orders. Een disbalans van orders betekent dat het aantal kopers en verkopers niet overeenkomen. Deze situatie doet zich vaak voor tijdens het openen van de beurs omdat sommige traders liever orders plaatsen voordat de markt opengaat en andere juist wachten tot erna. Deze disbalansen zijn vaak klein en worden al snel opgeheven. Echter als er een grote gebeurtenis plaatsvindt of er angst bestaat op de markt, kunnen zich grote disbalansen voordoen gedurende de handelsdag. Deze disbalansen kunnen verstorend werken en in sommige gevallen wordt de handel stilgelegd tot het nieuws zich heeft verspreid en er voldoende nieuwe orders geplaatst zijn zodat de balans weer hersteld wordt.

BELANGRIJK

Niet alle orders staan in het orderboek. De meeste brokers hebben *dark pools* (ook wel *donkere handel* genoemd) voor grote klanten of voor hun tradingdesks. Dark pools zijn verzamelingen van orders boven of onder marktkoersen die niet worden bekendgemaakt, behalve in de pool of op elektronische communicatienetwerken (ook bekend als ECN's, besproken in hoofdstuk 3). Traders gebruiken deze techniek om effecten te kopen of te verkopen zonder dat dit van invloed is op de koers en om handelskosten te verminderen. De order wordt alleen uitgevoerd als iemand hem onopzettelijk vult in plaats dat de marktkoers verandert om aan de veranderende vraag en aanbod te voldoen. Het slechte nieuws voor een daytrader is dat deze trades kunnen bijdragen aan marktvolatiliteit zonder dat daar van tevoren voor wordt gewaarschuwd.

Quote stuffing

Quote stuffing is het plaatsen van echt grote aantallen orders voor een effect, vaak significant hoger of lager dan de huidige marktkoers. Bijna op het moment dat de orders zijn geplaatst, worden ze geannuleerd. De transactie wordt volledig afgehandeld door geautomatiseerde handelssystemen, niet door mensen. De mensen die achter het plaatsen van deze orders zitten, worden soms *quote-rate pirates* genoemd.

Het oorspronkelijke idee hierachter lijkt te zijn de klantorders te verbergen (vooral voor geautomatiseerde handelssystemen), zodat ze minder invloed hebben op de markt, maar in de praktijk lijken deze noteringen een manier te zijn om de markt te laten stijgen of dalen door het plaatsen van een ongewoon hoge of lage order. Dus kan quote stuffing gezien worden als regelrechte manipulatie van de markt. In sommige gevallen kan het simpelweg zijn dat de algoritmen in de computerprogramma's gekke orders plaatsen om redenen die alleen door andere computerprogramma's begrepen worden. Hoe dan ook, deze orders dragen bij aan de volatiliteit van de markt. Soms is dat nu eenmaal zoals het gaat, maar dergelijke orders kunnen ook geplaatst worden om snode redenen.

Toezichthouders zijn niet blij met quote stuffing, en het is verboden.

Nieuwsstromen

Hoewel het grootste deel van dit hoofdstuk gaat over de informatie die in koers, volume en andere handelsgegevens zit, is actuele informatie uit persberichten minstens net zo belangrijk.

Veel van het nieuws wordt met regelmaat bekendgemaakt en is voorspelbaar: bedrijfsomzetten, verlaging van de rente, werkloosheidscijfers, cijfers van de woningmarkt en dergelijke. Als deze informatie bekend is, willen traders weten hoe de daadwerkelijke resultaten staan ten opzichte van wat er verwacht werd en hoe dit past binnen het algehele bullish of bearish sentiment van de markt.

Het tweede soort nieuws bestaat uit niet-geplande gebeurtenissen, zoals bedrijfsovernamen, natuurrampen, politieke moorden of andere gebeurtenissen die niet verwacht werden en waar de markt meer tijd voor nodig heeft om zich eraan aan te passen. Dit komt voor een deel omdat door deze gebeurtenissen trends kunnen veranderen in plaats van ze te versterken. In sommige gevallen leggen beurzen de handel stil zodat de informatie verwerkt kan worden. In andere gevallen moeten traders snel reageren op basis van wat ze nu weten en wat ze verwachten dat er op korte termijn zal gebeuren.

Veel daytraders volgen Twitter en andere socialmediafeeds voor informatie gedurende de handelsdag. Sommige brokers bieden deze feeds aan als onderdeel van de diensten die zij aanbieden aan hun klanten. Social media zijn een geaccepteerde manier voor bedrijven om informatie te verschaffen aan de markt, maar er kan ook zoveel onzin tussen zitten dat dit tot veel hoofdpijn zorgt. In april 2013 had iemand het Twitter-account van het persbureau Associated Press gehackt en het bericht verstuurd dat er twee explosies waren gehoord in het Witte Huis en dat President Barack Obama gewond was geraakt. Het verhaal was niet waar, maar er was al de nodige paniek op de markten (en in de echte wereld) ontstaan voordat het ingetrokken werd.

TECHNISCHE INFO

Wat is het verschil tussen risico en onzekerheid? *Risico* is iets wat voldoende vaak gebeurt dat mensen de schade kunnen kwantificeren. *Onzekerheid* is iets wat kan gebeuren, maar waarvan niemand de waarschijnlijkheid kan aangeven. Een brand waardoor het centrum van Manhattan zonder stroom komt te zitten ergens in de komende tien jaar is een risico. De invasie van de aarde door buitenaardse wezens is onzekerheid.

PAS OP

Nieuws kan op elk moment ontstaan. Het kan een trend veranderen en het kan je hele zorgvuldige analyse door de war schoppen. Om deze reden is zorgvuldige analyse geen vervanging van risicobeheer. Houd de grootte van je posities in de gaten en zorg voor stops, zodat je eruit kunt stappen als het moet. Hoofdstuk 2 bevat veel informatie over deze onderwerpen.

Anomalieën en valkuilen opmerken

Traders kunnen bijgelovig zijn en deze bijgelovigheid komt naar voren in verschillende anomalieën en valkuilen die het sentiment van de markt kunnen beïnvloeden, zelfs als er geen logische reden is voor het bestaan ervan. Je moet je er bewust van zijn omdat ze van invloed kunnen zijn op het traden.

Een *anomalie* is een marktomstandigheid die zich regelmatig voordoet, maar zonder dat daar een goede reden voor is. Het kan gerelateerd zijn aan de maand van het jaar, de dag van de week of de grootte van het betreffende bedrijf. Een valkuil is een situatie waar de markt niet zo presteert als je zou verwachten naar aanleiding van de indicatoren waar je naar hebt gekeken. Je hebt de keuze: meegaan met wat de markt je vertelt of meegaan met wat je indicatoren je vertellen.

BELANGRIJK

Voor een langetermijnbelegger is perceptie gewoon perceptie. Als perceptie anders is dan de werkelijkheid bestaat er een kans om winst te maken. Voor kortetermijntraders is perceptie realiteit, omdat het van invloed is op wat er gebeurt voordat iemand heeft bedacht wat echt is.

Bear traps en bull traps

Traders hebben het over verstrikt kunnen raken in valkuilen, wat heel goed past bij stieren en beren. Als ze in een valkuil trappen, zitten ze vast en kunnen alleen maar tegen de markt ingaan, waardoor ze in grote problemen komen. Daytrading gaat om het identificeren van trends en daarnaar handelen. Je hebt maar een paar uur de tijd voordat het tijd is om af te sluiten. In deze paragraaf noem ik enkele veelvoorkomende valkuilen om je te helpen ze te kunnen identificeren en (naar ik hoop) te vermijden.

TIP

De beste manier om met een valkuil om te gaan is je verlies nemen en verdergaan met de volgende trade.

Valkuilen met grafieken

Als je terugbladert naar hoofdstuk 7 en naar enkele van de voorbeeldgrafieken kijkt, en je kijkt naar de daadwerkelijke koersgrafieken die elke dag op de markt gemaakt worden, zal het je opvallen dat het soms moeilijk vast te stellen is of een uitbraak echt of vals is en of een trend aan het veranderen is of juiste een kleinere subtrend wordt. Het lezen van grafieken is heel subjectief en soms lees je ze verkeerd. Je denkt dat je alles onder controle hebt en dan kom je erachter dat je tegen de markt aan het traden bent. Oeps!

Sommige traders proberen om deze valkuilen heen te werken door het traden te automatiseren. Er zijn verschillende softwarepakketten beschikbaar die de markt kunnen scannen en potentiële tradingkansen kunnen vaststellen (zie hoofdstuk 13 voor meer informatie hierover). Maar zelfs de beste software kan de markt soms verkeerd lezen. Daarom moet je je posities in de gaten houden en ervoor zorgen dat je je aan je verlieslimieten houdt.

De valkuilen van het tegen de trend in traden

Al in hoofdstuk 1 heb ik aangegeven dat ongeveer 80 procent van de daytraders verlies lijdt. Dus leid je misschien daaruit af dat de manier om winst te maken is juist het tegenovergestelde doen van wat iedereen doet. Maar de reden dat daytraders verlies lijden komt niet zozeer dat zij de trend niet goed hebben ingeschat. Het kom doordat ze slordig zijn in het traden en hun verlies niet beperken. (Dat is de reden dat het grootste deel van dit boek gaat over de gedachte achter het handelen in plaats van het plaatsen van koop- en verkooporders.)

Bij een *contraire valkuil* heeft de trader de beslissing genomen om tegen de markt in te traden en dat is precies wat er gebeurt. Hij of zij verliest geld omdat de markt zich in de tegenovergestelde richting beweegt. Een tegenovergestelde positie innemen werkt niet heel goed bij het daytraden. In de meeste gevallen moet je met de stroom meegaan en niet ertegenin, om winst te maken tijdens een tradingsessie van een dag. De markt trekt op de korte termijn altijd aan het rechte eind.

Veel mensen maken winst met een contraire strategie, maar ze moeten opletten dat ze niet in de valkuilen trappen.

Kalendereffecten

Veel tradinganomalieën volgen periodes (wat niet heel onverwacht is), omdat veel economische en zakelijke trends de kalender volgen. Bedrijven maken elk kwartaal hun cijfers bekend. De meeste sluiten hun boekjaar aan het einde van het jaar af vanwege de belastingen. Beleggers evalueren ook elk kwartaal. Winkelverkopen volgen de feestdagen en de vraag naar brandstof verandert met het weer. Wat je ook beslist om te traden, je moet voldoende fundamenteel onderzoek doen (het bestuderen van de zakelijke en economische factoren die van invloed zijn op een effect, zoals beschreven in hoofdstuk 7), zodat je weet hoe de door jou gekozen effecten zich in de loop van de tijd bewegen.

Maar sommige kalendereffecten, namelijk het januari-effect, het maandageffect en het oktobereffect, zijn niet erg logisch, hoewel ze wel van invloed zijn op het traden.

Het januari-effect

Al heel wat jaar stijgen de koersen op de aandelenmarkt in het eerste deel van januari. Waarom? Niemand weet het echt zeker, maar men denkt dat het komt omdat veel mensen aan het einde van december geneigd zijn te verkopen vanwege de belastingen en dan deze effecten in januari weer terugkopen. Het kan ook zijn dat in het nieuwe jaar iedereen blij is met een nieuw begin, dus zetten ze hun geld aan het werk en beginnen ze te kopen.

BELANGRIJK

Als de aandelen in januari stijgen, dan kun je een voorsprong krijgen op de markt door in december te kopen, toch? Maar daardoor zouden de koersen in december stijgen. Dus om een voorsprong te krijgen op de decemberspurt, kun je gaan kopen in november. En dat is precies wat mensen gingen doen en het eens zo duidelijke januari-effect is nu zwak tot niet aanwezig. (Mensen hebben het er echter nog wel steeds over.) In een efficiënte markt komen mensen er op een gegeven moment achter hoe deze fenomenen werken en gaan er dan naar traden, waardoor ze verdwijnen. Gebruik deze anomalieën als een manier om de psychologie te peilen, niet als duidelijke tradingregels.

Het maandageffect

De markt lijkt het op maandag slechter te doen dan op de andere dagen van de week. En het maakt niet uit wat het bewijs laat zien (onderzoek is subjectief en de uitkomsten verschillen enorm op basis van de tijdsperiode en de onderzochte markten), veel traders denken dat het waar is, dus bestaat het effect. Waarom? Er zijn twee denkstromingen. De eerste is dat mensen op maandag niet blij gestemd zijn omdat ze weer aan het werk moeten na het weekend. De tweede is dat mensen het hele weekend al het slechte nieuws van het einde van de vorige week hebben geanalyseerd en dan verkopen zodra ze weer op kantoor zitten.

TECHNISCHE INFO

De beurscrash van 2008 vond plaats op een maandag. In het voorafgaande weekend besloten verschillende toezichthoudende instanties dat ze het traditionele effectenkantoor van Lehman Brothers zouden laten vallen. Het kantoor opende niet op maandag 15 september en de rest van de beurs kwam in een vrije val terecht.

Het oktobereffect

De aandelenmarkt heeft in oktober twee grote en een kleinere, maar heftige crash meegemaakt:

- » **29 oktober 1929.** Op deze dag, bekend als Zwarte Dinsdag, daalde de Dow Jones Industrial Average in een dag met 12 procent toen de beursspeculanten erachter kwamen dat de economie in werkelijkheid minder rooskleurig was dan ze dachten. Deze crash was de aanzet tot een algemeen verval dat heeft bijgedragen aan de Grote Depressie van de jaren dertig van de vorige eeuw.
- » **19 oktober 1987.** Op deze dag, bekend als Zwarte Maandag, daalde de Dow Jones Industrial Average met 23 procent. Niemand weet zeker waarom deze crash zich heeft voorgedaan, maar hij was er wel.
- » **13 oktober 1989.** Op deze dag daalde de Dow Jones in het laatste uur van de beurs met 7 procent toen een de bedrijfsovername van United Airlines met geleend geld afketste.

Door deze crashes dachten veel traders dat slechte dingen meestal plaatsvonden in oktober en daar handelden ze naar. Natuurlijk gebeurde er ook slechte dingen in andere maanden. De crash van de NASDAQ die aan het einde van de jaren negentig van de vorige eeuw het einde markeerde van de technische bubbel vond plaats in maart 2000, maar niemand heeft het over een maarteffect. De crash van 2008 vond plaats in september. Misschien is het oktobereffect, net als het januari-effect, verschoven naar eerder in het jaar.

Een paar standaardstrategieën opbouwen

Dit hoofdstuk bevat veel informatie over verschillende indicatoren waar je naar kunt kijken en deze informatie kan gebruikt worden voor allerlei soorten tradingstrategieën. Veel traders stellen hun eigen systemen samen nadat ze een tijdje hebben getraded, maar vaak beginnen ze met iets gestandaardiseerds.

Je kunt op veel verschillende manieren gaan traden (die je veelal ook in dit boek kunt terugvinden; vooral hoofdstuk 13 bevat advies over het evalueren van verschillende tradingsystemen waar je je voor in kunt schrijven als je op zoek bent naar een systeem). In deze paragraaf bespreek ik een paar basisstijlen die je kunt gebruiken om te beginnen met traden. Alle strategieën die in de volgende paragrafen worden beschreven zijn gebaseerd op indicatoren die in dit hoofdstuk besproken worden. Ik noem *range trading*, oftewel werken tussen normale hoge en lage bewegingen; *contrarian trading*, oftewel tegen het momentum ingaan; *nieuwstrading*, oftewel kopen of verkopen zodra er een sappig nieuwtje bekend wordt, en *pairs trading*, waar een trader long gaat bij een sterk aandeel en short gaat bij een zwakker in dezelfde categorie. Het idee is dat bij een positieve markt de winst op long het verlies op short zal goedmaken en bij een negatieve markt de winst op short het verlies op long zal goedmaken.

De ene strategie is niet beter dan de ander. Elke heeft zijn voordelen onder verschillende marktomstandigheden. Het belangrijkste is om een strategie te vinden die bij jouw temperament en stijl past, zodat je ernaar kunt handelen. Een strategie is alleen zo goed als de trader die hem uitvoert.

TIP

Veel brokers bieden oefenaccounts en backtestingdiensten aan die je kunt gebruiken om mee te spelen en te kijken wat er past. En dan kun je gaan werken met echt geld.

Range trading

Range trading, soms ook *channel trading* genoemd, begint met het doorgronden van de recente tradinggeschiedenis van een bepaald effect. Dit houdt onder meer in dat er naar grafieken gekeken wordt (zie hoofdstuk 7) om typische toppen en bodems gedurende de dag op te sporen, en ook het verschil tussen deze twee koersen. Met deze informatie koopt de trader eenvoudigweg bij een lage koers en verkoopt hij bij een hoge koers. Als de koers van het effect daalt, wordt de order om te kopen geplaatst en wanneer hij stijgt, gaat de order om te verkopen in.

De meeste range traders gebruiken stops en limieten om hun trading aan te passen aan wat ze zien. Een *stop*, in meer detail besproken in hoofdstuk 2, beperkt het verlies als het effect steeds onder je instappunt komt en een limietorder laat je met winst uitstappen als het effect zich naar de top van het bereik beweegt.

BELANGRIJK

Range trading werkt in een normale markt met net voldoende volatiliteit om de koers gedurende de dag te laten bewegen, maar niet zoveel dat het door het bereik heen breekt en er een nieuwe trend begint.

Contrarian trading

Momentumtraders kopen effecten als de koersen stijgen en verkopen als de koersen dalen. Deze traders denken dat iets waar de koers van stijgt, zal blijven stijgen, en iets waarvan de koers daalt, zal blijven dalen.

Momentum trading is een strategie die goed werkt voor veel traders, vooral in een sterke bullmarkt.

Contrarian trading is net het tegenovergestelde van momentum trading en kan ook goed werken. De logica achter een contrarian strategie is dat niets alsmaar kan blijven stijgen of juist kan blijven dalen. De contrarian trader is op zoek naar fondsen waarvan de koers is gestegen en verkoopt ze. Hij koopt liever dingen die dalen. Het punt is niet goedkoop te kopen en duur te verkopen, maar daarvoor in de plaats te verkopen wat overprijsd lijkt te zijn en te kopen wat een koopje lijkt. Contrarian traders kunnen misschien snel aanvoelen wanneer een trend eindigt. Ze kunnen bijvoorbeeld kopen na een gerucht en verkopen na het werkelijke nieuws; eruit stappen als iedereen er klaar voor is erin te stappen.

De mensen die ik ken die deze strategie goed hebben ingezet, zijn in alle aspecten van hun leven koopjesjagers. Ze stoppen hun huis vol met allerlei bonusaanbiedingen en ze verkopen hun huis als de wijk waarin ze wonen erg in opkomst is. Ze hebben een neusje voor waarde en gebruiken dit gedurende de handelsdag.

Contrarian traders vechten tegen de trend en dat kan ook soms tegen ze werken. Deze stijl is geschikt voor mensen die de markt van binnen en buiten kennen, zodat ze weten wanneer ze zich ertegen moeten keren.

Nieuwstrading

Nieuwstrading is waarschijnlijk de meest traditionele vorm van daytrading. Dit soort trader besteedt niet veel aandacht aan grafieken. In plaats daarvan wacht hij op informatie die de koersen in beweging brengt. Deze informatie kan komen in de vorm van een bekendmaking van een bedrijf over de omzet of nieuwe producten, een algemene economische bekendmaking over rentevoeten of werkloosheid of alleen maar veel geruchten over wat er wel of niet staat te gebeuren in een bepaalde sector.

Traders die het goed doen met nieuwstrading kennen de markten waarin ze werken meestal goed. Het zijn geen hardcore onderzoekers, maar ze weten genoeg om te weten welk soort nieuws goed valt in de markten en wat niet goed valt. Ze hebben ook de aandachtsspanne die nodig is om gelijktijdig aandacht te besteden aan een paar verschillende nieuwsbronnen en ook het vermogen om de order te plaatsen als de tijd daar rijp voor is.

De negatieve kant van nieuwstraden is dat echte goede gebeurtenissen niet heel vaak langskomen. Het is vaak zo dat de hype al in de koers is inbegrepen tegen de tijd dat je hem ziet. Ook is nieuwstrading moeilijk te automatiseren, hoewel steeds meer computerprogramma's signalen uit nieuwsberichten en socialmediafeeds halen. Je kunt niet een limietorder plaatsen om te kopen als een bepaald koersniveau wordt bereikt, je moet wachten tot je het nieuws ziet en dan zelf de order plaatsen. Dus werkt nieuwstrading alleen goed voor traders die ook echt de order zullen plaatsen.

Pairs trading

Een pairs trader is op zoek naar twee gerelateerde effecten en gaat long op de sterkere en short op de slechtere. Veel pairs traders werken met aandelen en zijn op zoek naar twee bedrijven in dezelfde sector, maar een pairsstrategie kan ook werken op termijn en valutamarkten. Long gaan op metalen en short op rentecontracten bijvoorbeeld, of long gaan op de dollar en short op de euro. Het idee is om het maximale te halen uit een trend die van invloed is op beide effecten. Als een retailaandeel het bijvoorbeeld heel goed doet, kan het zijn omdat het bedrijf marktaandeel overneemt van een zwakkere concurrent. Deze trades zijn iets complexer omdat je beide kanten moet plannen.

Een programma ontwikkelen

De meeste moderne daytraders merken dat ze hun trades moeten plannen. Hiermee bedoel ik dat ze moeten bepalen wat ze gaan traden, de signalen moeten identificeren die ze gebruiken om effecten te kopen en verkopen en hun tradingplatform moeten vaststellen om orders automatisch uit te voeren. In plaats van te werken aan je reflexen, ben je aan het plannen en testen.

PAS OP

Natuurlijk is een programma slechts zo goed als wat erin wordt gestopt. Zelfs de grootste brokers maken grote verliezen vanwege uitglijders.

Je hoeft geen softwareontwikkelaar te zijn om tradingprogramma's te ontwikkelen. Veel grafiekdiensten bieden programmasjablonen aan die je kunt volgen of aanpassen. Effectenkantoren die met daytraders werken bieden tradingplatformen die zonder al te veel inspanning geprogrammeerd kunnen worden. Meestal door op iconen te klikken of widgets of van tevoren geschreven codes in te voegen.

Hoe begin je?

- » Ga als je al een programmeertaal kent op zoek naar een broker of tradingplatform dat deze gebruikt.
- » Als je geen programmeertaal kent, ga er dan maar van uit dat je veel tijd kwijt bent aan het leren ervan. De broker biedt waarschijnlijk online tutorials aan. Besteed hier tijd aan. Als je ergens niet uitkomt, vraag de klantenservice van je broker om hulp en kijk voor aanvullende tutorials op YouTube.
- » Schrijf je proces op papier stap voor stap uit voordat je het probeert om te zetten in code.
- » Koop een boek of volg een cursus als je meer hulp nodig hebt.

En als het idee van programmeren je de kriebels bezorgt, ga dan op zoek naar een andere manier om geld te verdienen!

IN DIT HOOFDSTUK

Winst maken met het geld van anderen

Winst binnen harken met short gaan

Leverage gebruiken in alle markten

Geld lenen voor zakelijke en persoonlijke behoeften

De gevolgen van leverage overwegen

Hoofdstuk 9

Risico en potentiële opbrengst vergroten met short gaan en leverage

In een bepaald opzicht is daytrading helemaal niet riskant. Een daytrader sluit zijn posities aan het einde van de dag af om de kans te beperken dat er iets fout gaat als hij de boel niet in de gaten kan houden. Elke trade is gebaseerd op het vinden van een kleine koersverandering op de markt over een kleine periode. Dus zal er waarschijnlijk niets dramatisch veranderen. Maar er is wel iets: traden op deze manier leidt tot kleine opbrengsten. Fulltime traden is moeilijk te verantwoorden als je niet veel winst maakt, hoe laag je risico ook is.

En op sommige dagen zijn er gewoon niet veel goede trades. Je kijkt misschien of effecten zullen gaan stijgen, maar dat doen ze niet. Nul trades leidt tot nul risico en dus ook tot nul opbrengsten. Om deze reden bedenken slimme traders andere manieren om winst te maken, zelfs als dit tot meer risico leidt. Bij dit risico hoort nu eenmaal een potentiële opbrengst waar veel traders wel oren naar hebben.

In dit hoofdstuk bespreek ik twee technieken voor het vinden van trades en het vergroten van het rendement: *short gaan* en *leverage*. Voor beide moet je lenen en beide vergroten het risico.

De magie van marge

De winst die je maakt met traden hangt van twee dingen af: het procentuele rendement op je trades en het geld waarmee je moet beginnen. Als je je geld verdubbelt (100 procent rendement) terwijl je € 1.000 op je rekening hebt staan, heb je € 2.000. Als je een rendement hebt van 10 procent en je hebt € 1.000.000 op je rekening staan, dan maak je € 100.000 winst. Wat heb je liever? (Ja, ik weet wel dat je het liefst én én hebt: zowel een rendement van 100 procent als die € 1.000.000. Maar deze keus heb ik je niet gegeven.)

Het punt is dat hoe meer geld je hebt om te traden, des te meer geld je kunt genereren, zelfs als het rendement op elke trade zelf maar klein is. Als je € 500.000 hebt en je leent nog eens datzelfde bedrag, dan leidt 10 procent rendement tot € 100.000 en niet tot € 50.000. Je hebt je opbrengst verdubbeld doordat je dubbel zoveel kon inleggen in de trade, *niet* door de prestaties van de trade zelf te verdubbelen. Slim toch?

BELANGRIJK

Hier volgen twee belangrijke punten om te onthouden over lenen, wat binnen het traden bekend staat als *leverage* ('hefboomwerking'):

- Leverage biedt je meer geld om te traden, waardoor je meer geld kunt genereren... of kunt verliezen als je niet voorzichtig bent of in een stroom van reversals terechtkomt.
- Als je geld of aandelen leent, moet je het terugbetalen. Wat er ook gebeurt. Dit is de reden dat lenen riskant kan zijn.

Daytraders en andere kortetermijntraders willen niet gelijk veel winst maken met een enkele trade. In plaats daarvan is het doel om kleine winsten te maken met veel trades. Jammer genoeg kun je al die kleine trades niet zo gemakkelijk bij elkaar optellen tot een grote klapper. Dat is waarom veel daytraders gebruikmaken van leverage. Ofwel ze lenen geld of aandelen van hun broker, of ze traden in effecten die ingebouwde leverage hebben, zoals futures en valuta.

Margeovereenkomsten sluiten

Leverage leidt niet alleen tot meer risico voor jouw account, maar ook voor het hele financiële systeem. Als iedereen geld leent en er gebeurt dan iets catastrofaals, zou niemand zijn leningen kunnen terugbetalen en de mensen die het geld hebben uitgeleend zouden dan ook ten onder gaan.

Als gevolg hiervan wordt er veel toezicht gehouden op leveragestrategieën. De Securities and Exchange Commission, de Commodity Futures Trading Commission, de verschillende beurzen en zelfs het Amerikaanse ministerie van Financiën geven aan hoeveel een trader kan lenen. Veel brokers hanteren nog strengere regels als onderdeel van hun risicobeheer en van hen wordt verwacht dat ze aan de FINRA en de National Futures Association kunnen aantonen dat ze zich aan de regels hebben gehouden.

Dit uitgebreide toezicht betekent dat je weinig flexibiliteit hebt als je leent van je broker om effecten te kopen. *Margeleningen*, dit zijn leningen bij je broker die je koopkracht vergroten, staan onder enorm streng toezicht en je moet aan de bepalingen van de broker voldoen. Als je de lening niet terug kunt betalen, worden je posities verkocht. Als je te veel probeert te lenen, krijg je het deksel op je neus. Je kunt zeuren wat je wilt, maar dat zal niets uitmaken.

Je broker laat je een margeovereenkomst ondertekenen waarin je aangeeft dat je de risico's en limieten van je activiteiten kent. Je kunt waarschijnlijk geen margerekening openen als je niet aan de minimumrekeninggrootte, misschien € 10.000 of meer, voldoet. En het bedrag dat je kunt lenen hangt af van de grootte van je rekening. Over het algemeen moet er op een aandelen- of obligatierekening 50 procent staan van de aankoopkoers van de effecten als je het geld leent. De koers van de effecten kan dalen, maar als die zoveel daalt dat er nog maar 25 procent van de waarde van de lening op je rekening staat, krijg je een *margin call*. (Sommige brokers roepen leningen eerder terug dan andere; hun beleid is opgenomen in hun margeovereenkomsten.)

TIP

Brokers hebben voortdurend te maken met margetrades. Je hoeft de formulieren maar één keer in te vullen als je een margeovereenkomst ondertekent. Elke keer dat je een order plaatst, word je gevraagd of je de trade doet met eigen geld of met marge. Klik op het vakje 'Marge' en je hebt geld geleend. Zo eenvoudig is het.

De kosten en tarieven van marge begrijpen

Elke broker vraagt rente over marge. Het vermelde getal is meestal rente op jaarbasis. Als de vermelde rente 8 procent is bijvoorbeeld, dan ben je zoveel verschuldigd als je lening het hele jaar uitstaat. (Sommige beleggers hebben margeleningen die ze zolang vasthouden.) Een daytrader wiens lening maar een paar uur uitstaat, moet waarschijnlijk ook rente betalen. Sommige brokers brengen de rente per dag in rekening, andere per drie dagen omdat het drie dagen duurt voordat de trade is afgehandeld.

BELANGRIJK

Boven op de margerente brengen sommige kantoren ook nog een hogere commissie in rekening op margetrades dan op trades met eigen geld. Ze stellen dat er meer papierwerk bij komt kijken en het risicobeheer voor margerekeningen is groter. Sommige kantoren vragen meer commissie in plaats van rente te rekenen over intradayleningen. Het traden is gemakkelijker als je weet wat het beleid van je kantoor is en welke tarieven ze vragen voordat je een margerekening opent.

Als je tradet in derivaten werkt marge anders. Het contract zelf is beleend, dus hoef je geen rente te betalen. Je moet je winst en verlies echter aan het einde van de dag verrekenen (maak je geen zorgen, het clearingkantoor van de beurs doet het voor je). Je kunt het geld dat als marge geldt niet voor andere trades gebruiken.

Margin calls beheren

Als de waarde van je rekening begint te dalen en het lijkt erop alsof het onder de onderhoudsmargelimiet van 25 procent komt, krijg je een *margin call*. Dan belt je broker je en vraagt je meer geld op je rekening te storten. Als je niet of niet voldoende kunt storten, gaat de broker jouw effecten verkopen om de lening af te betalen. En als je niet voldoende hebt om de lening af te betalen, sluit de broker je account en vaardigt een *lien* uit tegen je: een vordering op je bezittingen.

TIP

De meeste brokers hanteren risicobeheerlimieten zodat je waarschijnlijk voldoende waarschuwingen krijgt voordat je een margin call krijgt of ziet dat je rekening gesloten wordt. Noch jij noch de broker willen verlies lijden. Onthoud echter dat een margin call tot de mogelijkheden behoort. Als je rekening daalt tot het onderhoudsniveau moet je jezelf zo objectief mogelijk afvragen of je idee nog werkt of dat je alleen hoopt dat het werkt.

Sommige brokers adverteren er zelfs mee dat ze je rekening sluiten zodra je het bedrag dat erop staat kwijt bent. Ze bewijzen je immers een dienst, door je te beschermen tegen het verlies van nog meer geld. Deze dienst komt de broker net zoveel ten goede als jou omdat het kantoor niet achter de aanvullende marge hoeft aan te zitten. Dit is een voorbeeld van het ingebouwde beheerbeleid dat kantoren gebruiken om de risico's voor iedereen te beperken.

Gebruikmaken van margekoopjes voor daytraders

Daytraders vermijden vaak margin calls omdat ze maar voor korte periodes geld lenen. Goede daytraders zijn op zoek naar kleine markten en beperken het verlies tijdig, waardoor het risico om geld van andere mensen te gebruiken klein is. En daytraders sluiten per definitie hun posities elke avond af.

Als je als daytrader gezien wordt, heb je twee voordelen. Ten eerste zal je broker je waarschijnlijk geen rente in rekening brengen zolang je de margelening niet langer dan een dag vasthoudt. Ten tweede mag je misschien meer dan 50 procent van de aankoopkoers van de effecten lenen. Sommige kantoren laten daytraders 75 procent of meer van hun tradewaarde lenen.

BELANGRIJK

De Financial Industries Regulatory Association definieert een *patroon-daytrader* als iemand met een margerekening met een saldo van minstens $ 25.000. Deze trader moet ook hetzelfde effect vier of meer keren in vijf werkdagen kopen en dan verkopen, of short gaan en dan kopen.

De voordelen van het short gaan

Traditioneel gezien willen beleggers en traders laag kopen en hoog verkopen. Ze kopen een positie in een effect en wachten dan tot de koers stijgt. Dit is geen slechte strategie om steeds maar een klein beetje te blijven groeien. Vooral omdat als de economie van het land ook maar een klein beetje blijft groeien, bedrijven en dus ook hun aandelen mee zullen groeien.

Maar zelfs in een sterke economie dalen sommige effecten. Het bedrijf wordt misschien niet goed geleid, het verkoopt een product waar geen vraag naar is, of het maakt gewoon een slechte periode door. Of misschien is de koers in het verleden misschien een beetje te veel gestegen en komen de beleggers nu weer bij zinnen. In deze situaties kun je geen winst maken door laag te kopen en hoog te verkopen. In plaats daarvan moet je de situatie omdraaien.

De oplossing? Short gaan. In het kort betekent *short gaan* dat je een effect leent en het verkoopt in de hoop de lening van de aandelen terug te kunnen betalen door later goedkopere aandelen terug te kunnen kopen.

BELANGRIJK

In handelstaal wordt er gezegd dat als je iets bezit je gezien wordt als *long*. Als je het verkoopt, vooral als je het niet echt bezit, wordt je gezien als *short*. Je hoeft niet long te zijn voordat je short gaat.

Short gaan

De meeste brokers maken short gaan gemakkelijk. Je plaatst eenvoudigweg een order om de aandelen te verkopen en de broker vraagt of je aandelen verkoopt die je bezit of dat je short gaat. Nadat je de order hebt geplaatst, gaat de broker je aandelen lenen die je kunt verkopen. Hij leent de aandelen aan jouw rekening en voert de verkooporder uit.

BELANGRIJK

Je kunt niet short gaan als de broker de aandelen niet kan lenen. Soms zijn zoveel mensen short gegaan met een aandeel dat er geen aandelen meer over zijn om te lenen. In dat geval moet je andere aandelen zoeken of een andere strategie gaan gebruiken.

Als de aandelen verkocht zijn, wacht je tot de koers van het effect daalt en dan koop je de aandelen voor een prikje terug. Je geeft deze gekochte aandelen terug aan de broker om je lening af te lossen en houd je het verschil tussen waar je ze voor gekocht en verkocht hebt. Minus de rente natuurlijk.

BELANGRIJK

Beurzen zijn er om bedrijven te helpen geld te genereren, dus hanteren ze regels om een positieve vertekening in de aandelenmarkt vast te houden. Deze regels kunnen nadelig zijn voor de shortseller. De belangrijkste regulering is de wat de *uptick rule* genoemd wordt. Dit betekent dat je alleen short kunt gaan met aandelen wanneer de laatste trade positief was. Je kunt niet short gaan met aandelen die dalen.

Figuur 9.1 laat zien hoe short gaan werkt. De trader leent 400 aandelen met een koers van $ 25 per stuk en verkoopt ze. Als de aandelen dalen, kan ze de aandelen terugkopen tegen een lagere koers en maakt ze dus een mooie winst. Als de koers gelijk blijft, maakt ze verlies omdat de broker haar rente in rekening zal brengen gebaseerd op de waarde van de geleende aandelen. En als de koers stijgt, maakt ze niet alleen verlies door de rentekosten, maar ook op haar belegging.

FIGUUR 9.1: Short gaan op de aandelenmarkt.

De trader leent 400 aandelen van SuperCorp om te verkopen. De aandelen worden verhandeld voor $ 25 per stuk.
Ze verkoopt ze voor $ 10.000. Het effectenkantoor rekent 10% rente.

Beginkoers	Aandelen geleend	Opbrengst van de verkoop	Terugkoopkoers	Terugkoopkosten	Leningwaarde	Nettowinst	Rentekosten	Rendementsvoet	% verandering in aandelenkoers
$ 25	400	$ 10.000	$ 40	$ (16.000)	$ 10.000	$ (6.000)	$ 1.000	-70%	60%
$ 25	400	$ 10.000	$ 25	$ (10.000)	$ 10.000	$ -	$ 1.000	-10%	0%
$ 25	400	$ 10.000	$ 15	$ (6.000)	$ 10.000	$ 4.000	$ 1.000	30%	-40%

TECHNISCHE INFO

De rente en de kosten die de broker in rekening brengt bij traders die aandelen lenen, zijn voor de broker en niet voor de persoon die de aandelen echt bezit. De eigenaar van de aandelen zal vaak zelfs niet eens weten dat zijn aandelen uitgeleend zijn.

Shortposities kiezen

Beleggers, de mensen die zorgvuldig onderzoek doen en verwachten dat ze hun posities maanden en zelfs jaren zullen vasthouden, houden hun ogen open voor bedrijven die opgeblazen verwachtingen hebben of misschien zelfs frauduleus zijn. Beleggers die geïnteresseerd zijn in short gaan, zijn uren bezig met boekhoudkundig onderzoek naar bedrijven waarvan de koers op een dag waarschijnlijk zal dalen.

Daytraders denken niet aan boekhouding. Ze hebben geen tijd om te wachten tot een shortpositie doet wat ze ervan verwachten. In plaats daarvan zijn ze op zoek naar aandelen waarvan de koers om gewonere redenen zal dalen, zoals meer verkopers dan kopers op de markt in de komende tien minuten. De meeste daytraders die short gaan, draaien eenvoudigweg hun longstrategie om. Sommige daytraders kopen bijvoorbeeld het liefst aandelen die drie dagen op rij zijn gedaald, ervan uitgaande dat ze op de vierde dag zullen stijgen. Ze gaan ook short met aandelen waarvan de koers drie dagen op rij is gestegen, ervan uitgaande dat ze op de vierde dag zullen dalen. Daar hoef je geen diploma voor te hebben!

Tradingstrategieën worden gedetailleerder besproken in hoofdstuk 7 en 8, mocht je op zoek zijn naar ideeën.

Je shortposities verliezen?

Short gaan brengt ook bepaalde risico's met zich mee omdat je er bij het short gaan van uitgaat dat er dingen verkeerd gaan. Aangezien er in theorie geen limiet bestaat voor hoeveel de koers van een aandeel kan stijgen, bestaat er ook geen limiet voor hoeveel verlies een shortseller kan lijden. Er zijn twee grote valkuilen voor shortsellers. De eerste is een short squeeze vanwege goed nieuws en de tweede is een gezamenlijke poging om traders die short zijn gegaan te benadelen.

Short squeeze op mijn posities

We spreken van een *short squeeze* als een bedrijf dat populair is onder veel shortsellers goed nieuws naar buiten brengt, waardoor de koers stijgt. Of misschien wordt de koers omhooggestuwd door andere kopers, zodat traders gedwongen worden hun shortposities te verkopen. Dit is een veelvoorkomende vorm van marktmanipulatie. Als de koers stijgt, maken shortsellers verlies en krijgen sommige misschien zelfs te maken met margeproblemen. De oorspronkelijke reden om short te gaan, kan dus verkeerd blijken te zijn. Degenen die short zijn gegaan, beginnen de aandelen terug te kopen om hun verlies te beperken, maar door de dankzij hen toegenomen vraag wordt de koers alleen nog maar meer omhoog gestuwd en ontstaat er nog meer verlies voor mensen die nog steeds short zijn. Oeps!

De aandelen terugroepen

Het is niet allemaal rozengeur en maneschijn in de wereld van het short gaan. Veel marktdeelnemers wantrouwen die mensen die zorgvuldig onderzoek doen, vooral omdat die het vaak bij het rechte eind hebben. Executives van bedrijven zijn vaak optimisten die niet van slecht nieuws houden en beschuldigen shortsellers van alles wat er fout gaat met hun aandelenkoers. In de tussentijd worden sommige shortsellers ongeduldig en beginnen vreselijke geruchten te verspreiden als ze geen winst maken.

Veel bedrijven, brokers en beleggers houden niet van shortsellers en zetten tactieken in om ze dwars te zitten. Soms maken ze goed nieuws bekend of verspreiden ze geruchten over goed nieuws om een squeeze te creëren. Dan weer proberen ze gezamenlijk houders van aandelen ertoe te bewegen om brokers te vragen hun aandelen niet uit te lenen. Dit betekent dat degenen die short zijn gegaan met deze aandelen, ze terug moeten kopen en moeten teruggeven, zelfs als dit niet logisch is.

Allerlei soorten rekeningen gebruiken als leverage

Leverage is het gebruik van geleend geld om het rendement te vergroten. Daytraders gebruiken leverage vaak om het rendement te vergroten uit relatief kleine koersveranderingen van de onderliggende effecten. En zolang ze hun posities consequent afsluiten aan het einde van de dag, kunnen daytraders meer geld lenen en betalen ze minder rente dan mensen die effecten langer vasthouden.

Het leenproces werkt anders bij de verschillende markten. Op de aandelen- en obligatiemarkten is het eenvoudig: als je een order plaatst, zeg je gewoon tegen je broker dat je wilt lenen. Op de optie- en termijnmarkten hebben de contracten die je koopt en verkoopt al leverage ingebouwd. Hoewel je dan geen geld rechtstreeks leent, kun je veel waarde op je rekening voor relatief weinig geld controleren. De volgende paragrafen gaan dieper op deze punten in.

Op aandelen- en obligatiemarkten

Leverage is eenvoudig voor kopers van aandelen en obligaties: je klikt op het vakje 'Marge' als je je order plaatst en de broker leent je geld. Als de koers van het effect stijgt, krijg je een hoger percentage terug omdat je meer hebt kunnen kopen voor je geld. Natuurlijk vergroot dit ook je potentiële verlies. (Ga voor meer informatie over het margeproces naar de paragraaf 'De magie van marge', eerder in dit hoofdstuk.)

Figuur 9.2 laat zien hoe leverage werkt. De trader leent geld om 400 aandelen SuperCorp te kopen. Als de koers 4 procent stijgt, heeft zij 8 procent rendement. Jippie! Maar als de koers van de aandelen met 4 procent daalt, moet ze het volledige bedrag van de lening nog altijd terugbetalen, dus is haar verlies 8 procent. Dat is niet zo goed.

Een trader koopt voor $ 10.000 SuperCorp met $ 5000 eigen geld en een lening van $ 5000. De aandelen SuperCorp worden verhandeld voor $ 25 per stuk, dus de trader koopt in totaal 400 aandelen. De trader doet de aandelen aan het eind van de dag weer van de hand, dus er wordt geen rente berekend. Wat gebeurt er als de prijs van het aandeel verandert.

Eind-koers	Eind-waarde	Lening-waarde	Netto-bezit	Rendements-voet trader	% verandering in aandelen-koers
$ 26,00	$ 10.400	$ 5.000	$ 5.400	8%	4%
$ 25,50	$ 10.200	$ 5.000	$ 5.200	4%	2%
$ 25,00	$ 10.000	$ 5.000	$ 5.000	0%	0%
$ 24,50	$ 9.800	$ 5.000	$ 4.800	-4%	-2%
$ 24,00	$ 9.600	$ 5.000	$ 4.600	-8%	-4%

FIGUUR 9.2: Een voorbeeld van het met marge handelen in aandelen.

BELANGRIJK

Als je je margepositie langer dan een dag vasthoudt, moet je rente betalen, wat van je rendement afgaat of je verlies vergroot.

Op de optiemarkten

Een *optie* geeft je het recht, maar niet de verplichting, om een aandeel of een ander item tegen een vaste prijs te kopen of te verkopen als het contract afloopt. Een *calloptie* geeft je het recht om te kopen, dus koop je een call als je denkt dat de koers van het onderliggende effect gaat stijgen. Een *putoptie* geeft je het recht om te verkopen, dus koop je een put als je denkt dat de koers van het onderliggende effect gaat dalen. (Je kunt meer over opties lezen in hoofdstuk 3.) Door een optie te traden word je blootgesteld aan veranderingen in de koers van het onderliggende effect zonder het effect zelf daadwerkelijk te kopen. Dit vormt de bron van de hefboomwerking in de markt.

Een daytrader kan opties gebruiken om voor minder geld te worden blootgesteld aan koersveranderingen van een aandeel dan het kopen van de aandelen zelf zou kosten. Stel dat de *uitoefenprijs* (de koers waarvoor je de aandelen zou kopen als je de optie zou uitoefenen) van een calloptie ruim onder de beurskoers ligt. In dit geval is het meest logische wat je kunt doen de optieprijs vast te stellen op het verschil tussen de huidige koers en de uitoefenprijs. Dit is wat er ook min of meer gebeurt, meer in theorie en minder in de praktijk. Als de koers verandert, verandert de optiekoers met bijna precies dezelfde hoeveelheid, waardoor je in staat bent de koersprestaties van de aandelen met korting te kopen, waarbij de korting de uitoefenprijs van de optie is.

Figuur 9.3 laat de prestatievergrotende hefboomwerking zien van deze strategie. De trader koopt callopties met een uitoefenprijs van $ 20 voor een aandeel dat wordt verhandeld voor $ 25. De optiekoers verandert met dezelfde hoeveelheid als de aandelenkoers, maar de houder van de calloptie krijgt een hoger percentage terug dan de aandeelhouder.

FIGUUR 9.3: Wat gebeurt er met de optiewaarde als de aandelenkoersen veranderen?

Een trader koopt callopties van SuperCorp waarvan de uitoefenprijs onder de beurskoers ligt. De uitoefenprijs is $ 10 en de beurskoers is $ 25.

Aandelenkoers	Beginoptiekoers	Uitoefenprijs	Nieuwe optiekoers	Verandering aandelenkoers	Verandering optiekoers
$ 26,00	$ 15,00	$ 10,00	$ 16,00	4%	7%
$ 25,50	$ 15,00	$ 10,00	$ 15,50	2%	3%
$ 25,00	$ 15,00	$ 10,00	$ 15,00	0%	0%
$ 24,50	$ 15,00	$ 10,00	$ 14,50	-2%	-3%
$ 24,00	$ 15,00	$ 10,00	$ 14,00	-4%	-7%

Daytraders kunnen veel optiestrategieën gebruiken, maar een discussie hierover ligt buiten het bereik van dit boek. De bijlage bevat enkele bronnen om je te helpen bij je onderzoek.

In de futurehandel

Een *future* geeft je de verplichting om een onderliggende financiële of agrarische grondstof te kopen of te verkopen, ervan uitgaande dat je het contract nog hebt op de afloopdatum. Dit onderliggende product loopt van de waarde van schatkistpapieren tot vaten olie en vee, en je betaalt alleen nu geld als je het contract koopt. Je hoeft het volledige bedrag pas te betalen als het contract afloopt. Bijna alle handelaren in opties en futures dekken hun trades lang voor de afloopdatum ervan af. Futures worden besproken in hoofdstuk 3, maar hier leg ik uit hoe de hefboomwerking werkt op de termijnmarkt.

TECHNISCHE INFO

Hoewel de meeste opties en futures lang voor de afloopdatum worden verzilverd, hebben de contracthouders het recht ze tot de afloopdatum vast te houden en, in het geval van opties op algemene aandelen en agrarische derivaten, de fysieke levering ervan af te dwingen. Dit komt bijna niet voor, maar de grondstofbeurzen beschikken over systemen voor het bepalen van het vervoer, de specificaties en de levering van graan, vee en ethanol. Een voordeel van daytrading is dat je dezelfde dag nog sluit zonder dat je maar zelfs hoeft na te denken over de kleine lettertjes van de fysieke levering.

Omdat *derivaten* ingebouwde leverage hebben waardoor een trader veel blootstelling heeft voor maar een klein bedrag, zijn ze populair geworden onder daytraders. Figuur 9.4 laat zien hoe de leverage van derivaten werkt. Hier koopt de trader een E-mini S&P 500-futures van de Chicago Mercantile Exchange, waardoor ze toegang krijgt tot de prestaties van de Standard and Poor's 500 Index, een standaardmeting van de prestaties van aandelen van een gediversificeerde lijst van 500 grote Amerikaanse bedrijven. De future wordt verhandeld op 50 maal de waarde van de index, afgerond op $ 0,25. De minimale marge die deze trader moet opnemen voor dit contract is $ 3.500. Elke verandering van $ 0,25 in de index leidt tot een verandering van $ 12,50 ($ 0,25 × 50) in de waarde van het contract en die $ 12,50 wordt opgeteld bij of afgetrokken van de marge van $ 3.500.

Een daytrader koopt een Chicago Mercantile Exchange E-Mini S&P 500 termijncontract. De contractprijs is $ 50 x het indexniveau. Om het te kopen moet de trader een marge nemen van $ 3.500.

Begin-index-waarde	Eind-index-waarde	Vermenig-vuldiger	Begin-contract waarde	Contract-waarde	Waarde-verandering in dollar	Waarde-verandering in procenten	Begin-marge	Eind-marge	Procent-verandering in marge
1.457,50	1.458,50	$ 50,00	$ 72,875.00	$ 72.925,00	$ 50,00	0,07%	$ 3.500,00	$ 3.550,00	1,43%
1.457,50	1.458,50	$ 50,00	$ 72,875.00	$ 72.900,00	$ 25,00	0,03%	$ 3.500,00	$ 3.525,00	0,71%
1.457,50	1.457,50	$ 50,00	$ 72,875.00	$ 72.875,00	$ -	0,00%	$ 3.500,00	$ 3.500,00	0,00%
1.457,50	1.457,00	$ 50,00	$ 72,875.00	$ 72.850,00	$ (25,00)	-0,03%	$ 3.500,00	$ 3.475,00	-0,71%
1.457,50	1.456,50	$ 50,00	$ 72,875.00	$ 72.825,00	$ (50,00)	-0,07%	$ 3.500,00	$ 3.450,00	-1,43%

FIGUUR 9.4: Marge en de derivaten traden met ingebouwde leverage.

BELANGRIJK

Sommige beurzen gebruiken de term 'marge' en andere geven de voorkeur aan 'uitvoeringsgarantie'. Beide termen verwijzen naar hetzelfde: geld dat je van tevoren betaalt om ervoor te zorgen dat je aan de contractvoorwaarden kunt voldoen als deze afloopt. Als je het contract langer dan een dag vasthoudt, wordt je rekening naar boven of naar beneden aangepast om de winst van de dag weer te geven. Als het te laag wordt, wordt je gevraagd bij te storten.

In vreemde valuta

De *vreemdevalutamarkt*, of *forex*, wordt gestimuleerd door leverage. Ondanks de zenuwachtige verslagen die je hoort in het financiële nieuws, bewegen wisselkoersen zich vaak langzaam, met een tiende of zelfs een honderdste van een cent per dag. En de markten zijn zo groot dat het hedgen van risico gemakkelijker is op valutamarkten dan andere financiële markten. Als je short wilt gaan, heb je misschien moeite om aandelen te kunnen lenen, maar het moet nooit een probleem zijn om yens te lenen. Forextraders lenen bijna altijd grote bedragen geld om tot een hoog rendement te kunnen komen.

Op de aandelenmarkt kunnen daytraders tot drie keer het bedrag aan geld en effecten op hun rekening lenen (hoewel niet alle kantoren je het statutaire maximum laten lenen). Dit bedrag is vastgesteld door externe toezichthoudende instellingen. Op de forexmarkt wordt er geen toezicht gehouden op het lenen, en sommige forexbedrijven laten traders tot wel vierhonderd keer het bedrag op hun rekening lenen.

Forexbedrijven laten dit toe omdat ze dan hun risico's kunnen hedgen, zodat als je verlies maakt, zij winst maken. Als je dollars verkoopt voor euro's bijvoorbeeld, kan het bedrijf gemakkelijk euro's verkopen om dollars te kopen. Dit zorgt ervoor dat zijn positie nettoneutraal is. Als de euro daalt ten opzichte van de dollar verlies je geld, maar het bedrijf heeft dit risico afgedekt omdat de contratrade steeg.

PAS OP

De reden dat een forexbedrijf zijn risico's hedget tegen zijn daytraders is dat de meeste daytraders verlies lijden. Het bedrijf weet dat als het tegen de samengevoegde trades van zijn klanten inzet, het er waarschijnlijk beter van wordt. Ga niet op een forex- of andere markt handelen tot je een strategie ontwikkeld hebt en er ruimschoots mee hebt geoefend, zodat je niet een van de statistieken wordt. Hoofdstuk 16 geeft informatie over het testen en evalueren van tradingstrategieën.

Figuur 9.5 geeft aan hoe leverage in vreemde valuta tot goede resultaten kan leiden. Hier begint de trader met $ 1.000 en leent hij het maximale bedrag dat het forexbedrijf toestaat, $ 400 voor elke dollar eigen geld. Het hele bedrag van $ 401.000 wordt gebruikt om euro's te kopen. Let op dat de waarde van de euro gelijk blijft, maar de dollarwaarde van die euro's met een honderdste van een cent verandert. Dankzij leverage is het rendement 11 procent. Niet slecht voor een dag traden! Natuurlijk kun je ook 11 procent verlies lijden, wat niet zo goed zou zijn.

Een trader heeft een forex-rekening met $ 1.000. Hij leent 400 keer dat bedrag ($ 400.000) om euro's te kopen.

Beginkoers dollar/euro	Sluitkoers dollar/euro	Beginwaarde rekening	Bedrag gekocht ($)	Bedrag gekocht (€)	Sluitwaarde (€)	Sluitwaarde ($)	Waarde lening	Eindwaarde rekening	Rendementsvoet trader	% verandering in wisselkoers
0,7477	0,7475	$ 1.000	$ 401.000	€ 299.828	€ 299.828	$ 401.107	$ 400.000	$ 1.107	11%	-0,03%
0,7477	0,7476	$ 1.000	$ 401.000	€ 299.828	€ 299.828	$ 401.054	$ 400.000	$ 1.054	5%	-0,01%
0,7477	0,7477	$ 1.000	$ 401.000	€ 299.828	€ 299.828	$ 401.000	$ 400.000	$ 1.000	0%	0,00%
0,7477	0,7478	$ 1.000	$ 401.000	€ 299.828	€ 299.828	$ 400.946	$ 400.000	$ 946	-5%	0,01%
0,7477	0,7479	$ 1.000	$ 401.000	€ 299.828	€ 299.828	$ 400.893	$ 400.000	$ 893	-11%	0,03%

FIGUUR 9.5: Op marge handelen in vreemde valuta.

BELANGRIJK

Een wisselkoers is de prijs van geld. Als de wisselkoers van dollar/euro 0,7477 is, krijg je voor $ 1,00 € 0,7477.

Lenen voor je tradingbedrijf

Leverage is maar één vorm van lenen waar je gebruik van kunt maken als daytrader. Net als alle andere ondernemers heb je soms meer geld nodig dan je met je bedrijf verdient. Andere keren zie je uitbreidingsmogelijkheden waar meer geld voor nodig is dan je hebt. In deze paragraaf bespreek ik waarom en hoe daytraders kunnen lenen naast traden met leverage.

Margeleningen nemen voor de kasstroom

Als daytrading je werk is, heb je te maken met constante druk: hoe kun je in je levensonderhoud voorzien en tegelijkertijd voldoende geld overhouden om te traden? Een manier waarop je dit kunt doen, is door een andere bron van inkomsten te hebben (zoals spaargeld, je partner of een baan buiten de markturen om). Andere daytraders halen het geld van hun beleggingsrekening.

Als de markt niet meewerkt, kan het zijn dat er niet voldoende op je rekening staat om er geld van te kunnen opnemen en ook nog voldoende geld over te houden om te kunnen traden. Een optie is om een margelening af te sluiten via een broker. Met een margelening laat het bedrijf je een lening afsluiten met als onderpand het geld op je rekening (of effecten die je in je bezit hebt en dus niet verhandelt). Je kunt het geld uitgeven waaraan je ook maar wilt, maar je moet rente betalen en je moet de lening terugbetalen. Toch is een margelening een goede optie om te kennen, omdat de inkomsten uit daytraden nogal onregelmatig zijn.

Lenen voor tradingkapitaal

Sommige daytraders gebruiken een dubbele laag aan leverage: ze lenen geld om hun beleggingsrekeningen te openen en dan lenen ze geld voor hun tradingstrategieën. Als de markt meewerkt, kan lenen op deze manier een fantastische manier zijn om winst te maken, maar als de markt niet meewerkt, kun je veel mensen geld schuldig zijn dat je niet hebt.

Als je toch het risico wilt nemen, moet je buiten je familieleden nog wel een paar bronnen hebben waar je je op kunt verlaten: je kunt een hypotheek op je huis nemen, je kunt je creditcards gebruiken of je kunt een tradingfirma vinden die je wat geld geeft om mee aan de slag te gaan.

Een hypotheek op je huis nemen

Ja, je kunt een hypotheek op je huis nemen of een bestaande hypotheek verhogen om het geld te krijgen om te gaan daytraden. Over het algemeen zijn hier lage rentes mee gemoeid omdat je huis je onderpand is. In de meeste gevallen is de rente niet aftrekbaar (vraag er je boekhouder naar, maar over het algemeen kun je alleen rente aftrekken als het geld gebruikt wordt om je huis te kopen of verbeteren). Toch kan een hypotheek op je huis nemen een relatief goedkope manier zijn om de waarde van je huis voor het traden te gebruiken.

PAS OP

Het risico? Als je de lening niet kunt terugbetalen, kun je je huis kwijtraken. Als je beslist deze strategie te gebruiken, beleen dan ook niet je auto, anders heb je helemaal geen dak meer boven je hoofd als de bank overgaat tot executieverkoop.

Gebruik je creditcard

De zakenwereld is gevuld met mensen die hun bedrijf begonnen door creditcards te gebruiken. En dat kun jij ook doen. Als je goed van krediet bent, zijn creditcardmaatschappijen meer dan blij je geld te lenen.

PAS OP

Natuurlijk brengen creditcardmaatschappijen een hoge rente in rekening, zo hoog dat zelfs de beste traders moeite zullen hebben dit te betalen uit hun opbrengsten. Als het de enige manier is om het kapitaal bij elkaar te brengen om te gaan daytraden, overweeg dan nog een paar jaar te wachten en flink te sparen voor je de stap waagt. Omdat de inkomsten uit trading onregelmatig zijn, kan het zijn dat je je creditcards gaat gebruiken om de kosten van je levensonderhoud een paar maanden van te betalen. Misschien is het handiger om hier je krediet voor te bewaren in plaats van het direct voor je daytradingactiviteiten te gebruiken.

Risicokapitaal accepteren van een louche handelsfirma

Sommige firma's in de tradingsector zijn bereid nieuwe traders geld te lenen. Je moet dan misschien een opleiding bij hen volgen, een bureau bij hen op kantoor huren, of een bedrag betalen om hun software op afstand te mogen gebruiken. De firma houdt je tradingpatronen in de gaten, net zoals je winsten en je risicobeheer. Als de leidinggevenden blij zijn met wat ze zien, kunnen ze je geld aanbieden om te beheren samen met je eigen kapitaal. Je krijgt een deel van de winst die je maakt met de fondsen die je namens hen tradet.

De kosten van freeriding

Sommige traders denken dat ze geen margerekeningen nodig hebben als ze een effect kopen met een geldrekening en het dan verkopen voordat ze ervoor moeten betalen. Dit staat bekend als *freeriding* en de SEC is daar niet blij mee. Brokers moeten de rekening van een klant negentig dagen bevriezen als ze freeriding opmerken. De klant kan dan alleen traden als hij of zij voor elke trade betaalt als hij wordt uitgevoerd in plaats van drie dagen later, zoals normaal gesproken is toegestaan.

Als je tradet met een geldrekening kun je bevriezing door freeriding voorkomen door binnen drie dagen te betalen voor effecten die je koopt, zonder te vertrouwen op geld van de verkoop van deze effecten als dekking voor die betaling. Het alternatief is traden met een margerekening.

Risico's en rendement van short gaan en leverage

Leverage zorgt voor meer risico bij het daytraden en het kan veel meer rendement opleveren. De meeste daytraders gebruiken leverage vaak om door hun tradingactiviteiten echt contant geld te krijgen. De uitdaging is om leverage verantwoordelijk in te zetten. Hoofdstuk 6 gaat zeer gedetailleerd in op geldbeheer, maar hier bespreek ik twee zaken die het meest gekoppeld zijn aan leverage: verlies lijden en je lef verliezen. Als je deze risico's begrijpt, kan het je helpen te kijken hoeveel leverage je kunt nemen en hoe vaak je het nodig hebt.

Verlies lijden

Geld verliezen is een duidelijk gevaar. Leverage vergroot je rendement, maar ook je risico's. Leningen moeten hoe dan ook worden terugbetaald. Als je een termijn- of optiecontract koopt of verkoopt, ben je wettelijk verplicht te presteren, zelfs als je verlies hebt geleden. Dit kan heel moeilijk zijn.

BELANGRIJK

Daytrading is voor het grootste deel riskant vanwege de hoeveelheid leverage die gebruikt wordt. Als je je daar niet mee op je gemak voelt, is het beter als je maar weinig of geen leverage gebruikt. Vooral als je net met daytrading begint of als je een nieuwe tradingstrategie inzet.

Zenuwachtig worden

Het basisrisico en het rendement van je onderliggende strategie worden niet beïnvloed door leverage. Als je denkt dat je systeem 60 procent van de tijd zal werken, is dit ongeacht hoeveel geld ermee gemoeid is of waar het geld vandaan komt. Traden met geleend geld zal echter *wel* op een onbewust niveau anders voelen.

PAS OP

Traden kan echt op je zenuwen gaan werken. Als je twijfelt of je een trade moet uitvoeren, je verlies moet nemen of anderszins je strategie moet volgen, zul je in de problemen komen. Stel, je tradet in futures en je accepteert drie downticks voordat je verkoopt, en vijf upticks voordat je verkoopt. Deze strategie betekent dat je bereid bent iets verlies te accepteren, dat je het verlies accepteert als het uit de hand loopt en dat je gedisciplineerd bent als het gaat om je winst pakken als die zich voordoet. Stel nu dat je te maken hebt met veel, heel veel leverage. Plotseling worden deze downticks te reëel voor je; het is geld dat je niet hebt. Dan accepteer je plotseling maar twee downticks voordat je sluit. Maar hierdoor loop je winnaars mis. Dan beslis je je winnaars langer vast te houden en plotseling neem je je winst niet snel genoeg en keren de posities zich tegen je. Je angst om verlies te lijden zorgt ervoor dat je slordig wordt. Dit is de reden dat veel traders het beter vinden om minder geld te lenen dan het maximaal toegestane en laten deze kennis hun oordeel beïnvloeden. Ga naar hoofdstuk 14 voor meer over de mentale aspecten van het daytraden.

Uitleners kunnen ook zenuwachtig worden. Je broker kan je rekening sluiten door geleden verliezen, ook als even iets langer wachten ertoe kan leiden dat een verlies zich omzet in een winst. Herinner je je Bear Stearns nog? De grote, chique bank die in maart 2008 ophield te bestaan? Of Lehman Brothers? De grote, chique bank die in september 2008 ophield te bestaan? Beide zijn opgehouden te bestaan omdat ze veel verlies leden en hun uitleners ze niet langer geld gaven.

IN DIT HOOFDSTUK

Wat zijn CFD's?

CFD's als reactie op een nieuwe belastingwet

Kosten bij CFD's

Hoofdstuk 10

CFD's: een krachtig instrument voor daytraders

CFD's zijn bij uitstek geschikt voor daytraders. Zeker als je met een kleine beurs wilt beginnen. CFD's bieden namelijk de mogelijkheid om tegen lage kosten in een groot aantal financiële markten actief te traden. Niet voor niets zijn ze bij beginnende maar ook gevorderde traders erg populair. Er zijn natuurlijk risico's, maar als je verstandig omgaat met CFD's kun je er als daytrader veel profijt van hebben. Laten we eerst eens kijken wat een CFD nu precies is.

Dit zijn CFD's

Een *CFD* is een contract tussen een trader en een aanbieder (broker of bank) om te kunnen handelen in financiële waarden, zonder deze daadwerkelijk te kopen. Je kunt zowel long- als shortposities innemen met een CFD.

BELANGRIJK

De onderliggende waarde kan van alles zijn: valutaparen (forex), grondstoffen (zoals olie, tarwe of katoen), edelmetalen (goud, zilver, platina), aandelen, beurzen (AEX, DAX, Dow Jones, Nasdaq) en obligatieleningen (Duitse bunds en Amerikaanse bonds)...

De partijen (jij en je broker dus) spreken af om het koersverschil tussen aan- en verkoop van de CFD met elkaar te verrekenen. Heeft de koers zich voor de trader positief ontwikkeld, dan sluit je je contract af met winst. Bij een nadelig verloop betaal je het verlies aan de broker. Tot hoe hoog het verschil maximaal kan oplopen, bepaal je zelf door een stoploss in te stellen. Dit is een belangrijk verschil met turbo's die een ingebouwde stoploss kennen. CFD's kennen geen einddatum. Pas als je denkt dat er geen rendement (meer) te behalen valt, beëindig je de CFD-overeenkomst (zoals je een aandeel zou verkopen). Ook bij het raken van je stoploss of take profit wordt het contact beëindigd.

CFD's maken het dus mogelijk om tegen lage kosten te handelen in een breed pallet van financiële producten. Door gebruik te maken van een hefboom (leverage) kun je al met een klein bedrag grotere posities traden. Traders handelen vooral in CFD's om geld te verdienen aan waardeveranderingen op de korte termijn.

Vanwege deze voordelen kiezen steeds meer particulieren voor CFD's. En omdat je als daytrader je positie bij voorkeur binnen een dag wilt afhandelen zijn ze bij daytraders razend populair.

Een voorbeeld van een CFD

Bij een broker koop je een CFD op het aandeel Akzo Nobel. Je speculeert op een waardestijging van het aandeel en kiest voor een longpositie. Was je uitgegaan van een waardedaling dan was je natuurlijk short gegaan. Op het moment van aankoop staat de koers van Akzo Nobel op € 60. Je koopt nu een CFD op 100 aandelen. Door de hefboom hoef je geen 100 aandelen te kopen (dat zou je € 6.000 kosten), maar is een fractie van dit bedrag (bijvoorbeeld 1/20 - 1/50), genoeg om potentiële verliezen af te dekken. In het geval van 1/50 heb je dan voor 100 aandelen Akzo Nobel €120 nodig. Dit bedrag, de zogeheten margin, moet je als tegenwaarde in portefeuille hebben. Als je dit bedrag niet meer kunt aanhouden, krijg je een margin call van je broker. Door geld bij te storten of je CFD-positie af te sluiten, kun je voorkomen dat de broker je account sluit.

Maar daar gaan we natuurlijk helemaal niet van uit, want het gaat lekker met de CFD.

Een dag later is het aandeel Akzo Nobel met 1,5% gestegen naar € 60,90. Je besluit winst te nemen en je CFD te verkopen (dit kan op elk moment). De CFD-broker betaalt je nu 100 maal het waardeverschil van € 0,90 uit, wat dus een winst van € 90 oplevert. Terwijl het aandeel slechts 1,5% in waarde is gestegen, heb je 75% rendement geboekt met je 'garantiebedrag' van € 90. Niet slecht voor één dag traden.

Met CFD's kun je aanzienlijk hogere rendementen behalen dan met veel andere actieve vormen van handel op financiële markten. Door de leverage profiteer je van kleine prijsschommelingen achter de komma. Dit maakt CFD-handel veel interessanter dan het 'passief' kopen van aandelen, obligaties of beleggingsfondsen.

In CFD's kun je 24 uur per dag handelen: gewoon thuis, of op kantoor, onderweg op je smartphone. Ideaal voor daytraders dus. De geavanceerde software van CFD-brokers en sommige banken maakt het mogelijk om direct vanuit de koersgrafieken orders op te geven.

Of de koersen nu stijgen of dalen, met CFD's valt altijd geld te verdienen. Doordat je zowel op een stijgende als een dalende beurs kunt speculeren, ben je niet afhankelijk van de richting die de markt opgaat. En als je je risico goed regelt, kunnen je verliezen beperkt blijven. Terwijl je winsten stevig kunnen oplopen. Maar het kan ook andersom, dus koester je stop-loss.

CFD's ontstonden als reactie op een nieuwe belastingwet

CFD's hadden aanvankelijk weinig met beleggen te maken. Ze werden bedacht nadat in Groot-Brittanië de 'Stamp Duty Reserve Tax' werd ingevoerd. Deze belasting kwam in 1986 op overeenkomsten die de overdracht van aandelen en opties regelden. Over elke aan- en verkoop op de Londense aandelenbeurs moest voortaan belasting worden betaald. Maar dit hoefde weer niet als aandelen niet van eigenaar wisselden. Daardoor ontstond het idee om contracten af te sluiten over uitsluitend de waardeverandering van aandelen, waardoor deze aandelen niet meer daadwerkelijk werden verhandeld. Zo ontstond eind jaren tachtig van de vorige eeuw de CFD voor professionele handelaren.

Omdat je met minder kapitaal kunt profiteren van kleine waardeveranderingen, bleken CFD's ook veel particulieren aan te spreken. Daarom worden ze sinds midden jaren negentig ook op de particuliere markt aangeboden. Het grote handelshuis GNI introduceerde de CFD's, waarna al gauw andere partijen ze gingen aanbieden. De groei van internet zorgde voor een sterk toenemende populariteit van CFD's onder professionele traders en particulieren.

Begin 21ste eeuw betraden gespecialiseerde CFD-brokers de particuliere markt. Met hun vaak kleinere kantoren richten zij zich volledig op de wensen van de particuliere belegger. Ze bieden handige software, ondersteuning door een online helpdesk en de mogelijkheid om met kleine bedragen in CFD's te handelen. Door de komst van deze 'retail CFD brokers' hebben CFD's zich een definitieve plek verworven op de markt van (day)traders en andere actieve beleggers. Na de internetbubbel, begin deze eeuw, schoten de brokerkantoortjes als paddenstoelen uit de grond. Onder deze hedendaagse brokers zijn helaas ook onbetrouwbare partijen. Zij richten zich vooral op de eerste inleg van nieuwe traders en het maakt ze niet uit of deze succesvol zijn of niet. Er zijn zelfs brokers bij die tegen het belang van hun klanten in, zakendoen. Lees daarom eerst het hoofdstuk 11 over brokers voordat je met een broker in zee gaat, of van broker wilt wisselen.

Wat je écht moet weten over CFD's

CFD's worden niet zoals aandelen en futures op een fysieke beurs verhandeld. De handel verloopt online en is niet gereguleerd. Er is geen overheid die een oogje in het zeil houdt en voor CFD's zijn ook geen centrale orderboeken, zoals op de beurs. Bij markten met een fysieke beurs, zoals de futurebeurs CBOT of de NYSE, heeft de marketmaker de verantwoordelijkheid om de juiste prijs door te geven aan partijen waarmee hij zakendoet. Brokers leiden hun prijzen af van de futuremarkten en de interbank forexmarkt. Helaas gebeurt dit lang niet altijd op een eerlijke manier. Een CFD-broker kan zijn klant elke prijs geven die hij wil. Doe dus goed je huiswerk voordat je op de eerste beste banner klikt en een rekening opent, gelokt door een hoge bonus of een iPad als cadeau!

Kleine rekening, grote hefboom?

Met het kleine formaat van de CFD's en de vaak beperkte marge die brokers vragen, kun je dus al met een bescheiden inleg aan de slag. De hefboom is echter een belangrijk punt van aandacht. Een te grote hefboom is een reëel gevaar, zeker voor beginnende traders. Gelukkig bepaal je als trader zelf welke hefboom je gebruikt. Misschien nog even een korte uitleg aan de hand van een eenvoudig voorbeeld. Als 1 CFD op de DAX € 6.500 kost en je moet € 6.500 aanhouden voor 1 CFD, dan gebruik je dus géén hefboom. Koop je er twee voor dit bedrag, dan is de hefboom 2 op 1. Voor korte posities van enkele dagen is dit al genoeg. Maak de hefboom niet te groot. Het is veel veiliger om wat meer geld op je rekening aan te houden, dan met een grote hefboom te werken.

Welke kosten komen er kijken bij CFD's?

Uiteraard zijn CFD's niet kostenvrij; de aanbieders moeten ook ergens van leven. Maar brokers en banken gaan onderling soms heel verschillend met deze kosten om. Daarom zetten we alle mogelijke kosten even voor je op een rij. Als je in CFD's gaat handelen, is het belangrijk om op de website van je aanbieder de kosten goed door te nemen. Soms is dat even zoeken, maar het loont de moeite om daar even voor te gaan zitten.

Spread en transactiekosten

Het verschil tussen bied- en laatkoers (spread) is de belangrijkste inkomstenbron van een aanbieder. Hoe groter de spread, hoe ongunstiger voor de belegger. Veel brokers claimen dat de CFD-spread niet hoger is dan die op de onderliggende waarde. In dat geval is de CFD niet duurder dan een rechtstreekse transactie.

Vaak zijn de transactiekosten lager dan bij andere producten, zoals aandelen en opties. Brokers rekenen vaak geen transactiekosten op forex maar soms wel op (andere) CFD's.

Rentevergoeding

Brokers en banken gaan verschillend met rentes om. Daar is geen duidelijke lijn in te ontdekken. Voor CFD's is de overnight rentevergoeding gebaseerd op de berekening van de actuele Libor of Euribor, plus of min een bepaalde marge. Deze marge kan per broker verschillen.

Het kan ook van de markt afhangen. Dan betaal je bijvoorbeeld kosten voor posities in een index, terwijl je voor een positie in olie weer een vergoeding ontvangt. De rentes worden vaak berekend over 'overnight-posities'. Bij intraday-posities (waarbij je op dezelfde dag een CFD opent en weer sluit) wordt vaak geen rente berekend. Daytraders hebben dan ook meestal geen rentekosten. De te betalen rente ligt overigens duidelijk hoger dan de interbancaire maandrente, terwijl de te ontvangen rente juist lager is. Bij langdurige posities waarover je rente betaalt, kan de rente flink oplopen. Per dag zijn het kleine bedragen, maar veel kleine bedragen over een langere periode gaan toch in de papieren lopen.

Handelen in CFD's is in het algemeen niet duur. Maar hoe groter de spread, hoe hoger je instapkosten. Deze moet je eerst terugverdienen. Ook de rentes kunnen flink oplopen; vooral als je veel langlopende trades in je portefeuille hebt zitten. Omdat de kostenstructuur van CFD's per aanbieder verschilt, is het raadzaam om je eerst te verdiepen in de kosten voordat je met een aanbieder in zee gaat.

TECHNISCHE INFO

CFD'S IN HET KORT

- CFD's trade je bij vooral bij brokers en een klein aantal banken.
- Je wordt geen eigenaar van een onderliggende waarde, maar spreekt af het prijsverschil tussen opening en sluiting van het contract te verrekenen.
- CFD's zijn minder kostbaar dan het aanschaffen van de onderliggende waarde: je hebt dus minder geld nodig.
- Om in CFD's te kunnen handelen stort je een waarborgsom (margin) bij de broker. Het minimale bedrag verschilt per aanbieder.
- CFD's hebben in principe een onbeperkte looptijd. Je opent en sluit een contract wanneer jij dat wilt.
- Je kunt zowel op koersstijgingen (long gaan) als op koersdalingen (short gaan) speculeren.
- Met CFD's krijg je toegang tot een enorm aantal financiële markten. Het aanbod verschilt per aanbieder.
- De hefboom stelt je in staat om grotere posities in te nemen, maar brengen ook risico's met zich mee.
- Doordat je zelf een stoploss kunt instellen, heb je de risico's zelf in de hand.

IN DIT HOOFDSTUK

- Aandelen versus forex
- Wie maakt de prijzen?
- Topbrokers

Hoofdstuk 11

Broker kiezen? Hierop moet je letten!

Als daytrader heb je een broker nodig om toegang te krijgen tot de financiële markten. Zonder het platform van een broker valt er als particuliere trader weinig te handelen.

In de afgelopen jaren zijn er veel brokers bijgekomen. Allemaal willen ze een graantje meepikken van de enorme aanwas aan particuliere traders die vooral op forex willen handelen. Omdat onder die forexbrokers nogal wat onbetrouwbare partijen zitten, krijgen veel traders een haat-liefde-relatie met hun broker. Daarom is het een goede zaak om het kaf van het koren te scheiden. Bij voorkeur voordat je gaat traden. Laten we eens kijken waar je op moet letten voordat je met een broker in zee gaat. Want met de juiste brokerkeus zet je jezelf al meteen op voorsprong.

Brokers bieden (vaak gratis) prachtige platformen aan waarmee je thuis vanachter je computer lekker kunt handelen. Via de bijbehorende app kun je zelfs op je telefoon traden. Steeds vaker bieden ze ook educatie aan, zodat je de soms ingewikkelde materie snel onder de knie krijgt. De manier waarop brokers hun traders ondersteunen, loopt overigens sterk uiteen. Sommige volstaan met wat websiteteksten en een helpdesk; andere brokers maken er meer werk van en verzorgen seminars, webinars en andere vormen van educatie voor traders.

Fair enough?

Omdat brokers ook moeten leven, rekenen ze kosten. Dat zal niemand verbazen. Denk daarbij aan commissies, rente, transactiekosten en spreads. Deze kosten kunnen per broker sterk variëren. Maar ze gaan natuurlijk wel van je winst af. Dus dat is wel iets om over na te denken voordat je met een broker in zee gaat.

BELANGRIJK

Een nog belangrijker aandachtspunt is dat niet alle brokers even eerlijk zijn naar hun klanten. Een broker hoort te fungeren als intermediair tussen jou als trader en de markt. Jouw broker hoort jouw orders aan te nemen en die door te zetten naar de markt. Hiervoor betaal je een commissie. Fair enough, zou je zeggen.

Maar ja, zo fair zijn ze dus niet allemaal. Zo zijn er brokers die orders intern matchen met andere klanten. Dat hoeft geen probleem te zijn, maar de integere brokers doen dit niet. Die geven alleen de prijzen door, zonder daar iets mee te doen. Wel een probleem zijn brokers die tegen eigen klanten handelen. Ja, die zijn er echt! Dan wordt je broker je tegenstander. Dat is niet echt lekker handelen natuurlijk. Dit zie je vooral onder forexbrokers vaak gebeuren omdat forex een geheel andere markt is dan bijvoorbeeld aandelenbeurzen. Laten we die twee daarom maar eens tegen het licht houden.

Aandelen versus forex

Aandelen worden wereldwijd via fysieke beurzen verhandeld. Denk bijvoorbeeld aan de NYSE Euronext, of de London Stock Exchange. Deze aandelenhandel is gereguleerd en elke transactie wordt administratief bijgehouden. Het grote voordeel is dat alle prijzen overal en voor iedereen gelijk zijn.

TECHNISCHE INFO

Bij forex is dit niet het geval. Forex is een niet-gereguleerde wereldwijde markt waar de handel niet op een beurs of een fysiek adres plaatsvindt, maar via internet. Dit heet 'over-the-counter' (OTC). Kopers en verkopers over de hele wereld worden dus via internet met elkaar 'gematcht' zonder dat daar een gereguleerde beurs tussen zit. Dit netwerk van marktpartijen is niet gecentraliseerd en de wisselkoers van een valutapaar kan per broker verschillen. Nu denk je misschien: wat maakt het mij nou uit wáár m'n transactie plaatsvindt? Nou, dat maakt dus wel uit, zoals je zo zult zien.

Wie maakt de prijzen?

De belangrijkste spelers op de markt zijn de grootste banken in de wereld (Deutsche Bank, UBS, Citigroup, RBS, HSBC enzovoort). Zij vormen de zogenoemde interbancaire markt. Particuliere traders zijn niet in staat om direct toegang te krijgen tot deze interbancaire markt. Daar zijn brokers voor nodig. Zij maken het mogelijk om toch te handelen op die enorme valutamarkt. Als particuliere trader heb je vervolgens de keus uit grofweg twee soorten brokers: marketmakers en ECN-brokers die gebruikmaken van Elektronische Communicatie Netwerken (ECN).

Broker optie 1: marketmakers

Marketmakers 'maken' zowel de bied- als de laatkoersen en geven deze weer door via het tradingplatform dat jij op je computer hebt geïnstalleerd. Ze zijn bereid om tegen deze prijzen transacties met hun klanten te doen. Daarmee bieden marketmakers enige liquiditeit aan de markt. Als tegenpartij voor elke forex-transactie moeten marketmakers de andere kant van jouw transactie innemen. Met andere woorden: wanneer jij verkoopt, moeten ze bij jou kopen en omgekeerd. Bij een marketmaker handel je dus vaak tegen je broker.

Bij marketmakers krijg je niet alle prijzen te zien

Om kosten te besparen laten marketmakers 'halve seconde snapshot quotes' zien. Van alle prijzen die er zijn, krijg je er maar enkele te zien. Dit doen ze omdat deze data vrij duur zijn en ze zo kosten kunnen besparen. Helaas is dit in het nadeel van de klant, want de koersen die marketmakers weergeven, zijn op basis van hun eigen belang. Om te beginnen maken ze winst door de spread aan hun klanten door te berekenen. Als daytrader betaal je dus het verschil tussen de bied- en laatkoers aan je broker. Geen probleem zolang deze spread maar redelijk is.

Maar omdat ze ook aan de andere kant van jouw trade zitten, verdienen ze ook nog eens aan jou als jij verliest. Misschien heb je weleens gehoord dat zo'n 90% van de beginnende traders binnen een jaar van zijn/haar geld af is?! Daarom willen deze marketmakers jou zo graag als klant en proberen ze je met bonussen binnen te lokken. Zij hechten niet aan jarenlange zakelijke relaties; ze proberen te pakken wat er te pakken valt.

Omdat beginnende traders makkelijke prooien zijn, proberen ze die voor zich te winnen met allerlei voordelen, zoals bonussen. Als deze argeloze traders vervolgens snel afvallen, hebben zij de buit al binnen. Dat is lekker snel verdiend, maar het gaat wel ten koste van particulieren die een inkomen uit traden proberen te halen.

VOORDELEN MARKETMAKERS:

- De tradingplatformen zijn meestal erg gebruiksvriendelijk zodat je gelijk kunt traden.
- Je kunt vaak met een erg laag startbedrag een account openen. Vaak al vanaf € 100.
- Prijzen lijken minder volatiel dan die van een ECN-broker omdat er simpelweg minder prijzen worden weergeven. Dit is eigenlijk een nadeel.

NADELEN MARKETMAKERS:

- Je handelt tegen je broker. De marketmaker heeft belang bij jouw verlies.
- De slechte data in combinatie met hoge kosten en tegen de trader in handelen, maken het onnodig moeilijk om winstgevend te worden.
- Je krijgt niet alle prijzen te zien.
- Vaak zijn marketmakers gevestigd buiten de EU waardoor ze niet streng gereguleerd worden. Ze kunnen dus bijna doen en laten wat ze willen.
- Marketmakers kunnen je verleiden met lage spreads, terwijl ze veel slechtere prijzen laten zien dan ECN-brokers. Dit scheelt soms wel 10 tot 15 pips.
- Marketmakers kunnen erg makkelijk prijzen manipuleren en hierdoor eenvoudig 'stoploss hunten'.
- Je handelt op halve seconde snapshot quotes.
- Nadelige orderfills. Zodra een markt boven je take profit-order opent, steken veel marketmakers deze extra winst in hun zak.
- Je geld staat bij de broker op de balans. Als de broker failliet gaat, ben jij meestal alles kwijt.
- Tijdens grote marktvolatiliteit (bijvoorbeeld bij uitkomen van nieuws) treedt enorme slippage op. Soms 'bevriezen' de koersen zelfs. Hierdoor krijg je nadelige prijzen.
- Absurd hoge rentekosten en slippage.

Broker optie 2: ECN

ECN staat voor Electronic Communication Networks en is een soort doorgeefluik naar de interbancaire forexmarkt. ECN geeft prijzen door van meerdere marktpartijen, zoals banken, brokers en andere bedrijven die zijn aangesloten op het netwerk. Ze kijken constant welke partij de beste prijzen afgeeft en geven deze beste bied- en laatkoersen via hun tradingplatform door aan de trader. Het kan dus zijn dat je de ene keer de EUR/USD-prijs van Deutsche Bank te zien krijgt en de andere keer van UBS, afhankelijk wie de beste prijs afgeeft. In tegenstelling tot de vaste spreads, die worden aangeboden door een aantal marketmakers, bieden ECN-brokers variabele spreads.

ECN-brokers laten geen halve seconde snapshot quotes zien, maar tick-by-tick-koersen. In dezelfde hoeveelheid tijd krijg je dus veel meer prijsquotes te zien. Er wordt niks achter gehouden. Tick-by-tick-quotes zijn absoluut noodzakelijk om succesvol te kunnen traden.

ECN-brokers spelen geen rol bij het maken of het manipuleren van prijzen. Een ECN-broker verdient dus niet aan jou als jij verliest. Sterker nog, een ECN-broker wil juist liever dat jij een succesvol trader bent, omdat ze dan langer aan je kunnen verdienen. Dit doen ze via de spread, rente en (soms) transactiekosten.

VOORDELEN ECN-BROKER:

- Prijzen worden niet gemanipuleerd en ECN-brokers handelen niet tegen jou.
- ECN-brokers bieden betere bied- en laatprijzen, omdat ze afkomstig zijn van verschillende bronnen en zij er de beste uitpikken voor hun klant.
- De goede tick-by-tick-data en goede order fills, lage kosten en geen slippage maken het een stuk makkelijker om winstgevend te worden.
- Ze zijn streng gereguleerd, wat ze betrouwbaar maakt.
- ECN-brokers laten ook tienden pips zien. Bijvoorbeeld EUR/USD 1,32048, in plaats van EUR/USD 1,3205.
- Je handelt op tick-by-tick-quotes en krijgt dus alle prijzen te zien.
- Snellere uitvoering van je orders, waardoor je minder slippage hebt.
- Betere order fills. Zodra een markt boven je take profit-order opent krijg jij deze extra winst.
- Je geld staat niet bij de broker op de balans, maar bij externe banken. Als de broker failliet gaat, staat jouw geld veilig.
- De handelsplatforms zijn uitgebreider en bieden veel meer mogelijkheden.

NADELEN ECN-BROKER:

- Handelsplatformen van ECN-brokers zijn vaak zo uitgebreid (doordat ze hun traders veel opties bieden) dat de beginnende trader het soms als gebruiksonvriendelijk ervaart.
- Minimumaccountgrootte is vaak vanaf € 2.500 (of soms zelfs € 5.000 tot € 10.000).
- Vergeleken met marketmakers zijn er niet zoveel ECN-brokers.

Conclusie

Je weet nu dat forex een OTC-markt is, waar brokers hun eigen prijzen kunnen kiezen en marketmakers er belang bij hebben om er lustig op los te manipuleren. Dan weet je nu dus ook dat de broker waarmee je werkt, je tradingprestaties aanzienlijk kan beïnvloeden. Misschien ben jij best een goede trader, maar raak je door een foute brokerkeuze onnodig geld kwijt. Daarom is het belangrijk dat je zorgvuldig de voor- en nadelen tegen elkaar afweegt voordat je begint met traden. Laat je niet te snel verleiden door 'de laagste spread', het meest gebruiksvriendelijke platform en mooie welkomstbonussen.

TIP

Hier nog wat tips om jezelf te beschermen tegen schimmige brokers:

- Ga eens rustig rondneuzen op internet en zoek naar reviews over brokers. Ga dan op zoek naar andere reviews over deze brokers en vergelijk de beoordelingen. Kijk ook of er misschien juridische acties tegen deze brokers lopen.
- Verzeker je ervan dat er geen problemen zijn met het opnemen van geld van je brokersaccount.
- Vraag op forums naar ervaringen maar kijk dan ook goed welke brokers op die forumsite worden geëtaleerd.
- Als je een keus hebt gemaakt, lees dan zorgvuldig de paperassen door voor je iets tekent.
- Ziet je beoogde broker er goed uit? Ga dan toch niet over een nacht ijs en begin met een minimale storting. Handel dan bijvoorbeeld een maand en kijk of je een deel van je geld gemakkelijk kunt terugstorten. Als dat zonder problemen verloopt, kun je weer bijstorten.

Nu je weet waar je op moet letten om niet bij een slechte broker terecht te komen, wil je natuurlijk weten welke brokers echt betrouwbaar zijn.

Hoewel er waarschijnlijk meer integere brokers zijn, heeft in Nederland en België de volgende broker meermalen aangetoond betrouwbaar te zijn.

BinckBank: topbroker in België en Nederland

BinckBank hoort onmiskenbaar tot de (kleine) categorie integere brokers in Nederland en België. BinckBank heeft niet alleen een bankvergunning waarmee ze onder het veilige Deposito Garantie Stelsel vallen, het is ook de best gekapitaliseerde bank van Nederland. De grootste broker van Nederland is al 14 keer tot de beste uitgeroepen. Daar moet je wel iets voor doen natuurlijk.

BinckBank onderscheidt zich door betrouwbaarheid (een groot goed in 'brokersland'), gebruikersgemak en service. Die service verlenen ze maar liefst zes dagen per week. Ook educatie is een belangrijk aandachtsgebied. Beginnende traders en beleggers kunnen via fysieke trainingen, webinars, tutorials, strategieën en analysevormen goed beslagen ten ijs komen. Als particuliere trader en belegger krijg je zelfs de mogelijkheid om met voormalige professionele traders te sparren op 'De Beursvloer'. Dit is een online ontmoetingsplek waar ex-professionals dagelijks hun visie delen met Binck-klanten en vertellen wat er speelt.

Bij BinckBank kun je handelen in aandelen, obligaties, turbo's (waaronder speciale Binck-turbo's), futures, opties en eft's. Ze bieden de belangrijkste markten in Europa en Noord-Amerika aan. Forex biedt deze brokerbank vooralsnog niet aan.

Transparantie

De tarieven van BinckBank zijn scherp maar ze zijn niet de goedkoopste. Daar staan veiligheid, gebruikersvriendelijke platforms, de uitgebreide service en educatie tegenover. En misschien nog wel belangrijker: ze zijn transparant in wat ze voor jou doen als trader. Geen orderflow die eerst langs een hedgefonds gaat voordat de order naar de beurs gaat en geen aandelen uitlenen die jij gekocht hebt. Binck is ook zelf geen tegenpartij van de orders die jij opgeeft. Kortom, ze doen wat je van een broker mag verwachten. Jouw orders zo snel mogelijk naar de beurs brengen en daar zorgen voor de beste prijs.

Snelle executie

Als je een trade opent, wil je die natuurlijk voor de beste prijs. Om deze te kunnen garanderen, gebruikt BinckBank de ordermachine TOM. Deze 'zoekmachine' vergelijkt razendsnel de beste aandelen- en optieprijzen en probeert deze dan zo snel mogelijk uit te voeren. Deze service was er al voor professionals maar heeft BinckBank inmiddels ook voor particuliere traders beschikbaar gesteld. Het is zelfs zo dat Binck als enige broker is aangesloten op de Retail Matching Facility van Euronext. Dit is een marktplaats binnen de beurs Euronext waar de prijzen nog net wat scherper zijn dan in het centrale orderboek. Daardoor koop jij net iets goedkoper en verkoop je voor een net wat hogere prijs. BinckBank geeft dus de beste prijzen direct door aan traders en beleggers en er zijn geen verborgen risico's bij de afhandeling.

De website van BinckBank brengt realtimekoersinformatie, nieuws en laat in een oogopslag de rendementen zien. Met mobiele apps en de mobiele website is het ook op de telefoon aangenaam handelen.

Op https://www.binck.nl/zelf-beleggen vind je uitgebreide informatie en kun je ook direct beginnen met traden.

3

Wat je nodig hebt om met succes te traden

IN DIT DEEL . . .

Daytraden benader je als een bedrijf. Ontwikkel een plan, stel een budget vast en zie het als werk.

Zoek je de ondersteunende diensten die je nodig hebt om trades te onderzoeken en geestelijk gezond en met je posities in tact hectische dagen door te komen.

Kijk je welke belastingen je moet betalen over je winst en bereken je wat de tijd en de energie die je in het traden hebt gestopt hebben opgebracht. (Ja, over daytraden moet je belasting betalen.)

Ontwikkel je de discipline om je te onderscheiden van traders die de markten en hun tijd niet serieus nemen.

IN DIT HOOFDSTUK

Je uitrusting kiezen

Goede mobiele tradingapps zoeken

Hoofdstuk 12

Je uitrusten om te gaan daytraden

Om het werk als daytrader goed uit te kunnen voeren, heb je thuis een aparte ruimte en de juiste apparatuur nodig. Als je bijvoorbeeld op je internetaansluiting bezuinigt, kan het zijn dat deze niet de grote hoeveelheden gegevens op een grote handelsdag aankan. Als je bezuinigt op je pc, kan hij plotseling uitvallen, zodat je hem haastig weer op moet starten en je je posities niet goed kunt beheren.

In dit hoofdstuk bespreek ik wat je minimaal in je kantoor moet hebben, vertel ik wat de voor- en nadelen zijn van mobiel traden en geef ik je wat advies over het zoeken naar tradingapps. Ook handig als je met een grote, oude computer tradet.

Je tradinglaboratorium opzetten

Twintig jaar geleden zou je miljoenen hebben moeten betalen voor de apparatuur en telecommunicatienetwerken die je nu voor een paar duizend euro of zo al in huis kunt halen.

Misschien denk je: ik hoef niets aan te schaffen! Ik heb een iPhone, dus wat heb ik nog meer nodig? Maar je hebt echt wel wat meer nodig. Onthoud: succesvolle daytraders benaderen trading als werk. Dit betekent dat ze beginnen met een goede werkruimte en apparatuur, waarover in de volgende paragrafen meer.

Waar ga je zitten, waar ga je werken?

Ten eerste moet je een goede werkruimte vinden. Als je geen kamer over hebt in je huis, zoek dan een plekje waar je een bureau en een computer alleen voor het daytraden neer kunt zetten. Als je op de plek gaat zitten die je speciaal hebt ingericht om te daytraden, kun je je hoofd leegmaken en je focussen op wat je moet doen.

Je hebt ook een tafel en een stoel nodig. Zorg voor een goede bureaustoel die kan draaien en die je kunt instellen, in plaats dat je een eetkamerstoel pakt. Je hebt ook een plank nodig en een soort kast voor je ordners en documenten.

TIP

Wil je niet zo veel uitgeven aan je werkruimte? Je kunt ook kijken naar een tweedehands bureaustoel en dito kantoorapparatuur. Misschien ziet het er allemaal niet helemaal nieuw meer uit, maar het is toch vaak van betere kwaliteit dan goedkope nieuwe spullen.

Er is geen optimale lay-out van je apparatuur, maar de regel is wel dat hoe meer je kunt zien en doen zonder dat je hoeft op te staan, hoe beter het is. Als je aan het einde van de dag stijf bent en pijn hebt, kijk dan naar ergonomische producten, zoals een speciaal toetsenbord en muis, polssteunen en voetensteunen. Deze zijn verkrijgbaar bij goede winkels voor kantoorbenodigdheden.

Op je computer vertrouwen

Je kunt niet daytraden zonder minstens één computer en misschien wil je er wel twee of drie: een om mee te traden en een voor al het andere (zoals spreadsheets en e-mail). Sommige traders houden een extra computer achter de hand voor het geval de computer waarmee ze traden vastloopt, maar veel smartphones kunnen ook als back-up worden gebruikt. (Zie de paragraaf 'De afdeling overtollige spullen: een back-up maken van je systemen', verderop in dit hoofdstuk.)

Op bijna alle pc's die er vandaag de dag te koop zijn, kun je daytraden. Je hoeft je dus niet druk te maken om de technische details. Over het algemeen geldt dat een snellere processor beter is dan een langzamere, en dat meer geheugen en opslag ook de voorkeur heeft.

En het merk van je computer? Dat maakt niet veel uit. Alleen is het niet verstandig om te willen daytraden op een Apple, omdat niet alle softwarepakketten die je nodig hebt daarop werken. Als je echt een onverbeterlijke Apple-fan bent, vraag dan bij de brokers en softwareaanbieders na of hun software geschikt is voor een Apple.

De dingen groot bekijken

Doe jezelf een plezier en geef geld uit aan een groot scherm. De prijzen dalen steeds terwijl de afmetingen toenemen, dus moet het geen probleem zijn om een goed, groot scherm te vinden. Of misschien wel twee! Of drie! Als je tegelijkertijd naar meerdere vensters moet kijken om bijvoorbeeld naar grafieken en Nivea II-noteringen te kijken, overweeg dan twee of meer schermen te gebruiken die aangesloten zijn op dezelfde pc. Deze opstelling zorgt dat je alle gegevens gelijktijdig goed kunt zien. De meeste traders werken met minstens twee schermen, vaak extra grote, omdat de informatie die ze nodig hebben tijdens een werksessie te waardevol is om te verstoppen achter overlappende vensters.

Aansluiten op internet

Zorg als je wilt gaan daytraden dat je aangesloten bent op internet met zoveel mogelijk bandbreedte. Vraag even rond naar wat het snelste netwerk is in je omgeving. Je internetaanbieder kan meer vragen voor snellere prestaties, maar de meeste daytraders vinden deze extra kosten het meer dan waard. Als koersen snel veranderen, kan een vertraging van een halve seconde erg kostbaar zijn.

BELANGRIJK

Je hebt snel internet nodig, maar baseer je strategie niet op snelheid. Zelfs als je het snelste internet in je omgeving neemt, hebben de brokers en hedgefondsen van de wereld waarschijnlijk nog sneller internet. NYSE Technologies, de datadienstaanbieder van beursoperator NYSE Euronext, staat brokers en handelsfirma's toe om hun servers op de beursvloer te plaatsen. Deze co-locatie kan de uitvoertijd van de transactie tot fracties van een seconde verkorten, zodat er meer trades uitgevoerd kunnen worden in minder tijd dan met een server in bijvoorbeeld het centrum van Manhattan. Een co-locatie bij NYSE Euronext is niet goedkoop, maar als je duizenden trades per dag uitvoert, kan het het waard zijn.

Als daytrader bevind je je in een markt met traders die er veel geld voor over hebben om hun servers dichter in de buurt te plaatsen van de servers van de beurs. Dus als je je internetaanbieder kiest, is het niet handig om met de goedkoopste in zee te gaan.

Zorg er ook voor dat je tradingcomputer een directe en bekabelde verbinding heeft met je breedbandmodem. Wifi is minder betrouwbaar en vaak ook langzamer. Als er in jouw huishouden fanatieke internetgebruikers rondlopen, kun je overwegen een tweede internetaansluiting te nemen, zodat je kinderen Netflix kunnen kijken en muziek kunnen streamen zonder dat jij er last van hebt.

TIP

Je kunt veel informatie vinden over de prestaties van diverse aanbieders van breedband internet op Broadband Reports, www.broadbandreports.com.

Virussen en hackers buiten de deur houden

De meeste besturingssystemen hebben een ingebouwde firewall en virusbescherming die gelijk korte metten maken met de meest voorkomende dreigingen. Je kunt ook een abonnement nemen op verschillende virusbeschermingsdiensten. Wat je ook doet, zorg ervoor dat je deze zorgvuldig instelt. Hier volgen enkele aanwijzingen:

- **Controleer de compatibiliteit.** Vraag je broker of hun systeem compatibel is met het virusbeschermingspakket dat je kiest. Sommige zijn dat niet. (Dit mogelijke probleem maakt de ingebouwde antivirusfunctie van je besturingssysteem praktischer.)
- **Controleer of de software de toegang tot internet vertraagt.** Sommige typen antivirussoftware beschermen je systeem ten koste van datasnelheid, wat de uitvoering van je trades kan schaden.

BELANGRIJK

Als je beslist zonder firewall of virusscanner te gaan traden om een optimale snelheid te behouden, moet je zorgen dat je een back-upcomputer achter de hand hebt.

TIP

Of je nu kiest voor ingebouwde software of een extern pakket koopt, en of je nu werkt met een Mac of met een pc, je moet ervoor zorgen dat je automatische downloads, software-updates en achtergrondscans zo instelt dat ze buiten de beursuren plaatsvinden. Je wilt niet dat je computer trager is vanwege het bijwerken van het besturingssysteem.

De afdeling overtollige spullen: een back-up maken van je systemen

Als je daytradet, ben je bewust op zoek naar volatiele markten en snel veranderende effecten omdat dit is waar je de meeste mogelijkheden hebt om in korte tijd winst te maken. Je kunt geleveraged worden, ofwel door het gebruik van geleend geld of door het traden van effecten met ingebouwde leverage, zoals futures. (Ik heb veel meer over leverage te zeggen in hoofdstuk 9.) Als je in een positie zit die tegen je in beweegt en je kunt er niet uitkomen, ben je het haasje.

Er niet uit kunnen stappen omdat de beurzen instorten door een of andere wereldwijde catastrofe is erg genoeg. Maar stel dat je niet uit kunt stappen omdat de batterijen van je draadloze muis leeg zijn en je geen volle kunt vinden? Wat als je koffie op je toetsenbord hebt gemorst en je pc doet het niet meer? Wat als een handige Harry zijn voortuin aan het omspitten is en per ongeluk de internetkabel doorsnijdt? Al deze kleine calamiteiten zijn mij weleens overkomen en geloof me, zoiets is al erg vervelend als je niet aan het traden bent. Als je *wel* aan het traden bent, kan het catastrofaal zijn. Als je serieus je geld wilt verdienen met het daytraden, bouw dan zo veel mogelijk veiligheid in als maar mogelijk is:

- » Schaf een razendsnelle dataservice (4G is momenteel het snelst) op je smartphone of tablet aan voor het geval je hoofdinternetaansluiting eruit ligt.
- » Installeer alvast de mobiele app van je broker op je telefoon, zodat je deze direct kunt opstarten zodra je pc (om wat voor reden dan ook) crasht.
- » Zorg ervoor dat je benodigdheden op voorraad hebt: extra batterijen, een extra toetsenbord en een extra muis. Je moet snel kunnen reageren als het fout loopt. (Het is niet erg moeilijk om dergelijke spullen op voorraad te hebben, omdat je bij elke nieuwe pc een toetsenbord en een muis krijgt.)
- » Investeer in een back-up voor de stroomtoevoer naar je pc zodat als de stroom uitvalt, je computer blijft draaien. Deze back-upstroom hoeft geen uren te kunnen blijven draaien, behalve als je verwacht dat je nog steeds wilt traden als je woonplaats verwoest is door een aardbeving of overstroming. (Hee, door een crisis ontstaan kansen!)
- » Ten slotte, maak regelmatig een back-up van je computer. Het is niet handig als je je administratie kwijtraakt! Je kunt online een back-up maken via Mozy (www.mozy.com) of Carbonite (www.carbonite.com) of je kunt een externe harde schijf gebruiken die je op je pc aansluit. De meeste back-upsystemen kunnen ingesteld worden dat ze automatisch met enige regelmaat een back-up maken. Maar het maken van een back-up maakt wel je computer langzamer, dus doe het niet tijdens tradinguren!

Mobiel aan de slag op de beurzen

Een groeiend aantal brokers en softwareontwikkelaars biedt applicaties aan waarmee je kunt traden via een smartphone of tablet. Op het moment van schrijven ben ik van mening dat deze opties niet zo'n goed idee zijn voor de meeste daytraders. Zelfs met 4G kan je mobiele netwerk langzaam zijn en uitvallen. En er past niet voldoende informatie op een klein scherm om echt goed te traden.

Technologie verandert echter snel, dus tegen de tijd dat je dit leest, is het mogelijk dat mobiele verbindingen net zo snel zijn geworden als vaste aansluitingen. Dit kan vooral zo zijn als je op het platteland woont zonder betrouwbaar, snel internet. De verschillende brokers (inclusief degene die genoemd worden in hoofdstuk 11 en andere) voegen steeds nieuwe en betere mobiele capaciteiten toe. Dingen waar je op kunt letten: signalerings- en grafiekmogelijkheden, het gemak waarmee een order geplaatst kan worden, en synchronisatie met je desktop. Zorg er ook voor dat de mobiele dienst geschikt is voor het traden van de fondsen waarin jij handelt. Mobiele apps zijn nog steeds relatief nieuw in de tradingwereld en sommige passen beter bij je strategie dan andere. Ik blijf er desalniettemin sceptisch over of mobiel traden een goed idee is voor een actieve daytrader. Ik woon in Chicago vlak bij het honkbalstadion Wrigley Field en de mobiele ontvangst wordt vreselijk langzaam op wedstrijddagen. Als zo'n 40.000 fans allemaal selfies beginnen te versturen vanaf de tribune, is dit een aanslag op de zendmasten. Soms is mijn telefoonaanbieder op wedstrijddagen zo langzaam dat alleen de nooddiensten bereikbaar zijn. Het is natuurlijk geen groot probleem, maar het is niet handig als je een trader bent. Onthoud dat als je reclames ziet van brokers die het hebben over traden tijdens een sportwedstrijd.

Als je op zakenreis bent en je krijgt een fantastisch idee onderweg en je wilt een order plaatsen om te kopen en vast te houden, prima! Gebruik gerust je telefoon. Als je een swingtrader of belegger bent die meer dan gemiddeld tradet, gebruik dan een mobiel apparaat als de uitstap- of instappunten fantastisch zijn en je toevallig niet op kantoor bent.

Maar als je een daytrader bent die per dag tientallen tot honderden orders plaatst, krijg je geheid kramp in je vingers van het invoeren van alle orders op dat piepkleine toetsenbord, en de snelheid van je mobiele internet kan inzakken net op het moment dat je het niet kunt gebruiken. Als je broker telefonisch traden aanbiedt, gebruik dit dan alleen om posities vast te houden of af te sluiten als je vaste tradingsysteem crasht of als je er geen toegang toe hebt.

TIP

Hoewel mobiel traden niet het beste idee is als je primaire tradingplatform, kunnen mobiele technologie en de verschillende apps die mensen ervoor ontwikkelen echt nuttig zijn. Hier volgen enkele goede om te proberen:

- **Apps van beurzen.** Traders hebben goede koersen nodig. Deze apps worden gepubliceerd door de verschillende beurzen en bieden koersnoteringen en nieuws rechtstreeks van de bron. Ik noem hier een paar grote, maar ook kleinere beurzen zoals Warschau en Dhaka hebben apps.
  - **CME Group Mobile.** Deze app neemt je mee naar de vloer van de Chicago Mercantile Exchange. Hij is geavanceerd, omvat beursopleidingsmodules, en is beschikbaar voor zowel Android als iPhone. Onthoud echter dat er nog nauwelijks op de vloer gehandeld wordt bij de Merc.
  - **NASDAQ Q Folio.** De NASDAQ Stock Exchange is altijd al populair geweest onder traders in aandelen die op zoek zijn naar kleine bedrijven. Deze app biedt toegang tot portefeuillekoersen, kijklijsten en realtimenoteringen. Hij is gratis en beschikbaar voor Android en iPhone.
- **Nieuwsapps.** Apps zijn een fantastische manier om nieuws en informatie te verzamelen over de beurzen. Je kunt deze gebruiken als aanvulling op het traden buiten de beursuren om of voor extra inzicht.
  - **Bloomberg.** Bloomberg is de toonaangevende nieuwsdienst voor traders. De nieuwsfeed van Bloomberg is beschikbaar in appvorm voor zowel Android als Apple-apparaten.
  - **CNBC Real Time for Phones.** Vroeger stond bij traders vaak op de achtergrond de televisie aan op CNBC. Nu kunnen ze hun Apple- of Android-telefoon gebruiken voor realtime NYSE- en NASDAQ-noteringen samen met het belangrijkste nieuws van CNBC. De app is gratis.
  - **Financial Times.** De Financial Times is dé Britse financiële krant en bevat veel informatie over de zakenwereld vanuit Europees oogpunt. Hij is vooral nuttig als je handelt in valuta. De app is gratis en biedt toegang tot acht artikelen per maand. Als je meer nieuws wilt, moet je een betaald abonnement nemen.
  - **StockTwits.** Deze dienst haalt nieuwsfeeds van Twitter en andere socialemediabronnen zodat je een idee krijgt van wat mensen bezighoudt, waar de trends gevormd worden en welke nieuwe ideeën er ontstaan. De app is gratis voor iPhone- en Android-gebruikers.

» **Apps voor je plezier.** De volgende apps hebben allemaal met trading te maken, maar ze zijn meer leuk dan praktisch. Maar dit hoeft niet slecht te zijn, toch?

- **The Game of Stocks.** Dit is een gratis aandelenmarkt simulatorspel waar je $ 22.000 aan inleg krijgt. Je tradet op echte koersen en kunt dan zien hoe je het doet. Alleen beschikbaar voor Android.
- **NYSE Euronext Options Quiz.** Deze app is een goede manier om alles over opties te weten te komen. De quizapp toetst wat je weet en je kunt prijzen winnen (virtuele prijzen, maar toch) als je verderkomt.
- **Pirates and Traders.** Okay, dit is geen tradingapp, maar het is een leuk spelletje voor Android. Je kunt kiezen of je een piraat op de grote zee bent of de kapitein van een handelsschip en moet dan geld binnenhalen binnen je gekozen rol. Als je wilt gaan daytraden louter omdat je je verveelt, kun je dit misschien ook proberen.
- **Trading Wisdom.** Deze leuke, gratis app geeft goede noteringen en advies over trading. Hij is ontwikkeld door Sriram Swaminathan en is beschikbaar voor Android.

IN DIT HOOFDSTUK

Uitzoeken waar je een cursus in traden kunt volgen

Je trading aanvullen met onderzoek

Verkopers onderzoeken voordat je je geld uitgeeft

Hoofdstuk 13 Onderzoeksdiensten onderzoeken

Veel mensen verdienen veel geld aan daytrading zonder dat ze zelf daytraders zijn. Het zijn de mensen die winstgevende bedrijven hebben in verkooptrainingen, software, nieuwsbrieven en coaching. Het probleem is dat hun lessen hun klanten niet helpen winst te maken nadat de opleidingskosten ervan zijn afgetrokken.

Waarom het onderscheid tussen de kosten van een training en de waarde die deze voor daytraders genereert? Het is heel goed mogelijk dat sommige mensen die deze diensten afnemen sowieso geen sterke traders zijn. Daytraden is niet voor iedereen weggelegd. In andere gevallen kan het zijn dat traders niet voldoende onderzoek hebben gedaan voordat ze geld hebben uitgegeven aan een training in een systeem dat niet erg goed bleek te zijn.

Je hebt al geld uitgegeven aan dit boek. Zie dat als een investering! In dit hoofdstuk bespreek ik nog meer diensten die daytraders kunnen aanschaffen en geef ik je advies over hoe je kunt bepalen welke de moeite waard zijn en welke niet.

Het vak daytraden

Daytrading is een vak. Het duurt bij elk vak even voordat je het onder de knie hebt, en uitoefenaars moeten hun vaardigheden bijhouden als het vak verandert. Je zult merken dat je wat opleiding nodig hebt om aan de slag te gaan en nog wat meer training om succesvol te zijn. De volgende paragrafen geven informatie over de beschikbare trainingsopties.

BELANGRIJK

Laat ik eerlijk zijn: hoewel ik in dit boek veel informatie geef over daytrading, vertel ik lang niet alles. Dit boek is slechts een beginpunt. Het komt erop neer dat omdat je zoveel verschillende fondsen op zoveel verschillende manieren kunt traden, je meer informatie nodig hebt dan uit maar één bron. Een trader in aandelen die een momentumstrategie volgt gebaseerd op het nieuws, heeft andere diensten nodig dan een forextrader die naar de discrepanties in de rentevoet kijkt. Daarom is het niet mijn doel om je alles te leren, maar om je middelen aan te reiken die je kunnen helpen te beginnen en je te laten zien hoe je de meeste waarde krijgt voor het geld dat je hebt uitgegeven.

Weggevertjes van de beurzen en toezichthouders gebruiken

Bekijk eerst eens wat de verschillende beurzen en zelfregulerende organisaties gratis aanbieden om je op weg te helpen voordat je nog meer geld gaat uitgeven. Via deze bronnen kom je uit bij webinars, online cursussen en veel leesmateriaal die je alle informatie kunnen geven die je nodig hebt om aan de slag te gaan. Dienstverleners in de financiële sector willen natuurlijk dat mensen gaan traden, want zo verdienen ze geld. En ze willen ook dat ze succesvol zijn, want zo blijft de markt functioneren. (Beurzen zijn bedrijven, net als alle andere.) Als je dit gratis materiaal eerst doorneemt, krijg je al een gevoel van hoe geschikt je voor een bepaalde strategie bent, zodat je betere beslissingen kunt nemen over andere soorten training.

In deze paragraaf noem ik enkele bronnen die vooral goed zijn voor nieuwe daytraders.

Chicago Board Options Exchange

Het Options Institute van de Chicago Board Options Exchange biedt allerlei fantastische en diepgaande online tutorials, cursussen, oefenaccounts en seminars over exchange-traded options. Veel ervan zijn gratis, hoewel voor sommige van de intensievere programma's met persoonlijke begeleiding betaald moet worden. De CBOE biedt ook een tweedaags seminar aan voor ervaren traders die naar Chicago willen komen (een geweldige stad, hoewel het er niet altijd mooi weer is). Op de site staan diverse online gereedschapskisten en rekenmachines en ook een gesimuleerd tradingspel.

Ga voor meer informatie naar www.cboe.com/LearnCenter/default.aspx.

CME Group

De CME Group, een holding voor een paar verschillende beurzen, biedt uitgebreide en gedetailleerde gratis cursusprogramma's over zo'n beetje alle aspecten van het traden in derivaten. Of je nu geïnteresseerd bent in valuta, graan of opties of futures, de CME Group heeft video's, online cursussen en witboeken over de basisterminologie, geavanceerde tradingstrategieën en commentaren over de huidige markt. Het is informatie die je altijd kunt gebruiken, wat je strategie ook is. En je kunt je geen buil vallen aan de prijs!

Ga voor meer informatie naar www.cmegroup.com/education.html.

Institute for Financial Markets

Het Institute for Financial Markets is een non-profitorganisatie die basistrainingen aanbiedt voor mensen die werken op optie- en futurebeurzen. Veel van deze cursussen zijn niet geschikt voor daytraders, die niet geregistreerd hoeven te worden en die niet verplicht zijn aan permanente educatie te doen om deze registratie te behouden. Maar sommige opties kunnen nuttig zijn, dus bekijk ze, zodat je weet wat de beurzen te bieden hebben. Het recente aanbod omvat basisinformatie over derivaten en tradingstrategieën.

Ga voor meer informatie naar www.theifm.org.

IntercontinentalExchange

De meeste trainingen die verzorgd worden door de IntercontinentalExchange zijn bedoeld voor werknemers van handelsfirma's en worden gegeven op het kantoor van de beurs, maar ze hebben kantoren over de hele wereld. De ICE biedt ook verschillende online seminars aan die je kunnen helpen meer te weten te komen over verschillende producten en strategieën. Deze seminars zijn bedoeld voor traders met weinig ervaring.

Ga voor meer informatie naar www.theice.com/KnowledgeCenter.shtml.

NASDAQ

Oké, als ik eerlijk ben, moet ik toegeven dat de beurzen het beleggen meer willen stimuleren dan het traden, aangezien ze willen dat bedrijven aandelen noteren aan hun beurs. Het soort hoge volatiliteit die daytraders zoeken, maakt sommige stijve corporate officers huiverig. Dus is veel van de informatie op de website van de NASDAQ gericht op hoe je aandelen uitkiest voor de lange termijn. Toch is er informatie die nuttig kan zijn voor daytraders, inclusief databeschrijvingen die je kunnen helpen met je strategieën.

Ga voor meer informatie naar www.nasdaq.com/investing.

National Futures Association

Het Investor Learning Center van de National Futures Association is de zelfregulerende organisatie voor agrarische en financiële futurebeurzen. Deze site bevat tutorials voor het traden van futures en vreemde valuta. Deze organisatie heeft niet veel tutorials, maar de paar die er zijn, zijn gratis en allesomvattend.

Ga voor meer informatie naar www.nfa.futures.org/investor/investorLearningCenter.asp.

New York Stock Exchange

De New York Stock Exchange wil, net als NASDAQ, liever beleggers aantrekken dan traders. Toch bevat de site van de beurs informatie over het traden van aandelen, obligaties en exchange-traded funds, waardoor je meer over deze onderwerpen te weten kunt komen zonder er een cent aan uit te hoeven geven.

Ga voor meer informatie naar https://nyse.nyx.com/financial-literacy.

Op naar een conferentie

Hoewel daytrading een eenzaam beroep is achter een scherm, wil je er misschien ook weleens uit en meer te weten komen over trading en de verschillende bedrijven onderzoeken die producten voor daytraders aanbieden. Veel beurzen en grotere brokers verzorgen hun eigen seminars en conferenties, maar sommige zijn ook toegankelijk voor het publiek. Er is veel informatie beschikbaar, maar kijk uit: soms is het meer de bedoeling jou iets te verkopen dan dat je er iets van opsteekt.

TIP

Brokers die veel seminars en trainingen aanbieden, vragen misschien meer commissie dan kantoren die minder diensten aanbieden, maar de extra kosten kunnen het meer dan waard zijn, vooral als je net begint. Je kunt in hoofdstuk 11 meer informatie vinden over brokers die met daytraders werken.

The Money Show

The Money Show is een serie beleggingsconferenties die in verschillende grote steden in heel Amerika worden gehouden. Soms gaan ze over een specifiek onderwerp, zoals traden en vreemde valuta, terwijl andere heel algemeen zijn. Registratie is gratis, wat betekent dat als je komt, mensen je proberen van alles aan te smeren. Hoewel deze vertegenwoordigers voor een ervaren trader hinderlijk kunnen zijn, kunnen ze nuttig zijn voor beginnende traders die op zoek zijn naar meer informatie over alle verschillende softwareproducten en diensten die beschikbaar zijn. Zorg ervoor dat je alleen informatie verzamelt en niet nog meer geld uitgeeft. Deze conferenties hebben ook beroemde sprekers, dus kun je iets leren van Wall Street-beroemdheden. De website van The Money Show bevat artikelen, podcasts en gratis online cursussen om je meer over traden te leren.

Ga voor meer informatie naar www.moneyshow.com.

Trading Forum

Het Trading Forum wordt gesponsord door de Traders' Library en verkoopt onderzoeksmateriaal en boeken over beleggen. De conferentie is niet goedkoop, maar er worden specifieke tradingstrategieën en informatie besproken. Deze informatie is zijn geld zeker waard.

Ga voor meer informatie naar www.traderslibrary.com/conferences.

Cursussen volgen

Hoewel het niet nodig is, leren veel daytraders hoe traden werkt door een cursus te volgen, van officiële opleidingen aangeboden door serieuze universiteiten tot dvd's die via reclamebanners onder de aandacht worden gebracht. Geen enkele cursus is een garantie op succes, en niet elke cursus is geschikt voor elke trader. Ik zal hier enkele van de bekendere cursussen noemen, maar kijk goed of ze wel geschikt voor je zijn. Hetzelfde geldt ook voor cursussen die hier niet genoemd worden.

BELANGRIJK

De grotere brokers en onderzoeksbureaus bieden hun eigen cursussen aan, vaak tegen een laag bedrag of helemaal voor niets. Kijk hier als eerste naar, maar onthoud dat hun introductiecursussen een verkooppraatje kunnen zijn om meer producten en diensten aan je te slijten. Natuurlijk kunnen andere cursussen ook verkapte verkooppraatjes zijn. Op een gegeven moment kun je beter gaan traden. Al doende leert men.

PAS OP

Er zijn veel legitieme cursusaanbieders, maar ook veel oplichters. Blijf uit de buurt van iedereen die succes garandeert en schrijf je pas in voor een cursus als je weet wat je wilt leren. Ik heb aan het einde van dit hoofdstuk wat informatie toegevoegd over zorgvuldig handelen.

FX:1 Academy

De FX:1 Academy biedt klassikale cursussen over vreemde valuta. Het slechte nieuws is dat ze gehouden worden in Azië, voornamelijk in Singapore, wat lastig kan zijn als je in Europa woont. Maar als je geïnteresseerd bent in het traden in valuta en je verblijft voor een tijdje in Azië, kun je altijd naar deze cursussen kijken.

Ga voor meer informatie naar www.fx1academy.com.

Kapitall

Kapitall is een broker, maar ik noem het hier in plaats van bij de brokers in hoofdstuk 11 omdat de diensten niet gericht zijn op actieve daytraders. Maar ze bieden wel diensten aan om mensen van alles te leren over beleggen (en indirect over traden), inclusief spellen en wedstrijden. Veel hiervan is gratis. Bekijk de site als je meer te weten wilt komen over aandelenbeurzen.

Ga voor meer informatie naar www.kapitall.com.

T3 Live

T3 Live biedt diverse gratis en betaalde cursussen, gericht op tradingvaardigheden die in de meeste markten werken. Neem ook eens een kijkje in de virtuele tradingroom.

Ga voor meer informatie naar www.t3live.com.

TopstepTrader

TopstepTrader is opgericht door een oud-werknemer van de Chicago Mercantile Exchange om mensen meer te leren over het traden op elektronische markten. (De oude methode, namelijk als runner op de beursvloer werken, is nu achterhaald, aangezien veel beursvloeren verdwijnen.) Het begint met twee weken gratis oefentraden. (Er worden ook betaalde cursussen aangeboden.) Als je het goed genoeg doet met je oefenaccount, kun je deelnemen aan een soort X Factor voor traders: je stort een bedrag, wat terug wordt betaald als je trading voldoet aan bepaalde risico- en andere parameters; je wordt gecoacht door ervaren traders en je prestaties worden beoordeeld. Als het de coaches bevalt wat ze zien, word je toegelaten tot het moederbedrijf van TopstepTrader, Patak Trading, of je wordt gevraagd door een ander bedrijf.

Ga voor meer informatie naar www.topsteptrader.com.

Trading Advantage

Trading Advantage, dat wordt geleid door een ervaren trader op de grondstoffenbeurs, biedt veel opleidingsopties, van telefonische begeleiding en een virtuele tradingroom tot boeken en dvd's. Sommige opleidingsprogramma's zijn gericht op beursvloertraders die moeten leren hoe futures elektronisch worden verhandeld om te kunnen concurreren, terwijl andere voor een gemiddeld persoon werken die met traden wil beginnen of die zijn of haar prestaties een boost wil geven.

Ga voor meer informatie naar www.tradingadvantage.com.

Trader Kingdom

Trader Kingdom, dat gerund wordt door een groep ervaren traders, biedt webinars, livesprekers en begeleiding, alsmede veel gratis online materiaal over het traden van futures. Kijk op de website wat het huidige aanbod is als je overweegt te gaan traden op futuremarkten.

Ga voor meer informatie naar www.traderkingdom.com.

Het juiste onderzoek krijgen

Daytraders hebben een tradingsysteem nodig en ze vertrouwen vaak op onderzoeksdiensten waar ze een abonnement op nemen. Dit is prima zolang deze systemen een grotere waarde toevoegen dan wat ze kosten. Jammer genoeg is het adviseren van daytraders big business en misschien is daar wel meer geld in te verdienen dan in het daytraden zelf. Lees voordat je die gerenommeerde broker uit die schreeuwerige reclame belt eerst de adviezen die ik hier geef om de dienst te evalueren.

Er zijn drie soorten externe diensten:

- **Koersgegevens** zijn gedetailleerde, realtimekoersnoteringen van verschillende beurzen.

- **Grafiekdiensten** helpen traders winstgevende trends te identificeren.
- **Strategisch onderzoek** helpt mensen met het ontwikkelen van een systeem om mee te traden of een systeem te volgen dat door iemand anders is ontwikkeld.

Misschien heb je ze alle drie nodig, afhankelijk van je tradingstijl en van hoeveel je weet over financiële markten.

Veel daytraders abonneren zich op koersnoteringsdiensten en analytische diensten. In de volgende paragraaf vind je een lijst van enkele populaire diensten. Let wel, dit is geen definitieve lijst. En zelfs het feit dat ik een dienst in de lijst opneem, wil niet automatisch zeggen dat ik hem ook aanbeveel. Zie het meer als een handleiding om je na te laten denken over wat je nodig hebt en waar je het kunt krijgen.

TIP

Als je weet dat je externe koers- en datadiensten nodig hebt, neem dit dan mee als je een broker uitkiest. Verschillende kantoren hebben verschillende softwareplatforms, en sommige daarvan kunnen beter met externe datafeeds omgaan dan andere. Ga voor meer informatie over het kiezen van een broker naar hoofdstuk 11.

Noteer dat voor mij

Veel brokers bieden daytradingdiensten aan. Ze hebben allemaal diensten die je vertellen wat de koersen zijn van een effect op elk gewenst moment, maar dit betekent niet dat ze alle koersen doorgeven die je voor je strategie nodig hebt. Al je bijvoorbeeld daytradet in normale aandelen, heb je een systeem nodig dat bepaalde koerspatronen kan signaleren in de duizenden aandelen die op een bepaalde dag getraded worden. Als je opties tradet gebaseerd op de waarde van de onderliggende effecten, heb je realtimegegevens nodig en je broker geeft misschien gegevens van bepaalde markten door met een vertraging van tien minuten.

Behalve het feit dat je alle koersen en de gerelateerde volume- en marketmakergegevens nodig hebt, moet je voor sommige strategieën snel kunnen traden. Elke seconde telt en niet alle brokers kunnen koersen snel genoeg doorgeven om scalpen winstgevend te maken. Een oplossing is koersen te laten doorgeven door een afzonderlijke bron die snelle doorgifte biedt. Voor andere tradingstrategieën heb je geen realtimekoersen nodig voor enorme aantallen effecten, maar wel een gedetailleerde analyse van koersen aan het einde van de dag. Daarvoor heb je misschien meer informatie nodig dan je broker je kan geven.

De volgende paragrafen geven informatie over enkele van de koersnoterings- en datadiensten die er zijn.

BELANGRIJK

De noteringsdienst kan de data alleen realtime doorgeven als je over voldoende bandbreedte beschikt om het te ontvangen. Neem altijd het snelste internetabonnement dat maar beschikbaar is binnen je gebied. Overweeg ook een tweede manier om op internet aangesloten te zijn voor het geval je hoofdaansluiting storing heeft.

CQG

CQG haalt data uit bijna alle beurzen van de wereld en is dus populair onder mensen die internationale effecten traden. Ze bieden ook data over de onderhandse valutahandel. Traders kunnen historische gegevens kopen om mee te backtesten (zie hoofdstuk 16 voor meer hierover) en ze kunnen grafieken en order-routingmogelijkheden toevoegen aan hun CQC-pakket. Mensen die zelf nog verder in de cijfers willen duiken, kunnen de data koppelen aan hun Microsoft Excel-spreadsheets.

Ga voor meer informatie naar www.cqg.com.

DTN

Trade je in brandstof of agrarische producten? Dan heb je misschien meer onderzoek nodig dan de meeste brokers je kunnen geven. DTN produceert een enorme hoeveelheid data voor boeren en olieboeren en biedt ook nog veel diensten voor traders. Het bedrijf, eigendom van Schneider Electric, biedt koersbepalingen en onderzoek voor traders in grondstoffen, inclusief meteorologisch onderzoek en voorspellingen voor orkaangerelateerde energievoorzieningen. Daytraders die actief zijn in aandelen of financiële futures zullen zeer waarschijnlijk veel gebruikmaken van de IQ-datafeeds van het bedrijf, waarmee gebruikers tegelijkertijd 1.300 koersen in de gaten kunnen houden, en van ProphetX, software die koersgegevens aan analyses koppelt waarmee kleine marktbewegingen opgemerkt kunnen worden en waarmee vensters tegelijkertijd op verschillende monitoren getoond kunnen worden.

Ga voor meer informatie naar https://www.dtnpf.com/agriculture/web/ag/home.

eSignal

eSignal biedt gedetailleerde koersen, nieuws en tradingwaarschuwingen voor de meeste financiële markten op je computer of telefoon. De grafiekfuncties zijn geavanceerder dan de meeste die aangeboden worden door brokers. Het is vooral nuttig voor traders die op zoek zijn naar verschillende aandelen. eSignal kan helpen bij het identificeren van tradingmogelijkheden aan de hand van een voorkeursstrategie en scant de markt op andere aandelen die aan de gespecificeerde beleggingscriteria voldoen. Het bedrijf biedt ook realtimestrategietesten, analyse aan het einde van de dag voor traders die geen realtimegegevens nodig hebben en add-onsignalen die verschillende bedrijfseigen tradingstrategieën ondersteunen.

Ga voor meer informatie naar www.esignal.com.

REDI

REDI, voorheen InstaQuote, geeft data vooral gericht op traders in aandelenopties. Het biedt traders koersnoteringen voor zowel opties als aandelen, waarmee ze de koersdiscrepanties kunnen vaststellen en waarderingen in de gaten kunnen houden. Het maakt verbinding met de elektronische communicatienetwerken van de beurs, zodat er direct getraded kan worden. Het platform van REDI kan samenwerken met rekeningen van verschillende brokers.

Ga voor meer informatie naar www.redi.com/analytics.

Oanda

Oanda biedt zowel diensten als gegevens voor de handel in vreemde valuta. Het vermeldt wisselkoersen van de belangrijkste valuta en kleine grensmarkten. De gegevens zijn beschikbaar, tegen betaling, voor degenen die ze willen gebruiken binnen het platform van een andere broker.

Ga voor meer informatie naar www.oanda.com.

Je strategie in kaart brengen

Bijna alle daytradingstrategieën zijn gebaseerd op technische analyse. Dit is het proces van het identificeren van koop- en verkoopmogelijkheden gebaseerd op de vraag naar en het aanbod van een effect. Technisch analisten kijken naar grafieken met koers- en volumeveranderingen op zoek naar veranderingen in de trend. (In hoofdstuk 7 ga ik dieper in op technische analyse.) Sommige strategieën gebaseerd op technische analyse zijn gecompliceerd en vereisen geavanceerde grafieken. Dit is de reden dat veel daytraders software gebruiken die koersgegevens omzet in de informatie die zij nodig hebben om beslissingen te nemen.

TIP

Veel gebruikers van deze diensten raken in verwarring door de symbolen en de weergave van de gegevens. Neem de tijd om de diensten zo goed mogelijk te doorgronden voordat je met echt geld realtime gaat traden. De meeste van deze aanbieders verzorgen seminars of online tutorials die nuttig kunnen zijn. Natuurlijk, veel van de functies zijn duidelijk, maar je wilt wel kostbare fouten voorkomen.

MarketDelta

De software van MarketDelta biedt gedetailleerde grafiekdiensten die overeenkomen met verschillende strategieën in verschillende periodes; in kleur, waardoor de gegevens duidelijk naar voren komen. Het doel is koersinformatie transparanter te maken en dus de informatie nauwkeuriger in grafieken weer te geven. Het bedrijf heeft voor het grootste deel te maken met professionals, maar sommige producten zijn geschikt voor daytraders.

Ga voor meer informatie naar www.marketdelta.com.

Metastock

Metastock biedt verschillende grafiek- en analysepakketten, voor onder meer handelaren in vreemde valuta, daytraders en beleggers die aandelen langer dan een dag vasthouden. Ze bieden ook enkele instrumenten voor fundamenteel onderzoek. Traders die specifieke strategieën hanteren die aanbevolen worden door verschillende marktanalisten kunnen add-ons kopen die ze de instrumenten bieden om effectief te kunnen traden en deel te nemen aan fysieke en online gebruikersgroepen. Sommige brokers bieden Metastock-instrumenten als alternatief voor hun bedrijfseigen platform.

Ga voor meer informatie naar www.metastock.com.

NinjaTrader

NinjaTrader is een tradingplatform voor actieve traders en kan gebruikt worden in de plaats van de tradingsoftware die door veel brokers aangeboden wordt. De dienst is vooral bekend om zijn grafiekcapaciteiten op het gebied van de valuta- en de futuremarkten, maar kan ook prima gebruikt worden voor het scannen van de markt, computergestuurd handelen, backtesten en simulatie.

Ga voor meer informatie naar www.ninjatrader.com.

OmniTrader

OmniTrader is ontwikkeld voor het automatiseren van technische analyse (lees hier alles over in hoofdstuk 7), vooral voor aandelentraders. Traders kunnen het gebruiken om computergestuurde handelssystemen op te zetten of om ze te helpen hun eigen beslissingen te nemen gedurende de handelsdag. Het systeem omvat ook geldbeheerinstrumenten (geldbeheer wordt besproken in hoofdstuk 6) alsmede simulatie- en backtest-functionaliteit om je te helpen nieuwe strategieën te vinden.

Ga voor meer informatie naar www.omnitrader.com.

Eze Software Group

Eze Software Group combineert koersgegevens met grafiekdiensten en marktsignalen voor aandelen, opties, futures en vreemde valuta, wat zeer nuttig is voor traders die op verschillende markten actief zijn. Met add-ondiensten kun je de gegevens aanpassen als je een ongewone strategie hebt. De dienst omvat direct toegang tot traden via verschillende brokers, waaronder enkele kantoren die met daytraders werken.

Ga voor meer informatie naar www.ezesoft.com.

StockTwits

Social media is niet alleen een fantastische manier om op de hoogte te blijven van het wel en wee van popsterren en om plaatselijke koopjes te vinden, het kan ook handig zijn voor traders. StockTwits is een dienst die lijkt op Twitter. Het laat leden trade-ideeën en marktgegevens posten en haalt streams binnen van Facebook, Twitter en LinkedIn. Het is vooral een goede manier om het marktsentiment te volgen, want sentiment stimuleert markten. StockTwits is gratis.

Ga voor meer informatie naar www.stocktwits.com.

Trade-Ideas

Trade-Ideas is ontwikkeld voor handelaren in aandelen. De software scant de binnenkomende koersgegevensfeed om tradingmogelijkheden te vinden gebaseerd op van tevoren aangegeven indicatoren en het kan ook aangeven hoeveel de markt is afgeweken van de stijl van de trader. Voor traders die honderden of duizenden aandelen in de gaten houden, kan Trade-Ideas een nuttige aanvulling zijn op het aanbod van brokers.

Ga voor meer informatie naar www.trade-ideas.com.

Nieuws, nieuwsbrieven, goeroes en strategisch advies

Bij het traden vertrouwt iedereen in de markt op informatie om te beoordelen wat de juiste prijs voor een effect moet zijn. Deze informatie is grotendeels het resultaat van het analyseren van het nieuws en koersgegevens, die beide beschikbaar zijn bij brokers en noteringsdiensten. Maar veel traders volgen expliciete filosofieën of vertrouwen op de inzichten van bepaalde analisten. Hier volgt een lijst met sommige van de belangrijkste spelers op dit gebied.

BELANGRIJK

Veel marktgoeroes hebben goede ideeën, maar ga ze niet blind volgen. Hun technieken werken niet altijd op alle markten. Je moet maar zo denken: áls er al een strategie bestaat die altijd en overal werkt, zou de ontwikkelaar van deze strategie hem dan zo gemakkelijk prijsgeven? Nieuwsbrieven en dergelijke zijn slechts een onderdeel van het constante gesprek op de markten waarop traders hun beslissingen baseren.

Briefing.com

Als je een op nieuws gebaseerde tradingstrategie volgt, moet je weten wat het nieuws is. Briefing.com biedt dagelijks samenvattingen van het nieuws en live-updates over gebeurtenissen in het nieuws en ideeën voor trades die bij je stijl kunnen passen. En anders dan bij de standaardnieuwsfeeds die beschikbaar zijn voor iedereen met toegang tot internet, zijn er geen verhalen over beroemdheden die je afleiden.

Ga voor meer informatie naar www.briefing.com.

ElliottWave.com

De *Elliottgolf* is een theorie die stelt dat markten in een eeuw of langer in grote cirkels bewegen. Gezien alle lagen en analyses die nodig zijn, nemen de mensen die in deze theorie geloven meestal een abonnement op onderzoeksdiensten om ze te helpen. Deze site wordt bijgehouden door Robert Prechter, een van de toonaangevende aanhangers van de theorie.

Ga voor meer informatie naar www.elliottwave.com.

School of Gann

Het Gannsysteem voor technische analyse kijkt naar de hellingen van de grafieken om veranderingen te voorspellen. Het is een complex systeem, dus vertrouwen traders die het volgen op nieuwsbrieven en onderzoeksdiensten om ze te helpen. De School of Gann is in dit systeem gespecialiseerd.

Ga voor meer informatie naar www.schoolofgann.com.

TradeTheNews.com

TradeTheNews biedt onafhankelijke traders toegang tot een *squawk box*, een audionieuwsfeed met commentaar die op de achtergrond van de meeste professionele tradingdesks aanstaat. De personeelsleden zijn werkzaam op de vloer van verschillende beurzen en geven realtime-nieuws en analyse door, wat nuttig is voor traders die op nieuws gebaseerde strategieën hanteren.

Ga voor meer informatie naar www.tradethenews.com.

TIP

HET GEDRUKTE WOORD

Verschillende boeken gaan nog dieper in op de specifieke aspecten van de tradingpsychologie, tradingstrategieën en onderzoeksystemen dan ik hier kan doen. Ga naar de bijlage waar zich een lijst bevindt met andere bronnen die je kunnen helpen bij je onderzoek.

Onthoud: daytrading was populair in de tweede helft van de negentiger jaren van de vorige eeuw en je zult opmerken dat veel van de boeken en artikelen over dit onderwerp uit die tijd stammen. Sommige zijn te vinden in de bibliotheek en andere zijn nog steeds te koop via internet. Maar markten veranderen, net als richtlijnen. SOES bestaat niet meer. Vertrouw niet op een systeem dat twee decennia geleden populair was, behalve als je het getest hebt en zeker weet dat het nog steeds werkt.

Doen wat je moet doen

Tradingsoftware, cursussen en onderzoek kunnen aardig in de papieren gaan lopen en sommige diensten en seminars stellen echt niets voor. Zelfs als ze legaal zijn (en de meeste zijn dat), hoeven ze niet bij je te passen. Doe onderzoek voordat je geld uitgeeft. Begin met de gratis cursussen die door de beurzen worden aangeboden (in het eerste deel van dit hoofdstuk genoemd), zodat je over voldoende kennis beschikt om te begrijpen wat een aanbieder van tradingdiensten probeert te doen. Doe dan gedegen antecedentenonderzoek en stel vragen. Lees verder over waar je naartoe kunt en wat je kunt vragen.

Waar begin je met onderzoeken

Er zijn veel instrumenten beschikbaar om te doen wat je moet doen. Een goede plek om te beginnen is internet. Ga naar je favoriete zoekmachine en voer de naam van het programma in waar je in geïnteresseerd bent plus het woord *scam* of *bedrog* en kijk wat er dan te zien is op de derde of vierde pagina van de zoekresultaten. Als er niets interessants opvalt, kun je verdergaan met de toezichthoudende instellingen die in de volgende paragrafen genoemd worden.

TIP

Iemand met ook maar een beetje kennis van de optimalisatie van zoekmachines kent deze tip. Als je zoekactie leidt tot tientallen blogposts met onderwerpen als 'Waarom bedrijf X GEEN scam is!!!' dan weet je het wel. Bedrijf X heeft waarschijnlijk iets te verbergen en als je naar de derde of vierde pagina van de zoekresultaten gaat, kom je er misschien achter wat dat is. Of laat het gewoon links liggen omdat er voldoende legitieme verkopers zijn om mee te werken.

BELANGRIJK

Het kan zijn dan je met een zoekopdracht of op de sites van de verschillende toezichthoudende organisaties maar weinig kunt vinden over een bepaald onderzoeksbedrijf. Dit betekent niet dat het bedrijf niet echt bestaat of niet bonafide zou zijn. Het betekent alleen dat er tot nu toe niet veel problemen mee zijn geweest.

Commodity Futures Trading Commission

De Commodity Futures Trading Commission (www.cftc.gov/ConsumerProtection/index.htm) reguleert optie- en futuremarkten, die populair zijn onder daytraders. Hoewel deze commissie niet zo bekend is als de Securities and Exchange Commission, zijn hun functies vergelijkbaar. Op de website kun je de adviezen voor beleggers, bekende scams en recente handhavingsinspanningen bekijken om te zien of de verkoper waarmee je in zee wilt gaan legitiem of te goed om waar de zijn is.

FINRA BrokerCheck

De Financial Industry Regulatory Authority (FINRA) biedt een handige dienst waarmee je de huidige handhavingsstatus van verschillende brokers en hun werknemers kunt controleren. Vooral op de aandelen-, obligatie- en optiemarkten. Sommige van deze bedrijven en mensen bieden onderzoeksdiensten of nieuwsbrieven aan, dus kijk of ze in het verleden in de problemen zijn gekomen. Je kunt je beslissingen dan baseren op wat je hebt gevonden. Sommige zaken, zoals geschillen over klantenfondsen in het verleden, zijn dingen waarvoor je weg moet rennen. Ga naar https://brokercheck.finra.org.

National Futures Association BASIC

Futures zijn populair onder daytraders en worden gereguleerd door de National Futures Association. Het Background Affiliation Status Information Center (BASIC), op www.nfa.futures.org/BasicNet, biedt informatie over mensen en bedrijven die ingeschreven staan bij de National Futures Association.

Securities and Exchange Commission

Via www.sec.gov/investor.shtml, biedt de Securities and Exchange Commission veel fantastische informatie over elk aspect van het beleggen in aandelen en obligaties met speciale nadruk op problemen en scams die je beter kunt vermijden. Ponzischema's met betrekking tot virtuele valuta? Pump-and-dump scams? Laat de informatie je niet afschrikken; gebruik haar om de diensten te beoordelen waarvoor je bereid bent te betalen.

Vragen die je kunt stellen

Nadat je je antecedentenonderzoek hebt afgerond, ben je er klaar voor om vragen te stellen over de dienstaanbieders die je overweegt. Praat met vertegenwoordigers van de klantenservice en probeer ook met andere traders te praten. Deze paragraaf bevat een lijst met vragen om je op weg te helpen.

- Kan ik een gratis proefperiode krijgen om de dienst uit te proberen?
- Welke cursussen en ondersteuning bieden jullie? Hebben jullie een gebruikersgemeenschap?
- Hoe lang zal het duren voordat ik het systeem onder de knie heb? Moet ik betalen voor aanvullende cursussen en coaching, of voldoet jullie ingebouwde ondersteuning?
- Wie zal mij begeleiden of adviseren en wat is de achtergrond van deze persoon?
- Hoe lang zijn jullie al bezig? Waarom is het bedrijf opgezet?
- Welke aanvullende functies zijn er beschikbaar tegen aanvullende kosten? Hoeveel klanten hebben alleen een abonnement op het basissysteem?
- Ondersteunt dit systeem mijn tradingstijl en werkt het met de fondsen waarin ik wil traden?
- Screenen jullie traders voor jullie programma? Vragen jullie traders te vertrekken? Wat zijn de kenmerken van de traders die het goed doen? En van degenen die het niet goed doen?

- Kan ik met andere klanten praten?
- Is jullie software compatibel met die van mijn broker? Met andere diensten die ik gebruik? Met het besturingssysteem van mijn computer? Met de brandbreedte van mijn internet?
- Zijn jullie prestatiecijfers echt of zijn ze hypothetisch en gebaseerd op backtesten? Hoe worden de getallen berekend? (Hoofdstuk 16 bevat meer informatie over prestatieberekening.)

BELANGRIJK

Hypothetische prestaties zijn gebaseerd op een analyse van wat gebeurd zou zijn als het systeem in het verleden zou zijn gebruikt of wat er zou kunnen gebeuren als de marktomstandigheden meewerken. Het kan onderhevig zijn aan *datamining*, wat betekent dat het systeem is ontwikkeld om goede prestaties op te leveren met backtesten, niet op een of andere logische of theoretische basis.

PAS OP

Vertrouw niet op beloften over gegarandeerde prestaties. Daytrading is een moeilijk vak. Veel mensen redden het niet omdat het niet bij hun persoonlijkheid past. Anderen falen omdat ze niet voldoende startkapitaal hebben, niet de tijd nemen om uit te zoeken hoe het werkt of gewoon geen geluk hebben. Niemand kan beloven dat het zal lukken.

IN DIT HOOFDSTUK

- **Waarschuwingen van traders die mislukt zijn**
- **Je emoties onder controle houden**
- **Hoe ziet het beste tradingplan eruit?**

Hoofdstuk 14
Stressmanagement tijdens de handelsdag

Daytrading is een meedogenloos vak. Op sommige dagen zijn er geen trades die de moeite waard zijn. Op andere dagen zijn er trades, maar lopen zij niet op de manier zoals jij had gewild. En op sommige dagen zijn er te veel goede trades, meer dan je kunt uitvoeren en dus glippen er winstkansen door je vingers. Als je met echt geld werkt, kan dit heel veel stress opleveren.

Traders bij een vermogensbeheerder of broker voelen enorm veel kameraadschap. Ze werken voor dezelfde werkgever en klitten samen om stoom af te blazen. Maar wat doe jij thuis? Hoe zorg je dat je niet in paniek raakt, depressief wordt of het traden op een andere manier van invloed laat zijn op je winst en op jou?

Als je gaat daytraden, moet je de reële fysieke en psychologische stress die de markt met zich meebrengt kunnen begrijpen. In dit hoofdstuk geef ik informatie en advies om je te helpen een crisis te vermijden.

Verhalen van degenen die faalden

De tradingwereld zit vol verhalen van mensen die op een spectaculaire en destructieve manier faalden. Haast iedereen die achter een tradingdesk of op de beursvloer werkt, kent wel collega's die gek zijn geworden, van achter hun desk wegliepen, een inzinking kregen op de vloer of stierven in het harnas. Haast iedereen kan collega's noemen die aan de drank geraakt zijn, in een vechtscheiding zijn beland of zelfmoord hebben gepleegd. Hoewel daytraders vaak zelfstandig werken, zijn ook over hen verhalen bekend over zelfdestructief gedrag.

Aangezien niet veel mensen constant daytraden, zijn er niet veel goede demografische onderzoeken gedaan naar hoeveel daytraders verslaafd raken aan drugs of alcohol, hun relatie op de klippen zien lopen, vervreemd raken van hun vrienden of zelfmoord plegen. Anekdotisch bewijs is er wel. Mensen die in effecten handelen staan onder grote druk en krijgen elke dag te maken met verliezen. Hun prestaties worden constant beoordeeld door de markt en is niet aan te geven in een grafiek. Als je ook maar een paar minuten praat met een trader, hoor je al horrorverhalen.

Wees niet de persoon die onderzoekers voldoende kritische massa bezorgt voor cijfers over zelfdestructie onder daytraders. Stress maakt een groot onderdeel uit van daytrading en niet alle traders kunnen daar goed mee omgaan. Als je weet waar je mee te maken krijgt en je erop voorbereidt, zal het je beter af gaan dan vele anderen.

BELANGRIJK

Veel, waarschijnlijk de meeste, daytraders hebben een heerlijk leven en hebben niet meer problemen dan iemand anders. Dit komt doordat ze het perspectief, de balans en de persoonlijkheid hebben die passen bij wat het vak vraagt. In de volgende paragrafen lees je een paar waarschuwende verhalen van traders die zijn bezweken onder de druk die inherent is aan dit werk. Ik vertel ze hier om één eenvoudige reden: als je weet wat er fout kan gaan, kun je er beter voor oppassen.

Jesse Livermore

Jesse Livermore wordt soms gezien als de vader van het daytraden. Over hem gaat het boek *Reminiscences of a Stock Operator* van Edwin LeFevre, een klassieker over traden (zie de bijlage voor meer informatie). Livermore werd geboren in 1877 en begon in aandelen te handelen toen hij in zijn tienerjaren was. Hij claimde dat hij op zijn vijftiende al $ 1.000 had verdiend. Dit lijkt misschien niet veel, maar je moet nagaan dat hij erg jong was en dat $ 1.000 min of meer overeenkomt met $ 20.000 nu. Hij heeft fortuinen verdiend door tegen de markt op te bieden in 1907, en opnieuw in 1929, en allebei de keren verloor hij het ook weer. In 1934 zat hij totaal aan de grond en was hij depressief. In 1935 probeerde hij voor het eerst zelfmoord te plegen, en in 1940 lukt het hem uiteindelijk.

Steve Perkins

Is dit een waarschuwing of heeft de man van zijn fouten geleerd? Steve Perkins is een handelaar in energie die voor PVM Oil Futures werkte, een bedrijf gevestigd in Londen. Op een avond in 2009 werd hij heel dronken, deed hij zijn laptop open en begon futures te kopen. Op een gegeven moment had hij bijna 70 procent van de oliemarkt in handen en had hij zijn bedrijf opgezadeld met een verlies van $ 10 miljoen. Hij werd ontslagen en mocht niet meer handelen in het Verenigd Koninkrijk. In 2010 werd hij in dienst genomen door een Zwitserse handelsfirma in energie. Hopelijk maakt hij dezelfde fout niet nog een keer.

Knight Capital

Knight Capital is een bedrijf, geen persoon, maar dit is een goed verhaal om aan te geven hoeveel er nu elektronisch wordt gehandeld. Het bedrijf is een grote speler op de aandelen- en aandelenoptiesmarkt. Het handelt uit eigen naam, en koopt en verkoopt effecten van goedkope brokers zodat zij trades efficiënter uit kunnen voeren. In de kleine uurtjes op 1 augustus 2012 voerde het bedrijf een software-upgrade uit. Toen de markt om half tien New Yorkse tijd opengingn, stuurde Knight Capital een stortvloed aan foutieve orders naar de markt. Het bleek dat er een fout in de net geïnstalleerde software zat. Oeps! Tegen de tijd dat het disfunctionerende tradingsysteem afgesloten was, had Knight Capital al $ 440 miljoen verloren. Het bedrijf zou failliet zijn gegaan als het niet was overgenomen door concurrent GETCO.

Anders dan bij Knight Capital kunnen daytraders niet vrijgekocht worden door concurrenten. Technieken van risicobeheer kunnen het risico beperken en ook als je een back-uptradingmethode hebt (zeg een laptop of een telefoon) om je te helpen snel te sluiten als je computer gek begint te doen.

Je emoties onder controle houden

Je emoties onder controle houden is de sleutel tot succesvol zijn in daytrading. De aandelen weten niet dat jij ze in handen hebt, zeggen aandelenhandelaren vaak, dus ze gaan heus niet goed presteren alleen omdat jij het wilt. Dit kan je woedend maken, vooral als je je kapitaal langzaam ziet verdwijnen. Zulke verliezen zijn erg persoonlijk.

TECHNISCHE INFO

De traditionele financiële theorie is gebaseerd op het idee dat traders rationeel zijn. In de praktijk zijn de meeste dat echter niet. Traders en beleggers zijn vaak irrationeel op geheel voorspelbare manieren, wat geleid heeft tot een groeiend onderzoeksgebied genaamd *gedragseconomie*. Het is een populaire tak van wetenschap, met veel Nobelprijswinnaars, en de ontdekkingen op dit gebied kunnen mensen helpen om maatregelen van beleggingsgedrag in te bouwen in hun koop- en verkoopbeslissingen.

TIP

Als je geen manier kunt bedenken om de manier waarop je op de markt reageert in toom te houden, moet je geen daytrader worden. Bijna alle daytraders hebben het erover dat hun grootste vijanden angst en hebzucht zijn. Als je in paniek raakt, trade je niet meer om winst te maken, maar om geen verlies te lijden. Dat is een belangrijk onderscheid: als het je doel is om geen verlies te lijden, neem je niet het juiste risico en kun je niet snel reageren op wat de markt je vertelt.

Je emoties onder controle houden is veel gemakkelijker gezegd dan gedaan. Mensen zijn emotionele wezens die constant (en soms te heftig) reageren op alles wat er gebeurt in hun leven. Als je weet welke emoties gevolgen hebben voor het traden en een manier hebt om ze in te perken, kunnen je algehele prestaties enorm verbeteren.

Omgaan met destructieve emoties

In trading nemen de grote emoties het over en bemoeien zich met je strategie en je rendement. Je vijanden zijn twijfel, angst en hebzucht. Net als alle pestkoppen hebben zij ook zo hun kenmerken, zoals boosheid, angst, verveling en depressie. Op dit punt in je leven weet je misschien al of je gevoelig bent voor een van deze gemoedstoestanden. Zo ja, dan kan het traden ze uitvergroten. Als je er nog nooit mee te maken hebt gehad, kan dit je eerste keer zijn. De volgende paragrafen leggen de band van deze emoties met daytrading uit, zodat je weet waar je mee te maken kunt krijgen en daar je plan op kunt afstemmen.

BELANGRIJK

Ik heb ook een paar tips opgenomen om je te helpen om te gaan met destructieve reacties. Maar zoek professionele hulp als je vast zit in een emotionele crisis waar het traden onder te lijden heeft. En loop sowieso weg van je tradingdesk als het echt niet gaat.

Twijfel

Daytraders moeten snel handelen. Ze moeten hun koop- en verkooporders plaatsen als de kansen zich voordoen. De markt geeft niemand de tijd om beslissingen af te wegen, maar toch is dat wat veel traders gaan doen. Knipperde het signaal echt? Zal dit patroon blijven doorgaan of juist omkeren? Zal een paar seconden langer wachten leiden tot een betere prijs? Zou afsluiten voor de dag beter zijn?

Ik weet het niet. En jij ook niet. Dit is de reden dat traders zich aan hun plan moeten houden, wat niet altijd gemakkelijk is. Backtesten (uitgelegd in hoofdstuk 16) kan het vertrouwen in een plan versterken. En het gebruik van computergestuurde tradinginstrumenten (zie hoofdstuk 13) kan de neiging verhelpen om te twijfelen voordat je op de muisknop klikt.

TIP

De meeste brokers die diensten aan daytraders aanbieden, beschikken over computergestuurde tradingcapaciteiten om je te helpen je aan je plan te houden. En alle brokers kunnen stop- en limietorders uitvoeren, zodat je je posities verlaat op basis van je plan en niet van je emoties.

Angst

Angst is een van de ergste vijanden van een daytrader. In plaats van proberen winst te maken, probeert de angstige trader heel hard om geen verlies te lijden. Ze is zo bang te falen dat ze zichzelf beperkt, niet het juiste risico neemt en zoveel aan haar tradingsysteem twijfelt dat ze het niet langer volgt, ongeacht hoe goed het in het verleden heeft gewerkt.

Falen is ook niet het enige waar traders bang voor zijn. Vaak zijn ze bang voor succes, soms om diepgewortelde psychologische redenen. Een trader die bang is voor succes kan denken dat haar vrienden haar anders zullen gaan behandelen als ze succesvol is, haar familieleden zullen proberen haar geld af te troggelen en dat ze iemand wordt die ze niet wil zijn.

TIP

Een manier om angst in te perken is het hebben van een plan voor het traden. Neem voordat je met traden begint even de tijd, misschien een halve dag, om te gaan zitten en na te denken over wat je wilt, wat er met je zal gebeuren als je het krijgt en wat als je het niet krijgt. Als je bijvoorbeeld je handelskapitaal verliest, zul je van je reservepotje moeten leven (zie de paragraaf 'Je reservepotje in de gaten houden' verderop in dit hoofdstuk) totdat je een andere baan vindt. Als je veel winst maakt, kun je je hypotheek afbetalen en je vrienden hoef je niet wijzer te maken dan ze zijn.

Hebzucht

Hebzucht lijkt te kinderachtig om op deze lijst te zetten. Het is toch het hele doel van daytrading om winst te maken? Dit is geen liefdadigheidsinstelling, het is kapitalisme in zijn puurste vorm. Maar er is een populair gezegde binnen de Chicago Board of Trade: 'Varkens worden vet, maar zwijnen worden geslacht.'

Traders die hebzuchtig worden, gaan gekke dingen doen. Ze denken niet door over wat ze doen en volgen hun tradingplan niet meer. Ze houden posities te lang vast in de hoop het rendement op te schroeven en soms traden ze zo impulsief dat het meer op gokken lijkt. De hebzuchtige trader verliest al zijn discipline en op den duur ook heel wat geld.

Als het je doel is om eenvoudigweg meer en meer winst te maken, kun je een probleem hebben met hebzucht. Natuurlijk wil iedereen meer winst maken, maar er is altijd een *need-to-make number* (genoeg om je kosten en je levensonderhoud te dekken) en een *want-to-make number* (het voorgaande, plus extra's die belangrijk voor je zijn). Je want-to-make kan een open einde hebben (als in 'zo veel mogelijk'), maar je need-to-make moet een belangrijk bestanddeel zijn van je risicobeheer. Als je weet wat deze getallen zijn, ben je goed op weg om het probleem te voorkomen.

TIP

Limietorders, waarmee posities automatisch worden gesloten als een vooraf vastgestelde koers is bereikt, zijn een manier gedisciplineerd te handelen en je hebzucht te slim af te zijn. Er staat meer over limietorders in hoofdstuk 2.

Boosheid

De markten kunnen je tot waanzin drijven. Ze doen niet wat je wilt dat ze doen en vaak kost jou dat echt geld. En niemand wil verlies lijden. Jouw boosheid op de markten kan ertoe leiden dat je de zaken niet scherp meer ziet.

TIP

Als boosheid helder denken onmogelijk maakt, kun je het beste de boel de boel laten, je posities sluiten en iets heel anders gaan doen dan naar het tradingscherm te blijven kijken. Maak een lange wandeling (laat je telefoon thuis als je ook de mobiele apps van je broker gebruikt!) en wacht tot je boosheid is gezakt. Anders hebben je emoties een te grote invloed op je plannen en je winst. De enige manier om slimmer te zijn dan de markt is door net zo mechanisch en kil te zijn als de piepjes op je scherm.

Angst

Angst is de verwachting dat dingen fout zullen gaan en leidt vaak tot een fysieke reactie: transpireren, opeen geklemde kaken, gespannen spieren, hartkloppingen en ga zo maar door. Mensen die zich zorgen maken, gaan alles overanalyseren en raken algeheel gestrest. En dan gaan ze alles mijden waarvan ze denken dat het ze overstuur maakt. Dit betekent dat een trader geen voor de hand liggende trade uitvoert, maar in plaats daarvan twijfelt en de kans voorbij laat gaan. Hij kan een verlieslijdende positie te lang vasthouden omdat hij bang is voor het effect op zijn portefeuille als hij hem verkoopt. Hij wordt te zenuwachtig om volgens zijn plan te traden en zijn prestaties lijden eronder.

TIP

Een manier om tegen angst te strijden is door computergestuurd te handelen en limietorders te gebruiken. Als de limieten bepaald zijn als je de trade uitvoert, dan kan angst geen vat krijgen op je plan.

Verveling

De echte waarheid over daytrading is dat het echt saai kan zijn. Tijdens een tradingsessie van acht uur wacht je misschien zeven en een half uur op de juiste opening. Dan een paar trades snel achter elkaar en het is allemaal weer voorbij. Om toch iets te doen te hebben ga je misschien slechte trades uitvoeren, te veel tijd doorbrengen in chatrooms of wegsuffen tijdens je taak. Geen van deze dingen draagt bij aan winstgevend traden.

TIP

Een manier om de verleidingen te lijf te gaan die kunnen opspelen als je je verveelt, is door de toegang tot social media op je tradingcomputer te blokkeren. Er bestaan diverse programma's waarmee je geen Facebook, Pinterest of verslavende spelletjes meer kunt gebruiken als je aan het traden bent. Enkele die je kunt overwegen zijn Anti-Social (www.anti-social.cc) en Cold Turkey (www.getcoldturkey.com). Denk er wel aan dat ze je systeem kunnen vertragen. Enne... ook je telefoon zou gebaat kunnen zijn bij een socialmediablocker!

Depressie

Bij een depressie zit je echt in een diepe put. Het maakt dat je voelt dat je tekortschiet en geen belangstelling meer hebt voor de dingen die je altijd leuk hebt gevonden. Hoewel iedereen een depressie kan krijgen, zijn traders er vanwege de voortdurend veranderende markt extra vatbaar voor. Bij een lichte depressie vind je het moeilijk om je dagelijkse dingen te doen, maar een zware depressie kan leiden tot alcoholisme, vervreemding en zelfs zelfmoord.

PAS OP

Als je vermoedt dat je depressief bent, kun je een zelftest doen via http://www.zelfhulpwijzer.nl/zelftest/. Of beter nog, ga naar je huisarts. Hij of zij kan een betere diagnose stellen dan dokter Internet.

Zoek een uitlaatklep

Succesvolle daytraders hebben ook een leven buiten de markten. Ze sluiten hun posities, zetten hun computer uit en gaan voor de rest van de dag wat anders doen. Het probleem is dat de markt ergens altijd open is. Ongedisciplineerde traders werken na kantooruren en 's nachts via elektronische communicatienetwerken en gaan soms handelen op beurzen in andere delen van de wereld. Denk aan Steve Perkins, die midden in de nacht miljoenen verloor! Zonder een duidelijk begin en einde van de werkdag en zonder dat er iets anders in je leven gebeurt, kan de markt je op een ongezonde manier opslokken.

TIP

Dus als je je leven als daytrader indeelt, denk dan ook na over hoe je je dagen nog op andere manieren gaat vullen. Sporten, mediteren, afspreken met vrienden en andere interesses vormen de sleutel tot een goede balans waardoor je gefocust kunt blijven op de markt op de momenten dat het nodig is. De volgende paragrafen gaan hier verder op in.

Sporten

Door te sporten blijft je lichaam in de vechtersvorm die je nodig hebt om om te gaan met de marktstress en te reageren op trends als je dat moet doen. Als je aan het traden bent, heb je vaak te maken met grote hoeveelheden adrenaline die door je lichaam schieten. Hier kun je niet veel aan doen. Je moet achter je scherm blijven zitten tot de trade is afgerond, hoe graag je ook schreeuwend weg zou willen rennen. Maar ga na een tradingdag hardlopen, zwemmen of naar de sportschool en zorg dat je op die manier die adrenaline kwijtraakt. Regelmatig sporten komt het traden echt ten goede.

Meld je, als je niet zo'n sporter bent, aan bij een sportschool. Hier helpen ze je graag op weg met aangepaste routines die passen bij hoe fit je nu bent en hoe fit je wilt worden.

Meditatie

Tijdens het traden kun je emotioneel worden en beginnen te denken aan al het andere wat er in je leven verkeerd is gegaan, in plaats van dat je geconcentreerd blijft op je werk. Zelfs nadat je je posities hebt gesloten en je computer hebt uitgezet, kan alles wat er die dag op het tradingvlak is gebeurd in je hoofd blijven rondspoken, zodat je je maar moeilijk kunt ontspannen. Geen van deze scenario's is goed voor jou en ook niet voor het traden.

Traden vereist mentale discipline. Goede traders kunnen aan niets anders denken dan aan hun tradingsysteem, tenminste wanneer het heftig te keer gaat op de markten. Een manier om deze discipline te ontwikkelen, is door te gaan mediteren. Ja, het lijkt misschien soft als een stoere trader zoiets zweverigs gaat doen, maar als je het moeilijk vindt om gefocust te blijven, kun je het altijd proberen. Er zijn bijna ontelbaar veel meditatiestijlen, waarvan er veel gekoppeld zijn aan verschillende religieuze tradities, dus moet het niet moeilijk zijn om iets te vinden wat bij je past. Onderzoek uitgevoerd door het Research Center for Complementary and Alternative Medicine van de National Institutes of Health (http://nccam.nih.gov/health/meditation/overview.htm) toont aan dat veel mensen aangeven zich geestelijk beter te voelen door meditatie.

Bekijk de instructies voor de boeddhistische mindfullnessmedidatie op www.shambhala.org/meditationinstruction.html om mee te beginnen.

Familie en vrienden

Daytrading is een eenzame bezigheid. Je bent de hele dag alleen aan het werk. Alleen jij, je kantoor en je scherm. Dit werk isoleert je echt. Je hebt geen ander menselijk contact en loopt het risico dat je de markt als een persoon gaat zien om je minder eenzaam te voelen. Dit is niet goed omdat de markt nu eenmaal geen persoon is. Het is een verzameling van alle financiële activiteiten die plaatsvinden en heeft totaal geen belangstelling voor jou.

Het maakt niet uit wat je doet in je leven, je hebt de steun nodig van de mensen die je kent en van wie je houdt. En je moet ook tijd voor ze vrijmaken. Begin en eindig je tradingdagen op gezette tijden en denk eraan dat je afspraken maakt met mensen die belangrijk voor je zijn. Ga naar de voetbalwedstrijd van je kind, ga uiteten met je partner en spreek regelmatig met een paar vrienden af in de kroeg, zodat je je leven in evenwicht kunt houden. En dat zorgt er weer voor dat je trading in balans blijft.

TIP

Hou je van dieren? Overweeg om een huisdier te nemen om je gedurende de dag gezelschap te houden. Er is niets beters als de hond die uitgelaten moet worden om je te dwingen je werkdag te beëindigen.

Hobby's en andere interesses

Veel mensen gaan daytraden omdat ze al lang gefascineerd zijn door de markt. Traden is dan geen hobby meer, maar werk. Dat is vaak prima. Aan het werk gaan is zoveel fijner als je van je werk houdt.

Maar als traden je enige interesse is, dan ben je erg gevoelig voor de aanzuigende kracht ervan en wordt het moeilijk om je aan je tradingdiscipline te houden. Daarnaast kom je moeilijker los van waar je tijdens de tradingdag boos om bent geworden. Zoek dus een nieuwe hobby als je er geen hebt. Misschien een televisieserie, sporten, breien of wat het ook is. Je hebt iets nodig naast het traden.

BELANGRIJK

Trading is maar één onderdeel van je leven.

Een vangnet opbouwen

Sporten, vrienden, familie en hobby's zijn allemaal prima, maar ze pakken niet de mindset van het traden rechtstreeks aan. Gelukkig is er een hele sector die traders ondersteunt en daar kun je gemakkelijk uit putten. Veel traders geven aan dat het lezen van boeken, het inhuren van een coach of het opzoeken van andere traders hen helpt de dag door te komen.

Boeken

Er is een bibliotheek vol boeken geschreven over de psychologie van het traden alleen. Daarnaast vertrouwen veel traders op andere zelfhulp- en geschiedenisboeken voor inspiratie en ideeën. (Ik denk dat elke trader die ik ken het boek *De kunst van het oorlogvoeren* van Sun Tzu in de kast heeft staan, dat gaat over militaire strategieën en tactieken. Ze vinden dat dit boek hen helpt zich geestelijk voor te bereiden op de markt, of het geeft ze in ieder geval iets interessants om over te praten.) Ik noem verschillende boeken in de bijlage die je kunnen helpen je geestelijk voor te bereiden en je enthousiast te laten blijven over het traden.

Begeleiding en coaching

Aangezien omgaan met grote verliezen (en grote winsten) veel van de geest vraagt, zoeken veel traders professionele steun. Ze gaan naar adviseurs, psychologen of lifecoaches om ze te helpen om te gaan met de uitdagingen van de markt en hun reacties erop te leren begrijpen. Je kunt andere traders of je huisarts vragen bij wie je terecht kunt, of de lijst bekijken op de website van *Psychology Today*, www.psychologytoday.com of de International Coach Federation, www.coachfederation.org. Zoek naar coaches of adviseurs die ervaring hebben met traders of anderen die in de financiële wereld werken.

Veel daytradingcursussen en brokers bieden ook coaching aan die speciaal gericht is op het aanleren en volgen van daytradingstrategieën. Volgens sommige daytraders zijn dergelijke coaches van onschatbare waarde, volgens andere zijn het maar veredelde verkopers.

Andere traders opzoeken

Om de eenzaamheid van het in je eentje traden tegen te gaan, kiezen veel daytraders ervoor om lid te worden van organisaties waar ze andere traders ontmoeten. Dit kunnen formele of informele groepen zijn (ik noem er enkele in de bijlage) waar traders andere mensen ontmoeten, nieuwe dingen leren of gewoon de gezelligheid opzoeken.

Veel daytraders ontmoeten elkaar ook door middel van chatrooms. Ik bespreek deze verderop in dit hoofdstuk en ik noem er enkele in de bijlage. Deze groepen zijn minder formeel, anoniemer en soms net zo destructief als ondersteunend.

PAS OP

De meeste daytraders maken verlies en geven in het eerste jaar op. Het kan zijn dat als je te veel tijd doorbrengt met andere traders, dit je depressiever maakt in plaats van dat het steun geeft.

Je reservepotje in de gaten houden

Veel traders hebben een geheim dat hen door de slechtste tijden heen helpt. Ik noem het het *reservepotje*, maar traders kunnen er nog heel veel andere benamingen voor hebben. Je reservepotje is eigenlijk een potje met net voldoende geld om de trader de kans te geven het traden op te geven en iets anders te gaan doen.

En hoe groot moet zo'n reservepotje eigenlijk zijn voor een trader? Het exacte bedrag verschilt van persoon tot persoon, maar genoeg geld om alle lopende kosten drie maanden lang te kunnen betalen, is een goed begin. Als je weet dat je je vaste lasten kunt betalen en boodschappen kunt doen, ook als je vandaag geen geld hebt verdiend met traden, ben je beter in staat om wanhopig traden te vermijden. Je hoeft niet inhalig te zijn en je hoeft je ook niet angstig te voelen.

Hoe meer geld er in je reservepotje zit, des te beter. Dan heb je meer tijd om je op andere loopbanen te oriënteren als daytraden niets voor je blijkt te zijn, en je kunt ontspannener traden.

BELANGRIJK

De meeste daytraders stoppen na een jaar of zo. Er is niets mis mee als je beslist iets anders te gaan doen. Als je wat geld achter de hand hebt, dan bevind je je in een betere positie om te beslissen wanneer je stopt met traden en daarna iets anders te gaan doen.

PAS OP

Als al je tradingkapitaal verdwenen is, kan het verleidelijk zijn om je reservepotje aan te spreken om te blijven traden. Niet doen. Je kunt je reservepotje wel aanspreken, maar doe dit dan om juist even afstand te nemen, je hoofd leeg te maken, je strategieën te overdenken en nieuw tradingkapitaal op te bouwen. Anders kunnen je verliezen je financiële ondergang worden.

Stress binnen de perken houden met je tradingplan

Misschien is het je opgevallen dat het woord 'tradingplan' regelmatig opduikt in dit boek. Dit komt omdat het zo belangrijk is voor de discipline die nodig is voor succes in het trading. Je moet weten wat je doet en hoe je de instap- en uitstappunten herkent.

In deze paragraaf laat ik zien hoe je een tradingplan kunt gebruiken om stress binnen de perken te houden en geef ik enkele tips om je tradingplan te blijven volgen, ook als de markt zich soms tegen je keert.

Problemen vermijden door je plan te volgen

Een goed, uitgebreid getest tradingplan geeft marktpatronen aan die vaak genoeg werken om winst te kunnen maken. Maar sommige mensen hebben moeite zich aan hun plan te houden en dit leidt tot fouten en stress. Hier volgen enkele veelvoorkomende problemen en advies over hoe je ze kunt omzeilen.

Niet inhouden!

In de sportwereld betekent dat als een sporter *inhoudt*, hij of zij zo voorzichtig gaat spelen dat hij of zij er als een beginner uitziet. Inhouden ontstaat vaak als je te ver gaat doordenken, doordat je zo bang bent om te falen dat je langzamer gaat reageren en alles stap voor stap overdenkt. Als je ziet dat een favoriet in een wedstrijd er niets van bakt, is dat niet leuk. De fans willen een mooie wedstrijd zien.

Dit kan iedereen overkomen in situaties waar er veel van je verwacht wordt. Als een trader inhoudt, lijkt het alsof hij zich aan het plan houdt, maar het gaat niet langer automatisch. Het traden wordt zo langzaam en weloverwogen dat duidelijke kansen worden gemist.

TIP

Hoe meer je je plan vertrouwt, des te minder waarschijnlijk het is dat je zult gaan inhouden. Is het getest? Zijn er onderdelen die je kunt automatiseren? Hoofdstuk 16 biedt enkele ideeën over hoe je de prestaties van een tradingplan kunt meten voordat je er werkelijk mee gaat traden.

Paniek verminderen

Paniek ontstaat als je stopt met denken. Je overlevingsinstincten nemen het over, zelfs als dat helemaal niet hoeft. Lijd je verlies? Dan ga je meer en meer traden, niet volgens het plan, in een wanhopige poging het terug te verdienen. Maak je winst? Je sluit alle posities direct, zodat je geen verlies kunt lijden, zelfs als je plan je vertelt de posities open te houden. Als je in paniek bent, kun je niet normaal denken en kun je je plan niet volgen.

Als je posities laag staan en het lijkt erop dat je verlies lijdt, moet je eigenlijk kopen en de rit uitzitten, zodat je later winst kunt maken. Het probleem is dat als je in paniek bent, je instincten je vertellen het tegenovergestelde te doen. Het volgen van je plan in plaats van toegeven aan je instincten is moeilijk en vereist veel discipline. Door ervaring leren traders paniek te vermijden.

PAS OP

Je zult vaak genoeg verlies lijden, zeker als je begint. Houd in je tradingdagboek (zie hoofdstuk 16) bij hoe je je voelt als dit gebeurt. Kun je het emotioneel aan? Als het je te veel van streek maakt, is het misschien beter als je ophoudt met daytrading. Je kunt niet met een open blik traden als negatieve gedachten je parten spelen.

Voed je zelfvertrouwen en niet je ego

Daytrading vereist veel zelfvertrouwen omdat je verlies zult lijden en je op sommige dagen echt verslagen zult worden. Je moet niet alleen je zelfvertrouwen behouden bij tegenslagen, maar ook zorgen dat je niet de dunne lijn tussen zelfvertrouwen en een opgeblazen ego oversteekt. Hoe meer succes en verlies een onderdeel worden van je identiteit, hoe moeilijker dit zal zijn.

BELANGRIJK

Wat is het verschil tussen zelfvertrouwen en ego? Een zelfbewust persoon zou zeggen: 'Ik ben slim genoeg om uit te zoeken wat de markt me vertelt'; een egoïstisch persoon zegt: 'Ik ben slimmer dan de markt.' Het verschil is cruciaal voor je succes.

Je tradingplan herzien en de problemen aanpakken

Sterke discipline is de sleutel tot succes in het traden, maar alleen als je gedisciplineerd bent in het volgen van het juiste systeem. Als je tradingmethode niet helemaal goed is, zul je er niet beter van worden als je je eraan vasthoudt. Als iets niet goed werkt, word dan niet boos op het systeem; neem je verantwoordelijkheid en breng veranderingen aan.

Hoe kom je er achter of je tradingsysteem goed is en welke veranderingen je aan moet brengen? Neem je tradingdagboek erbij (lees in hoofdstuk 16 hoe je er een opzet) en stel jezelf enkele vragen:

BELANGRIJK

- Waarom heb je dit systeem gekozen? Wat vertelt de markt je hierover? Werkt het systeem als je het volgt, of is er iets verkeerd met de onderliggende aannamen?

  Wat voor iemand anders werkt, hoeft niet voor jou te werken. Er is niets mis mee om toe te geven dat je een fout hebt gemaakt en iets moet veranderen.
- Deden de fouten zich voor omdat je het plan hebt gevolgd of omdat je dat juist niet deed?
- Welk deel van het systeem veroorzaakt de problemen? Heb je moeite met het vaststellen van instap- en uitstappunten? Of lijken de trades die je systeem aangeeft niet te werken? Als je weet waar het probleem zit, kun je het veranderen.
- Kun je je trade-efficiëntie verbeteren? Is er een manier om het aantal fouten te verminderen? Zou het automatiseren van enkele of al je trades helpen?

TIP

Een manier om je zelfvertrouwen op te bouwen terwijl je nog op de markt bent, is door heel kleine bedragen te traden, zodat je winst en verlies er eigenlijk niet toe doen. Trade honderd aandelen in plaats van duizend. Je verlaat de hoek waar de grote bedragen worden verdiend misschien even, maar je kunt ook uit de cyclus van hebzucht en angst komen waar veel traders aan ten onder zijn gegaan.

IN DIT HOOFDSTUK

Wat is mindset?

Twee soorten mindsets

Discipline, discipline en... discipline

Hoofdstuk 15

Psychologie als sleutel tot succes én de meest onderschatte factor

'Waarschuwing: in dit hoofdstuk kom je jezelf tegen.'

Martijn Luijckx en Henk Grundmeijer (auteurs van *De kunst van het traden*)

Ja, daar sta je dan als daytrader: oog in oog met jezelf. Want als je succesvol wilt worden, kom je daar niet onderuit. Lees even door en je komt de spiegel vanzelf tegen. Misschien wat confronterend in het begin, maar uiteindelijk wordt hij je redding. Traders die niet naar zichzelf durven of willen kijken, redden het namelijk niet. Jij bent de 'holy grail'. Om deze in handen te krijgen, kom je voor een pittige opgave te staan. Maar als je jezelf onder de knie krijgt, heb je straks het heft in handen. Dan ligt de weg naar succes voor je open. Dit moet toch een geruststellende gedachte zijn.

Je leest in dit hoofdstuk meer over het brein en wat zich daarin afspeelt als je aan het traden bent. Voordat je een trade opent, als de trade openstaat, en daarna. Dit is hard nodig want traders weten vaak (bijna) alles over valutaparen, forex, aandelen, indexen en opties. En dit is natuurlijk belangrijk evenals dat je een strategie nodig hebt. Maar té vaak weten traders té weinig over zichzelf. Terwijl dit zó belangrijk is om succesvol te worden. Beginnende traders kijken te veel naar buiten, maar zouden meer naar binnen moeten kijken en analyseren wat zich daar allemaal afspeelt. 'Mindset' noemen we dit in hedendaags Nederlands.

Wat is mindset?

Laten we de term mindset eens onder de loep nemen. Wat betekent dit nu eigenlijk?

In de kern betekent mindset: manier van denken. En dan dringen zich meteen de volgende vragen op:

- Hoe denk je eigenlijk?
- Wat denk je als je een entry doet?
- Hoe denk je als een trade zich tegen je keert?
- Wat denk je als je een trade afsluit?
- En hoe groot schat je de kans dat je als daytrader succesvol kan worden, en blijven?

Kortom, veel stof om diep over na te denken en dat ook te blijven doen. Want je gedachten bepalen je gedrag. Daarom is deze zelfreflectie zo belangrijk.

Als je weet wat je denkt, begrijp je beter waar je gedrag vandaan komt. Je kunt dan bijsturen.

Gun jezelf meer tijd

We geven onszelf te weinig tijd om na te denken. Hoogste tijd om dit te veranderen: gun jezelf dus gewoon meer tijd. En belangrijker nog: geef jezelf op het juiste moment de ruimte voor reflectie. Voorkom dat je pas gaat nadenken als je er middenin zit. Of als de wind is gaan liggen en het kwaad al is geschied. Denk vooruit! Vaak gaan we pas echt reflecteren als we onze wonden likken. Maar als je pas bij het openen of sluiten van een positie gaat nadenken, loop je grote risico's. Even gauw een ritje meepikken, of een positie toch maar snel afsluiten met een klein winstje om vervolgens de waarde van je trade verder te zien oplopen. Ver voor de expiratiedatum je optie verzilveren om de resterende tijd tandknarsend te moeten toezien hoe 'jouw' optie – die je dus niet meer hebt – steeds meer waard wordt. Tien tegen een dat dit soort besluiten niet met heldere hersens zijn genomen.

BELANGRIJK

Voor je het weet zit je in de HAH-spiraal en draai je rond in de mallemolen van Hebzucht, Angst en Hoop.

Geef emoties geen kans

Waarschijnlijk heb je je emoties vrij spel gegeven. Dit is de eerste belangrijke regel waaraan je jezelf moet onderwerpen: geef emotie nooit een kans bij beslissingen over transacties. Want voor je het weet vlammen ze hoog op, ontnemen ze je het zicht op de situatie en zorgen ze ervoor dat je dingen doet waarvan je achteraf niet begrijpt hoe je ze ooit hebt kunnen doen. Ineens draai je rond in de mallemolen van Hebzucht, Angst en Hoop. Je handelt uit Hebzucht, maar zodra je je hand hebt overspeeld, slaat de Angst toe om vervolgens de vorm van Hoop aan te nemen: de HAH-spiraal. Dan zitten we ineens muisstil omdat we geschoren worden.

'Now you don't talk so loud, now you don't seem so proud', zingt Bob Dylan (winnaar van de Nobelprijs voor de literatuur 2016) in zijn klassieker 'Like a rolling stone'. Heel vaak zijn wij rollende stenen die domweg ergens instappen, zonder voldoende te weten waar we aan beginnen. Pas als we pijnlijk tot stilstand zijn gekomen, weten we het ineens weer. En voelen we ons rot. Schaamte en spijt.

Dan verschijnen ook de goede voornemens weer. Om weer even snel te vervliegen zodra we opnieuw voor hete vuren staan. Hoogste tijd dus om in te grijpen, diep in te grijpen zodat je geen speelbal blijft op de onvoorspelbare golven van aandelenbeurzen, forex en andere financiële markten.

Een strategie zonder de juiste mindset werkt niet

Grote traders weten het allemaal: je moet een strategie hebben, een methode, een systeem zo je wilt. En je aanpak moet ook bij je passen. Maar als de mindset niet goed is, gaat het fout. Uit verschillende experimenten is gebleken dat als je twee traders met een verschillende mindset hetzelfde laat traden, de een er met winst uitkomt en de ander met verlies. Dit komt door hun verschillende mindsets. Laten we deze verschillen daarom eens naast elkaar zetten. Dit testje helpt jou te bepalen waar je staat met je mindset.

Twee soorten mindsets: welke is de jouwe?

In de 'mindsetleer' zie je vaak een onderscheid tussen twee hoofdsoorten: de statische mindset en het 'groeimodel'.

Om erachter te komen waar jouw mindset naar neigt, stellen we wat vragen:

- Zeg jij: (1) Ik ben ergens goed in, of niet. Punt. Of: (2) Ik kan heel veel leren. Als ik iets niet goed kan, probeer ik dat te leren.
- Wat doe jij als jou iets frustreert: (1) Laten zitten. Of: (2) Doorgaan tot het wel lukt.
- En (de laatste), vind jij: (1) Jouw capaciteiten bepalen je prestaties. Of: (2) Je inspanningen en houding bepalen je prestaties.

Zo, dat was even zweten misschien. Ja, die spiegel kan heftig zijn. Maar je komt er wel verder mee.

Om te beginnen: wees eerlijk. Ook als je vaak 1 scoort, want 1 hoort bij de statische mindset en die kan lastig zijn als trader. Maar geen paniek: mensen kunnen veranderen. Als jij weet hoe je in elkaar zit, wat je vaak geneigd bent te denken en wat je vervolgens doet, heb je een eerste belangrijke stap gezet. Nu gaat het erom dat je de volgende stap zet: veranderen waar dat nodig is. Dat je durft te veranderen en dat ook echt doet als je hoog scoort in 1. Want met 2 kom je verder. Als mens, maar zeker als trader.

TIP

Doe nu de zelftest op www.traderstest.nl.

Na enkele vragen weet je natuurlijk nog niet precies waar je staat en wat je aan je mindset zou moeten veranderen om echt succesvol te kunnen worden. Omdat de mindset zo ongelooflijk belangrijk is, is er een traderstest met 25 meerkeuzevragen ontwikkeld. Als je deze vragen beantwoordt, weet je precies hoe jouw mindset eruitziet en wat je te doen staat om succesvol te worden, en te blijven. Doe de test dus en je zet een hele belangrijke stap op weg naar succesvol daytraden.

Kan jij tegennatuurlijk denken?

Ja je leest het goed: als trader is het van groot belang dat je tegennatuurlijk kunt denken. Dit betekent: ingaan tegen je emoties die jou normaal gesproken beschermen. Uit je veilige zone komen, durven wat anderen misschien niet durven of kunnen afrekenen met je emoties als je aan het traden bent.

Een hele krachtige emotie is angst. Dat zoveel mensen bang zijn is natuurlijk niet voor niets. Het leven zit vol gevaar en voor je het weet, zit je in de gevarenzone. Als jij niet bang bent voor auto's en zonder te kijken de weg oversteekt, loop je een groot gevaar. Dus kijk je. Naar links, naar rechts en nog een keer naar links. Zo ben je opgevoed, dit is erin geramd om te voorkomen dat je leven vroegtijdig eindigt. Deze goede gewoonte moet je er dus gewoon inhouden. Als je nadenkt over waar je precies bang voor bent - doe dat eens - kun je moeiteloos meer voorbeelden tevoorschijn toveren. Sommige daarvan zullen je behoeden, andere zijn misschien wat vergezocht. Je kunt wel overal bang voor zijn; voor je het weet ben je onder behandeling bij een therapeut.

Waar het hier om gaat is dat je je diepgewortelde angst om onder een auto te komen, niet overzet naar situaties die dat grote gevaar niet kennen. Angst moet zijn plek kennen. Als jij een trade doet, komt je leven niet in gevaar. Als je handelt met geld dat je kunt missen, raak je niet ernstig gewond. Maar je loopt natuurlijk wel een financieel risico. Je kunt ernaast zitten en verlies lijden. Daar hoort een gepaste angst bij. Maar als deze angst zo groot wordt dat je je bedreigd gaat voelen, is er iets mis. Traden is nu eenmaal risico's nemen: gepaste en verantwoorde risico's nemen. Je angst dat het misgaat moet je zien te overwinnen. Dit voelt vaak onnatuurlijk. Behalve als je een onbezonnen waaghals bent. Maar dat is overmoed, een houding om bang van te worden. Zeker voor traders.

Een trade wel of niet openen?

Als we goed naar traden kijken, dan loeren overal gevaren. Als jij een trade opent, kan de koers zomaar de andere kant opgaan. Dat kan dus angst inboezemen. Om de trade niet helemaal uit de hand te laten lopen, hebben we de stoploss bedacht. Bij voorkeur zet je deze erin als je de trade opent. Bezint eer ge begint is een goed uitgangspunt op de financiële markten. Maar om te beginnen zul je een besluit moeten nemen: doe ik deze trade wel of niet. Cruciaal is je overweging om een trade wel of niet te openen. Is de entry volledig volgens je regels? Dan staat niets meer in de weg. Doe je een trade na een uitspraak of zelfs op een tip (nooit opvolgen) van een 'goeroe', een beursanalist of anderen die het niet weten (en ook bijna allemaal zelf niet handelen), dan heb je goede redenen om bang te zijn. Zie er dan maar liever vanaf, is onze tip (deze mag je wel opvolgen).

Van Nostradamus naar het besef dat alles kan gebeuren

Doe je misschien een trade omdat je weet welke kant een markt opgaat? En je ineens een grote voorspeller blijkt te zijn? Een soort hedendaagse Nostradamus dus. Ai, die is heel pijnlijk. Voorspellen is namelijk een van de grootste fouten die je kunt maken als trader. Een klassieker, die veel traders van hun geld heeft afgeholpen. Als je het denkt te weten, denk dan dit: alles kan gebeuren. Geen enkele situatie is nieuw, al lijkt dat soms zo. Als traders moeten we handelen in onzekerheid. Voortdurende onzekerheid. Maar soms hebben we een grotere kans om te winnen. Nee, is het waarschijnlijker dat een koers een bepaalde kant opgaat. Dit noemen we een 'edge'. We maken waarschijnlijk meer kans dat we goed zitten dan wanneer we een dobbelsteen werpen (die niet verzwaard is natuurlijk). Meer valt er niet te halen als het om zekerheid gaat. Als je dit kunt accepteren, ben je verder dan de meeste beginnende traders. Dat is echt een grote stap in de ontwikkeling van je mindset als trader.

Als je een trade wilt doen die volledig in overeenstemming is met je regels en dus met de methode die je volgt, zet je dan over je angst heen en doe de trade. Natuurlijk weet je niet hoe het afloopt maar je doet wat je met jezelf hebt afgesproken. En je zal toch een keer de trekker moeten overhalen, hoe eng dit soms ook is. Als je toch nog bang bent, rijst de vraag of je misschien een te grote positie opent. Of dat je stoploss een te groot verlies kan opleveren. Misschien staat je stoploss wel te krap, waardoor deze bij het minste of geringste wordt geraakt. Nadenken dus, voordat je je entry doet.

Van angst naar spijt

Goed, je zit in een trade en hij doet niet wat je wilt en verwacht. Dan kan de angst je opnieuw om het hart slaan. Zeker als je net een verliezende trade achter de rug hebt. Of zelfs een rijtje verliezers, een 'losing streak'. Dan zit je natuurlijk niet op nog een verliezer te wachten. Dus daar is hij weer: de angst.

Nu stuiten we op een groot probleem voor traders. Onze natuurlijke neiging om van angst af te komen, is zorgen dat de angst weggaat. We willen van dat nare gevoel af, het liefst zo snel mogelijk. Helaas kan dit heel gemakkelijk als je een trader bent. Je sluit gewoon je trade af. Weg trade, weg angst. Pff, met de schrik vrijgekomen.

Maar dan zien we tot onze grote ontsteltenis dat de trade alsnog onze kant opgaat. Weg opluchting. Een nieuwe emotie doet zijn intrede: spijt. Schaamte misschien ook. Je kunt je wel voor je brein slaan. Wat doe je, nu spijt en/of schaamte de angst heeft verdrongen? Precies: je wilt van deze nieuwe emoties verlost worden. En hoe doe je dat? Oh ja natuurlijk: een nieuwe trade openen, die de oude doet vergeten. Je gram halen en je equity curve even oppeppen. Dat is het idee. Desnoods gooien we er een wat grotere positie tegenaan.

Maar ja, dit ging toch weer anders dan je had gehoopt, nog wel zo vurig had gehoopt. Hoop, een andere emotie die je tot handelen heeft aangezet. En omdat je door deze grotere positie de boel nog harder achteruit ziet gaan, sluit je hem maar gauw weer af: kill the monster when it's small. Nou ja, small? Nu zit je met twee verloren trades: een kleine en een grote. Oorzaak: je hebt je te pakken laten nemen door jezelf: door je emoties. Niet door de markt, niet door mensen die worden betaald om het 'te weten', maar puur door jezelf. Hoe staat het nu met je spiegel? Zie je jezelf nog of begint het allemaal een beetje wazig te worden?

Kop op, je wordt niet onderuit geschoffeld: je leest dit boek om een betere daytrader te worden. Dus blaas even uit en lees dan rustig verder. Lees in de tussentijd de volgende kadertekst over angst.

TIP

LAAT JE LEIDEN DOOR VERTROUWEN, NIET DOOR ANGST

Angst is een veelvoorkomende emotie onder traders. Voor beginnende traders is dit een goed begin. Want angst is een natuurlijk beschermingsmiddel tegen je grootste risico: te veel geld verliezen. Maar angst ondermijnt ook je succes.

Alleen door zonder angst te traden kun je succesvol worden. Hoe kun je nu het beste omgaan met deze paradox?

Je hebt grofweg twee soorten 'angstvrije' traders: de roekelozen en degenen die hun angsten 'gemasterd' hebben. Over de eerste groep kunnen we kort zijn: die gaan vroeg of laat onderuit. Soms laten ze luidkeels van zich horen op forums en feestjes, maar daarna wordt het stil. En dit is niet omdat ze stil zijn gaan leven.

Om te kunnen winnen, moet je kunnen verliezen.

Traders die hun angst gemasterd hebben, zijn succesvol. Of hard op weg dat te worden. Ze weten dat verlies erbij hoort en accepteren dat volledig (dit is wezenlijk iets anders dan alleen wéten dat het zo is).

Om te kunnen winnen, moet je kunnen verliezen. Maar het verlies moet wel beheersbaar blijven. Daarom nemen ze maatregelen om ervoor te zorgen dat de winsten uiteindelijk groter zijn dan de verliezen. Want daar draait het allemaal om bij traden.

Succesvolle traders managen dus hun verlies. Dit doen ze door hun positiegrootte af te stemmen op wat ze maximaal per trade mogen verliezen (position sizing). Veel traders nemen hiervoor zo'n 0,5% tot 2% van hun handelsgeld/bruto-saldo. Zo blijven hun verliezen betaalbaar en hoeven ze dus nergens bang voor te zijn. Dit is het principe van verantwoord risico nemen.

Begin eens met je af te vragen waar je precies bang voor bent.

Als je bang bent tijdens het traden weet je één ding zeker: hier moet je vanaf. Je neemt namelijk verkeerde beslissingen en je mengt je bijvoorbeeld in een lopende trade wanneer de angst je bij de strot grijpt. Angst kan ook verlammend werken waardoor je bijna niet meer durft te traden. Hoogste tijd dus om het probleem onder ogen te komen en in te grijpen.

Begin eens met je af te vragen waar je precies bang voor bent:

- Wil je altijd winnen en kan je niet tegen je verlies?
- Hebben eerdere ervaringen met traden of beleggen je bang gemaakt?
- Handel je met geld dat je niet kunt missen, of met te veel risk per trade?
- Is angst om geld te verliezen er met de paplepel ingegoten?
- Wijst je omgeving je geregeld op de gevaren van traden?

Zoek een *eerlijk antwoord* op je angstvraag en bepaal welke *concrete stappen* je gaat zetten om van je angst af te komen. Neem vervolgens de benodigde maatregelen om zonder angst te kunnen traden.

Je zult zien dat er een last van je af valt. Je voelt je beter, doet de juiste dingen en kan met vertrouwen de toekomst van je portefeuille tegemoet zien.

Onze belangrijkste stelregel is: laat je niet leiden door emoties. Natuurlijk mag je 'lijden' onder een verloren trade en mag je juichen over een mooie winstdag. Het punt is dat je niet in emotie handelt. Nooit handelen in emotie. Maak deze opdracht deel van je mindset. Daar word je een goede trader van.

De hond die in zijn eigen staart bijt

Toch is je emoties uitschakelen tijdens het handelen nog niet zo eenvoudig, want beleggen gaat om geld, om winst en verlies. Dan komen onze emoties vaak snel naar boven. Onaangekondigd doen ze een bliksemaanval en laten een spoor van vernieling achter. Want we denken dat we heel rationeel zijn en overwogen beslissingen nemen maar als de waan van de dag toeslaat, is ons verstand vaak ver te zoeken. We zien het niet goed meer en door het vertekende beeld van de werkelijkheid zijn we niet in staat om informatie adequaat te verwerken. Dit leidt tot slechte beslissingen die voor slechte resultaten zorgen, met nieuwe slechte besluiten als gevolg. Negatieve resultaten zorgen bij de ongedisciplineerde beleggers voor nieuwe (negatieve) emoties die het beeld van de werkelijkheid vertroebelen en de besluitvaardigheid ondermijnen. Je maakt een sneeuwbal van jezelf die de verkeerde kant op rolt, steeds meer schade aanricht en uiteindelijk tot stilstand komt, vol frustratie en woede, of spijt en schaamte. Voor je het weet gaat de kont tegen de krib. Alles of niets. In je onderbroek het casino verlaten. Om er de volgende dag toch weer te zitten. Je zint op wraak, om je verliezen goed te maken ten koste van alles goedmaken wat je verknald hebt. Je zal ze krijgen. Koste wat kost. Maar die 'ze', dat ben je zelf. De hond die in zijn eigen staart bijt.

Hoe dan wel?

Als je de grote traders erop naleest zie je steeds twee begrippen opduiken: geduld en discipline. In het boek *De kunst van het traden* lees je uitgebreid over deze twee instrumenten die onmisbaar zijn voor succes. Om met geduld te beginnen: als trader en ook als daytrader moet je geduld kunnen opbrengen. Lang niet elke trade gaat meteen jouw kant op en natuurlijk wil je aan het eind van de dag geen openstaande trades meer hebben. Maar soms is het even niet anders en zul je een trade 'overnight' open moeten laten staan. Geduld is echter vaak moeilijk op te brengen als een trade de verkeerde kant opgaat. Het begint al bij opening en je tegen een spread zit aan te kijken Het verschil tussen aan- en verkoop is natuurlijk altijd in jouw nadeel; dat betaal je aan je broker. En als een trade dan de andere kant kiest, maar nog niet je stoploss heeft bereikt, is het moeilijk om op je handen te blijven zitten. Wat helpt is je stoploss en je take profit (waar je winst neemt) in te geven en dan het scherm te verlaten. 'Set and forget' noemen we dat. Voor ongeduldige en nerveuze traders kan dit een fijne oplossing zijn. Traders die de hele dag voor hun scherm zitten, nemen vaker verkeerde beslissingen dan traders die dat minder doen.

In de volgende kadertekst lees je meer over geduld.

TIP

GEDULD MAAKT HET VERSCHIL

Geduld mag dan een schone zaak zijn, voor traders ligt hier een hele zware taak. Want geduld hebben we niet allemaal van nature. Toch zullen we het moeten opbrengen om succesvol te zijn. Traden is nu eenmaal 'a waiting game' en grote traders zijn geduldige traders. De bekende Australische price-action-trader Nial Fuller noemt het zelfs zijn 'geheime wapen'.

Laten we daarom eens kijken wat geduld jou kan brengen en hoe je meer geduld kunt leren opbrengen.

'De moeilijkheden in ons leven zijn voor 5 procent toe te schrijven aan omstandigheden waarop we geen invloed hebben. De resterende 95 procent veroorzaken we zelf, vaak door ons eigen ongeduld', schreef ooit een auteur wiens naam onbekend is.

Hé, dit getal komt ons bekend voor: was het ook niet zo'n 95 procent van de traders en beleggers die in het eerste jaar door de portefeuille heen is?! Dit kan geen toeval zijn.

Het is ook geen toeval. Geduld maakt deel uit van je mindset en zoals je in *De kunst van het traden* kunt lezen, is je mentale houding de echte heilige graal.

Lang kunnen wachten zonder boos te worden

Ongeduld komt vaak door boosheid omdat er niet gebeurt wat je had verwacht. Geduld is dus ook: lang kunnen wachten zonder boos te worden. Dit lukt beter als je je verwachtingen realistisch houdt.

De boosheid van traders en beleggers richt zich meestal op de financiële markten maar die vallen nu net onder die 5 procent waar je geen invloed op hebt. Markten gaan hun eigen gang en zijn onvoorspelbaar. Dit staat haaks op wat beginnende traders en beleggers van de markt verwachten. Als dan (herhaaldelijk) niet gebeurt wat ze hadden verwacht, slaat het ongeduld toe. Deze traders laten hun emoties de vrije loop en doen dingen die ze niet met zichzelf hebben afgesproken (als ze deze afspraken al hebben). Sommigen willen volgend jaar binnen zijn, anderen hebben met een paar gelukstrades goede zaken gedaan en willen snel meer. Nog ernstiger wordt het als je gaat traden met geld dat je niet kunt missen. Dan wordt geduld opbrengen een bijna onhaalbare kaart.

Ook meer ervaren traders kunnen gemakkelijk aan ongeduld ten prooi vallen. Na 'the sweet taste of succes' is een drawdown vaak even slikken en komt het opnieuw op geduld aan. Net als wanneer je meerdere keren je winstdoel op een haar na mist. Of een serie stoplosses krijgt te verwerken.

Zo maak je van ongeduld een kans

Ongeduld biedt ook kansen. Want geduld opbrengen behoort bij die 95 procent waarop je wél invloed hebt. Hier liggen dus kansen om je resultaten te verbeteren. De vraag is alleen hoe je van ongeduld een kans maakt. Enkele suggesties:

- Kom jezelf onder ogen als het gebeurt.
- Erken je fout en besluit hoe je je de volgende keer wilt gedragen.
- Vrees het gevolg.

  (Door ongeduld kan je je voordeel in de markt kwijtraken.)
- Analyseer wanneer je je geduld verliest.
- Deel je ongeduld met je wingman/wingwoman.

  (En laat je aanspreken als je de mist ingaat.)
- Oefen geduld in je dagelijkse leven.

Wil jij een geduldige trader zijn die consistente winsten behaalt, denk dan na over manieren om geduld te oefenen. Begin met het bedwingen van ongeduld in het dagelijks leven en trek deze houding door naar traden. Bedenk dat alles kan gebeuren en dat jij bepaalt of je van het onvoorspelbare kunt profiteren. Realiseer je dat jij het verschil kunt maken tussen winst en verlies. Accepteer dat je alleen kunt winnen als je ook in staat bent om verliezen te dragen. Houd voor ogen dat grote traders, geduldige traders zijn. En áls je boos dreigt te worden, word het dan vooral op jezelf. Maak korte metten met die trader die nog steeds het geduld niet kan opbrengen dat nodig is om succesvol te worden. Gebruik je invloed om te voorkomen dat je straks bij die 95 procent hoort die dat heeft nagelaten.

Discipline, discipline en... discipline

Zo, ga er maar eens goed voor zitten, want nu komt de grootste troef die je als trader kunt inzetten: discipline. Geduld en discipline hebben natuurlijk alles met elkaar te maken, maar als geduld zilver is, is discipline goud.

Traders die discipline kunnen opbrengen maken een zeer goede kans om succesvol te worden, traders zonder discipline zijn reddeloos verloren. Ja, lees dat maar eens hardop: *traders zonder discipline zijn reddeloos verloren.*

Laten we daarom discipline eens goed tegen het licht houden.

Wat is discipline niet?

Bij discipline denken mensen vaak aan militaire oefeningen, in een ijskoude nacht. Of jezelf van alles ontzeggen. Discipline wordt vooral geassocieerd met dingen doen die niet leuk zijn. Drillen, keihard zijn voor jezelf. Geen lol meer aan dus.

Gelukkig ligt het wat genuanceerder. Maar je zult er wel wat voor moeten doen, want de meeste mensen worden niet met een gezonde dosis discipline geboren. Dit moet je aanleren, en je moet ook dingen afleren. Daardoor kan het leven misschien wat saaier worden. En daar houden we niet zo van. Daytraders zeker niet. Ze zijn gaan daytraden omdat ze leven in de brouwerij willen, dynamiek, spektakel zelfs. Als het je om het spel gaat en niet om de knikkers, is dat prima. Open een demo-portefeuille en handel er lekker op los. Maar als je werkelijk geld wilt verdienen met traden, consistent geld, dan zal traden vaak behoorlijk saai zijn. Dit komt onder meer doordat je discipline en geduld moet opbrengen om succesvol te kunnen zijn. En je dus niet aan elke prikkel, ingeving of spetterende gedachte kunt toegeven.

Toewijding, zorg en aandacht

Een van de betekenissen van discipline is toewijding. Zorg en aandacht maken daar deel van uit. Toewijding is een mooie betekenis die toegepast kan worden op trading. Het zorgt ervoor dat we ons aan regels en afspraken houden. Discipline voorkomt dat we ten prooi vallen aan emoties. Daar hebben we trouwens hard aan moeten werken, want als trader word je de hele dag blootgesteld aan verleidingen die zich vaak vermomd als kansen aan je presenteren. Wat veel traders door elkaar halen is een echte kans of 'schijnkans'. Raar woord misschien, maar wat we bedoelen, is dat ze ergens een kans in wíllen zien. Bijvoorbeeld omdat ze al 'even' niet hebben gehandeld en het gevoel krijgen geld mis te lopen. Dus doen ze een entry die ze achteraf - als ze eerlijk zijn - als een slechte trade zouden moeten betitelen. Kan gebeuren, als je maar alles op alles zet om herhaling te voorkomen. Dit lukt niet meteen, maar als je hard genoeg werkt aan je discipline, kom je er uiteindelijk en word je misschien zelfs een hele goede trader. Als je net begonnen bent, weet je dat nog niet.

Wie meer uit zichzelf wil halen, moet iets extra's doen. Of laten. Iedereen heeft wel ergens een bepaald talent voor, maar zonder discipline komt dit talent tot hooguit middelmatige ontwikkeling. Discipline vergroot je talent en kan je succesvol maken. Bij traden is discipline zelfs een noodzaak; zonder dat word je niet eens een middelmatige trader, maar verlies je uiteindelijk alles. Zo keihard ligt dat. Daarom zeggen we het nog maar eens.

Discipline stelt je ook in staat om je los te maken van je verleden. Een slechte trade in een valutapaar, een zeperd met een aandeel of optie kunnen hoog opspelen als zich een nieuwe gelegenheid voordoet. Door nuchter en vanuit volle discipline vast te stellen dat dit een signaal is volgens je regels, doe je de trade. Zonder pijn, zonder om te kijken. Geen trauma's maar handelen volgens je regels. Keep on trading, don't look back.

'Discipline maakt het verschil tussen slagen en mislukken', zegt Rob Booker in zijn E-boek *The Miracle of Discipline*. 'Het ademt leven in elk aspect van het leven.'

Wat alle succesvolle mensen kenmerkt is dat ze bereid zijn om inspanningen te leveren. Dingen aan de kant te zetten, of ergens overheen te stappen. Ze vinden (terecht) dat je 'er iets voor over moet hebben'. Minder succesvolle traders denken dat ze genoeg voor hun passie over hebben als ze avond aan avond internet afstruinen op zoek naar kennis en strategieen. Of als ze lekker babbelen met andere traders. Dit kan allemaal best nuttig zijn maar deze activiteiten hebben op zich weinig met discipline te maken. Daarvoor moet je met jezelf aan de slag.

Kijk overigens uit met wat andere traders te vertellen hebben. Vaak weten ze het zelf niet. Bovendien heeft iedereen zijn of haar eigen manier van traden. Laat je dus niet te veel beïnvloeden door wat anderen zeggen maar ga vooral op zoek naar je eigen stijl, naar waar jij je goed bij voelt.

Juist als je discipline het hardst nodig hebt, is deze het moeilijkst op te brengen

En nu het toch over andere traders hebben: is het je weleens opgevallen hoeveel mensen jubelend een forumsite binnenstormen om grootse verhalen op te hangen en iedereen enthousiast te maken? Vaak blijken het succesverhalen met een korte levensduur. De 'succesvolle' trader verdwijnt even snel als hij is opgedoken. Al weer druk bezig met de volgende bevlieging, het zoveelste luchtkasteel. Laat je dus niet meeslepen door mensen die 'too good to be true' lijken. Want dat zijn ze meestal ook.

BELANGRIJK

Gebrek aan discipline is menig trader noodlottig geworden. De ogenschijnlijk makkelijke manier van geld verdienen, werkt ook ongeduld in de hand. Vooral als je meteen een paar succesjes boekt. En het wordt alleen maar erger in periodes van verlies. Juist als je discipline het hardst nodig hebt, is die het moeilijkst op te brengen.

Discipline is geen 'short cut' naar succes maar betaalt zich pas vaak na langere tijd uit.

Pas op met je omgeving

Ook je directe omgeving kan je discipline lelijk in de wielen rijden. Mensen die hun passie voor traden en succesjes van de daken schreeuwen, lopen een groot risico. Bij elke ontmoeting wil de omgeving natuurlijk weten hoe het er nu mee staat, ze willen resultaten horen. Of je al niet meer hoeft te werken. Dan wordt het wel erg moeilijk om steeds weer verliezen te moeten melden. Te erkennen dat je per saldo nog steeds in de min staat, of erger nog: dat je bent gestopt. Mede opgejaagd door hun omgeving verdoezelen veel traders de werkelijkheid of proberen om de haverklap iets nieuws uit. Een nieuw timeframe bijvoorbeeld, of andere indicatoren, een geheel andere strategie... Of ze gaan kleine winsten nemen om een succesje te kunnen melden. Alles om maar niet te hoeven toegeven dat het (nog) niet super gaat. Als je ergens veel gebakken lucht hoort, is het in het land van de traders.

Daarom werken grote traders vaak in de luwte. Met volle discipline handelen ze volgens hun methode en accepteren de gevolgen: positief en negatief. Ze erkennen dat winst en verlies 'all in the game is', en geven niet op. Door het vertrouwen in hun aanpak en in zichzelf kunnen ze de discipline opbrengen om zonder emotie te doen wat ze moeten doen. Ze laten zich niet door hun omgeving beïnvloeden.

Discipline is niet te koop

Discipline is gebaseerd op vertrouwen. Als je onvoldoende vertrouwt op je methode en op jezelf, wordt het heel erg moeilijk om je regels te volgen. Een strategie is trouwens niet genoeg. Hiermee begint het pas.

Op zoek naar de heilige graal verwarren veel beginners hun strategie met discipline. Maar strategie alleen kan het niet voor je doen. In *The Miracle of Discipline* constateert Rob Booker dat de meeste forexstrategieën de indruk wekken dat discipline al is ingebouwd, dat je het er gratis bij krijgt. Discipline moet van binnenuit komen. Je strategie of methode is een goede basis die pas werkt als jij er vol toewijding mee omgaat. Consequent, elke dag opnieuw. Door gebrek aan discipline maken strategieën veelvuldig plaats voor nieuwe. Hoop en vertrouwen vervliegen, angst en frustratie voeren de boventoon. De echte doorzetters komen er uiteindelijk - op vaak pijnlijke wijze - achter dat niet de strategie maar een ijzeren discipline de sleutel is tot succes. Gebrek eraan haalt je energie weg en zorgt ervoor dat je je doelen niet haalt.

Bijna iedereen kan leren meer discipline op te brengen dan hij of zij van nature heeft

Weet je diep in je hart dat discipline niet jouw sterkste kant is? Lees dan nog even door. Iedereen kan leren om meer discipline op te brengen dan hij of zij van nature heeft. En je kunt er elke dag mee beginnen. Maak er geen wedstrijd van door je te meten met anderen. Het gaat erom wat jíj aan discipline nodig hebt. Breng jezelf net zo veel discipline bij als jij aankan en als nodig is om een goede trader te worden.

Om een succesvolle trader te worden zul je eenvoudige zaken uit het dagelijks leven moeten oppakken om meer discipline te krijgen. Dingen die je niet leuk vindt om te doen maar wel moeten gebeuren, ga je gewoon doen. 'Niet zeuren, het moet gebeuren', is een fantastisch motto. Het maakt je sterker als trader.

» Waar zitten je mogelijkheden om je discipline te versterken?

» Wat zijn je dingen waarover je loopt te zeuren maar die toch moeten gebeuren?

Pak ze aan en zet stappen. Gewoon doen en je zult verbaasd staan over het resultaat. En als het niet meteen lukt, erken dan gewoon dat je even de mist bent ingegaan en neem maatregelen om dat voortaan te voorkomen. Discipline betaalt beter dan een lucky trade. Uiteindelijk leidt het tot goede trades met consistente winsten. En je wapent je tegen je 'drawdowns' die je ongetwijfeld vaak zult tegenkomen. Verliezen in je portefeuille, gerealiseerd en ongerealiseerd, zijn onlosmakelijk met traden verbonden. Als je hier gedisciplineerd mee om kunt gaan, word je steeds beter.

Het nieuwe geeft even nieuwe energie, maar zorgt al gauw voor nieuwe verliezen

Op forums en andere plekken waar wij traders ontmoeten, zien wij veel gebrek aan discipline. Het vluchtgedrag zoals nieuwe strategieën introduceren, andere timeframes uitproberen of steeds weer andere markten traden, wijzen alle op gebrek aan discipline. En dit komt ze altijd duur te staan. Je voelt de energie, de passie en gedrevenheid maar steeds weer moeten deze traders constateren dat het niet heeft gebracht waar ze op hoopten. Vol enthousiasme rennen ze een doodlopende straat in. Om vervolgens weer terug te rennen en zich voluit te storten op een nieuwe aanpak, een nieuwe strategie. Het resultaat is altijd weer hetzelfde: ongeloof, frustratie, boosheid en goede voornemens. Of de handdoek in de ring. Terwijl het beoogde resultaat had moeten zijn: consistente winsten maken. Doordat deze er maar niet komen, stroomt de energie steeds weer de verkeerde kant op: naar het nieuwe. Maar steeds iets nieuws brengt nooit wat je wilt. Het leidt af van waar je focus moet zijn, schept valse verwachtingen en zorgt uiteindelijk voor je ondergang als trader. Het nieuwe geeft even nieuwe energie, maar zorgt al gauw voor nieuwe verliezen. Totdat de kaars volledig is opgebrand. Weer iemand die in het eerste jaar van zijn geld af is. Het is ongelooflijk om te zien hoe mensen die toch genoeg doorzettingsvermogen hebben, veel passie aan de dag leggen en heel veel weten van traden uiteindelijk ten onder gaan aan gebrek aan discipline. Of hooguit middelmatig scoren. Maar dat is niet genoeg om de verliezen goed te kunnen maken.

Discipline is de brug tussen je doelen en het behalen ervan (Jim Rohn)

Discipline is de oplossing. En wilskracht. Eigenlijk is het een kwestie van niet opgeven en altijd de juiste dingen blijven doen. Net zo lang tot het je lukt. Gewoon volhouden en niet opgeven. ‘Discipline is de brug tussen je doelen en het behalen ervan’, zei de Jim Rohn. En: ‘Succes is nothing more than a few simple disciplines, practiced every day.’

BELANGRIJK

Wie als trader echt wil slagen, moet doorgaan waar anderen stoppen.

Discipline is wat je onderscheidt. Anders durven zijn dan de middelmaat om je heen. Ben jij daartoe bereid? Breng dan vanaf nu meer discipline aan in je leven. Daarvoor hoef je echt niet een jaar een klooster in. Dit kun je helemaal zelf. Neem verantwoordelijkheid voor je handelen en geef niets of niemand anders de schuld.

Wij vatten discipline altijd heel simpel samen: doen wat je met jezelf hebt afgesproken. Elke dag opnieuw.

IN DIT HOOFDSTUK

Testen voordat je gaat traden

Volgen terwijl je tradet

Prestaties beoordelen na het traden

Hoofdstuk 16

Maar heb je wel winst gemaakt? Testen, volgen en prestaties beoordelen

Iedere trade kent veel variabelen: koers gekocht, koers verkocht, commissie in rekening gebracht, volume getraded en hoeveelheid leverage gebruikt. Elke variabele is van invloed op je algehele prestaties. Tijdens de hectiek van een handelsdag is het moeilijk om al deze factoren goed in de gaten te houden en vast te stellen hoe goed je het hebt gedaan.

Het berekenen van je prestaties begint al voordat je gaat traden. Je wilt je strategieën testen en kijken of ze voor je werken. Hier heb je backtesting en droog traden voor nodig. Je moet je trades in realtime blijven volgen met behulp van een tradingdagboek. En dan moet je regelmatig (minstens elke maand) je voortgang bekijken om te kijken hoeveel winst je hebt gemaakt en of je iets aan je strategie moet veranderen.

Voor je gaat traden: je systeem testen

Het meten van je prestaties begint voordat je gaat traden. Dit komt omdat je moet uitzoeken hoe je gaat traden voordat je met echt geld aan de slag gaat. In hoofdstuk 3 worden enkele verschillende effecten beschreven die dagelijks getradet kunnen worden terwijl in de hoofdstukken 6 tot en met 11 enkele strategieën worden besproken die daytraders gebruiken. Nadat je hebt bedacht welke combinaties van effecten en strategieën je wilt gebruiken, kun je kijken of deze in het verleden winst zouden hebben opgeleverd. Dan moet je ze gaan uitproberen om te kijken of ze nog werken.

Het goede nieuws? Je kunt dit allemaal doen zonder dat je ook maar een cent risico loopt, behalve natuurlijk het geld dat je misschien hebt uitgegeven aan backtesting- en simulatiesoftware. Je wist dat er een addertje onder het gras zat, toch? Zie het als een investering in het succes van je bedrijf.

Backtesting

Bij *backtesting* geeft een trader aan welke strategie hij of zij zou gebruiken en haalt deze strategie dan door een gegevensbestand met historische koersen om te kijken of het winst zou hebben opgeleverd. De test omvat aannamen over commissies, leverage en grootte van de positie. De resultaten geven informatie over het rendement, de volatiliteit en win-verliesratio's die je kunt gebruiken om een tradingstrategie te verfijnen en goed in te voeren.

Met een hypothese beginnen

Welke trades wil je uitvoeren? Na je hebt bedacht wat en hoe je gaat traden, kun je gaan bepalen wat je strategie zal zijn. Ga je voor hoog momentum, small-capaandelen? Ben je op zoek naar koerswijzigingen gebaseerd op nieuwsgebeurtenissen in agrarische grondstoffen? Wil je large-capaandelen verhandelen binnen hun bereik? Indexcontracten op aandelen en hun opties verhandelen?

Nadat je je onderzoek hebt gedaan, kun je je strategie opstellen als een hypothese en kan er als volgt uitzien: 'High-momentum, small-capaandelen gaan omhoog gedurende de dag, dus kan ik ze 's ochtends kopen en winst maken door ze 's middags te verkopen.' Of dit: 'Het duurt ongeveer een halfuur voordat gebeurtenissen in het nieuws terug te zien zijn in de koersen voor maïs, dus kan ik kopen of verkopen als het nieuws bekend wordt en winst maken.' Met deze stelling kun je verdergaan met testen om te kijken of de hypothese standhoudt.

PAS OP

Een van de nuttigste dingen van backtesten is dat je heel specifiek moet aangeven wat je tradingregel is. Computers begrijpen geen vage instructies, en als je merkt dat je tradingstrategie te gecompliceerd is om uit te schrijven en in een backtestingprogramma in te voeren, dan is zij waarschijnlijk voor jou ook te gecompliceerd om te volgen.

De test uitvoeren

Stel, je begint met iets eenvoudigs: misschien heb je een reden om te denken dat farmaceutische bedrijven waarvan de koers daalt bij afnemend volume stil blijven staan. Het eerste wat je moet doen is dit in je software stoppen: de branche en het kooppatroon waar je naar op zoek bent. De resultaten zullen aantonen of je onderbuikgevoel goed is en hoe vaak en gedurende welke periodes.

Als wat je ziet je bevalt, kun je meer variabelen toevoegen. Wat gebeurt er als je *leverage* (geleend geld) toevoegt aan je trades? Leverage vergroot je risico op verlies, maar vergroot ook je potentiële winst. Hoe is dat van invloed op je trade? Stel, je vergroot de grootte van je trades: je voert er minder, maar grotere uit. Zou dit helpen om meer of minder winst te maken? Door met het systeem te spelen, krijg je een goed gevoel van wat de beste manier is om winst te maken met je trade-ideeën. Je krijgt ook een gevoel van wanneer je regel niet werkt, waardoor je problemen kunt voorkomen.

Als je strategie tijdens het testen niet werkt, moet je jezelf afvragen waarom niet. Is je theorie niet zo goed als je dacht, of zijn de markten nu anders? En als ze nu anders zijn, in welk opzicht dan? Zoek naar antwoorden op deze vragen. Anders ben je alleen maar aan het hopen en dat is de doodsteek van elke trader, hoe goed zijn testresultaten ook zijn.

De meeste backtestingsoftware staat optimalisatie toe. Dit betekent dat het programma zelf de optimale leverage, posities, periode en andere parameters kan uitrekenen om zo het beste op risico aangepaste rendement te genereren aan de hand van de beschikbare gegevens.

PAS OP

Backtesten is onderhevig aan iets wat traders *overoptimalisatie* noemen, bij wiskundigen *aanpassen van de curve* heet en door analisten *datamining* genoemd wordt. Al deze termen betekenen dat de persoon die de test uitvoert, kijkt naar een moment in het verleden waar de markt het goed deed en dan alle variabelen en specifieke gegevens vaststelt die tot deze prestaties hebben geleid. Hoewel overoptimalisatie prachtig klinkt, gebeurt het vaak dat de test een model genereert waar onnodige variabelen in zitten en dat dit in de praktijk niet logisch is. Als je een strategie vindt die werkt als de beurs een dag hoog sluit, twee dagen laag en dan een derde dag weer hoog, gevolgd door vier dagen laag als hij een intraday-hoog bereikt, heb je niet iets fantastisch ontdekt: je volgt gewoon de curve.

BELANGRIJK

Mensen hebben vaak heel uiteenlopende ideeën over hoe de shufflefunctie van hun mp3-speler werkt. Vraag het en ze geven je hun eigen, interessante theorie over hoe bepaalde soorten nummers vaker langskomen dan andere, hoe nummers met vergelijkbare titels achter elkaar afgespeeld lijken te worden en andere patronen waarvan ze zeker zijn dat die bestaan. Waarom? Omdat mensen erop gericht zijn patronen te zien, zelfs als die er niet zijn. Hetzelfde geldt voor de markt. Het is mogelijk dat, hoewel de resultaten van je test er goed uitzagen, ze alleen een willekeurige gebeurtenis tonen die één keer heeft gewerkt. Dit is de reden dat je moet blijven testen, zelfs nadat je bent begonnen met traden.

De resultaten vergelijken met marktcycli

De markten veranderen elke dag als reactie op nieuwe richtlijnen, renteschommelingen, economische omstandigheden, nare gebeurtenissen in de wereld en ander nieuws. (Het is net als die grap over het weer: als je het nu lelijk vindt, wacht je even en het is anders.) Verschillende effecten en strategieën doen het beter in sommige marktklimaten dan in andere.

Als je backtest, doe het dan over een lange periode, zodat je kunt zien hoe je strategie zou werken onder verschillende marktomstandigheden. Bekijk de volgende dingen:

- Hoe deed de strategie het in periodes van inflatie? Economische groei? Hoge rentes? Lage rentes?
- Wat gebeurde er op de markten tijdens de periode dat de strategie het buitengewoon goed deed? Wat gebeurde er toen zij het heel slecht deed? Hoe waarschijnlijk is het dat dit weer zal gebeuren?
- Welke invloed heeft de marktvolatiliteit op de strategie? Is het effect volatieler dan de markt, minder volatiel of lijkt het te zijn verdwenen uit de markt?
- Hebben zich grote veranderingen voorgedaan in de sector tijdens de periode van de test? Voorbeelden van dit soort veranderingen zijn onder andere nieuwe technologieën waardoor de vraag naar bepaalde grondstoffen stijgt, of veranderingen in de wetgeving waardoor sectoren overbodig zijn geworden. Betekent dit dat omstandigheden uit het verleden nog steeds van toepassing zijn?

- Hebben zich veranderingen voorgedaan in de manier waarop het effect verhandeld wordt? Bijvoorbeeld: het grootste deel van de handel in de meeste grondstoffen vond ooit plaats op de beursvloer. Nu vindt de meeste handel elektronisch plaats. Hoe zien je testresultaten eruit als je de huidige handelstechnologie in ogenschouw neemt?

TECHNISCHE INFO

In het capital assets pricing model, wat het belangrijkste onderdeel is van de wetenschappelijke financiële theorie, wordt het marktrisico *bèta* genoemd. De waarde die een portefeuillebeheerder toevoegt aan beleggingsprestaties is *alfa*. Op de lange termijn stelt de conventionele financiele theorie dat het rendement van een gediversificeerde portefeuille van de bèta afkomstig is. Alfa bestaat in feite niet, dus kunnen de beleggers het op de lange termijn niet van de markt winnen. Op de korte termijn, zoals daytraders handelen, is deze relatie misschien niet zo sterk.

BELANGRIJK

Onthoud de grondregel van de financiële sector: resultaten behaald in het verleden bieden geen garantie voor de toekomst. Een strategie komt misschien perfect uit de test, maar dit betekent nog niet dat zij zal blijven werken. Backtesten is een belangrijke stap naar succes in daytraden, maar het is maar één stap van de vele.

Simulatietraden

Met een gebackteste strategie in de hand, ben je misschien geneigd om met echt geld te gaan traden. Niet doen, ten minste nog niet. Begin met dat wat bekend staat als *droog traden, papiertraden* en *simulatietraden*. Ga achter je computer zitten en bekijk de koersnoteringen. Als je je ideale instappunt ziet, schrijf je het op. Als je je uitstappunt ziet, schrijf je het op. (Of gebruik de simulatiefuncties die veel brokers aanbieden, zodat je het niet op hoeft te schrijven.) Doe precies wat je van plan bent te doen met echt geld, maar dan zonder geld. Bereken dan wat je prestatie zou zijn geweest.

Als je strategie niet tot veel trades leidt, kun je ze wel bijhouden met pen en papier en dan de gegevens invoeren in een spreadsheet om de gevolgen van commissie en leverage te berekenen en om de prestaties zowel als percentage als op win-verliesbasis te berekenen. Hoe ziet het eruit?

Gebruik voor complexere strategieën met meer trades in een groot aantal effecten simulatiesoftware. Deze pakketten zijn een afspiegeling van handelssoftware (en vormen meestal een extra functie van handelssoftwarepakketten; zie de hoofdstukken 11 en 12 voor meer informatie hierover). Je kunt de grootte van je order invullen, leverage gebruiken en vervolgens nagaan of je trade uitgevoerd kan worden onder de huidige marktomstandigheden.

BELANGRIJK

Markten worden beïnvloed door vraag en aanbod en jouw trade kan dit beïnvloeden. Dit is meteen het grootste nadeel van droog traden: het is moeilijk om op een betrouwbare manier rekening te houden met de gevolgen van jouw trade voor de markt, vooral als je tradet in grote posities op een markt waar niet veel gehandeld wordt.

De resultaten van het droog traden kunnen je helpen je tradingstrategie verder te verfijnen. Werkt zij in de huidige marktomstandigheden? Kun je instap- en uitstapunten vaststellen? Kun je voldoende trades uitvoeren om je inspanningen het financieel waard te maken? Wil je je strategie nog verder verfijnen of ben je klaar om haar in te zetten?

Je testen vormen geen garantie op betere resultaten en ze laten niet zien hoe je zult reageren onder de echte druk van echte markten en echt geld. Echter, als je systeem niet goed werkt onder perfecte omstandigheden, is het niet waarschijnlijk dat het beter zal gaan onder echte omstandigheden.

TIP

Een geschikte strategie vinden kan een tijdje duren. Sommige traders vertellen dat ze maanden kwijt zijn geweest aan het vinden van een strategie waarmee zij zich voldoende op hun gemak voelden om haar te gebruiken. Daytrading is werk. Zie deze fase van marktonderzoek en leren als iets wat je moet doen, net zoals je marktonderzoek zou doen als je een nieuwe winkel wilt openen of cursussen zou volgen als je een carrièreswitch overweegt. Heb geduld. Het is beter om maandenlang goed droog te oefenen dan om duizenden echte euro's in een paar uur te verliezen.

Backtesting- en simulatiesoftware

Er zijn veel verschillende aanbieders van backtestingmogelijkheden en het wordt op steeds meer tradingplatformen de norm. De hierna volgende lijst heeft zeker niet de pretentie om compleet te zijn, en het feit dat een dienst in de lijst staat, wil niet per definitie zeggen dat ik hem goed vind of aanraad. Het is gewoon een goede plek voor jou om je onderzoek te beginnen.

TIP

Als je net met traden begint, is het misschien handig om met een goedkoper pakket te beginnen om te kijken hoe backtesten en simulatie werken. Als je al een rekening bij een broker hebt, kijk dan of backtesten en simulatie onderdeel uitmaken van het aanbod. Je kunt altijd een uitgebreider backtestpakket aanschaffen als je behoeften veranderen of als je exotische strategieën gaat najagen met ongewone effecten.

TIP

Hoe geavanceerder het pakket, des te duurder het is. Als je ervaring hebt in programmeren of als je strategie niet goed naar voren komt in de huidige backtestingprogramma's, kun je misschien je eigen systeem bouwen. Veel daytraders die vaardig zijn in het schrijven van software gebruiken de Visual Basic-functies van Excel waarmee ze aangepaste testen ontwikkelen die ze dan toepassen op koersgegevensbestanden om hun strategieën te backtesten.

AmiBroker

AmiBroker (www.amibroker.com) biedt uitgebreide backtestmogelijkheden tegen een relatief laag bedrag. Om die reden is het populair onder de mensen die met daytraden beginnen en geen dure diensten willen aanschaffen. Gebruikers kunnen ook gebruikmaken van geavanceerde technische grafieken om de markten in de gaten te houden. Een nadeel is dat je extra moet betalen voor gegevens over koersnoteringen, afhankelijk van de effecten en de periodes die je wilt testen.

Investor/RT

Investor/RT is ontwikkeld door het bedrijf Linn Software (www.linnsoft.com) en stelt je in staat om je eigen testen te ontwikkelen en je eigen programma's op te stellen. Er zijn versies voor de iMac, zodat het erg populair is onder Apple-gebruikers. De gebruikers stellen over het algemeen hoge eisen aan hun tradingsystemen en backtestmogelijkheden. Dit is eigenlijk geen software voor beginners.

MetaStock

Zoals de naam al aangeeft, is MetaStock (www.metastock.com) ontwikkeld voor traders die handelen in aandelen, hoewel er een MetaStock-pakket beschikbaar is voor valutatraders en de normale pakketten mogelijkheden bevatten voor traders in futures en grondstoffen. Het deelt traders in als *end-of-day* (de traders die beslissingen nemen over het traden van morgen gebaseerd op de cijfers van het einde van de huidige handelsdag) en als *realtime* (de traders die beslissingen nemen gedurende de handelsdag). De meeste daytraders zijn realtimetraders. Het bedrijf is in handen van Thomson Reuters, een grote aanbieder van financiële informatie.

NinjaTrader

NinjaTrader (www.ninjatrader.com) is een populair softwarepakket dat gebruikt wordt voor het beheren en programmeren van trades. Het bevat ook fantastische backtestmogelijkheden. Het platform werkt tegen betaling samen met veel verschillende brokers, maar de grafiek- en testcapaciteiten zijn gratis. Dit is misschien de reden dat het een van de populairste diensten is geworden voor backtesten.

OptionVue

Als je tradet in opties, is misschien OptionVue (www.optionvue.com) wel wat voor jou. Het biedt verschillende analytische instrumenten voor optiemarkten. De BackTrader-module van de software, een add-onfunctie, helpt je meer te weten te komen over optiemarkten, nieuwe strategieën te testen en verbanden tussen opties en de onderliggende aandelen te onderzoeken. Echt nuttige informatie die werkt op aandelenmarkten.

Tradecision

Het softwarepakket voor tradeanalyse van Tradecision (www.tradecision.com) is iets duurder dan de meeste alternatieven, maar het biedt ook geavanceerdere mogelijkheden, inclusief een analyse van de sterke en zwakke kanten van de verschillende tradingregels. Er kunnen geavanceerde geldbeheertechnieken en kunstmatige intelligentie aan toe worden gevoegd om meer voorspellingen te ontwikkelen voor prestaties onder verschillende marktomstandigheden. Het systeem is misschien wat over the top voor beginnende traders, maar kan voor sommige erg handig zijn.

TradeStation

TradeStation (www.tradestation.com) is een online broker die gespecialiseerd is in diensten voor daytraders. De strategietestdienst stelt je in staat verschillende tradeparameters in te stellen en laat je dan aan de hand van koersgrafieken zien waar deze trades zouden hebben plaatsgevonden in het verleden. Op deze manier kun je zien wat er gebeurd zou zijn, wat erg nuttig is als je goed bent in technische analyse. Het genereert ook een verslag van de strategie met prestaties uitgedrukt in geld, percentage en win-verliesverhouding over verschillende periodes. Het heeft geen simulatiefunctie.

Trading Blox

Het Trading Blox-softwaresysteem (www.tradingblox.com) is ontwikkeld door professionele traders die hun eigen theorieën moesten testen maar daarvoor niet te veel wilden programmeren. Het is beschikbaar in drie versies (en prijsniveaus), van basis tot geavanceerd, en het bedrijf werkt samen met bepaalde commerciële handelsfirma's. Natuurlijk zijn sommige van de capaciteiten meer dan je nodig hebt als je net begint.

Gedurende de dag: je trades bijhouden

Nadat je je strategie aan het werk hebt gezet tijdens de handelsdag, is het gemakkelijk om de energie en emotie de bovenhand te laten krijgen. Je wordt slordig en houdt niet meer goed bij wat er gebeurt. En dat is niet goed. Daytrading is geen videospelletje; het is werk. Zorgvuldig bijhouden wat er gebeurt, helpt je niet alleen te kijken hoe goed je je strategie volgt, maar ook hoe je haar kunt verfijnen. Deze gegevens kunnen ook aangeven hoe succesvol je bent met traden en het maakt alles veel gemakkelijker als je je belastingaangifte moet insturen.

Je spreadsheet opzetten

De gemakkelijkste manier om je trades bij te houden is met een spreadsheetprogramma, zoals van Microsoft Excel. Maak kolommen voor het fonds dat wordt gekocht, het tijdstip van de trade, de koers, de gekochte hoeveelheid en de commissie. Maak dan vergelijkbare kolommen om aan te geven wat er gebeurt als de positie wordt gesloten. Bereken ten slotte je prestaties gebaseerd op de verandering in de koers van het effect en het rendement in geld en procenten van je trade. Figuur 16.1 geeft je hier een voorbeeld van.

Symbool	Omschrijving	Datum aangekocht	Tijd aangekocht	Prijs	Partij geprobeerd	Partij gelukt	Comm.	Totale kosten	Tijd verkocht	Prijs verkocht	Hoeveelheid verkocht	Comm.	Totale opbrengsten	Winst/verlies in punten
INTC	Intel	2-10-16	9:31	20,98	1000	1000	6,00	20986,00	9:52	21,10	1000	6,00	21094,00	12
NVDA	Nvidia	2-10-16	9:33	30,38	1000	1000	6,00	30386,00	9:58	30,87	1000	6,00	30864,00	49
AKAM	Akamai	2-10-16	9:46	57,44	500	500	3,00	28723,00	10:36	56,60	500	3,00	28297,00	-84
INTC	Intel	2-10-16	10:18	21,08	1000	1000	6,00	21086,00	10:40	20,95	1000	6,00	20944,00	-13
AKAM	Akamai	2-10-16	11:08	55,09	500	200	1,20	27546,20	12:08	55,39	200	1,20	11076,80	30
NVDA	Nvidia	2-10-16	11:08	30,38	1000	1000	6,00	30386,00	11:28	30,31	1000	6,00	30304,00	-7
INTC	Intel	2-10-16	11:11	20,91	1000	1000	6,00	20916,00	11:45	21,03	1000	6,00	21024,00	12
NVDA	Nvidia	2-10-16	11:55	30,38	1000	1000	6,00	30386,00	12:15	30,72	1000	6,00	30714,00	34
INTC	Intel	2-10-16	12:23	20,93	1000	1000	6,00	20936,00	12:56	21,07	1000	6,00	21064,00	14
INTC	Intel	2-10-16	13:08	21,05	1000	1000	6,00	21056,00	13:52	21,04	1000	6,00	21034,00	-1
AKAM	Akamai	2-10-16	13:22	55,43	500	500	3,00	27718,00	13:41	55,48	1000	3,00	55477,00	5
INTC	Intel	2-10-16	14:05	21,03	1000	1000	6,00	21036,00	14:26	21,09	500	6,00	10539,00	6
NVDA	Nvidia	2-10-16	14:09	30,52	1000	1000	6,00	30526,00	15:09	30,54	1000	6,00	30534,00	2
INTC	Intel	2-10-16	15:05	21,10	1000	1000	6,00	21106,00	15:59	21,11	1000	6,00	21104,00	1

Startkapitaal:
Winst van de dag:
Procentuele verandering:
Eindkapitaal:
Ratio van winstgevende en verlieslijdende trades:
Uurloon:
Totaal betaalde commissie:

FIGUUR 16.1: Je kunt dit voorbeeld gebruiken om je eigen spreadsheet te maken.

Sommige brokers en handelsplatformen slaan automatisch je tradegegevens op om ze te kunnen analyseren. Je kunt de gegevens downloaden naar je eigen spreadsheet of ermee aan de slag gaan in je tradingsoftware, zodat het analyseren eenvoudig wordt. Als je te veel trades uitvoert om handmatig te kunnen bijhouden, dan is deze functie extra belangrijk voor jou.

Alles in een winst-en-verliesoverzicht zetten

Als je kijkt naar het onderste gedeelte van figuur 16.1, dan zie je een kleine samenvatting van gegevens over hoe je tradingdag is verlopen: tradingwinst min commissie, tradingwinst als percentage van je handelskapitaal en de ratio van winstgevende en verlieslijdende transacties. Deze informatie moet overgebracht worden naar een andere spreadsheet, zodat je je succes kunt bijhouden. Figuur 16.2 geeft een voorbeeld van een winst-en-verliesspreadsheet.

Winst/verlies	Beginkapitaal	Netto-winst/-verlies	Eindkapitaal	Procentuele verandering	Uurloon
3-10-16	€ 161.298,00	€ 134,00	€ 161.432,00	0,08%	€ 16,75
4-10-16	€ 161.432,00	-€ 268,00	€ 161.164,00	-0,17%	-€ 33,50
5-10-16	€ 161.164,00	€ 450,00	€ 161.614,00	0,28%	€ 56,25
6-10-16	€ 161.614,00	-€ 183,00	€ 161.431,00	-0,11%	-€ 22,88
7-10-16	€ 161.431,00	€ 192,00	€ 161.623,00	0,12%	€ 24,00
10-10-16	€ 161.623,00	€ 598,00	€ 162.221,00	0,37%	€ 74,75
11-10-16	€ 162.221,00	-€ 168,00	€ 162.053,00	-0,10%	-€ 21,00
12-10-16	€ 162.053,00	€ 987,00	€ 163.040,00	0,61%	€ 123,38
13-10-16	€ 163.040,00	-€ 196,00	€ 162.844,00	-0,12%	-€ 24,50
14-10-16	€ 162.844,00	€ 59,00	€ 162.903,00	0,04%	€ 7,38
17-10-16	€ 162.903,00	-€ 273,00	€ 162.630,00	-0,17%	-€ 34,13
18-10-16	€ 162.630,00	-€ 124,00	€ 162.506,00	-0,08%	-€ 15,50
19-10-16	€ 162.506,00	€ 689,00	€ 163.195,00	0,42%	€ 86,13
20-10-16	€ 163.195,00	-€ 397,00	€ 162.798,00	-0,24%	-€ 49,63
21-10-16	€ 162.798,00	€ 967,00	€ 163.765,00	0,59%	€ 120,88
24-10-16	€ 163.765,00	-€ 387,00	€ 163.378,00	-0,24%	-€ 48,38
25-10-16	€ 163.378,00	€ 469,00	€ 163.847,00	0,29%	€ 58,63
26-10-16	€ 163.847,00	€ 798,00	€ 164.645,00	0,49%	€ 99,75
27-10-16	€ 164.645,00	-€ 129,00	€ 164.516,00	-0,08%	-€ 16,13
28-10-16	€ 164.516,00	€ 723,00	€ 165.239,00	0,44%	€ 90,38
31-10-16	€ 165.239,00	€ 743,00	€ 165.982,00	0,45%	€ 92,88
oktober:	€ 161.298,00	€ 4.684,00	€ 165.982,00	2,90%	€ 27,88
1-11-16	€ 165.982,00	€ 112,00	€ 166.094,00	0,07%	€ 14,00

FIGUUR 16.2: Een voorbeeld van een winst-en-verliesspreadsheet.

TIP

Bereken je uurloon voor elke dag dat je tradet. Neem eenvoudigweg de winst van die dag en deel het door het aantal uur dat je hebt gewerkt. Dit getal, meer nog dan een ander getal, kan je helpen om te kijken of het loont voor jou om te blijven traden of dat je beter een andere baan kunt gaan zoeken. Als het elk dag berekenen van dit getal te veel stress oplevert, probeer het dan maandelijks te doen.

Een tradingdagboek bijhouden

Als onderdeel van je tradingspreadsheet of als aanvulling daarop, moet je de redenen voor elke trade bijhouden. Was de reden voor de trade dat je een signaal kreeg van je systeem? Een voorgevoel? Doordat je een kans zag die te goed was om voorbij te laten gaan? Houd ook bij hoe het met de trade is afgelopen. Geeft je tradingsysteem goede signalen? Volg je ze? Zijn je voorgevoelens zo goed dat je misschien je systeem moet verfijnen? Mis je goede trades omdat je je gevoel volgt en niet de gegevens voor je neus?

BELANGRIJK

In de loop van de tijd werken sommige tradingsystemen niet meer omdat te veel mensen ze gebruiken. Als je dit ziet gebeuren, kun je je systeem direct aanpassen. De grote jongens doen dit ook. De negatieve kant van flitshandel met algoritmen is dat zoveel hedgefondsen er gebruik van maken dat de algoritmen steeds herschreven moeten worden.

Een *tradingdagboek* biedt je informatie om je trading systematisch te beoordelen. Begin met op te schrijven waarom je een bepaalde trade uitvoert. Doe dit als je de trade uitvoert. (Als je wacht tot later, vergeet je het en pas je je logica aan aan je behoeften. Dat is wat er gebeurt, toch?) Voer de informatie in op een spreadsheet, schrijf even snel iets op een stukje papier of in een notitieboekje dat je speciaal voor het traden gebruikt. Het opschrijfsysteem hoeft niet geavanceerd te zijn, zolang je maar de tijd neemt om de notities te maken waar je later naar kunt kijken.

TIP

Sommige traders ontwerpen een formulier en printen er een stapel van, zodat ze er altijd een bij de hand hebben om in te vullen gedurende de dag. Ze zetten er zelfs van tevoren vastgestelde indicatoren op die terugkomen in hun strategieën die zij kunnen afvinken of omcirkelen. Aan het einde van de dag verzamelen ze deze dagboekbladen en stoppen ze in een ordner, zodat ze ze kunnen bekijken als het moment daar is om hun tradingstrategie en hun prestaties te beoordelen.

Figuur 16.3 geeft een voorbeeld van een tradingdagboek. Je kunt het aanpassen aan je eigen tradingstrategie, inclusief die indicatoren die voor jou het meeste van belang zijn.

TIP

Het tradingdagboek uit figuur 16.3 is maar een voorbeeld. Maak je niet druk als je tradingstijl zo snel is dat je niet de tijd hebt om het in te vullen. Verzin dan een soort systeem waarmee je in elk geval kort onderscheid kunt maken tussen trades die je hebt uitgevoerd gebaseerd op een signaal van je systeem, trades op basis van een voorgevoel en trades gebaseerd op andere interpretaties van marktomstandigheden. Vergelijk je aantekeningen met de bevestigingen van je broker om te kijken hoe je het hebt gedaan.

Tradingdagboek

Datum: ____________

Tijd: ____________

Naam effect: ____________________________ **Symbool:** ________ **Markt:** ____________________

Koers ingestapt: ________________ **Long/short?** long/short

Hoeveelheid: ________________ **Leverage gebruikt?** ja/nee

Indicatoren:

Koerstrend	stijgt	daalt	binnen bereik
Volume	stijgt	daalt	gelijk
Sector	stijgt	daalt	binnen bereik
Markt	stijgt	daalt	binnen bereik

Technisch patroon: ____

Koers uitgestapt: ________________

Hoeveelheid: ________________

Tijd: ________________

Indicatoren:

Koerstrend	stijgt	daalt	binnen bereik
Volume	stijgt	daalt	gelijk
Sector	stijgt	daalt	binnen bereik
Markt	stijgt	daalt	binnen bereik

Technisch patroon: ____

Ik heb deze trade uitgevoerd omdat (één aanvinken)

___ Het tradingsysteem dit aangaf

___ Ik een voorgevoel had (hieronder uitleggen)

___ De markt er goed uitzag, zelfs al heb ik geen signaal gekregen (hieronder uitleggen)

___ Anders (hieronder uitleggen)

Ik heb deze trade gesloten omdat (één aanvinken)

___ Het tradingsysteem dit aangaf

___ Ik mijn verlies moest beperken

___ Ik een voorgevoel had (hieronder uitleggen)

___ De markt er goed uitzag, zelfs al heb ik geen signaal gekregen (hieronder uitleggen)

___ Anders (hieronder uitleggen)

Uitleg en geleerde lessen:

____

____

____

____

FIGUUR 16.3: Een tradingdagboek dat je kunt aanpassen aan je eigen voorkeuren.

Na het traden: bereken de algehele prestaties

Het berekenen van prestaties lijkt eenvoudig: gebruik eenvoudigweg de balans aan het einde van het jaar en de balans aan het begin van het jaar om de procentuele verandering te berekenen. Maar wat als je halverwege het jaar geld hebt toegevoegd aan je belegging? Wat als ik halverwege het jaar geld heb onttrokken aan het beleggingskapitaal om een nieuwe computer te kopen? Voor je het weet zit je met berekeningen die je sinds de middelbare school niet meer hebt gezien en weet je niet meer hoe je uit moet rekenen hoe je het doet.

Naast de toename in je fondsen, wil je ook je *volatiliteit* bekijken. Dit is hoeveel je winst-en-verlies kan fluctueren. Volatiliteit is een belangrijke meting van risico, vooral als je tradingstrategie afhankelijk is van leverage (zie hoofdstuk 9 voor meer informatie hierover).

Soorten rendement bekijken

De berekening van de prestaties van de belegging begint met het verdelen van het rendement in verschillende categorieën: inkomsten, vermogensopbrengst op de korte termijn en vermogensopbrengst op de lange termijn. Hoewel bijna alle opbrengsten van een daytrader afkomstig zijn van vermogensopbrengsten op de korte termijn, bespreek ik de definitie van elk, zodat je het verschil kent.

Inkomsten

Als beleggers het hebben over *rendement op inkomsten* bedoelen ze normale betalingen vanuit hun beleggingen, meestal in de vorm van dividend voor aandelen of rente op obligaties. Als daytrader kun je inkomsten hebben uit het kassaldo op je effectenrekening, maar waarschijnlijk niet uit je tradingactiviteiten.

Rendement berekenen

Geef iemand met een wiskundeknobbel een lijst met getallen en een rekenmachine en ze zal verschillende verbanden kunnen aantonen tussen de getallen. Nadat de waarde van de bezittingen is bepaald voor elke periode, kunnen de rendementsvoeten worden berekend. Maar hoe? En over welke periode? Het proces wordt nog iets gecompliceerder omdat er geld inkomt en uitgaat terwijl de waarde van de bezittingen op en neer gaat. In de volgende paragrafen worden de verschillende berekeningen gegeven die je kunt gebruiken om de rendementsvoeten te bepalen.

De samengesteld gemiddelde rendementsvoet berekenen

De meest voorkomende manier om het rendement op beleggingen te berekenen is door een tijdgewogen gemiddelde. Deze methode is perfect voor traders die met een bepaald geldbedrag beginnen en er niets aan toevoegen of uithalen. Dit wordt ook de *samengesteld gemiddelde rendementsvoet* genoemd. Als je alleen naar een maand of een jaar kijkt, is het een eenvoudig percentage. Gebruik deze formule voor het berekenen van prestaties op procentuele basis:

$$\frac{EVJ - BVJ}{BVJ}$$

EVJ is de waarde van het bezit aan het einde van het jaar en *BVJ* is de waarde van het bezit aan het begin van het jaar. Het resultaat is het procentuele rendement van een jaar en om het te berekenen heb je alleen eenvoudige wiskunde nodig.

Als je nu naar je rendement wilt kijken voor een periode van een paar jaar, heb je het *samengesteld* rendement nodig in plaats van het enkelvoudige rendement van elk jaar. Het samengestelde rendement laat zien hoe je belegging groeit. Je krijgt rendement op rendement en dat is goed. Maar de wiskunde wordt nu wat gecompliceerder omdat je nu de wortelfunctie op je rekenmachine moet gebruiken. De formule voor de samengestelde jaarlijkse groei ziet er zo uit:

$$\sqrt[N]{\frac{EVP}{BVP}} - 1$$

EVP is het einde van de totale periode, *BVP* is het begin van de totale periode en *N* is het aantal jaar waar je naar kijkt.

Het basispercentage van de rendementsvoet is een nauwkeurige, intuïtieve meting van hoeveel winst je hebt gegenereerd met je tradingactiviteiten. Zolang je geen geld van je beleggingsrekening haalt of bijstort, zit je goed.

Prestaties berekenen als je geld stort en geld opneemt

Misschien stort je geld op je rekening. Misschien ben je ergens in loondienst en doe je het daytraden er een beetje bij of misschien geeft je vrouw je een percentage van haar inkomen om op je beleggingsrekening te storten. Het kan ook zijn dat je geld opneemt van je daytradingrekening om je vaste lasten te betalen of om te gebruiken voor andere beleggingsmogelijkheden. Al dat geld dat uit en naar je rekening stroomt, kan het berekenen van je rendement echt heel moeilijk maken. Je hebt een manier nodig om de prestaties van je tradingsysteem te bereken zonder rekening te houden met de stortingen en opnames.

Hier volgt een voorbeeld: je begint op 1 januari te daytraden met € 100.000 op je rekening. Op 1 mei wordt het geld dat je het voorgaande jaar terugkreeg van de belasting gestort op je rekening (€ 1.000) en je gaat ermee traden. Op 1 december neem je € 5.000 op om de wintersportvakantie te betalen en kerstcadeaus te kopen. Aan het einde van het jaar staat er € 115.000 op je rekening. Hoe heb je het gedaan?

Als daytrader heb je enkele methoden tot je beschikking om je prestaties te berekenen als je geld stort en opneemt:

- **De Modified Dietz-methode** verliest een beetje aan nauwkeurigheid, maar maakt dit goed met haar eenvoud.
- **De tijdgewogen rendementsvoet** isoleert beleggings- en tradingprestaties van de rest van de rekening.
- **De geldgewogen rendementsvoet** heeft veel haken en ogen, maar geeft een gevoel van wat de rekeninghouder heeft.

Lees verder om te kijken naar het rendement dat berekend wordt aan de hand van deze methoden.

MODIFIED DIETZ-METHODE

De *Modified Dietz-methode* is gerelateerd aan de eenvoudige formule voor procentuele verandering, maar ze past de bedragen van de begin- en eindperiode aan aan de instroom en uitstroom van geld. De formule voor de Modified Dietz-methode ziet er zo uit:

$$\frac{EVJ - BVJ - stortingen + opnamen}{BVJ + stortingen - opnamen}$$

Als je de getallen uit het voorbeeld invult, krijg je:

$$\frac{115.000 - 100.000 - 1.000 + 5.000}{100.000 + 1.000 - 5.000}$$

Voer de berekening uit en je ziet dat de uitkomst 19,8 procent is.

Het voordeel van de Modified Dietz-methode is dat het zo gemakkelijk is om te doen. Je kunt haar gebruiken als je ongeveer wilt weten hoe je het doet met je traden, maar geen tijd hebt om een gedetailleerdere analyse uit te voeren. Het grootste nadeel is dat er geen rekening wordt gehouden met de momenten van de stortingen en opnamen. Je krijgt dezelfde uitkomst als je in mei € 5.000 zou opnemen en in december € 1.000 zou storten, hoewel het bedrag waarmee je tussen mei en december zou hebben getraded heel anders zou zijn geweest.

TIJDGEWOGEN RENDEMENTSVOET

De *tijdgewogen rendementsvoet* laat de beleggingsprestaties zien als een percentage van de bezittingen die beschikbaar zijn om te traden. Deze methode is de meest gebruikte manier om tradeprestaties te meten, maar het rekenwerk is veel gecompliceerder dan met de eenvoudige procentuele verandering van de Modified Dietz-methode. Je moet de gezamenlijke gemiddelde rendementsvoet berekenen voor elke periode en dan nog een tweede berekening om al deze rendementsvoeten te verwerken voor een langere periode. Aan de hand van het voorgaande voorbeeld zou je een rendement berekenen voor de eerste vier maanden van het jaar, weer een voor de volgende zeven maanden en een derde rendement voor de maand december. Deze drie rendementen worden dan vermenigvuldigd om te komen tot het rendement over het hele jaar.

De algemene formule die je gebruikt voor het berekenen van de tijdgewogen rendementsvoet ziet er als volgt uit:

$$\sqrt[N]{\left(1+r_{p1}\right)\left(1+r_{p2}\right)\left(1+r_{p3}\right)\ldots\left(1+r_{pn}\right)}-1$$

N is het totale aantal tijdsperiodes waar je naar kijkt en r^{pn} is het rendement voor deze bepaalde periode. Om de berekeningen te vergemakkelijken, kun je ze in een spreadsheet stoppen. Figuur 16.4 laat de tijdgewogen rendementsvoet uit dit voorbeeld zien. Zoals je ziet, is de uitkomst 18,78 procent, iets onder het rendement van de Modified Dietz-methode.

FIGUUR 16.4: Hier is een voorbeeld van de berekening van de tijdgewogen rendementsvoet.

	januari	mei	december
Rekeningsaldo aan begin van periode	€ 100.000	€ 109.000	€ 123.000
Storting/Opname	-	€ 1.000	€ -5.000
Aangepast rekeningsaldo begin	€ 100.000	€ 110.000	€ 118.000
Inkomsten uit traden	€ 9.000	€ 13.000	€ -3.000
Rekeningsaldo aan einde van periode	€ 109.000	€ 123.000	€ 115.000
Procentueel rendement van periode:	9,00%	11,82%	-2,54%
Jaarrendement:			18,78%

TIP

Als je van plan bent om geld op je rekening te storten of van je rekening op te nemen, kun je de berekeningen van je rendement veel gemakkelijker maken door ze regelmatig te plannen en je daaraan te houden. Anders moet je de berekeningen doen over kleine periodes. Dat is niet onmogelijk, maar wel een heel gedoe.

BELANGRIJK

De tijdgewogen rendementsvoet geeft je tradingprestaties het beste weer en de nauwkeurigheid ervan maakt de complexe berekeningen meer dan goed. Dit is het getal waar je naar kijkt als je wilt beslissen om je strategie te veranderen of te verfijnen.

GELDGEWOGEN RENDEMENT

Het *geldgewogen rendement* is de voet waarop de huidige nettowaarde van een serie getallen gelijk is aan nul. Die berekening wordt ook de *interne rendementsvoet* of *IRR genoemd* en hij wordt ook gebruikt voor andere dingen dan alleen rendementsberekeningen. Je kunt hem gebruiken om te bepalen wat het rendement van een serie getallen is in de loop van de tijd en om het rendement te berekenen als je geld op je beleggingsrekening stort of er geld van opneemt. En als je een financiële rekenmachine hebt, zoals de Hewlett-PackardHP17BII+ of de Texas Instruments BA2+, zijn de berekeningen redelijk gemakkelijk.

PAS OP

Maar er zit wel een addertje onder het gras! Hoewel het nuttig is, kan de geldgewogen methode ook het rendement verkeerd weergeven en soms tot uitkomsten komen die nergens op slaan als er te veel negatieve rendementen in de serie zitten. En ja, daytraders hebben vaak negatieve rendementen. Als je uitkomst een ridicuul hoog of een ridicuul laag rendement laat zien (zoiets als –15.989,9 procent bijvoorbeeld) kun je beter een andere berekening gebruiken.

Figuur 16.5 laat de geldgewogen rendementsvoet zien op basis van dezelfde gegevens als in de twee voorgaande voorbeelden.

	januari		mei		december	
Rekeningsaldo aan begin van periode	€	100.000	€	109.000	€	123.000
Storting/Opname	-		€	1.000	€	-5.000
Aangepast rekeningsaldo begin	€	100.000	€	110.000	€	118.000
Inkomsten uit traden	€	9.000	€	13.000	€	-3.000
Rekeningsaldo aan einde van periode	€	109.000	€	123.000	€	115.000
Procentueel rendement van periode:		9,00%		11,82%		-2,54%
Jaarrendement:						12,10%

FIGUUR 16.5: De geldgewogen rendementsvoet berekenen.

De uitkomst is 12,1 procent, lager dan in de andere twee voorbeelden, omdat het geldgewogen rendement te veel nadruk legt op het opgenomen geld en het verlies in de laatste maand van het jaar. Opnamen zijn van invloed op de koopkracht van de rekening, waardoor de prestaties van de beleggingen worden beïnvloed. Maar het algemene rekeningsaldo is meer dan 12,1 procent gestegen, zelfs gezien de storting begin mei. Het gewicht van de kasstromen haalde deze berekening uit zijn balans.

Door de problemen met geldgewogen rendement geven professionele beleggers die het rendement van beleggingen analyseren de voorkeur aan het tijdgewogen, samengestelde gemiddelde. Maar het geldgewogen gemiddelde heeft nog wel wat waarde, vooral voor een belegger die wil weten hoe de waarde van een bezitting is veranderd in de loop van de tijd. Aangezien een daytrader vaak een belegger en een eigenaar van een rekening is, kan de geldgewogen rendementsvoet aangeven of de prestaties van de belegging van invloed zijn op de koopkracht. Deze meting is vooral nuttig als je niet zeker weet of je door wilt gaan met daytraden.

BELANGRIJK

Net zoals er verschillende manieren zijn om je prestaties te berekenen, hebben degenen die je een tradingsysteem of cursus proberen te verkopen dat ook. Stel vragen over de methode voor het berekenen van de prestaties en over hoe kasstromen en uitgaven worden behandeld. De cijfers zien er misschien niet zo goed uit als je de berekeningen erachter kent.

Het risico van je rendement vaststellen

Nu je de rendementsgetallen van je winst-en-verliesoverzicht en je rendementsberekeningen hebt, is het nu tijd om je risiconiveaus te bepalen. Ik zal niet op de vele risico- en volatiliteitsberekeningen ingaan, want geloof me, die brave redacteuren van de *Voor Dummies* boeken willen niet al dat rekenwerk proeflezen. Sommige van deze metingen vereisen meer rekenwerk dan zelfs *jij* zou willen doen. Dat is prima. Zelfs als je maar naar een paar metingen kijkt, heb je meer informatie dan wanneer je alles negeert.

Slaggemiddelde – uhm, winst-verliespercentage

Honkbalspelers worden beoordeeld op hoe vaak ze een bal raken. Het aantal geslagen ballen ten opzichte van het aantal keer dat ze aan slag zijn, is het slaggemiddelde. Het is een eenvoudig en mooi getal.

Daytraders berekenen ook vaak hun slaggemiddelde, hoewel zij het hun *winst-verliespercentage* of *winstratio noemen.* Ditt is hetzelfde: het aantal succesvolle trades ten opzichte van het totale aantal trades. Niet alle trades hoeven succesvol te zijn om winst te maken, maar hoe vaker trades succesvol zijn, des te beter zullen de algehele prestaties zijn. Als je zowel goede prestaties en een hoog slaggemiddelde hebt, dan is je strategie misschien minder riskant dan een strategie die afhankelijk is van een handjevol 'homerun-trades' ten opzichte van veel uitballen.

Standaarddeviatie

Wil je iets uitdagender dan je slaggemiddelde? Bereken dan de *standaard-deviatie*. Dit is moeilijk uit te rekenen zonder een spreadsheet, maar vormt de kern van veel risicometingen.

De berekening van de standaarddeviatie begint met het gemiddelde rendement over een bepaalde periode. Dit is het *verwachte* rendement, het rendement dat je gemiddeld haalt als je je tradingstrategie volgt. Maar in een bepaalde week, maand of jaar is het rendement heel anders dan je verwacht. Hoe waarschijnlijker het is dat je krijgt wat je verwacht, des te minder risico je neemt. Op een spaarrekening bij de bank ontvang je weinig rente, maar het percentage is gegarandeerd. Daytrading biedt het potentieel op veel hoger rendement, maar ook de mogelijkheid dat je alles in een maand kunt verliezen, vooral als je je niet aan je tradingdiscipline houdt.

De uitleg is veel beter te begrijpen als je naar figuur 16.6 kijkt.

Standaarddeviatie berekenen				
Stap 1: Zoek het verwachte rendement		Stap 2: Trek verwacht rendement af van elk gemeld rendement		Stap 3: Bereken het kwadraat van elk verschil
	Percentage rendement	R-V(R)		(R E(R))^2
Januari	-0,02	-0,0211		0,0004
Februari	0,01	0,0079		0,0001
Maart	0,00	-0,0040		0,0000
April	0,09	0,0849		0,0072
Mei	0,01	0,0082		0,0001
Juni	0,01	0,0082		0,0001
Juli	-0,08	-0,0818		0,0067
Augustus	0,02	0,0182		0,0003
September	0,03	0,0282		0,0008
Oktober	-0,04	-0,0418		0,0017
November	-0,01	-0,0118		0,0001
December	0,01	0,0049		0,0000
Totaal	0,02		Som van de kwadraten:	0,0176
V(R)	0,0018	Stap 4:	Gemiddelde van de som van de kwadraten:	0,0015
		Stap 5:	Wortel van het gemiddelde van de som van de kwadraten, ook bekend als standaarddeviatie	0,0383

FIGUUR 16.6: De standaard-deviatie berekenen.

Zoals deze figuur aantoont, bereken je de standaarddeviatie in een aantal stappen:

1. **Neem elk rendement in de periode en bereken het gemiddelde.** Een eenvoudig gemiddelde is goed. Hier zijn er 12 maanden, dus tel ik alle 12 rendementen bij elkaar op en deel dit door 12.
2. **Trek het gemiddelde af van elk van de 12 rendementen.** Deze berekening geeft aan hoeveel een rendement verschilt van het gemiddelde, om je een gevoel te geven van hoeveel het rendement heen en weer kan gaan.

3. **Kwadrateer de verschillen die je hebt gevonden in stap 2 (vermenigvuldig ze met zichzelf) om de negatieve getallen te laten verdwijnen.** Als je deze bij elkaar optelt, krijg je wat in de statistiek heet de *som van de kwadraten.*
4. **Bereken het gemiddelde van de som van de kwadraten.**
5. **Trek de wortel van het gemiddelde van de som van de kwadraten.** De wortel van deze stap is de *standaarddeviatie,* het magische getal waar je naar op zoek bent.

Natuurlijk hoef jij niet al dit rekenwerk te doen. Bijna alle tradingsoftware berekent de standaarddeviatie automatisch, maar nu weet je in ieder geval hoe de berekening in elkaar steekt.

BELANGRIJK

Hoe hoger de standaarddeviatie, des te riskanter de strategie. Dit getal kan je helpen bepalen hoe comfortabel je bent met verschillende tradingtechnieken die je aan het backtesten bent en ook of je vast wilt houden aan je huidige strategie.

In wetenschappelijke termen is *risico* de waarschijnlijkheid dat je een ander rendement krijgt dan het rendement dat je verwacht. De meeste normale mensen vinden het niet bepaald erg om méér te krijgen dan je verwacht. Het probleem is minder rendement krijgen dan waar je op rekende. Dit is een van de grootste beperkingen van risicobeoordeling. Natuurlijk worden een paar periodes van beter-dan-verwachtrendement vaak gevolgd door een aantal slechter-dan-verwachtrendement als de prestaties dichter bij het gemiddelde komen.

BELANGRIJK

De grondregel dat resultaten behaald in het verleden geen garantie bieden voor de toekomst is van toepassing op zowel risico als rendement.

IJkpunten gebruiken om je prestaties te beoordelen

Om je prestatiegetallen te kunnen begrijpen, heb je nog een stap nodig: wat is je prestatie ten opzichte van wat je anders met je geld had kunnen doen. De volgende paragrafen bevatten de details.

Prestaties ten opzichte van een index

De meest voorkomende manier om over beleggingsprestaties na te denken heeft betrekking op een marktindex. Dit is de meting van de algehele markt die de hele tijd worden vermeld in het nieuws, zoals de Standard & Poor's 500 en de Dow Jones Industrial Average. Ze worden niet alleen overal bekeken, maar veel open-eindbeleggingsfondsen en futures zijn ontwikkeld om deze prestaties na te doen. Dit betekent dat beleggers altijd het minstens zo goed kunnen doen als de index zelf, als hun beleggingsdoeleinden blootstelling van dat deel van de brede beleggingsmarkt voor ogen hebben.

BELANGRIJK

Een groot probleem is dat daytraders vaak naar de verkeerde index kijken voor het soort belegging dat ze willen. Ze vergelijken dan de prestaties van handelen in agrarische grondstoffen met de Standard & Poor's 500 terwijl een grondstoffenindex beter zou zijn geweest. En de indexen gaan ervan uit dat de betreffende fondsen voor een langere periode vastgehouden worden in plaats van elke paar minuten of elke paar uur te worden getraded.

Als je niet zeker weet welke index je moet gebruiken, kijk dan op financiële websites, zoals Yahoo! Finance (finance.yahoo.com/indices) of ga naar het Market Lab-gedeelte van *Barron's* (www.barrons.com), een wekelijkse, financiële publicatie van Dow Jones & Company, dezelfde mensen die de *The Wall Street Journal* uitgeven en van de Dow Jones Industrial Average. Deze bevatten beide een lange lijst met verschillende aandelen-, obligatie- en grondstoffenindexen voor de Verenigde Staten en de wereld. Je kunt de lijst zoeken die het beste bij je voorkeursmarkten past en deze gebruiken om je prestaties te vergelijken.

TIP

In sommige gevallen hebben je tradingpraktijken betrekking op meer dan één index. Zo ja, kies dan de indexen die geschikt zijn en vergelijk ze allen met de trades die overeenkomen. Als je voor 40 procent in valuta tradet en voor 60 procent in metalen, dan kun je je eigen hybride index creëren die voor 40 procent uit valuta bestaat en voor 60 procent uit metalen.

Prestaties ten opzichte van je tijd

Eerder in dit hoofdstuk, in de paragraaf 'Alles in een winst-en-verliesoverzicht zetten', heb ik het over het bijhouden van je trades en het opstellen van een winst-en-verliesoverzicht. Ook geef ik hier aan dat je een uurloon moet berekenen. Daar is een reden voor. In plaats van daytrading, kun je je geld in een eenvoudig open-eindbeleggingsfonds steken en een normale baan zoeken. Je zou dat kunnen overwegen als je uurloon minder is dan wat je ergens anders kunt verdienen.

Natuurlijk heeft het zijn van een zelfstandige ook voordelen die niet zichtbaar zijn op je bankrekening. Ik zeg dit als iemand die de financiële wereld verliet om schrijver over financiële zaken te worden. Als je daytrading leuk vindt en je verdient genoeg geld om van te leven, laat de relatieve cijfers je dan vooral niet tegenhouden.

Prestaties ten opzichte van andere traders

Je wilt vast weten hoe je het doet ten opzichte van andere mensen die traden. Je zult daar waarschijnlijk nooit echt achter komen. Er bestaat geen centraal gegevensbestand voor tradingactiviteiten (maar zou het niet interessant zijn als brokers of beurzen deze cijfers bekend zouden maken?) Sommige wetenschappers hebben onderzoek gedaan naar het rendement van daytrading, maar ze werkten met historische gegevens ontdaan van klantengegevens.

Op internetfora of gewoon tijdens gesprekken met andere traders hoor je misschien dat mensen het over hun rendement hebben. Neem deze informatie met een grote schep zout. Sommige mensen liegen. Andere overdrijven of vertellen niet alles. Iemand met een gemiddeld of slecht rendement kan liegen om indruk te maken op de rest, terwijl degenen met een hoog rendement geen aandacht op zich willen vestigen.

TIP

Negeer wat andere traders je vertellen over hun rendement. Als je tevreden bent met je prestaties ten opzichte van je risico en tijd, is al het andere niet belangrijk.

IN DIT HOOFDSTUK

- De discipline van een trader ontwikkelen
- Marktmomentum noteren
- Zien wanneer tradingstrategieën de beste zet zijn

Hoofdstuk 17

Daytraden voor beleggers

Daytraden is niet voor iedereen weggelegd. Het vraagt om snelle reflexen, een dikke huid en een kortetermijnperspectief op de markt. Niet iedereen is ervoor geschikt om zijn of haar werkdag per minuut in te delen. De meeste mensen hebben liever een langetermijnperspectief op hun financiën. Ze zijn op zoek naar beleggingen die passen bij hun doelstellingen en denken liever op een termijn van maanden of jaren in plaats van nu.

Maar geduldige langetermijnbeleggers kunnen ook wel wat leren van de jachtige daytrader en daar gaat dit hoofdstuk over. Veel daytradingtechnieken kunnen swingtraders, positietraders en beleggers (mensen die posities dagen-, maanden- en zelfs decennialang vasthouden) helpen hun rendement te verbeteren en slimmere beslissingen te nemen als de tijd rijp is om te kopen of verkopen. In dit hoofdstuk bespreek ik enkele trading- en analysetechnieken die door daytraders gebruikt worden en die langeretermijnbeleggers kunnen helpen om hun rendement te verbeteren. Dan bespreek ik ook nog enkele manieren waarop langetermijnbeleggers daytrading kunnen toevoegen aan hun lijst met trucjes om een beter totaalrendement te behalen.

Wat kunnen beleggers van traders leren

In theorie zijn beleggers bereid eeuwig te wachten tot de aandelen die ze in bezit hebben enorme stijgingen laten zien. Maar in werkelijkheid hebben ze maar een beperkte hoeveelheid tijd en geld. De aandelen van een bedrijf kunnen belachelijk laag zijn, maar de aandelen kunnen daar lange tijd blijven bungelen totdat andere beleggers er lucht van krijgen en de koers laten stijgen. Een belegger die slim koopt en verkoopt, kan gemakkelijk een paar euro aan zijn beleggingsrendement toevoegen. En wie wil dat nou niet? Er zijn genoeg langetermijnbeleggers die zich óók weleens bezighouden met daytrading, vooral als het gaat om effecten die ze al lang genoeg volgen om te weten hoe de markt reageert op nieuws. Voor een langetermijnbelegger kan daytraden op bekende markten, als hij tenminste verstandige limieten stelt en voldoende tijd heeft om zijn strategieën te testen, leiden tot een leuke kortetermijnrendementen, die bij elkaar aardig optellen.

Beleggers die soms (of regelmatig) willen daytraden, moeten zich niet alleen enkele belangrijke daytradingstrategieën eigen maken, maar ook de eigenschappen bezitten die daytraders succesvol maken.

Gedisciplineerd zijn

Succesvolle daytraders hebben een aangeboren gevoel voor discipline. Ze weten wanneer ze meer geld in een trade moeten stoppen en wanneer ze hun verlies moeten nemen en de dag moeten afsluiten.

Jammer genoeg worden veel langetermijnbeleggers slordig. Ze hebben zoveel onderzoek gedaan en zoveel tijd gestopt in het wachten tot een positie iets opleverde, dat ze vaak de belangrijkste regel van de trader vergeten: de markt weet niet dat jij er bent. De aandelen weten niet dat jij ze bezit, dus zullen ze je heus niet belonen voor je loyaliteit. Effecten gaan elke dag zonder specifieke redenen omhoog en omlaag. Soms zul je een fout maken en je verlies moeten nemen. Dat is niet erg, zolang je er maar van leert.

Wat denk je, kun jij deze discipline onder de knie krijgen? Doe in elk geval deze dingen:

» **Ontwikkel een beleggings- en tradingplan, zoals besproken in hoofdstuk 2.** Hoewel beleggen waarschijnlijk niet je hoofdactiviteit is, is het wel handig als je opschrijft wat je doelstellingen zijn en hoe je van plan bent ze te halen. Houd hierbij rekening met beperkingen zoals tijd, belastingen en risicotolerantie.

» **Evalueer je prestaties zorgvuldig (wordt besproken in hoofdstuk 16).** Houd een tradingdagboek bij zodat je weet wat je tradet en waarom. Kun je manieren vinden om jezelf te verbeteren? Maak je fouten die je kunt vermijden?

TIP

» **Stel een verkoopregel op.** Een snelle manier waarop een belegger haar tradingdiscipline kan verbeteren, is door een verkoopregel in te stellen, een regel die aangeeft wanneer ze haar verlies moet nemen en verder moet gaan. Als bijvoorbeeld een aandeel 20 procent is gedaald vanaf het moment dat het is gekocht of werd getraceed aan het begin van het jaar, is het misschien het moment om te verkopen, ongeacht wat je hoopt dat het gaat doen.

Traders moeten deze stappen volgen om te overleven. Beleggers slaan deze stappen vaak over, maar dat is eigenlijk niet verstandig.

Omgaan met breaking news en reagerende markten

Een van de redenen dat de markten zo volatiel zijn, is omdat ze reageren op actuele gebeurtenissen in de wereld. Koersen geven informatie weer. Ze veranderen met elk beetje informatie dat erbij komt, zelfs als het informatie is dat iemand op dat moment wil kopen en dat iemand wil verkopen. Het probleem is dat de deelnemers aan de markt soms niet reageren in verhouding met het nieuws dat ze net hebben gehoord. Goede traders hebben een bijna aangeboren vermogen om nieuws waardoor er een mogelijkheid om te kopen ontstaat te onderscheiden van nieuws waardoor er een mogelijkheid om te verkopen ontstaat. (Je kunt meer lezen over marktindicatoren en markten in hoofdstuk 8.) Soms willen traders met de markt meegaan en soms willen ze ertegenin gaan.

Wanneer je beleggingsidee wordt beïnvloed door het nieuws, moet je bedenken hoe je positie (en jij) gaat reageren. Want hoe ver je tijdhorizon ook weg ligt en hoe zorgvuldig je onderzoek ook is, er gebeuren dingen met bedrijven: een CEO krijgt een hartinfarct, er blijkt iets mis te zijn met een product en het moet worden teruggeroepen, er doen praatjes de ronde over boekhoudfraude, en ga zo maar door. Hoe ga je reageren?

Het eerste punt is dat je in elk geval móét reageren. De markt kent je positie niet en dat maakt de markt ook niets uit. (Had ik dat al niet verteld?) Je moet de situatie bekijken en beslissen wat je gaat doen. Met de informatie die je hebt, is het dan tijd om te verkopen, te kopen of niets te doen? Je langetermijnpositie vasthouden bij langetermijnnieuws is vaak prima, maar dit moet een actieve beslissing zijn en geen noodsprong. Het belangrijkste is objectief te blijven, wat niet gemakkelijk is als er echt geld bij komt kijken.

BELANGRIJK

Succesvolle daytraders kunnen hun emoties onder controle houden en de markt scheiden van de rest van hun leven. Goede beleggers moet dat ook kunnen. In hoofdstuk 14 staan enkele ideeën die hierbij kunnen helpen.

Bij het evalueren van het nieuws kijken daytraders naar hoe het nieuws verschilt van de verwachtingen. Beleggers kunnen ook kijken hoe het nieuws verschilt ten opzichte van de bekende feiten over het bedrijf tot dan toe. Stel dat de verwachting is dat de Timely Timer Company inkomsten van $ 0,10 per aandeel bekend zal maken. In plaats daarvan komt er naar buiten dat de inkomsten maar $ 0,05 zijn vanwege hoge accountantskosten. De trader kan zien dat de inkomsten onder verwachting liggen en gaat short op de aandelen om in te spelen op het slechte nieuws. De belegger weet misschien dat die accountantskosten te verwachten waren en koopt dan snel meer aandelen terwijl de koers nog steeds laag staat. Het feit dat er een manier is voor zowel de koper als de verkoper om aan hun verschillende behoeften te voldoen, is de hele reden dat financiële markten bestaan!

BELANGRIJK

Voor een daytrader is perceptie werkelijkheid. Voor een scherpe belegger kan het verschil tussen perceptie en realiteit een mogelijkheid zijn om geld te verdienen.

Daytraders moeten rekening houden met de psychologie van de markt omdat alles zo snel gaat. Beleggers vergeten de psychologie soms omdat ze kunnen wachten tot de logica boven komt drijven. Als echter het moment komt om een koop- of verkooporder te plaatsen, kan het begrijpen van het psychologische klimaat van die dag de belegger een koersvoordeel bieden en elk beetje meer winst gaat rechtstreeks naar het eindresultaat.

TIP

Daytraders zorgen dat ze niet gek worden door hun posities aan het einde van de dag te sluiten, zodat ze verder kunnen met hun leven totdat de volgende handelsdag aanbreekt. Beleggers willen aan de andere kant weten wat er op andere momenten met hun posities gebeurt. Veel brokers bieden mobiele alertdiensten, wat volgens mij een verschrikking is voor een daytrader, maar nog niet zo slecht hoeft te zijn voor een belegger.

Doelen en limieten vaststellen

Goede daytraders stellen limieten vat. Ze plaatsen vaak stop- en limietorders om automatisch hun posities te sluiten als deze op een bepaalde koers komen. Ze hebben winstdoelstellingen in gedachten en weten hoeveel ze willen riskeren op jacht naar deze winsten.

Goede beleggers zouden vergelijkbare limieten in moeten stellen. Het kan voor hen moeilijker zijn omdat ze vaak zoveel onderzoek hebben gedaan dat ze het gevoel hebben dat ze bijna helderziend zijn. Waarom je zorgen maken over de verliezen als het onderzoek heeft aangetoond dat de koersen zullen gaan stijgen?

Nou, het onderzoek kan misschien bepaalde realiteiten over het hoofd hebben gezien. En zelfs bij grondige analyse veranderen er dingen. Dit is de reden dat zelfs de meest hartstochtelijke fundamentalisten een risicolimiet aan de onderkant moeten hebben. In de meeste gevallen werken stop- en limietorders niet voor een langetermijnbelegger omdat ze dwingen een effect te verkopen tijdens een marktfluctuatie op de korte termijn en tot verkoop dwingen als het een heel goed moment is om meer aandelen te kopen. Beleggers hebben een ander risicoprofiel dan daytraders, dus moeten ze hun risico anders beheren. Maar ze moeten het nog steeds beheren.

BELANGRIJK

Met een *stoporder* koopt of verkoopt de broker het effect zodra de van tevoren vastgestelde koers wordt bereikt, zelfs als de koers weer snel terugkeert naar waar hij was voordat de order werd uitgevoerd. Een *limietorder* wordt alleen uitgevoerd als het effect op het van tevoren vastgestelde niveau komt en blijft alleen effectief als de koers op dat niveau of lager (voor een kooplimietorder) blijft of op dat niveau of hoger (voor een verkooplimietorder) blijft.

Daytraders sluiten hun posities aan het einde van elke dag, dus bekijken ze hun limieten maar sporadisch. Een swingtrader of belegger aan de andere kant, die effecten een langere tijd vasthoudt, moet zijn limieten vaker bekijken. Met hoeveel moet een positie dalen of stijgen elke maand, elk kwartaal of elk jaar voordat het tijd is om het verlies af te dekken of er met winst uit te stappen? Hoe is het effect in de loop van de tijd veranderd en hoe moeten de limieten mee veranderen?

Als een positie het goed doet, denkt de belegger deze voor altijd aan te houden. Helaas lopen maar een paar beleggingen oneindig door in de toekomst, dus moet een belegger ook in termen van relatieve prestaties denken. Is dit het moment om te verkopen en het geld in iets anders met meer potentieel te stoppen?

Bij het beheren van geld denken daytraders meestal aan het maximaliseren van het rendement en daarbij het minimaliseren van het risico op verval. Voor een belegger is het doel om het rendement te maximaliseren ten opzichte van een lijst langetermijndoelstellingen, inclusief een doel voor risico. Aangezien de langetermijndoelen veranderen, moet de portefeuille ook veranderen. Dit betekent dat een positie die het tot dan toe goed heeft gedaan, aangepast moet worden om aan de nieuwe doelstellingen van de portefeuille te voldoen. Deze discussie gaat nu verder dan het doel van dit boek, maar het punt blijft: net als succesvolle traders moeten succesvolle beleggers plannen hoe zij hun geld verdelen over verschillende beleggingen en moeten zij dit plan aanpassen als het nodig is.

BELANGRIJK

Hoewel beleggen iets voor de lange termijn is, waarbij de druk van het traden afwezig is, is het wel een actief avontuur. In plaats van energie te stoppen in het kopen en verkopen, stopt de belegger deze in het controleren.

De kwaliteit van de uitvoering beoordelen

Daytraders vertrouwen op een uitstekende uitvoering van hun trades door hun broker. Ze willen de kosten zo laag mogelijk houden om de winst van hun trading zo hoog mogelijk te maken, vooral omdat hun winst relatief laag is.

Beleggers hebben een grotere kans om winst te maken, gezien het feit dat ze wachten tot een positie doet wat ze ervan verwachten, in plaats dat ze aan het einde van de dag alles afsluiten. De invloed van een paar extra centen kan dan kleiner zijn op de hele winst, maar alles telt natuurlijk wel mee.

Naar de totale executiekosten kijken

Je broker verdient op drie manieren geld. De eerste is de commissie die hij vraagt voor een trade. De tweede is met de *bied-laatspread*, het verschil tussen de koers waarop de broker het effect van klanten koopt en de koers waarop de broker het verkoopt aan andere klanten. De derde omvat alle waardestijgingen van het effect tussen het moment dat de broker het koopt en wanneer het bedrijf het aan de klant verkoopt. Aangezien deze drie bronnen van winst beschikbaar zijn, vragen sommige brokers geen commissie. Maar wees niet bang, brokers kunnen nog steeds veel geld verdienen, ook zonder commissie te vragen.

TIP

Kijk als je een broker kiest naar de *totale executiekosten*, niet alleen naar de commissie. Sommige brokers die grote kortingen bieden op de commissie, verdienen geld door het hoge tradingvolume, maar andere verdienen hun geld met de uitvoering.

De uitvoering verbeteren

De broker beschikt over enkele trucjes om de uitvoering te verbeteren. De eerste is investeren in informatiesystemen die orders kunnen sturen en aan elkaar kunnen koppelen, omdat zelfs de kleinste vertraging een verschil kan maken als de markten in beweging zijn. De tweede truc is een klantenbestand hebben dat groot genoeg is om klantorders snel aan elkaar te kunnen koppelen. De derde truc, en de belangrijkste, is beseffen dat een goede uitvoering een strategisch voordeel biedt en gebruikt kan worden om klanten tevreden te houden. Veel brokers zouden zich liever concentreren op onderzoek, financiële planning, klantenservice of het aanbieden van andere diensten om klanten tevreden te houden dan dat ze een uitstekende uitvoering aanbieden.

Over het algemeen biedt een kantoor dat lage commissie vraagt en zijn diensten voor actieve traders benadrukt, betere uitvoering dan een kantoor dat de nadruk legt op diepgaand onderzoek en expertise in het geven van advies. Maar er zijn uitzonderingen, en in sommige gevallen krijg je meer of betere diensten afhankelijk van de grootte van je rekening bij een bepaalde broker.

Brokers gebruiken verschillende getallen om hun uitvoering te beoordelen, waaronder de volgende:

- **Gemiddelde uitvoeringssnelheid.** Dit is hoeveel tijd het het kantoor kost om het eerste aandeel van een order uit te voeren. Kantoren houden ook bij (en maken soms bekend) hoe lang het gemiddeld duurt om een order uit te voeren.
- **Koers ten opzichte van de nationale beste biedkoers of het beste aanbod.** Op elk gewenst moment is er een lijst van bied- en laatkoersen in de markt en jouw broker heeft misschien niet de beste spread. De nationale beste biedkoers of het beste aanbod is de beste koers op de markt. Het kan zijn dat je om allerlei redenen deze koers niet kunt krijgen, meestal door het aantal aandelen dat je wilt kopen of verkopen. Als bijvoorbeeld de beste biedkoers geldt voor honderd aandelen en jij wilt er vijfhonderd verkopen, dan zal niet je hele order uitgevoerd kunnen worden. Brokers houden bij en geven aan hoe dicht de koers die je hebt gekregen lag bij de beste biedkoers of het beste aanbod op dat moment.
- **Koersverbeteringen.** De meeste brokers kopen en verkopen effecten voor eigen rekening. Werken als trader voor een broker kan een goed alternatief zijn voor daytrading. Omdat het kantoor het effect in bezit mag hebben of het voor eigen rekening wil kopen, kan het je een iets betere koers bieden dan de markt.

» **Gemiddelde effectieve spread.** Dit getal meet hoeveel de spread tussen de biedkoers en het aanbod gemiddeld verschilt van de nationale beste biedkoers of het beste aanbod. Hoe lager de gemiddelde effectieve spread, des te beter.

BELANGRIJK

Brokers moeten maandelijks informatie openbaar maken over het verschil tussen de marktorders en de publieke koersnoteringen en de grootte van de effectieve spreads in verschillende effecten. Je kunt deze informatie bekijken om de prestaties van de verschillende kantoren te vergelijken. Natuurlijk zullen jouw resultaten verschillen gebaseerd op welke soorten effecten je tradet, wat de marktomstandigheden zijn als je aan het traden bent en hoe groot je rekening is bij het kantoor. Maar het onderzoeken van de gemiddelden van een broker kan langetermijnbeleggers helpen te beslissen of het verstandig is om van kantoor te veranderen om de winst te vergroten.

Dus wat kun je doen om verzekerd te zijn van een betere uitvoering? Hier volgen drie suggesties:

» **Vraag de broker naar zijn beleid.** Het kantoor moet deze informatie verschaffen en je ook wat recente gegevens geven, zodat je kunt beslissen of de totale waarde van de diensten van het kantoor overeenkomt met de totale kosten.

» **Lees de column 'Electronic Trader' in het weekblad *Barron's* en ook het jaaroverzicht van online brokers in dit tijdschrift.** De uitvoeringskosten vormen een belangrijk onderdeel van de beoordeling van *Barron's*.

» **Werk je eigen hardware en internetaansluiting bij zodat ze zo snel mogelijk zijn.** Als daytrader kun je niet zonder toegang tot goede gegevens (zie hoofdstuk 12 voor meer informatie over welke apparatuur je nodig hebt). Ook als je geen daytrader bent, maar actief je beleggingsrekening beheert, kun je een upgrade overwegen. Een paar seconden kan het verschil betekenen.

Momentum toepassen

Momentumbeleggers zijn op zoek naar effecten waarvan de koers stijgt, vooral samen met versnelling in de onderliggende groei. Op een of andere manier zijn ze op zoek naar dezelfde dingen als daytraders: een effect dat een grote sprong laat zien. Maar hun verwachting is winst te maken over een langere periode. De gedachte is dat als de koers van een effect stijgt, deze zal blijven stijgen totdat er iets dramatisch gebeurt waardoor dit verandert. In de tussentijd kan er voldoende winst gemaakt worden.

BELANGRIJK

Bij momentumbeleggen is het doel om hoog te kopen en nog hoger te verkopen in plaats van laag te kopen en hoog te verkopen.

Net als de meeste beleggers begint een momentumbelegger met zorgvuldige fundamentele analyse (beschreven in hoofdstuk 7) door een effect te analyseren om te bepalen waardoor de koers ervan zal stijgen. Dan kijkt de momentumbelegger naar bepaalde technische indicatoren en marktindicatoren. Vergelijkbaar met de indicatoren die beschreven worden in de hoofdstukken 7 en 8 en die door daytraders worden gebruikt. Daarnaast vertrouwen sommige momentumbeleggers op grafiekdiensten, vooral die van Value Line en William O'Neil om ze te helpen effecten te identificeren die waarschijnlijk momentum hebben.

Winstmomentum

Winstmomentum is het terrein van de belegger en niet de trader. De belegger kijkt naar de winst die een bedrijf elk kwartaal bekendmaakt om te kijken of de winst sneller stijgt, zeg met een constante snelheid van 10 procent per jaar tot 12, 13 of meer. Een dergelijke toename ontstaat vaak door een nieuwe technologie of nieuw product, waardoor een normaal bedrijf opeens zeer gewild wordt op de aandelen- en optiemarkten. Als de groeisnelheid van de winst versnelt, dan moet de onderliggende koers ook versneld stijgen.

Daytraders zijn niet op zoek naar winstmomentum, maar naar prijsmomentum. Deze twee zijn meestal aan elkaar gekoppeld.

Prijsmomentum

Als de koers van een effect stijgt, vooral snel ondersteund door een sterke vraag, wordt er gezegd dat het *prijsmomentum* heeft. De meeste daytraders zijn op zoek naar prijsmomentum om snel winst te kunnen maken. Veel langetermijnbeleggers zouden ook naar prijsmomentum moeten kijken om te voorkomen dat ze maandenlang met een positie blijven zitten voordat deze begint te bewegen. Natuurlijk betaalt geduld zich uit, maar je krijgt nog meer als je geld voor je werkt terwijl je aan het wachten bent.

Veel momentumtraders maakt het niet uit waarom de koers van iets stijgt. Ze weten alleen dát de koers stijgt en dat zij daar hun voordeel mee kunnen doen door er een deel van te pakken. Hier volgen enkele indicatoren waar deze traders naar kijken:

- **Relatieve sterkte.** Je kunt de relatieve sterkte op verschillende manieren berekenen, zoals wordt besproken in hoofdstuk 7, maar het basisidee erachter is dat als de koers van een effect sneller stijgt dan de markt als geheel, dit effect momentum vertoont en het handig zou zijn om te kopen.
- **Moving average convergence/divergence (MACD).** Deze indicator kijkt naar hoe de gemiddelde koers van het effect in de loop van de tijd verandert. Blijft de indicator relatief gelijk, oftewel: beweegt de koers langzaam heen en weer? Of stijgt de indicator geleidelijk, met andere woorden: stijgt de koers ook geleidelijk? Als je het voortschrijdend gemiddelde afzet tegen de werkelijke koersniveaus, betekent een groot gat dat de koers sneller stijgt of daalt dan het gemiddelde. En als hij stijgt, is het misschien handig om het te kopen. (Overweeg anders short te gaan op het effect; je leest meer hierover in hoofdstuk 9.)
- **Stochastics-index.** Deze index is het verschil tussen de hoge en lage koers van een effect over een bepaalde periode. Sommige analisten kijken naar dagen, andere naar weken. Het idee is dat als het verschil groter wordt, het ertoe kan leiden dat de koers van het effect sneller stijgt of daalt dan normaal, waardoor er een kans ontstaat voor een momentumkoper.

PAS OP

Onder extreme omstandigheden kan momentumbelegging leiden tot *zeepbellen*, zoals de beroemde dot-comzeepbel aan het einde van de jaren negentig van de vorige eeuw. Mensen kochten aandelen omdat ze stegen, maar niet noodzakelijkerwijs omdat ze dachten dat de bedrijven veel waard waren. Dit was leuk zolang het duurde, maar veel mensen zijn veel geld kwijtgeraakt toen in maart en april 2000 de realiteit om de hoek kwam kijken. Hetzelfde gebeurde op de onroerendgoedmarkt. De mensen die in het eerste decennium van de 21e eeuw met appartementen speculeerden in Las Vegas, waren op momentum aan het handelen. Maar de prijzen konden niet blijven stijgen, met alle gevolgen van dien.

Alleen voor beleggers: momentumonderzoeksystemen

Veel daytraders vertrouwen op verschillende onderzoeksystemen om ze in de loop van de handelsdag koop- en verkoopkansen te helpen identificeren. Deze systemen werken meestal niet voor een belegger, eenvoudigweg omdat beleggers minder naar kortetermijnbewegingen kijken. Zij zien geen waarde in systemen die de markt scannen om bijvoorbeeld koersdiscrepanties op de korte termijn vast te stellen.

Veel beleggers gebruiken echter hun eigen onderzoeksdiensten om goede koop- en verkoopkansen te identificeren. Twee van de populairdere zijn de grafieken van Value Line en William O'Neil.

Value Line

Value Line (www.valueline.com) is een van de oudste onderzoeksdiensten voor beleggers. De analisten van het bedrijf combineren informatie van de koers en het handelsvolume van aandelen met financiële gegevens. De cijfers worden in een bedrijfseigen model gestopt om tot twee beoordelingen te komen: de tijdigheid van aandelen en de veiligheid ervan. Hoe hoger het aandeel staat in de tijdigheidslijst, des te beter het is om het nu te kopen of vast te houden. Historisch gezien hebben de meest tijdige aandelen van Value Line het beter gedaan dan de Dow Jones Industrial Average en de S&P 500, dus zijn mensen bereid te betalen voor toegang tot de gegevens van het bedrijf. Daarnaast hebben sommige grote bibliotheken een abonnement op het tijdschrift of het online gegevensbestand van Value Line, dus kun je op deze manier ook toegang krijgen. (Een van de voordelen van een belegger zijn, is dat je de tijd hebt om naar de bibliotheek te gaan om iets op te zoeken, een genot waar de daytrader die te druk is om ook maar zelfs een kop koffie te drinken van droomt.)

Value Line heeft als bedrijf een paar problemen gekend, met als meest opvallende de fraude in verband met zijn open-eindbeleggingsfondsen, maar de grafiekdienst viel niet onder deze aantijgingen.

William O'Neil

William O'Neil (www.williamoneil.com) zette een bedrijf op om zijn technische analysesysteem voor aandelen en de aandelenmarkt te verspreiden. Hij begon de krant *Investor's Business Daily* en schreef het boek *How to Make Money in Stocks* (zie de bijlage voor meer informatie hierover). De gegevensdiensten van het bedrijf zijn alleen beschikbaar voor grote institutionele beleggers, zoals open-eindbeleggingsfondsen en verzekeringsmaatschappijen, maar met behulp van het boek en de krant kunnen individuele beleggers veel leren over het identificeren van momentum en de juiste momenten eruit te pikken om een aandeel te kopen of te verkopen.

TIP

Veel traders (in alle effecten en niet alleen aandelen) vinden *Investor's Business Daily* vaak net zo nuttig als *The Wall Street Journal*, omdat het meer naar markten kijkt vanuit het kortetermijnperspectief van een trader in plaats van een langetermijnblik.

Het beoordelingssysteem van het bedrijf is gebaseerd op wat CAN SLIM genoemd wordt, een lijst van criteria waar goede aandelen aan moeten voldoen. In dit systeem staan zowel fundamentele als technische indicatoren:

- **Current quarterly earnings (huidige kwartaalwinst)** moeten minstens 25 procent hoger zijn ten opzichte van een jaar eerder.
- **Annual earnings (jaarwinst)** moeten minstens 25 procent hoger zijn ten opzichte van een jaar eerder.
- **New products or services (nieuwe producten of diensten)** moeten winstgroei stimuleren, geen overnamen of boekhoudkundige veranderingen.
- **Supply and demand (vraag en aanbod),** dit betekent dat het aantal aandelen dat elke dag worden gekocht stijgt.
- **Leader or laggard (leider of achterblijver)?** Het aandeel is een toonaangevend bedrijf in een toonaangevende sector en bevindt zich dus in de beste positie om het goed te doen.
- **Institutional sponsorship (institutioneel sponsorschap)** is aanwezig, en dit betekent dat het aandeel steeds populairder wordt bij open-eindbeleggingsfondsen, pensioenfondsen en andere grote eigenaren van aandelen.
- **Market indexes (marktindexen),** zoals de Dow, de NASDAQ en de S&P 500, moeten allemaal stijgen.

Natuurlijk voldoen niet veel aandelen aan alle CAN SLIM-criteria, maar de indicatoren bieden een belegger een betrouwbare manier voor het bepalen van het juiste moment om te kopen (als er aan meerdere criteria wordt voldaan) of te verkopen (als er aan minder worden voldaan).

TIP

Serieuze mometumbeleggers zijn dikwijls swingtraders, die hun posities een paar weken of maanden vasthouden. Beleggers op de langere termijn vertrouwen vaak op een paar momentumsignalen, zoals die van CAN SLIM-lijst, om ze te helpen de juiste momenten te bepalen om aandelen te kopen die aan het wegkwijnen waren.

Wanneer een belegger overweegt te gaan traden

Veel daytraders zijn ook langetermijnbeleggers. Natuurlijk traden ze op de korte termijn, maar ze gebruiken ook regelmatig een deel van hun winst voor beleggingen met een langer tijdframe. Dit is slim risicobeheer voor een branche waarin alles razendsnel gebeurt. Ook een kortetermijntrader heeft langetermijndoelstellingen.

Maar is het omgekeerd ook handig voor een langetermijnbelegger om te gaan traden? Ja, en wel om drie redenen: het idee is zelf korte termijn, het onderzoek toont tradingpatronen voor de korte termijn die winstgevend kunnen zijn, en fundamentele analyse ondersteunt het short gaan (wat meestal een kortere tijdhorizon heeft dan een normale koopactie van een belegger zou hebben). In de volgende paragrafen worden deze redenen verder uitgewerkt.

PAS OP

Probeer geen riskantere tradingstrategieën, behalve als je het risico kunt lijden. Net als bij fulltimedaytrading moet je als parttimetrader alleen geld gebruiken dat je je kunt veroorloven te verliezen. Geld dat je nodig hebt om de hypotheek te betalen of bedoeld is om te sparen voor je pensioen is hier niet geschikt voor.

De houdbaarheidsdatum van het idee verloopt bijna

Door bepaalde omstandigheden wordt elke langetermijnbelegger af en toe vanzelf een trader: hij koopt een effect met de intentie het lang vast te houden, maar binnen een paar dagen of weken komt er slecht nieuws naar buiten. Of hij koopt en merkt twee dagen later dat het bedrijf verkocht is. Het idee om het lang vast te houden, past niet meer binnen de oorspronkelijke parameters, dus dit is het moment om te gaan verkopen. Ondanks de doelstelling om de aandelen lang vast te houden, beslist de belegger eruit te stappen en verder te gaan, ook is het slechts een dag later.

Je onderzoek geeft enkele tradingkansen aan

Goede beleggers houden wat ze in handen hebben in de gaten en sommige leren de nuances kennen van de kortetermijnkoersbewegingen van een effect, hoewel het doel is om de positie lang aan te houden. Een belegger die bekend wordt met de tradingpatronen van een specifieke positie kan beslissen dit om te zetten in swingtrading- of daytradingkansen. Ja, hierdoor wordt het risico van de portefeuille groter (en de risico's van het daytraden worden uitgebreid behandeld in dit boek), maar ook het rendement kan groter worden.

Stel dat een belegger die gefascineerd is door technologieaandelen ziet dat de koers van de aandelen altijd stijgt net voor een grote industrieconferentie en dan daalt als de conferentie voorbij is. Misschien dat ze op basis van deze observatie niets wil veranderen aan haar portefeuille, maar ze er wel haar voordeel mee wil doen. Dus koopt ze callopties van grote technologiebedrijven voor de conferentie en verkoopt ze ze op de eerste dag van de bijeenkomst. Deze kortetermijntrade stelt haar in staat voordeel te halen uit de koersstijging zonder dat dit de positie van haar portefeuille beïnvloedt.

Je ziet een paar fantastische mogelijkheden om short te gaan

Short gaan stelt een trader in staat om winst te maken met de daling in de koers van een effect. De trader gaat de order aan, waarbij automatisch het lenen van een effect van de broker wordt geregeld, gevolgd door de verkoop op de markt. De trader wacht dan al nagelbijtend af of de koers gaat stijgen. Als dit gebeurt, koopt de trader het effect terug tegen de lagere koers en betaalt hij de lening terug. Hij houdt het verschil tussen de koers waartegen hij heeft gekocht en de koers waartegen hij heeft verkocht zelf.

Aangezien de broker rente berekent over de geleende effecten, kan short gaan veel geld kosten. Traders die short gaan, zijn meestal op zoek naar relatief kortetermijnwinst. Dan heb ik het niet per se over één dag, maar wel over maanden in plaats van jaren.

Naast de rente loop je bij short gaan ook het risico dat de koers van het effect kan stijgen terwijl de trader aan het wachten is op een daling. Om dit risico te verminderen, doen de meeste mensen die short gaan onderzoek om er zeker van te zijn dat het effect inderdaad de verkeerde kant op gaat. En wie doet er nog meer zorgvuldig onderzoek? Veel langetermijnbeleggers.

Voor de belegger die het leuk vindt om onderzoek te doen en risico lopen niet uit de weg gaat, is short gaan een manier om winst te maken met effecten die niet geschikt zijn om lang vast te houden omdat het duidelijk is dat ze het niet goed doen. Als deze beleggers effecten ontdekken die in moeilijkheden dreigen te raken, kunnen ze short gaan in de hoop op een leuke winst op korte termijn.

4

Het deel van de tientallen

IN DIT DEEL . . .

Ontdek je tien goede redenen om met daytraden te beginnen en tien goede redenen om er niet aan te beginnen. Niet iedereen is er voor in de wieg gelegd en als je beseft dat het niets voor jou is, kun je jezelf veel geld en zorgen besparen.

Bekijk je de tien veel door daytraders gemaakte fouten en voorkom je dat jij ze ook maakt.

Bestudeer je tien verschillende technieken om je geld te beheren en kijk je welke voor jou werkt.

Maar er is nog meer! In de bijlage aan het einde van dit deel vind je veel bronnen om je op weg te helpen.

IN DIT HOOFDSTUK

- Je eigen baas zijn
- Van beleggen houden
- Uitzoeken wat je van de markten kunt verwachten
- Het belang van financiële en persoonlijke ondersteuning begrijpen

Hoofdstuk 18
Tien goede redenen om te gaan daytraden

Daytrading is een fantastische loopbaanoptie voor de juiste persoon in de juiste omstandigheden. Je moet er een sterke, resolute persoonlijkheid voor zijn die over elke stap de controle wil houden. En omdat de winsten niet gelijkmatig zijn, hebben goede daytraders een financiële buffer en goede persoonlijke ondersteuning nodig om ze door moeilijke tijden heen te helpen. In dit hoofdstuk noem ik tien goede redenen om te gaan daytraden. (Daarna geef ik in hoofdstuk 19 tien redenen om het juist niet te doen.) Denk jij dat jij het in je hebt? Kijk hoeveel van deze kenmerken er nu terugkomen in je leven.

Je bent graag onafhankelijk

Daytrading is hetzelfde als een eigen bedrijf hebben. Jij bent de baas en jij beslist wat er gaat gebeuren. De successen en mislukkingen zijn helemaal jouw verantwoordelijkheid, van jou alleen. De markt is niet relevant, want daar heb je geen invloed op. Je werkt de hele dag alleen, je bent verantwoordelijk voor de temperatuur in het kantoor tot het functioneren van de computer tot het bijhouden van de trades.

Goede daytraders zijn onafhankelijk. Ze willen niet dat iemand ze vertelt wat ze moeten doen. Ze willen het zelf uitzoeken. Ze houden van een uitdaging, of het nu gaat om kantoorbenodigdheden vinden voor de laagste prijs of een winstgevende manier ontwikkelen om valutakoersen te gelde te maken.

Zou jij als zelfstandige aan de slag willen en verantwoordelijk zijn voor je eigen lot, blijf dan doorlezen. Daytraden kan dan iets voor je zijn.

Je kunt overal werken waar je wilt

Als daytrader heb je de luxe om overal te werken waar je wilt. Het enige wat je nodig hebt, is een rekening bij een online broker en een snelle internetverbinding. Je hebt niet eens een computer nodig als je een smartphone hebt. Vandaag de dag is snel internet bijna overal te vinden: thuis, in de bibliotheek, in een café, in de grote stad, in een klein dorpje, of in een ander land. Daytraden biedt veel geografische flexibiliteit, wat maar weinig andere bedrijven kunnen zeggen. Je kunt net zo gemakkelijk onderweg traden als thuis, vooral nu de mobiele diensten steeds beter worden.

Je voelt je op je gemak met technologie

De financiële dienstverlening was rond de jaren zestig van de vorige eeuw een van de eerste branches die de computertechnologie op grote schaal omarmde en het is nog steeds een technologie-intensieve sector. Die mensen die in kleurige katoenen jasjes over de beursvloer rennen, al zwaaiend met hun handen en schreeuwend naar elkaar, zijn anachronismen.

Daytraders gebruiken software om hun tradingstrategie te ontwikkelen en te verfijnen. Ze traden online met behulp van programma's om hun trades te volgen en te automatiseren. Ze houden hun trades bij met spreadsheet- en andere software. Ze zitten dagenlang achter hun scherm, communiceren online met andere traders over de hele wereld. Ze communiceren met computers gedurende de handelsdag en niet met mensen.

Daytraders zijn zelfstandigen en werken veelal vanuit huis. Dit betekent dat als hun software crasht, ze het zelf moeten oplossen. Ze moeten zorgen voor upgrades, firewalls installeren en back-ups maken van de gegevens. Natuurlijk kun je iemand betalen om deze taken uit te voeren, maar ook je vaste pc-mannetje zal waarschijnlijk niet alles ogenblikkelijk in de steek laten om je zo snel mogelijk weer aan het traden te krijgen. Dus kunnen goede daytraders goed omgaan met technologie. Als je het leuk vindt om met programma's te stoeien, het niet erg vindt om je computer te onderhouden en weet hoe je de hardware op moet zetten voor maximale efficiëntie, dan kun je zo gaan daytraden. (Hoofdstuk 12 bevat hier meer informatie over.)

De beloningen zijn voor jou

Je hoeft geen zelfstandige daytrader te zijn om in effecten te traden. Brokers, hedgefondsen en valutahandelaren nemen mensen in dienst die voor ze traden. De meeste handel in effecten vindt plaats via dergelijke grote organisaties. Maar misschien wil je je winst niet delen met iemand anders. Misschien wil je niet dat iemand anders beslist welke strategie je moet volgen, of dat iemand je bonus baseert op factoren zoals teamwerk en de winstgevendheid van het bedrijf in plaats van op wat jij hebt binnengehaald. Je wilt 'eten wat je hebt gedood', zoals ze zeggen, en daytraden is een manier waarop je dit kunt doen.

Als daytrader ben je zelf verantwoordelijk voor je winst en je verlies. Dit betekent dat alle beloningen aan jou toekomen en dat je ze niet hoeft te delen met anderen. Het is een krachtige stimulans voor onafhankelijke mensen.

Je houdt van de markten

Goede daytraders zijn altijd al gefascineerd geweest door de markten en hoe ze bewegen. Als je voor je lol naar RTLZ kijkt en de effectensector al jaren volgt, wat voor beroep je tot nu toe ook had, dan ben je een goede kandidaat om te gaan daytraden. Natuurlijk hoop ik dat je motivatie meer is dan alleen 'sommige mensen zijn er rijk mee geworden!' Lange tijd duiken in de cycli en systemen die van invloed zijn op de koersen van effecten kan je helpen tradingstrategieën te ontwikkelen en zo weet je wat je te wachten staat.

En de markten zijn fantastisch, vind je niet? Alle kopers en verkopers met hun verschillende behoeften komen samen en vinden de koers waarop de deal gesloten wordt. Koersen bevatten allerlei soorten informatie over de staat van de wereld, de wensen van de mensen die traden en de toekomstige verwachtingen voor de economie. Het is kapitalisme in zijn puurste vorm en kijken hoe het werkt heeft bijna iets magisch. Als je ervan houdt te kijken hoe de markten werken en uit eerste hand wilt leren wat ze je kunnen vertellen over winst maken, blijf dan vooral doorlezen.

Je hebt marktervaring

Als je nog nooit een rekening hebt geopend bij een broker, aandelen hebt gekocht of geïnvesteerd hebt in een open-eindbeleggingsfonds, ben je waarschijnlijk niet geschikt voor daytrading. Het is niet zo dat alleen deze activiteiten een goede voorbereiding zijn voor het daytraden, maar ze vormen het begin. Ze kunnen je helpen begrijpen wat er allemaal kan gebeuren waardoor je winst maakt of verlies lijdt.

TIP

Als je nog nooit trades hebt uitgevoerd, zou ik je baan nog niet opzeggen om te gaan daytraden. Ga terug naar hoofdstuk 17 voor enkele ideeën over hoe je kortetermijntrading kunt gebruiken in een beleggingsportefeuille. Op deze manier leer je veel en bouw je een startkapitaaltje op voordat je de sprong waagt.

Je hebt tradingsystemen bestudeerd en weet wat voor jou werkt

Veel van het daytradewerk vindt plaats lang voordat er een koop- of verkooporder wordt aangegaan. Je moet je tradingsysteem definiëren, kijken hoe dit het in het verleden zou hebben gedaan, en testen om te kijken hoe het nu werkt. Het voorbereidende werk is niet zo spannend als het daadwerkelijke daytrading, want je verdient geen echt geld, maar je lijdt ook geen verlies.

Bij traden op korte termijn is de kans op verlies enorm en veel traders volgen hetzelfde idee. Hoe meer je weet over hoe je strategie werkt in verschillende marktomstandigheden, des te beter voorbereid ben je om juist en winstgevend te handelen als het erop aankomt.

Het kan lang duren voordat je een strategie hebt gevonden die vaak genoeg werkt om de moeite waard te zijn. Veel daytraders zijn maanden bezig met het ontwikkelen, testen en verfijnen van hun daytradingstrategie. In hoofdstuk 16 staat meer informatie over het testen van een strategie.

TIP

Aangezien backtesten (waarmee je je tradingstrategie kunt testen) gebruikmaakt van historische koersen, kunt je veel van het voorwerk naast je baan, 's avonds en in de weekenden doen voordat je fulltime gaat daytraden. Het is een goede manier om je voor te bereiden op het daytraden terwijl je geld bespaart en andere voorbereidingen treft voor je daytradingavontuur.

Je bent besluitvaardig en een doorzetter

Kortetermijntraders hebben niet de luxe om er veel bij stil te staan bij wat ze aan het doen zijn. Traden is iets intuïtiefs geworden. Ze moeten kunnen reageren op wat ze zien op het moment dat ze het zien. Er is geen ruimte voor twijfel of paniekaanvallen.

Goede daytraders zijn ook doorzetters! Als ze een strategie hebben gevonden die ze vertrouwen, blijven ze deze hanteren, hoe het ook gaat. Dat is hoe ze laag kunnen kopen en hoog kunnen verkopen.

BELANGRIJK

Zelfs fantastische traders hebben slechte periodes, maar als ze hun systeem vertrouwen, komen ze er weer bovenop, meestal met winst in het vooruitzicht. Als het je op andere moeilijke momenten in je leven gelukt is om er weer bovenop te komen, weet je wat je te wachten staat als je gaat daytraden.

Je kunt het je veroorloven verlies te lijden

Net als met elk MKB-bedrijf neem je risico als je als daytrader gaat werken. Dit risico is gemakkelijker te dragen als je je het kunt veroorloven om verlies te lijden. Ik zeg niet dat je zoveel geld moet hebben dat je het niet zou missen als het er niet meer is, maar je moet niet gaan daytraden met geld waar je van moet leven, net zo min dat je een winkel zou openen of een advocatenpraktijk zou opzetten met geld dat je nodig hebt om boodschappen van te doen en de hypotheek van te betalen.

TIP

Als je huishouden geen tweede inkomstenbron heeft, zorg er dan voor dat als je begint, je voldoende geld achter de hand houdt om in je levensonderhoud te voorzien. En je moet wat geld achter de hand houden, een *reservepotje* (zie hoofdstuk 14), zodat je vrij bent om met daytrading op te houden en verder te gaan met je volgende avontuur als je beslist dat daytraden niets voor je is.

Het is vooral belangrijk een financiële buffer te hebben als je gaat daytraden en wel om de volgende redenen:

- **Je kunt je veroorloven om je helemaal op het traden te richten.** Als je geld nodig hebt om je rekeningen te betalen, kun je in de verleiding komen geld uit de markt te halen als het goed gaat. Hierdoor kun je niet je winst opnieuw beleggen. Daar komt bij dat als je je niet aan je strategie houdt, je tradingkapitaal niet zo snel groeit. Denk aan daytrading als een manier om bezit op de lange termijn op te bouwen, niet als een manier om een constante stroom aan inkomsten te genereren.
- **Je kunt ook in moeilijke tijden blijven traden.** Je kent het oude gezegde dat de beste manier om winst te maken is door laag te kopen en hoog te verkopen, toch? Nou, dit betekent dat het beste moment om te kopen meestal is als de effectenkoersen zijn gekelderd en jij veel verlies hebt geleden. En ook hier geldt dat je je in elk geval aan je strategie kunt houden, zodat je veel winst kunt maken als de koersen weer gaan stijgen.
- **Je kunt beter omgaan met de stress van het lijden van verlies.** Niet al je trades zullen winst opleveren. Op sommige dagen zul je verlies lijden. Als je genoeg geld hebt, hoef je niet bang te zijn voor verlies en kun je betere beslissingen nemen. Met voldoende geld zie je de markten duidelijker en is het gemakkelijker om je aan een winnende strategie te houden.

Trading is een psychologisch spel. Gun jezelf het voordeel door te wachten tot je je het kunt veroorloven.

Je hebt steun

Alcoholisme, depressie, scheidingen en zelfmoord lijken beroepsgevaren te zijn voor die traders die moeite hebben om dat wat er op de markt gebeurt te scheiden van wie ze zijn als mens.

Goede daytraders zijn psychologisch sterk. Ze weten wat hun zwakke punten zijn als ze onder stress komen te staan. Ze hebben mensen (goede vrienden en ondersteunende familieleden) achter zich en activiteiten (van sporten tot hobby's) die helpen hun hersenen even vrij te maken van het traden.

IN DIT HOOFDSTUK

- Andere manieren overwegen om te beleggen die beter bij je passen
- Rekening houden met je persoonlijkheid en voorkeuren
- Onrealistische verwachtingen de kop indrukken

Hoofdstuk 19

Tien (oké, elf) goede redenen om niet te gaan daytraden

Daytraden is niet voor iedereen weggelegd. Het is voor de meeste mensen zelfs een heel slecht idee. Je hebt er een sterke persoonlijkheid voor nodig; je moet iemand zijn die dag in dag uit tegen de bewegingen van de markt kan. Om een bedrijf te runnen (en dat is wat daytraden is) moet je ook iemand zijn met voldoende aandacht voor detail. Het is een fantastische loopbaanmogelijkheid voor de juiste persoon in de juiste omstandigheden. Maar voor mensen die gauw zenuwachtig zijn, het geduld niet hebben om te leren traden of gevoelig zijn voor gokproblemen, kan daytraden snel tot ramspoed leiden.

In dit hoofdstuk noem ik elf tekenen die erop kunnen duiden dat daytraden op dit moment niet voor je is weggelegd. Neem deze tekenen serieus. De meeste daytraders lijden verlies, voor een deel omdat veel mensen die er niet voor in de wieg zijn gelegd het toch proberen.

Je wilt leren beleggen door te gaan daytraden

Veel mensen willen hun eigen beleggingen beheren. Hoewel dit zeker mogelijk is, moet je eerst de tijd nemen om de basis van finance te leren, zoals de relatie tussen risico en rendement, de juiste spreiding en tijdhorizons die passen bij je situatie. Er is een fantastisch boek genaamd *Beleggen voor Dummies*, geschreven door Hans Oudshoorn en Peter Siks, dat je hierbij kan helpen.

Sommige mensen verwarren beleggen met daytraden, maar deze twee disciplines zijn niet hetzelfde. Ik heb in hoofdstuk 4 veel informatie gegeven over de verschillen, maar hier is de ingedikte versie: bij daytraden gaat het om snel kopen en verkopen van effecten om voordeel te halen uit kleine bewegingen in de koersen. Dit kan een succesvolle strategie zijn voor een deel van je beleggingsrekening, maar om met ál je kapitaal te gaan daytraden is geen goed idee.

Kopen en verkopen van effecten zonder dat je een daytrader bent, is heel goed mogelijk. En als je geen goede andere benaming hebt voor 'zelfstandige die haar eigen geld beheert' vertel mensen dan dat je je eigen hedgefonds runt. Op deze manier krijg je een beter tafeltje in restaurants.

Je houdt van fundamenteel onderzoek

Fundamenteel onderzoek, besproken in hoofdstuk 7, is het proces van het analyseren van een bedrijf om te kijken hoe goed het ermee gaat en wat de effecten van het bedrijf waard zijn. Fundamentele analisten gaan diep in op de cijfers, zetten voorspellingen op, controleren producten en zijn op zoek naar aandelen die het op de lange termijn goed zullen doen. Ze dromen ervan de volgende Google of de volgende Apple te ontdekken en de aandelen de hele tijd dat het bedrijf groeit vast te houden.

Fundamenteel onderzoek is tegengesteld aan daytraden. Daytraders zijn op zoek naar winstkansen in koersbewegingen op de korte termijn. Ze weten vaak niet in welke sector het bedrijf actief is en het maakt ze ook niets uit. Als je van fundamenteel onderzoek houdt, ben je waarschijnlijk te analytisch om een goede daytrader te zijn.

Je hebt weinig tijd en geld

Beginnen met daytraden lijkt veel op het overnemen van een klein bedrijf. Het vraagt veel tijd en geld. Als je niet voldoende tijd hebt, wordt het leren onderscheiden van technische patronen moeilijk. En als je geen financiële buffer hebt, zul je de moeilijke cycli niet overleven. En er komen moeilijke tijden. Dat is het enige zekere in daytraden.

TIP

Sommige daytraders kunnen parttime traden. Als je gedisciplineerd bent, kun je ook als parttimetrader succesvol zijn. Het belangrijkste is om al je posities aan het einde van de door jou aangegeven periode waarin je tradet af te sluiten alsof de beursdag eindigt. Als je twee uur per dag wilt traden, trade dan twee uur per dag en niet langer. Zet een wekker als je persoonlijke bel.

Je vindt het leuk om collega's om je heen te hebben

Een decennium geleden bevonden zich in de meeste grote Amerikaanse steden tradingkantoren, *tradinghallen* genoemd, waar traders elke dag naartoe konden gaan om effecten te kopen en te verkopen. Het grote voordeel van deze kantoren was dat ze snel internet boden. Nu heeft bijna iedereen snel internet thuis, dus hoeven daytraders niet ergens anders naartoe te gaan en zijn de meeste van deze kantoren ter ziele gegaan.

Thuiswerken is fantastisch voor sommige mensen. Als je liever wat mensen om je heen hebt gedurende de dag, zoals de steun van een team, en je hebt behoefte aan vriendelijke gezichten, zul je je niet oké voelen als je gaat daytraden. Het is dan alleen jij en de beurs en de markt heeft geen gevoel voor humor.

De details van het runnen van een bedrijf kunnen je gestolen worden

Daytraders zijn kleine zelfstandigen en hun ondernemerschap gaat verder dan alleen hun eigen koop- en verkoopbeslissingen nemen. Ze kopen ook apparatuur, kijken waar ze zo goedkoop mogelijk kantoorbenodigdheden kunnen vinden en houden zorgvuldig hun administratie bij. Sommigen vinden dit heerlijk. Geen zakkige manager meer die beslist welke pennen je moet gebruiken en hoeveel kopietjes je per maand mag maken. Niet meer je in bochten wringen en een briefje van de dokter lospeuteren om een ergonomische stoel te krijgen. Jij bent de baas en als jij die stoel wilt, koop je hem!

Maar voor anderen kan deze verantwoordelijkheid overweldigend zijn. Pennen uitkiezen? Back-upprocedures instellen? Je bezighouden met boekhoudkundige software? Het is te veel. Als alleen de gedachte om een kantoorboekhandel binnen te stappen je al rillingen bezorgt, kun je beter kijken of je kunt gaan traden als werknemer bij een kantoor in plaats van voor jezelf te beginnen.

Je bent op zoek naar spanning

Traden *lijkt* zo spannend. Je kent de stereotype beelden van mensen op de beursvloer van de Chicago Board of Trade, met felgekleurde jasjes aan en dito dassen om, die schreeuwen en met hun armen zwaaien. Je raakt al helemaal opgewonden als je eraan denkt. In werkelijkheid schreeuwden ze gewoon om koffie en zwaaiden ze met hun armen tijdens een discussie over hun favoriete honkbalteams. En er gebeurt bijna niets meer op de beursvloer. De meeste grote aandelen-, obligatie- en derivatenbeurzen zijn gefuseerd en hebben het oppervlak van hun vloer verkleind omdat mensen op een andere manier zijn gaan handelen. Vandaag de dag zitten de meeste traders in een kantoor achter een computerscherm. Ze moeten zich blijven focussen op kleine bliepjes voor hun neus en dat kan dodelijk saai zijn. Op sommige dagen komen er weinig of zelfs geen kansen langs om te traden aan de hand van je systeem.

Als je op zoek bent naar spanning en je hebt moeite om gefocust te blijven, zal een handelsdag te saai voor je zijn. Er kan veel stress bij komen kijken zonder dat je gedurende de dag de mogelijkheid hebt die kwijt te raken.

Je bent impulsief

Met al die trades en die snelle beslissingen die genomen moeten worden, kan daytraden eruitzien als de perfecte carrière voor een impulsief persoon. Het draait allemaal om instinct, om handelen naar je voorgevoel, om de trekker over te halen en te kijken wat er gebeurt. Toch? Nee dus. Om een goede daytrader te zijn, moet je meer op je tradingsysteem vertrouwen dan op je voorgevoelens. Soms voer je trades uit als het niet het juiste moment lijkt, of zit je tijdenlang op je handen terwijl ze jeuken om mee te doen. Goede daytraders zijn snelle denkers, maar ze denken wel. Als je nu wilt handelen om later te kijken wat de gevolgen zijn, is daytraden geen goed idee voor jou.

Je gaat graag naar het casino

Kun je je helemaal laten meeslepen door gokken? Wil je graag winnen? Lijkt daytrading voor jou op een bezoekje aan het casino zonder dat je entree hoeft te betalen? Dan moet je niet gaan daytraden. Anders dan in het casino, biedt niemand je een gratis drankje aan als je verliest.

Veel traders houden van gokken. Elke trader heeft wel een verhaal over het spelen van poker met serienummers op bankbiljetten in plaats van met kaarten of over een vriend van een vriend die ging wedden of de persoon die voor hem liep linksaf of rechtsaf zou gaan. En dat is prima, als ze het gokken maar in perspectief plaatsen en niet meer inzetten dan ze zich kunnen veroorloven om te verliezen.

Traden heeft niet zoveel met gokken te maken, maar dat kan het wel worden, vooral als je je door de markt laat meeslepen en je niet aan je trading- en geldbeheersystemen houdt. Maar onthoud dit: als je gokt, zijn de kansen altijd in het voordeel van het casino. Als je je hand overspeelt, geef je je winstpotentieel aan iemand anders.

PAS OP

De lijn tussen daytraden en gokken is dun. Bekijk de vragen op www.gamblersanonymous.org/ga/content/20-questions om te kijken of je misschien een gokprobleem hebt. Vervang 'daytrading' door 'gokken' en kijk waar je op uitkomt. En zoek hulp als je een probleem hebt. Ga niet daytraden.

Je hebt moeite met het stellen van grenzen

Succesvolle daytraders zijn gedisciplineerd. Ze houden zich aan de tradinguren die ze hebben bepaald en hebben systemen vastgesteld die ze gebruiken om trades te plannen en hun geld te beheren. Ze hebben de tijd genomen om hun tradingstrategie zorgvuldig te testen (zie hoofdstuk 16 voor meer over hoe je dit moet doen). Ze begrijpen dat als ze geen systeem hebben en hun risico niet beheren, ze zeer waarschijnlijk een van die talloze daytraders worden die alles al vroeg verliezen.

Het hele idee achter daytraden is dat je risico beperkt door je posities aan het einde van de dag te sluiten. De financiële markten opereren wereldwijd, dus eindigt in theorie de handelsdag nooit. Als je het moeilijk vindt om op te houden met traden, ben je misschien niet de beste daytrader. Als je regels niets vindt, zul je je misschien tegen de regels gaan verzetten die je voor jezelf hebt bepaald.

BELANGRIJK

Goede daytraders weten nog voordat ze beginnen dat ze geschikt zijn om te daytraden. Ze nemen de tijd om te kijken hoe hun persoonlijkheid en psychologische samenstelling passen bij het daytraden. En een van de belangrijkste eigenschappen is discipline.

Je wilt snel rijk worden

Daytraders zijn op zoek naar winst op de korte termijn, dus daaruit blijkt dat daytraden tot grote, vette winst leidt, toch? Fout. Daytraders verdienen geld door een grote hoeveelheid kleine winsten te verzamelen. Degenen die winst maken, doen dit op basis van geduld en doorzettingsvermogen. Natuurlijk zijn er heus weleens een of twee daytraders die een heel goede week draaien, maar ze zijn een uitzondering.

BELANGRIJK

Onderzoek toont aan dat van elke tien daytraders er acht binnen een jaar door hun kapitaal heen zijn en van de markt zijn verdwenen. In plaats van rijk is de kans groter dat je snel failliet bent als je gaat daytraden. Als deze kans jou te groot is, doe dan iets anders met je geld.

De man in de reclame zei dat het zou werken

Er kan veel geld verdiend worden met daytraden, maar soms lijkt het alsof er meer geld verdiend wordt met het verkopen van cursussen voor daytraden. Voor sommige van deze cursussen wordt veel reclame gemaakt, vooral via internet. De verkooppitch geeft de indruk dat daytraden een gemakkelijke, veilige en leuke manier is om geld te verdienen met behulp van je eigen intelligentie. Deze reclames reppen niet over het onderzoeken en testen, het hoge risico en de druk die een persoon kan voelen. En ook de Belastingdienst wordt niet genoemd.

Daytraden is fantastisch voor sommige mensen. Maar zoals bij alles geldt: als het te goed klinkt om waar te zijn, dan is dat waarschijnlijk ook zo. Laat je door een slim verkooppraatje niet je zuurverdiende geld afhandig maken.

IN DIT HOOFDSTUK

De tradingfouten van anderen vermijden

Uit de buurt blijven van psychologische fouten en voorbereidingsfouten

Hoofdstuk 20 Tien veelvoorkomende fouten bij daytraden

Daytraden is zwaar. Veel populaire markten zijn *zero-sum games*. Dit betekent dat er voor elke winnaar een verliezer is. Andere markten, zoals de aandelenmarkt, hebben een positieve vooringenomenheid. Dit betekent dat ze de neiging hebben om in de loop van de tijd in waarde toe te nemen, maar op één dag zie je bijna nooit grote sprongen. En het hele punt van daytraden is dat je aan het eind van elke dag je posities sluit. De meeste daytraders lijden verlies. Voor een deel omdat zij voor de hand liggende, vermijdbare fouten maken.

Deze lijst met tien fouten kan je helpen de ergste te voorkomen. Het vermijden van deze fouten is geen garantie dat je winst kunt maken door te traden, maar het kan je risico zeker verminderen en je kansen verbeteren. En dat is de helft van het gevecht.

Beginnen met onrealistische verwachtingen

De meeste daytraders lijden verlies. Sommige onderzoeken tonen aan dat 80 procent van de daytraders er binnen een jaar mee ophoudt. Brokers die zich op daytraders richten, zijn constant bezig manieren te bedenken om nieuwe klanten aan te trekken, omdat het zo moeilijk is de bestaande daytraders vast te houden.

Ja, sommige daytraders maken winst. Een paar maken veel winst. Maar zij zijn de uitzondering. Winst maken met daytraden is moeilijk, maar voldoende winst maken om de waarde van je tijd te dekken, is nog moeilijker. Als je gaat traden en ervan uitgaat dat het moeilijk is, dat je alleen het geld erin moet steken dat je je kunt veroorloven om te verliezen en dat je het moet beschouwen als een bedrijf, dan heb je een voordeel boven degenen die denken dat ze een gemakkelijke manier hebben gevonden om vanuit huis miljoenen te verdienen. En die dan verbaasd zijn als ze ontdekken dat ze al hun geld kwijt zijn.

Beginnen zonder bedrijfs- en tradingplan

Traden is werk. Als je beslist te gaan daytraden, besteed je geld aan een onderneming met een groot risico op falen. Je bent niet anders dan je zwager die besluit om een franchisebroodjeszaak over te nemen, je buurman die bij een start-up gaat werken voor een laag salaris en veel aandelen, of je voetbalmaat die verzekeringen gaat verkopen op commissiebasis. Jullie zijn allemaal zelfstandigen die geld op het spel zetten in de hoop op succes, maar met de wetenschap dat vele anderen die hetzelfde hebben geprobeerd het niet is gelukt.

Succesvolle bedrijven hebben bedrijfsplannen en je tradingbedrijf vormt daar geen uitzondering op. Je moet aangeven wat je gaat traden, wanneer je gaat traden, hoe je gaat traden en met hoeveel geld *voordat* je begint. Je moet vaststellen welke apparatuur je nodig hebt, welke diensten en cursussen je wilt en hoe je je succes gaat meten. Hoofdstuk 2 kan je helpen met een bedrijfsplan en de rest van het boek kan je helpen de desbetreffende onderdelen in te vullen. Met een plan blijven je verwachtingen realistisch en het vormt een professioneel beginpunt van je nieuwe tradingavontuur.

Je zult je bedrijfsplan ook aan moeten vullen met een plan voor hoe je gaat traden. Hoe ga je traden? Op welke signalen ga je letten? Onder welke omstandigheden open je een positie en onder welke omstandigheden sluit je hem? Dat is je tradingplan. Goede traders hebben tradingplannen zodat ze precies weten wat ze moeten doen als ze kansen zien op de markt. Dit plan vermindert de angst en de twijfel die veel traders parten spelen en het haalt de paniek weg die voor velen de nekslag is geweest. Lees deel 2 van dit boek over hoe je moet traden.

Daarnaast moeten ook de beste tradingplannen worden getest en geëvalueerd. Hoofdstuk 16 bevat goede informatie over het testen en evalueren, zodat je genoeg vertrouwen krijgt in je systeem om het te volgen, zelfs als de markt zich tegen je lijkt te keren.

BELANGRIJK

Niet plannen is plannen om te falen, zoals het cliché luidt. Als je je zuurverdiende geld op het spel zet, is het onverstandig om niet zorgvuldig te plannen. Neem verantwoordelijkheid voor hoe je tradet.

Niet aan geldbeheer doen

Aangezien financiële markten volatiel kunnen zijn, kun je er al snel uit liggen. Goed geldbeheer kan je helpen te blijven traden. Aangezien je nooit al je geld zult inzetten op een enkele trade, zul je niet door één trade eruit liggen. Op bepaalde momenten (bijvoorbeeld als je weet dat je goede ideeën hebt) kan geld achter de hand houden niet slim lijken, maar als je van plan bent op de lange termijn te traden, zul je je geldbeheerstrategie moeten volgen. Anders zul je nooit een winstgevende trade kunnen uitvoeren als compensatie van een eerder geleden verlies.

Je moet scherp zijn om te daytraden maar ook geld hebben. Hoofdstuk 6 bevat fantastische informatie over geldbeheer, dus sla het niet over!

Je risico niet beheren

Daytraden is riskant en de meeste daytraders houden op als ze te veel verlies lijden. Zelfs traders die door blijven gaan, hebben veel verliezende trades. Dit is de reden dat ze risicobeheersystemen hebben. Hun tradingplannen omvatten *stops*, die automatisch koop- of verkooporders uitvoeren als effecten een van tevoren vastgesteld niveau bereiken. (Stops worden besproken in hoofdstuk 2.)

De daytrader die op zoek is naar moeilijkheden plaatst orders zonder er veel over na te denken hoeveel van een effect hij op een bepaald moment moet kopen of verkopen en hij denkt dat hij wel weet wanneer te verkopen als het moment daar is. En dan gaat hij twijfelen en wordt het verlies nog groter dan de bedoeling was.

Als je gaat daytraden, doe het dan veilig. Je weet wat de risico's zijn (daarom lees je dit boek), dus gebruik de bescherming die geboden wordt door stops en goed geldbeheer.

PAS OP

De meeste daytraders lijden weleens verlies. Riskeer geen geld dat je je niet kunt veroorloven te verliezen en maak een plan voor de risico's die je loopt.

Niet genoeg tijd en geld erin steken om het goed te doen

Daytraden is werk. Het is een zakelijk avontuur dat vraagt om onderzoek en training ver voorafgaand aan de eerste trade. Het is niet iets wat je een uurtje per dag kunt doen als hobby. Om het goed te doen, moet je vaste werktijden aanhouden en genoeg geld hebben om een redelijk rendement te kunnen behalen zonder onredelijke risico's.

Veel mensen denken dat daytraden iets is wat ze zomaar kunnen gaan doen en dat ze winst kunnen maken tijdens het middagslaapje van hun kind. Als je zo denkt, zit je fout. Als je niet de tijd hebt die nodig is om de markt te bestuderen en te begrijpen hoe je erop reageert, zul je moeite hebben om te kunnen blijven traden.

Daytraden is het vaak uitvoeren van trades met een klein winstpercentage en een grote kans op verlies. Als je een kleine rekening hebt en er komen een paar dagen achter elkaar waarop je verlies lijdt, zul je snel te weinig geld overhouden om aan de minimale ordergrootte te voldoen. Dus beginnen succesvolle traders met voldoende geld om moeilijke periodes door te kunnen komen en nog steeds voldoende rendement te hebben. Reken maar mee: een rendement van 1 procent op € 1.000 is € 10, maar een rendement van 1 procent op € 100.000 is € 1.000!

Met een groter beginkapitaal is het geld dat je met daytraden verdient ook échter. Eén kenmerk van een daytrader, volgens de definitie die de Amerikaanse Securities and Exchange Commission en de National Association of Securities Dealers aanhouden, is een traderekening van minimaal $ 25.000. Als je $ 25.000 hebt en je kunt je veroorloven om het te verliezen, heb je een grotere kans om een succesvolle daytrader te zijn dan wanneer je maar $ 2.500 hebt. Je wordt dan ook echt gezien als daytrader en niet als een amateur.

BELANGRIJK

Je zult verlies lijden. Alle daytraders hebben slechte dagen en ze zullen waarschijnlijk vroeg in hun carrière als daytrader verlies lijden voordat ze de markten en hun eigen reacties erop beter gaan aanvoelen. Als je voldoende geld hebt als je begint, kun je deze verliezen zien als onderdeel van het leerproces.

De kudde volgen

Iedereen op de markt kijkt naar dezelfde gegevens en dezelfde technische indicatoren (zoals die besproken worden in hoofdstuk 7). Goede daytraders volgen markttrends maar met het doel om vroeg of op tijd te zijn. Degenen die later zijn, komen er minder goed van af: ze kopen te hoog of verkopen te laag. De kudde volgen is verleidelijk, omdat het zo moeilijk is om te zien dat de markt zich van je af beweegt.

Daytraden vereist een snel reactievermogen, zowel mentaal als fysiek. Het is gamen en psychologie in één, zeggen sommige mensen als grap, omdat de trader die kan bedenken wat anderen in de markt aan het doen zijn en dan sneller met de muis kan klikken, een enorm voordeel heeft. De trader die twijfelt of volgt, zal het waarschijnlijk veel minder goed doen.

Er is hier geen gemakkelijke oplossing voor. Het helpt als je weet dat je psychologisch gezien geknipt bent om te daytraden (besproken in hoofdstuk 14) en vertrouwen hebt in de prestaties van je tradingsysteem op de lange termijn (besproken in hoofdstuk 16). Maar voor een groot deel moet je gewoon wat ervaring hebben met de markten om te weten in hoeverre je tradingsysteem overeenkomt met dat wat je in je hoofd hebt.

Wisselen van onderzoeksysteem

Daytraders lijden verlies, tenminste soms. En het lijden van verlies kan ervoor zorgen dat de trader geen vertrouwen meer heeft in zijn tradingsysteem. Velen doen dan wat logisch lijkt: overstappen naar een tradingsysteem dat wel lijkt te werken. Het probleem is dat geen enkel systeem altijd werkt. Als er een systeem zou bestaan dat dat wel doet, zou iedereen dat gebruiken. En soms lijken de dingen erger dan ze uiteindelijk zijn. Door elke keer dat het er slecht uitziet van systeem te veranderen, leert de trader nooit de nuances kennen van hoe een bepaald systeem voor hem werkt. En hij zal waarschijnlijk in een andere downtrend vast komen te zitten doordat hij het nieuwe systeem net gaat gebruiken als het oude weer begint te werken.

BELANGRIJK

Markten gaan in cycli. Geen enkel systeem werkt de hele tijd, maar als je in paniek bent en nieuwe dingen probeert zonder veel werk vooraf, zul je het waarschijnlijk erger maken. Hoofdstuk 16 gaat diep in op het beoordelen van prestaties en het testen. Hoe beter je begrijpt hoe je systeem werkt, des te minder waarschijnlijk zul je naar beneden getrokken worden door het steeds proberen van nieuwe systemen.

Kortom: iedereen die een magisch tradingsysteem heeft dat onder alle omstandigheden in alle markten werkt, is aan het rentenieren in zijn strandhuis op Hawaï. En wie zo'n systeem niet heeft, moet die paar moeilijke momenten maar gewoon door zien te komen.

Overtraden

Aangezien daytraders posities geen langere periodes aanhouden, kunnen ze maar zelden profiteren van grote en winstgevende koersbewegingen. In plaats daarvan maken ze winst met veel transacties met kleine winsten. Het zijn gekke mensen die in korte periodes in- en uitstappen. Maar geloof het of niet: de daytrader die *te veel* tradet, verliest. Ze is niet aanwezig op de markt voor de grote intradaybewegingen en moet veel commissie en andere transactiekosten betalen.

Zo paradoxaal als het lijkt, veel daytraders doen het beter door minder trades per dag uit te voeren. Op die manier vormen commissie en kosten een kleiner deel van de winst. Een manier om voordeel te halen uit minder trades is door beter geldbeheer, zoals besproken in hoofdstuk 6. Een trader die zijn geld op de goede manier aan het werk zet, kan meer winst maken dan iemand die als een dolle tradet.

Te lang aan verlieslijdende trades blijven vasthouden

Daytraders worden vaak overvallen door angst, twijfel, hebzucht en hoop. Ze zijn bang om hun verliezen te erkennen. Ze vragen zich af of ze goede traders zijn. Ze willen geen commissie betalen om van een verlieslijdende trade af te komen. En als het effect een goede koop was toen de koers hoog was, is het zeker een betere koop nu de koers is gedaald. Deze traders denken dat als ze maar positief blijven denken alles op een gegeven moment goed zal komen.

Goede traders hebben systemen om hun verlies te beperken. Ze gebruiken stoporders (hoofdstuk 2) om zichzelf te dwingen slechte trades af te sluiten. Ze willen liever het geld zijn werk laten doen in een goede trade dan in een slechte.

BELANGRIJK

De markt weet niet welke positie je inneemt en zelfs al zou hij het weten, dan nog maakt het hem niets uit. Dus je kunt nog zoveel wensen en hopen, maar de markt zal je niet belonen voor je geduld. Als een trade niet werkt: wegwezen!

Te emotioneel betrokken raken

Traden is een stressvol beroep. Je hebt te maken met een onpersoonlijke markt die willekeurig lijkt te bewegen (en de meeste wetenschappers zullen zeggen dat het echt willekeurig is). Er is geld bij betrokken, en geld is voor sommige mensen een belangrijke maatstaf in het leven en voor andere de primaire bron van veiligheid. Een verlieslijdende trade betekent statusverlies en verlies van veiligheid. Het is geen wonder dat zoveel traders gek worden als de hele markt zich soms tegen hen (ja, alleen tegen hen!) lijkt te keren.

De beste traders zijn bijna zen-achtig in hun gebrek aan betrokkenheid bij de markt. Ze zijn in staat zich van de drukte van een handelsdag los te maken om niet ten prooi te vallen aan angst, twijfel, hebzucht en hoop. Hoofdstuk 14 biedt advies dat je kan helpen om de handelsdag kalmer te benaderen. Alleen jij weet of je daartoe in staat bent.

IN DIT HOOFDSTUK

- Eenvoudige technieken gebruiken om verlies te beperken
- De juiste grootte bepalen om te traden
- Statistieken vinden om trades te plannen
- De gevaren van het negeren van money management

Hoofdstuk 21

Tien bewezen money management methoden

De sleutel tot succes in daytrading is discipline. Dit begint bij goed money management: bepalen hoeveel geld je gaat traden, wanneer je je verlies beperkt en wanneer je met geld in je zak wegloopt. Als je je geld niet beheert, zul je niet lang traden.

Hier volgt een overzicht van de belangrijkste money management methoden die je kunt overwegen, plus één heel slechte vorm van money management. Sommige van deze technieken zijn eenvoudig: je hoeft er niets voor te berekenen en je kunt ze direct toepassen. Voor andere zul je iets uit moeten rekenen op je rekenmachine. En voor een paar van deze technieken heb je de geschiedenis van je prestaties nodig, dus kun je ze niet meteen gebruiken. Maar je kunt ermee experimenteren terwijl je aan je tradegegevens werkt. (En ja, dit is een van de vele redenen dat traders gegevens bij moeten houden van hun tradeactiviteiten; zie hoofdstuk 16.)

TIP

Vandaag de dag bieden veel brokers rekenfunctionaliteit en apps voor money management aan in hun tradingsystemen, zodat je alleen maar de parameters hoeft in te voeren die je tradingstijl en je rekeningsaldo weergeven om direct de juiste tradehoeveelheid te berekenen. Deze rekenmachines omzeilen het gokken en het mysterie waar sommige van deze technieken mee omgeven worden. Hoofdstuk 11 geeft meer informatie hierover.

Het geld van tafel halen

Dit is de eenvoudigste vorm van money management: als je winst hebt gemaakt, kun je deze het beste pakken in plaats van te wachten tot de winst nog hoger is. Vecht tegen de hebzucht, neem het geld en ga iets anders doen.

Als je een week, maand of jaar hebt met sterke winst, neem dan wat geld op van je handelsrekening en stop het in een pensioenfonds, gebruik het om een schuld af te betalen of stop het in een belegging met laag risico om je te helpen diversifiëren van je riskante tradingactiviteiten.

De winst pakken als je de kans hebt, kan je helpen langer te blijven traden.

Stops gebruiken

Behalve als je een machine bent, is het moeilijk om altijd even gedisciplineerd te blijven. Mensen kunnen gekke dingen doen. Dit is de reden dat er een eenvoudige manier is om gedisciplineerd te traden en je handelsrekening niet te laten ruïneren door verliezen: stoporders.

Een stoporder, ook wel een stop-verliesorder genoemd, is een order om een effect te kopen of te verkopen zodra het op een bepaalde koers komt, de stopkoers genaamd. De order staat slapend op de computer van de broker tot de marktkoers op de stopkoers komt en dan wordt de order uitgevoerd. Deze computergestuurde actie helpt je winst te vast te zetten en verlies te beperken. Sommige traders houden niet van stops omdat ze soms worden uitgevoerd op een eenmalige downtrade, of juist terwijl de aandelen omhoog schieten en er dus geen maximale winst behaald wordt. Stops zijn echter wel een gemakkelijke manier om jezelf discipline op te leggen. Ze kunnen je helpen je geld met weinig inspanning te beheren.

Ja, sommige brokers vragen extra commissie voor stoporders. Maar het kan het waard zijn.

De 10 procentregel van Gann toepassen

Het money management systeem van Gann is een onderdeel van een gecompliceerd systeem van technische analyse dat gebruikt wordt voor het aanduiden van goede trades. Het grafieksysteem is complex, maar het money management systeem is eenvoudig. De kern is dat er een limiet geldt voor het geld dat iemand tradet: nooit meer dan 10 procent van de totale rekeningwaarde. De geldelijke waarde van die 10 procent gaat natuurlijk omhoog of omlaag als de waarde van de rekening verandert, maar de limiet van 10 procent zorgt ervoor dat je altijd wat geld overhoudt om te kunnen blijven traden.

De meeste traders die de 10 procentregel van Gann volgen, combineren dit met stops om hun verliezen te beperken.

BELANGRIJK

Je kunt onmogelijk je voordeel doen met een winstgevende kans als je geen geld hebt om te traden. En je kunt alles verliezen wat er op je rekening staat als je je verlies niet beperkt.

Je verlies beperken met het vast fractioneel-systeem

Het vast fractioneel-systeem is eigenlijk geen goede naam. Het is normaal gesproken een serie fracties die bepalen hoeveel van je tradekapitaal gebruikt mag worden voor een trade. Een grotere fractie wordt gebruikt voor trades die minder risico lopen, een kleiner deel voor trades waar meer risico mee gemoeid is. De berekening is terug te vinden in hoofdstuk 6.

Om de berekening uit te kunnen voeren, moet je weten hoeveel geld je mag verliezen bij een trade. Het onderzoek dat nodig is om dit bedrag vast te stellen, kan veel bijdragen aan het verbeteren van je trading zonder dat je hoeft te gaan rekenen. Vast fractioneel maximaliseert het nut van stoporders. Het helpt je je verliezen te beperken en meer uit je winstgevende posities te halen door te kijken naar hoeveel je kunt traden samen met de potentiële waarde van verlies en winst.

Rendement vergroten met het vaste ratio-systeem

Het vaste ratio-systeem van money management is gerelateerd aan de vast fractionele tradinggrootte. Het belangrijkste verschil is dat het naar de geaccumuleerde winst kijkt in plaats van naar de totale grootte van de rekening. (Geaccumuleerde winst is de waarde van de rekening min het kapitaal dat je hebt gebruikt toen je ging traden.)

Dit systeem is specifiek ontwikkeld voor de opties en futures die door Ryan Jones, zelf een trader, werden verhandeld. Het doel is om het rendement van winstgevende trades te vergroten en de winst te beschermen tegen verlieslijdende trades. De basisberekening staat in hoofdstuk 6.

Het Kelly Criterion volgen

Het Kelly Criterion is gebaseerd op wat statistisch werk van wiskundigen die in de jaren vijftig van de vorige eeuw werkten bij Bell Labs. Ze realiseerden zich dat er eigenschappen waren die ook voor gokken golden, dus gingen ze naar Las Vegas en wonnen veel geld met blackjack. Echt waar. De casino's hebben de regels zo aangepast dat het daar niet langer werkt, maar het werkt op de effectenbeurs.

Wat deze formule doet, is ervoor zorgen dat je nooit zonder geld zit, dus dat je altijd nog een trade kunt uitvoeren. (In theorie tenminste; in de echte wereld kun je natuurlijk een punt bereiken dat je nog wel geld hebt, maar niet genoeg om een trade uit te voeren.)

$$\text{Kelly }\% = W - \left(\frac{1-W}{R}\right)$$

De formule kijkt naar het percentage aan traders dat nodig is voor het verdienen van geld (W), het rendement van een winstgevende trade, en de ratio van de gemiddelde winst van een winstgevende trade ten opzichte van het gemiddelde (R). Het kan zijn dat je het Kelly Criterion pas kunt gaan gebruiken als je lang genoeg getraded hebt om gegevens te verzamelen om in de formule te gebruiken.

Het Kelly Criterion genereert vaak een tradegrootte die groter is dan veel traders bereid zijn in te zetten. Een alternatief is een *halve Kelly*-trade, oftewel de helft gebruiken van de hoeveelheid die door de formule wordt aanbevolen.

De hoeveelheid om te traden uitrekenen met Optimal F

Optimal F is een ander money management systeem waar je prestatiegegevens voor nodig hebt om een ideale tradegrootte uit te rekenen. Het is ontwikkeld door de trader Ralph Vince en je berekent er het ideale deel van je rekening mee dat je kunt traden op basis van je eerdere prestaties. De berekening verandert na elke trade, dus wordt dit meestal gedaan met behulp van een spreadsheet of een app.

Risico meten en de grootte van trades bepalen met de Monte Carlo-simulatie

De Monte Carlo-simulatie is weer een ander money management systeem afkomstig uit de wereld van het gokken. Het wordt in veel verschillende bedrijfstakken, inclusief het traden, gebruikt voor risicomanagement. Je voert risico- en rendementparameters in een computerprogramma in en dat vertelt je vervolgens de kans op het verlies van alles en de optimale grootte van de trades.

Het systeem houdt geen rekening met alles wat er fout kan gaan en er is veel computerkracht voor nodig, zelfs vandaag de dag. Dat gezegd hebbende, hebben veel handelsfirma's en brokers Monte Carlo-applicaties die je kunt gebruiken om je risico te meten en de optimale grootte van je trades te bepalen.

Risico nemen met het martingale systeem

Martingaal is weer een ander eenvoudig money management systeem waar geen rekenmachine voor nodig is. Het is populair onder zowel gokkers als traders. Je begint met een kleine hoeveelheid per trade. Dat mag je zelf bepalen, maar het beste is als het minder dan 5 procent is van de waarde van je rekening. Als de trade goed uitpakt, moet je volgende trade van dezelfde waarde zijn. Als de trade niet goed uitpakt, sluit je hem en verdubbel je het bedrag (*double down*, zoals ze zeggen) voor de volgende trade, zodat je bij winst je vorige verlies terugverdient. Werkt dit niet?

Dan wéér dubbel. Pas als een trade goed uitpakt, stop je met verdubbelen en ga je voor de volgende trade terug naar het beginbedrag.

PAS OP

Als je een lange tijd moet verdubbelen, dan groeit het bedrag in rap tempo: van bijvoorbeeld € 2.000 tot € 4.000, € 8.000, € 16.000, € 32.000, € 64.000 en zelfs € 128.000 als je 6 verlieslijdende trades op rij hebt. Dit is het probleem. Als je oneindig veel geld zou hebben, zou je er vroeg of laat winnend uitkomen als je martingaal gebruikt. Maar natuurlijk zou je dit boek niet lezen als je oneindig veel geld zou hebben.

Met martingaal kun je al je geld kwijt zijn voordat je een trade hebt die lukt. De methode werkt het beste voor agressieve traders met grote rekeningen die beginnen met kleine trades. Het is een riskante money management strategie, maar nog altijd beter dan helemaal geen strategie volgen.

Op het lot vertrouwen

Veel traders hebben een probleem met de logica van hun money management. Als je een trade hebt waar je zeker winst mee gaat maken, waarom dan niet al je geld erop inzetten? Als je weet dat de volgende trade zeker gaat werken, waarom zou je dan de dag afsluiten met een lager saldo? Maar pas op: je logica ziet groen van hebzucht!

PAS OP

Maar weinig zekere dingen zijn zo zeker als ze eruitzien. Lijd je verlies met de trade die niet fout kon gaan, dan kun je niet meer traden. Overschrijd je je dagelijkse verlieslimiet, dan zul je nog grotere verliezen lijden.

De grote wijze Bart Simpson zei ooit dat hij van jarenlang tv-kijken had geleerd dat wonderen altijd gebeuren bij arme kinderen op kerstavond. Kennis van money management biedt meer houvast dan geloven dat jou vandaag een wonder zal overkomen.

Bijlage

Aanvullende bronnen voor daytraders

Hoe erg ik het ook vindt om toe te geven, dit boek vertelt je niet álles wat je moet weten om te gaan daytraden. In deze bijlage staan boeken, websites, tijdschriften en andere bronnen over strategieën, technieken en ideeën over het beheren van risico, belastingen en stress.

Fantastische boeken over traden

Heb je nog een lege plek in je boekenkast? Zet er dan enkele van deze prachtige boeken in.

Basishandleidingen over traden

De volgende boeken bieden nuttige informatie over daytraden:

- ***Algorithmic Trading and DMA: An Introduction to Direct Access Trading Strategies*, door Barry Johnson (4Myeloma Press).** Dit is een studieboek over algoritmisch en programmatraden. Als je op deze manier wilt gaan traden, heb je dit boek nodig. Als je meer te weten wilt komen over wat andere traders doen, is het ook handig. Het nadeel is dat dit boek enorm dik en zwaar is.
- ***The Bible of Options Strategies: The Definitive Guide for Practical Trading Strategies*, door Gary Cohen (FT Press).** Veel traders geven de voorkeur aan opties in plaats van aandelen. Dit boek bespreekt de belangrijkste strategieën en ook een paar esoterische die voor jou zouden kunnen werken.

- ***Day Trading the Currency Market: Technical and Fundamental Strategies to Profit from Market Swings,* door Kathy Lien (Wiley).** De valutamarkt (forex) is populair onder daytraders, maar het verschilt iets van de aandelen- en termijnmarkten. Traden in valuta is voor een groot deel afhankelijk van leverage, en marktdeelnemers hebben meer motivaties dan alleen hedgen of speculeren. Als je geïnteresseerd bent in het traden in valuta, kan dit boek je op weg helpen.
- ***Mastering the Trade,* 2nd Edition, door John F. Carter (McGraw-Hill).** De auteur, een ervaren trader, neemt daytraders en swingtraders aan de hand en vertelt alles over de markten, met specifiek advies over verschillende tradingmogelijkheden. Hij geeft grafieken en gegevens aan de hand waarvan hij uitlegt wanneer je een trade moet plaatsen en wanneer je hem moet sluiten. Dit boek is praktisch, nuttig en gedetailleerd.
- ***The New Money Management: A Framework for Asset Allocation,* door Ralph Vince (Wiley).** Met money management kunnen traders langer blijven traden terwijl ze hun mogelijke rendement maximaliseren. Het is een belangrijke discipline, die het verschil kan betekenen tussen succes en falen. Jammer genoeg besteden veel daytraders veel te weinig aandacht aan money management. In dit boek wordt het money management systeem van Vince zeer gedetailleerd besproken.
- ***Trading Rules that Work: The 28 Lessons Every Trader Must Master,* door Jason Jankovsky (Wiley).** Als het mogelijk zou zijn om rijk te worden door het kennen van een handjevol specifieke tradingindicatoren, dan zou elke trader kunnen gaan rentenieren. Maar zo gemakkelijk is het niet. In plaats daarvan maakt een gedisciplineerde, professionele benadering van de markt een verschil op de lange termijn. Dit boek geeft een nuttig overzicht van de verschillende tradingregels, waarom ze werken en hoe traders ze toe moeten passen.
- ***Trading Systems and Methods,* 5th Edition, door Perry J. Kaufman (Wiley).** Dit studieboek over tradingsystemen biedt een gedetailleerde analyse van zowel populaire als vage methoden. Wat vooral fijn is aan dit boek, is dat er een begeleidende website is met daadwerkelijke tradingprogramma's. Je kunt ze gebruiken als beginpunt voor het ontwikkelen van je eigen tradingsystemen.

Handleidingen voor technische analyse

Technische analyse is een systeem voor het kijken naar koers- en volumetrends om de vraag- en aanbodniveaus in de markt te bepalen. Vraag en aanbod leiden natuurlijk tot koersveranderingen, dus de dynamiek ervan begrijpen is heel nuttig. Hier zijn enkele boeken die gedetailleerd ingaan op technische analyse:

- **»** ***Candlestick Charting For Dummies,* door Russell Rhoads (Wiley).** Candlestick charts zijn ontstaan in Japan en vormen de basis van een systeem voor technische analyse dat populair is onder kortetermijntraders, inclusief daytraders. In dit boek wordt uitgelegd hoe je candlestick-patronen kunt identificeren en gebruiken.
- **»** ***Mind Over Markets: Power Trading with Market Generated Information,* door James Dalton, Eric Jones en Robert Bevan Dalton (Traders Press).** Laat de titel je niet van de wijs brengen. Dit boek gaat niet over de psychologie van het traden. In plaats daarvan gaat het zeer diepgaand over koersgrafieken en technische analyse, vooral de relatie tussen de koersveranderingen en volumeveranderingen. Het systeem, *marktprofiel genaamd,* is vooral nuttig voor daytraders op termijnmarkten.
- **»** ***Tape Reading and Market Tactics,* door Humphrey B. Neill (Marketplace Books).** In het eerste gedeelte van de twintigste eeuw keken traders naar informatie over koersen en volume zoals die binnenkwam via *ticker tapes* (telexstroken). Traders vertrouwen nog steeds op een analyse van de informatie over koersen en volume, alleen met andere instrumenten. Dit boek is oorspronkelijk geschreven in 1931, maar veel daytraders vinden het advies van Neill over waar ze op moeten letten en wat te vermijden als je naar koersgegevens kijkt nog steeds nuttig.
- **»** ***Technical Analysis For Dummies,* door Barbara Rockefeller (Wiley).** Daytraders gebruiken technische analyse om de marktactiviteit te kunnen meten en dit boek is een gedetailleerde handleiding over het aflezen van grafieken en het toepassen van informatie om op een intelligente manier te traden. Tja, wat verwacht je anders van een *Voor Dummies*-boek?

Scholen van koerstheorie

De meeste daytraders benaderen de markten op een eclectische manier. Ze nemen een paar indicatoren die hen helpen en passen deze indicatoren toe op de situatie op de markt. In de loop van de tijd verfijnen ze hun systemen. Sommige traders vertrouwen echter op specifieke theorieën over hoe de koers zich zou moeten bewegen. Hier volgen enkele basisboeken over de verschillende theorieën.

- **»** ***Dow Theory Unplugged,* door Charles Dow, Richard Russell e.a. (W&A Publishing).** De Dow Theorie, ontwikkeld door Charles Dow, uitgever van *The Wall Street Journal*, voorspelt de algehele prestaties van de verschillende sectoren. Het werkt niet meer zo goed als het ooit deed, gezien het feit dat de Amerikaanse economie minder industrieel is dan in de tijd van Dow. Dit boek omvat de essays van Dow alsmede commentaren en analyse van verschillende experts.

- ***Elliott Wave Principle: Key to Market Behavior,* door A.J. Frost en Robert R. Prechter Jr. (Wiley).** De Elliott Wave-theorie is een vreemde eend in de bijt. Zij gaat op zoek naar echte langetermijnpatronen op de markten (over decennia en zelfs eeuwen) gebaseerd op de *Fibonacci-reeks,* een getallenreeks die in de natuur wordt teruggevonden. Het wordt niet veel gebruikt, maar sommigen zweren erbij.
- ***How to Make Profits in Commodities,* door W.D. Gann (Lambert Gann).** Dit boek is geen hapklaar leesvoer, maar veel analisten vinden dat het systeem van Gann ze kan helpen uit te zoeken hoe de koersen in de loop van de tijd zullen veranderen. De originele tekst komt uit de veertiger jaren van de vorige eeuw. Sommige mensen vinden het ouderwets, andere vinden het tijdloos.
- ***How to Make Money in Stocks: A Winning System in Good Times or Bad,* door William J. O'Neill (McGraw-Hill).** Het systeem van William O'Neill is vooral interessant voor mensen die aan het swingtraden zijn of beleggen in algemene aandelen, maar het kan traders helpen begrijpen waar andere deelnemers aan de markt naar kijken als ze orders plaatsen. Het boek legt uit wat *momentumbeleggen* is, waarbij gekeken wordt naar aandelen van bedrijven met verbeterende bedrijfstrends en prestaties.

De psychologie van het traden

Goede traders zijn mentaal sterk. Ze hebben zelfvertrouwen nodig om zich op de markt te begeven, de besluitvaardigheid om orders te plaatsen en de vastberadenheid om hun verlies te nemen en om dat te doen binnen een gezichtsloze massa van andere mensen die ook die dag aan het traden zijn. Er zijn verschillende boeken geschreven specifiek over de psychologie van het traden. Boeken over mentale kracht zijn ook populair onder traders, omdat de lessen eruit ook op de markten toegepast kunnen worden:

- ***De kunst van traden,* door Henk Grundmeijer en Martijn Luijckx.** De kunst van het traden gaat voor een groot deel over de psychologie achter succesvol handelen op financiële markten. Veel particulieren maken prachtige plannen maar worden tijdens het traden overvallen door hun emoties. Daardoor gaan de meeste portefeuilles volledig de verkeerde kant op.

  De juiste 'mindset' maakt het verschil tussen consistente winsten en oplopende verliezen. Toch besteden maar weinig boeken hier voldoende aandacht aan.

  In dit eerste Nederlandstalige kwaliteitsboek over de tradersmindset, komen de voorwaarden voor succes vanuit verschillende invalshoeken aan bod. Het geeft inzicht in de vele valkuilen en leert hoe je zelf een tradersmindset kunt ontwikkelen.

» ***De kunst van het oorlogvoeren,* door Sun Tzu.** Het lijkt wel of elke trader die ik ooit heb ontmoet dit boek in de kast heeft staan. Het is een zeer oude Chinese tekst over militaire strategie, inclusief het belang van mentale kracht en strikte discipline. Het is in 1782 voor het eerst vertaald in een Europese taal, en er zijn verschillende versies en vertalingen van in omloop.

» ***Awaken the Giant Within,* door Anthony Robbins (Pocket Books).** Dit zelfhulpboek is populair onder allerlei soorten mensen. Veel traders vinden dat de methoden van Robbins ze vertrouwen geven en ze helpen hun gedachten onder controle te houden als ze aan het traden zijn.

» ***The Crowd: A Study of the Popular Mind,* door Gustave LeBon (Dover Books).** Gustave LeBon schreef zijn verhandeling over groepspsychologie in de negentiende eeuw. Hij vond zijn medemens niet heel bijzonder, maar veel traders vinden dat zijn inzichten iets van het irrationele gedrag op de korte termijn op de markt verklaart. Begrijpen waarom traders fouten maken, kan je helpen meer winst te maken.

» ***The Disciplined Trader: Developing Winning Attitudes,* door Mark Douglas (Prentice Hall).** Mark Douglas is een trader die veel geld heeft verloren en heeft geprobeerd uit te zoeken waarom. Hierbij heeft hij veel inzicht ontwikkeld in de psychologische aspecten van het traden. Namelijk dat de markt het niet uitmaakt wie er tradet, dus dat elke trader verantwoordelijk is voor zijn of haar eigen resultaten. Veel ervaren daytraders zweren bij de informatie in dit boek.

» ***Trading in the Zone,* door Mark Douglas (Prentice Hall).** Dit boek gaat over de mentale discipline van het traden, met nadruk op de praktijken en routines die de emotie eruit halen. Een trader heeft maar weinig tijd om winst te maken en sommigen raken in paniek door dit idee. Dit boek heeft veel traders geholpen te focussen op de belangrijke elementen van het traden in plaats van de angst, twijfel en hebzucht die ook de beste van hen in hun greep kan krijgen.

Geschiedenis en memoires

Ik ben niet bereid de Elliott Wave te accepteren en te stellen dat alle marktbewegingen deel uitmaken van overkoepelende trends, maar de geschiedenis van de markt heeft de neiging zich te herhalen, net als alle geschiedenis. Waarom? Omdat mensen mensen zijn. Het maakt niet uit hoe de economie verandert, mensen doen steeds weer hetzelfde:

- ***Double Down: Reflections on Gambling and Loss,* door Frederick en Steven Barthelme (Harvest Books).** Wil je zien hoe gokverslaving eruitziet? De broers Barthelme zijn schrijvers en universitair docenten Engels die $ 250.000 hebben geërfd van hun vader en alles hebben verloren door het spelen van blackjack in het casino. Het is een verhaal van hoe een gecompliceerde relatie met geld ertoe kan leiden dat mensen slechte beslissingen nemen. Voor een daytrader vertelt dit boek wat er gebeurt als mensen om emotionele redenen zich niet kunnen beperken: het leidt naar de ondergang, zowel in het casino als tijdens de handelsdag.
- ***Fortune's Formula: The Untold Story of the Scientific Betting System that Beat the Casinos and Wall Street,* door William Poundstone (Hill and Wang).** Claude Shannon en John Kelly werkten als wetenschappers bij Bell Labs aan wachtrijtheorieën voor langeafstandstelefoongesprekken toen zij zomaar kwamen op wat het Kelly Criterion wordt genoemd. Het ideale deel aan geld om te gokken kan berekend worden door de ratio van jouw aandeel in de markt te verdelen door de kans op winst. Daytraders kunnen deze formule gebruiken om te kijken hoeveel geld ze aan een bepaalde trade zullen besteden. Dit boek legt uit hoe het systeem werkt, hoewel er eigenlijk niet bewezen wordt dat het werkt als het toegepast wordt in legale casino's of bij het traden.
- ***Reminiscences of a Stock Operator,* door Edwin LeFevre (Wiley).** Deze klassieker, geschreven voor de crash van 1929, vertelt de avonturen van Jesse Livermore, een van de meest succesvolle traders van zijn tijd. Het is eigenlijk een autobiografie, met een hoofdpersoon met de naam Larry Livingston in plaats van Livermore. Sommige traders vinden de lessen die ze van Livermore leren heel zinvol, andere vinden het leuk om te zien dat de kunst van het daytraden helemaal niet veranderd is, ondanks de spectaculaire technologische veranderingen.

Internet van de trader

Daytraden is mogelijk geworden door internet. Toen snel internet betaalbaar werd, kon bijna iedereen met dezelfde snelheid traden als de mensen op de beursvloer of achter het bureau van een effectenkantoor. En toch kan internet een daytrader of welke zelfstandige ook heel erg afleiden. Hier volgen enkele goede websites voor daytraders, maar zit er niet te lang op voor of na het traden.

- **Cara Community.** Bill Cara is geen daytrader, maar een fulltimebelegger die heel erg op de markten let. Elke dag noteert hij zijn observaties over wat er gebeurt op zijn blog: www.billcara.com. Het is leuk om te lezen.

» **Elite Trader.** Elite Trader (www.elitetrader.com) is een van de grootste online tradergemeenschappen, met fora, boek- en softwarereviews en brokerbeoordelingen. De deelnemers kunnen gepassioneerd zijn, maar de informatie is vaak fantastisch.

» **IndexArb.com.** Ben je geïnteresseerd in het traden van termijncontracten op de marktindexen? De site (indexarb.com) heeft nuttige informatie. Het vermeldt de premies voor de verschillende contracten, biedt strategieën voor verschillende marktomstandigheden en geeft je achtergrondinformatie om je te helpen je eigen beslissingen te nemen.

» **TraderInterviews.com.** Ben je op zoek naar iets leerzaams of inspirerends voor je mp3-speler? TraderInterviews.com (www.traderinterviews.com) biedt gesprekken met verschillende traders.

» **Trade2Win.** Ben je op zoek naar fora over traden? Wil je weten wat andere traders van een dienst of strategie vinden? Wil je meer te weten komen? Kijk op Trade2Win (www.trade2win.com) een van de meest uitgebreide tradersites.

» **Traders Laboratory.** Als je graag online andere daytraders wilt ontmoeten, op zoek bent naar webinars, blogs van traders wilt lezen of afgiftekalenders wilt bekijken, dan is Traders Laboratory (www.traderslaboratory.com) de site voor jou.

Andere media

Ook al zitten traders gekluisterd aan realtimemarktgegevens via internet, ze zijn ook op zoek naar ouderwetse informatiebronnen. Geloof het of niet!

» **Barron's.** *Barron's* (www.barrons.com) is een wekelijkse financiële krant uitgegeven door Dow Jones & Company. De grootste nadruk ligt op beleggen op de lange termijn, maar het bevat ook diepgaande marktanalyse en vaak interviews met uitmuntende traders. Daarnaast biedt de vaste column 'Electronic Trader' nieuws en beoordelingen over online effectenkantoren, waarvan veel gespecialiseerd zijn in diensten voor daytraders.

» **Bloomberg TV.** Bloomberg TV (www.bloomberg.com/tv) is een tv-kanaal met nieuws en informatie over de markten. Bij sommige traders staat het aan op de achtergrond terwijl ze aan het traden zijn. Andere kijken ernaar voor en na de uren dat ze traden.

» **Investor's Business Daily.** Deze krant (www.investors.com) wordt uitgegeven door de William O'Neill Company, die ook grafieken en technische analysesystemen publiceert die door beleggers in aandelen worden gebruikt. Iedere ochtend biedt *IBD* nieuwe trade-ideeën en marktanalyses voor actieve traders, vooral die op de aandelenmarkt.

Index

Symbolen

A

B

C

D

E

F

G

H

I

J

K

L

M

N

O

S

T

U